AF565755

Wolfgang Niess

DER HITLERPUTSCH 1923

Wolfgang Niess

DER HITLERPUTSCH 1923

Geschichte eines Hochverrats

C.H.Beck

Mit 30 Abbildungen

www.chbeck.de
Umschlaggestaltung: Kunst oder Reklame, München
Umschlagabbildung: Adolf Hitler im Kreise seiner Mitverschwörer. Links neben ihm General Erich Ludendorff, rechts Dr. Friedrich Weber vom Bund Oberland. Aufgenommen während einer Verhandlungspause des Hitlerprozesses im Februar 1924. © akg-images/TT News Agency/SVT
Satz: Fotosatz Amann, Memmingen
Druck und Bindung: Pustet, Regensburg
Gedruckt auf säurefreiem, alterungsbeständigem Papier
Printed in Germany
ISBN 978 3 406 79917 4

klimaneutral produziert
www.chbeck.de/nachhaltig

Inhalt

1

Einleitung

8. November 1935, 20 Uhr. Halb München ist auf den Beinen. Man will das großartige Ereignis nicht verpassen, das seit langem angekündigt wird. Auch das Wetter spielt mit. Kein Frost, kein Schnee, kein früher Wintereinbruch. Auf dem Nord-, dem Ost- und dem Waldfriedhof setzen sich Trauerzüge in Bewegung. Auf Lafetten der Reichswehr liegen insgesamt 16 Sarkophage. Jeder einzelne ist bedeckt mit einer schimmernden, samtenen Hakenkreuzfahne, in die der Name des Toten goldfarben eingestickt ist. Gegen 23 Uhr vereinigen sich die drei Züge am Siegestor und biegen dann in die Via Triumphalis ein, die von dort gerade auf die Feldherrnhalle zuführt. Menschenmassen bilden ein gewaltiges Spalier. Es herrscht absolute Stille, nur unterbrochen von dumpfem Trommelschlag, der allmählich stärker und stärker wird. Alle Lampen und Lichter, alle Straßenlaternen sind gelöscht. Nur von der Feldherrnhalle her glüht glutrotes magisches Licht, dessen Bann sich keiner entziehen kann. Kurz vor Mitternacht treffen die Sarkophage dort ein und werden in der Feldherrnhalle aufgebahrt. Dann geht Hitler allein die Treppen hoch, bleibt vor jedem der 16 Särge stehen und grüßt ihn mit ausgestrecktem Arm. Das Regime feiert seine toten «Helden», die «Märtyrer» des 9. November 1923.

So begann die weihevollste Inszenierung der NS-Propaganda, die zugleich ihre perfideste war. Das Spektakel war von langer Hand vorbereitet worden. Im Verlauf des Jahres hatte man auf dem Münchner Königsplatz zwei «Ehrentempel» errichtet, offene Säulenhallen mit jeweils acht Plätzen für Sarkophage. Hier sollten die Toten von nun an «ewige Wache» für Deutschland halten. Anfang November hatte man die Leichname der 16 Männer exhumiert und für ihre letzte Reise hergerichtet.

Während der Nacht bleiben die 16 Sarkophage in der Feldherrnhalle. Wer mag, hat bis morgens um 10 Uhr Gelegenheit, an ihnen vorbei zu defilieren. In schier endlosen Schlangen verneigen sich Menschen vor den «Gefallenen der Bewegung».

Am späten Vormittag des 9. November folgt der zweite Akt der Inszenierung, der Marsch vom Bürgerbräukeller zur Feldherrnhalle. Die Route ist dieselbe wie 1923, aber nun sind im Abstand von 20 Metern links und rechts der Straße dunkelrotverkleidete Pylonen aufgestellt, die auf ihrer Spitze eine Rauchpfanne mit einem «Opferfeuer» tragen. Im langsamen Gleichschritt marschieren Hitler und seine «Blutordensträger» die Strecke entlang. Beständig ist das Horst-Wessel-Lied zu hören. Jedes Mal, wenn die Spitzengruppe eine Pylone erreicht, bleibt der ganze Zug kurz stehen, und eine Lautsprecherstimme ruft den Namen eines Toten. Wieder stehen Massen von Menschen am Weg des Zuges. Der Rundfunk überträgt direkt und gibt sich größte Mühe, die weihevolle Stimmung in die Wohnzimmer zu bringen.

An der Feldherrnhalle schließt sich der dritte Akt an, die Überführung der Särge in die Ehrentempel auf dem Königsplatz. Die Auferstehung nach dem Opfertod ist jetzt das große Thema. Die Trauerprozession wird zum Siegeszug. Unter den Klängen des Deutschlandliedes werden jeweils acht Sarkophage in die beiden «Ehrentempel» gebracht. Dann werden die Fahnen an den beiden großen Masten auf dem Königsplatz von Halbmast auf Vollstock gezogen.

Propaganda muss einfache Geschichten erzählen, wenn sie wirken soll, und sie muss es auf hochemotionale Weise tun. Für viele der Zeitgenossen war es ganz großes Kino, was ihnen nicht nur 1935, sondern Jahr für Jahr in München und im Radio am 8. und 9. November geboten wurde. Schon 1933 war die Geschichte vom Opfergang der «Märtyrer», der erst das Dritte Reich möglich gemacht habe, zum Kern einer Geschichte gemacht worden, die bis 1944 erzählt wurde.

Von den positiven Konnotationen dieser Geschichte hat man sich nach dem Ende des NS-Regimes verabschiedet, aber ihre Kernelemente sind zunächst erhalten geblieben. Der Hitlerputsch galt weiterhin als Hitlers Putsch – und nur als Hitlers Putsch. Die getöteten Putschisten wurden nach wie vor allesamt als Nationalsozialisten bezeichnet. Vor allem aber hatte der Kern der nationalsozialistischen Erzählung weiter

Bestand, die enge Verknüpfung des Putsches am 8./9. November 1923 mit dem Machtantritt Hitlers am 30. Januar 1933.

Erst Hanns Hubert Hofmann[1] und Ernst Deuerlein[2] lieferten zu Beginn der Sechzigerjahre ein präziseres Bild des Geschehens und machten auf Verbindungen zwischen der bayerischen Machtelite und Hitler aufmerksam, die es 1923 gegeben hatte. Harold J. Gordon jr. beleuchtete 1978 vor allem die Abläufe und Vorgänge an den Putschtagen sehr detailliert.[3] Der umfassendere Kontext und die genauere Kenntnis der bayerischen Verhältnisse, wie man sie bei Hofmann und Deuerlein findet, fehlen hier allerdings. Spätestens mit Gordons minutiösem Bericht über die Putschtage war aber offenbar aus Sicht der Historikerzunft alles Wesentliche erforscht und gesagt. Der Hitlerputsch geriet in den Windschatten des Interesses. In den vergangenen 45 Jahren ist keine größere Monografie mehr erschienen.

In der wissenschaftlichen Literatur ist es in diesen Jahrzehnten selbstverständlich geworden, auch auf die gegenrevolutionären Bestrebungen der bayerischen Machtelite hinzuweisen. Keine Gesamtdarstellung zur Weimarer Republik, keine Hitlerbiografie, in der nicht auch die Namen Gustav von Kahr und Otto von Lossow erwähnt werden. Wie die Zusammenarbeit konkret aussah, welches Gewicht dabei dem bayerischen Generalstaatskommissar, dem Kommandanten der bayerischen Reichswehrdivision und ihrem Machtapparat zukam und wie weit die Vertreter Bayerns in ihrem Kampf gegen das Reich zu gehen bereit waren, bleibt allerdings vielfach unscharf.

In der nichtwissenschaftlichen Literatur wird dagegen nach wie vor häufig die Rolle des bayerischen Generalstaatskommissars Kahr unterschätzt und die Rolle der bayerischen Landespolizei darauf reduziert, dass sie Hitlers Putsch am 9. November 1923 niedergeschlagen habe. Hier erscheint in aller Regel Hitler als derjenige, von dem alle Initiative ausgeht, und das prägt unser «populäres» Bild der Weimarer Republik nach wie vor. Der Hitlerputsch 1923 und der Machtantritt Hitlers am 30. Januar 1933 bilden gewissermaßen eine Klammer, fassen die Geschichte der Weimarer Republik scheinbar prägnant zusammen und verdichten sie so auf die Auseinandersetzung mit den an die Macht drängenden Nationalsozialisten. Hitler ist der entscheidende Mann – schon 1923 und erst recht 1933. Der Hitlerputsch wird als Vorstufe zum

Machtantritt Hitlers wahrgenommen. Die relativ guten Jahre zwischen 1924 und 1929, in denen sich die wirtschaftliche Lage stabilisierte und die Politik in ruhigeres Fahrwasser kam, werden in diesem Bild an den Rand gedrängt und kaum zur Kenntnis genommen. Das Scheitern der Demokratie scheint fast vorprogrammiert.

Löst man die enge Verbindung zwischen 1923 und 1933, dann wird der Blick auf das Geschehen offener, das wir üblicherweise «Hitlerputsch», gelegentlich auch «Hitler-Ludendorff-Putsch» nennen. Das Handeln anderer Akteure erhält eigenständiges Gewicht. Wenn man sich den Ereignissen losgelöst von den alten einschränkenden Bildern nähert, wenn man die Rahmenbedingungen des Geschehens auszuleuchten beginnt, dann wird schnell klar, dass der Hitlerputsch keineswegs nur Hitlers Putsch war. Man könnte ihn vielleicht die Spitze eines Eisbergs nennen, dessen unter der Oberfläche verborgenen Teile bis nach Berlin reichten.

- Bereits seit 1920 machte sich in Bayern die Vorstellung breit, der Freistaat sei die «Ordnungszelle», aus der heraus das «jüdisch und marxistisch verseuchte» Berlin wieder auf nationalen Kurs gebracht werden müsse.
- In der bayerischen Einwohnerwehr, später in den «vaterländischen» Verbänden, standen bis zu 300 000 Mann unter Waffen, die weißblau, schwarz-weiß-rot oder völkisch-nationalistisch orientiert waren – keinesfalls aber republikanisch.
- Hitler wurde in München groß durch die Unterstützung angesehener Gönner und unter der schützenden Hand mächtiger Repräsentanten der bayerischen Staatsgewalt.
- Im Krisenjahr 1923, das mit der Ruhrbesetzung durch Frankreich und Belgien begann, träumte keineswegs nur Hitler vom «Marsch auf Berlin», sondern die gesamte «vaterländische» Rechte Bayerns.
- Die bayerische Regierung und der bayerische Generalstaatskommissar Gustav Ritter von Kahr gingen ab Mitte September 1923 auf einen scharfen Konfrontationskurs zur Reichsregierung in Berlin, dessen Ziel es war, die Reichsregierung unter Stresemann zu stürzen und eine national orientierte Diktatur zu etablieren.

Die Rekonstruktion der Ereignisse wird im Fall des Hitlerputsches aber nicht nur durch überkommene Deutungsmuster behindert, sondern viel mehr noch durch handfeste politische und geschichtspolitische Interessen. Insbesondere Generalstaatskommissar Kahr hatte darauf geachtet, mit dem hochverräterischen Unternehmen nicht unmittelbar in Verbindung zu kommen. Für den Fall des Scheiterns sollte ihm die Option einer «plausiblen Abstreitbarkeit» bleiben. Bereits am 9. November 1923 setzte er alle Hebel in Bewegung, um seine eigene Rolle und die seiner engsten Mitstreiter zu verschleiern und zu vertuschen. Auch der bayerische Ministerpräsident Eugen von Knilling hatte damals keinerlei Interesse daran, Licht in das Dunkel zu bringen, weil dann womöglich bekannt geworden wäre, in welchem Ausmaß er selbst informiert und einbezogen war. Die bayerische Justiz hat 1924 nicht nur ein skandalöses und das Recht beugendes Urteil über die Angeklagten im Hitlerprozess gefällt, sondern ihren Teil zur Vertuschung aus Gründen der «Staatsräson» beigetragen.

Eine weitere Schwierigkeit ergibt sich aus der Quellenlage. Die grundlegenden, 19 Bände umfassenden Prozessakten des Volksgerichts München I sind nicht mehr vorhanden. Auch nicht die vier Aktenbände des bayerischen Justizministeriums, die sich auf Putsch und Prozess beziehen. Sie sind zusammen mit anderen für die sogenannte «Kampfzeit» des Nationalsozialismus relevanten Justizunterlagen nach 1933 den Registraturen entnommen und gesondert verwahrt worden. Im April 1945 wurden sie schließlich gezielt verbrannt.[4]

Glücklicherweise war es allerdings 1924 einem jungen sozialdemokratischen Abgeordneten gelungen, im Bayerischen Landtag die Einrichtung eines «Ausschusses zur Untersuchung der Vorgänge vom 1. Mai 1923 und der gegen Reichs- und Landesverfassung gerichteten Bestrebungen vom 26. September bis 9. November 1923» durchzusetzen. Wilhelm Hoegner, der nach 1945 Bayerischer Ministerpräsident wurde, konnte seinerzeit als Mitglied im Untersuchungsausschuss noch all die Akten einsehen und in die Arbeit des Ausschusses einbeziehen, die später vernichtet wurden. Eine Niederschrift über die Sitzungen des Untersuchungsausschusses ist im Bayerischen Hauptstaatsarchiv erhalten. Eine gekürzte Fassung von Hoegners umfassendem Bericht für den Ausschuss wurde 1928 in zwei Teilen vom Landesausschuss der SPD in

Bayern veröffentlicht.[5] Beide Dokumente sind heute Quellen von herausragender Bedeutung, weil sie ausführlich aus zahlreichen Vernehmungen zitieren, deren Niederschriften 1945 verbrannt wurden.

Von ebenso herausragender Bedeutung sind die stenografischen Mitschriften der Hauptverhandlung im Hitlerprozess, die in vier Bänden in den Jahren 1997 bis 1999 veröffentlicht wurden. Die Angeklagten bekannten sich 1924 vor Gericht ganz offen zu ihren Taten. Die Strategie der Verteidigung bestand in erster Linie darin, die Verwicklung höchster Repräsentanten des Freistaats Bayern in die hochverräterischen Planungen und Aktivitäten offenzulegen. Natürlich ist die Interessenlage der Verteidiger bei der Verwendung dieser Quellen zu berücksichtigen. Doch auch bei streng quellenkritischer Bewertung finden sich in diesen stenografischen Prozessprotokollen zahlreiche Hinweise auf das tatsächliche Geschehen, das 1924 nicht ans Licht kommen sollte.

Vor allem wegen der zielgerichteten Vertuschungsaktivitäten war es über weite Strecken ein ausgesprochen kriminalistisches Unterfangen, dieses Buch zu schreiben – aber gerade deshalb auch ein besonders reizvolles.

Ein Historiker ist kein Richter. Für die Bewertung im Prozess der historischen «Wahrheitsfindung» haben Indizien und Plausibilität einen höheren Stellenwert als vor Gericht, wo auch bei geringfügigen Zweifeln die Unschuldsvermutung gilt. Ich bin überzeugt aufzeigen zu können, dass die politisch mächtigen Drahtzieher des für Herbst 1923 geplanten Putsches im Münchner Generalstaatskommissariat und im Münchner Wehrkreiskommando zu suchen sind. Gemeinsam mit norddeutschen und Berliner Akteuren waren sie fest entschlossen, die große wirtschaftliche und politische Krise zu nutzen, in die Deutschland 1923 geraten war. Ihr Ziel war es, die parlamentarische Demokratie zu beseitigen und durch eine nationale Diktatur zu ersetzen. Das war nichts anderes als Hochverrat. Der Mussolini nachempfundene «Marsch auf Berlin» war nicht nur der Traum der völkischen Bewegung in Bayern, er wurde vielmehr von großen Teilen der politischen Rechten geträumt, ob sie nun weiß-blau oder schwarz-weiß-rot orientiert war.

Hitler war nur eine Randfigur in diesem Geschehen. Über die komplexen Zusammenhänge im Geflecht zwischen den Verschwörern in München und Berlin war er nie detailliert im Bilde. Schlecht informiert und von persönlichem Ehrgeiz getrieben hat er am 8. November vorzeitig einen Putsch ausgelöst und damit die Hochverräter aus der Münchner Machtelite in eine ausgesprochen prekäre Situation gebracht. Ihnen blieb schließlich keine andere Wahl als sich gegen Hitlers Putsch zu wenden und damit zugleich ihren eigenen unmöglich zu machen, auf den sie seit vielen Wochen hingearbeitet hatten. Auch die Planungen der Berliner Verschwörer hat Hitler mit seinem Vorpreschen vollständig durchkreuzt. So hat ausgerechnet er den überzeugten Demokraten an der Staatsspitze die Chance verschafft, durch geschickte Politik die Republik zu retten, die schon verloren schien.[6]

Der Hitlerputsch war kein punktuelles Ereignis, das allein aus dem großen Krisenjahr 1923 heraus erklärt werden könnte. Will man ihn angemessen verstehen und einordnen, ist es mit einem kurzen Streifzug durch seine unmittelbare Vorgeschichte nicht getan. Es ist vielmehr notwendig, sich ausführlicher mit der bayerischen und der deutschen Geschichte seit 1918 zu beschäftigen. Nur so ist die demokratiefeindliche Stimmung in Bayern nach Revolution und Räterepublik zu fassen, die sich zu einem regelrechten Komplott gegen die Weimarer Republik entwickeln konnte. Nur so ist auch das Phänomen «Hitler» zu verstehen. Der Nationalsozialist, wie wir ihn kennen, wurde in München durch seine Unterstützer «gemacht». Er ist das Produkt der extrem aufgeladenen antisemitischen und völkisch-nationalistischen Stimmung, die sich in Bayern nach Krieg und Revolution breit machte. Was Hitler angeht, ist es sogar angebracht, bis ins Jahr 1913 zurückzuschauen, das Jahr in dem er erstmals bayerischen Boden betrat.

2

Auf der Suche nach Orientierung – Hitlers Anfänge in München

Am 25. Mai 1913 stieg der damals 24-jährige Adolf Hitler auf dem Münchner Hauptbahnhof aus dem Zug. Nichts deutete darauf hin, dass der Sohn eines österreichischen Zollbeamten aus Braunau am Inn in München zu einem Mann werden könnte, der zwanzig Jahre später mit diktatorischer Gewalt über das Deutsche Reich herrschen würde. Die Realschule hatte er ohne Abschluss verlassen, seine Versuche, sich zum Kunstmaler ausbilden zu lassen, waren kläglich gescheitert. Die Allgemeine Malerschule der Wiener Kunstakademie hatte es rundweg abgelehnt, ihn als Studenten aufzunehmen. In künstlerischer Hinsicht kam er über das Kopieren der Motive von Wiener Ansichtskarten nie hinaus. Gelebt hat er vom kleinen Erbe, das ihm seine Eltern hinterließen, und von einer Waisenrente, die ihm zuerkannt wurde.

Als das Geld knapp wurde, war er gezwungen, sich in immer kleinere Zimmer einzumieten, die immer weiter vom Stadtzentrum Wiens entfernt lagen. Schon bald bedeutete Wien dem erfolglosen jungen Mann nicht mehr allzu viel. Und dann drohte auch noch der obligatorische Wehrdienst, den er offenbar in Österreich auf keinen Fall ableisten wollte. Das war wohl einer der Hauptgründe für seinen recht plötzlichen Umzug nach München.[1]

Die Angelegenheit hatte ein kleines Nachspiel. In München erhielt er bereits am 18. Januar 1914 Besuch von einem Beamten der Münchner Kriminalpolizei, der ihm eine Vorladung des Linzer Magistrats überbrachte. Hitler lebte zu diesem Zeitpunkt mit einem österreichischen Landsmann zusammen in einem kleinen Zimmer im Dachgeschoss des Hauses Schleißheimerstraße 34 am westlichen Rand von Schwabing.[2]

Am 2. August 1914 feiern Tausende von Menschen auf dem Münchner Odeonsplatz die deutsche Kriegserklärung an Russland – mitten unter ihnen Adolf Hitler.

Der Polizist nahm ihn auf der Stelle mit und brachte ihn ins österreichische Konsulat, «wo Hitler mitleidheischend auf sein schweres Leben als verwaister Künstler verwies – der Kampf um das tägliche Brot habe ihn seine staatsbürgerlichen Pflichten vergessen lassen.» Das scheint den Konsul beeindruckt zu haben, denn er sorgte dafür, dass Hitler erst zwei Wochen später zur Musterung antreten musste, und auch nicht in Linz, sondern im nähergelegenen Salzburg. Dort wurde er am 5. Februar für nicht waffentauglich befunden.[3]

Das hinderte Hitler allerdings nicht daran, seiner Begeisterung freien Lauf zu lassen, als die europäischen Mächte im Sommer 1914 auf einen großen Krieg zusteuerten. Als sich am 2. August Tausende von Menschen auf dem Münchner Odeonsplatz versammelten, um die deutsche Kriegserklärung an Russland zu bejubeln, war er mitten unter ihnen. Nicht nur für ihn, sondern für viele Menschen seiner Generation war der Ausbruch des Ersten Weltkriegs «ein emotionales Schlüsselerlebnis.»[4]

Irgendwie fand der beschäftigungslose österreichische Kunstmaler einen Weg, um ins bayerische Heer einzutreten. Bereits 1924 war nicht mehr zu rekonstruieren, wie Hitler das – gegen alle Regeln und Gepflogenheiten – gelungen war.[5] Fakt aber ist: «Der Krieg gab seinem verpfuschten, von Enttäuschungen und Entbehrungen geprägten Leben endlich einen Sinn.»[6]

Gleich im Oktober 1914 machte er in Flandern erste Schlachterfahrungen und wurde mit dem Eisernen Kreuz 2. Klasse ausgezeichnet, später auch mit dem EK I. Danach setzte man ihn bis zum Kriegsende vor allem als Meldegänger zwischen dem Regimentsstab und den Stäben der Bataillone ein, in aller Regel einige Kilometer hinter der Front. Hitler überstand den Krieg fast unversehrt. 1916 wurde er durch einen Granatsplitter am linken Oberschenkel verwundet. Als das Ende schon absehbar war, geriet er im Oktober 1918 in Flandern in einen Senfgasangriff. Senfgas führte meist zu einer zeitweisen Erblindung, die aber in der Regel rasch abklang. Hitler wurde am 21. Oktober als leicht Verwundeter in das Reservelazarett Pasewalk eingewiesen. Wenn er am 8. November 1923 von sich als einem «blinden Krüppel im Lazarett» sprach, so war das maßlos übertrieben. Auch seine Behauptung, er habe in Pasewalk den Entschluss gefasst, «nicht zu ruhen und zu rasten, bis die Novemberverbrecher zu Boden geworfen sind», ist ein reines Produkt seiner Fantasie, aber eine Geschichte, die seine Anhänger begeisterte. Tatsächlich gibt es kein Indiz dafür, dass die Revolution, die das Deutsche Reich Anfang November 1918 umwälzte, bei Hitler spontan irgendeinen Gedanken an Widerstand oder Konterrevolution ausgelöst haben könnte.

Ende September hatte die deutsche Oberste Heeresleitung (OHL) mit Generalfeldmarschall Paul von Hindenburg als repräsentativem Chef und Generalquartiermeister Erich Ludendorff als strategischem Kopf erkannt, dass der Krieg nicht mehr zu gewinnen war. Jeden Monat kamen zusätzlich 250 000 frische und gut ausgebildete amerikanische Soldaten auf die Schlachtfelder im Westen, im Südosten Europas brachen nach und nach die Verbündeten des Deutschen Reichs zusammen. Am 29. September erklärte die OHL dem überraschten Reichskanzler, nun müsse sofort US-Präsident Woodrow Wilson gebeten werden, einen Waffenstillstand herbeizuführen.

Wilson hatte in einer Rede vor dem US-Kongress im Januar 1918 erklärt, sein Ziel sei es, einen Frieden der Verständigung zu erreichen.

Er hatte allerdings auch erklärt, ein solcher Verständigungsfrieden könne nicht mit den bisherigen Machthabern in Deutschland abgeschlossen werden, sondern nur mit einer Regierung, die den Willen des deutschen Volkes verkörpere. Deshalb befahl die OHL Ende September zugleich, die demokratischen Parteien des Reichstags müssten jetzt an der Regierung beteiligt werden, das Deutsche Reich müsse eine neue Verfassung bekommen und zur parlamentarischen Monarchie gemacht werden. Die Verfassungsreform wurde im Eilverfahren durchgepaukt, aber sie war nicht mehr als ein Scheinmanöver, mit dem Wilson positiv gestimmt werden sollte.

Das durchschaute die US-Administration. Es kam zu einem umfangreichen diplomatischen Notenwechsel – und am 24. Oktober zu einem radikalen Kurswechsel der OHL und der Seekriegsleitung. Der änderte nichts an der aussichtslosen militärischen Lage, wohl aber an der Stimmung unter Soldaten und Matrosen und auch unter den Arbeitern und ihren Familien, die in der Heimat seit Jahren hungerten und bittere Not litten.

Oft bricht sich revolutionäre Energie dann Bahn, wenn in Notsituationen große Hoffnungen auf Verbesserung bitter enttäuscht werden. So auch im Oktober und November 1918. Die Matrosen der Hochseeflotte hatten den Waffenstillstand vor Augen, sollten nun aber zu einer letzten großen Schlacht gegen die Flotte der Royal Navy auslaufen. Es kam zur Meuterei auf Schiffen, in Kiel gemeinsam mit den dortigen Arbeitern und Soldaten zum Aufstand, und dann erfasste innerhalb weniger Tage eine gewaltige Revolutionsbewegung das ganze Land.

Diese Bewegung stieß nirgendwo auf nennenswerten Widerstand. Am 9. November erreichte sie Berlin. Dort hatte der Militärbefehlshaber starke Truppenverbände zusammengezogen, um jeden Versuch einer Revolution niederzuschlagen, aber ein umfassender Generalstreik und Hunderttausende von Demonstranten machten all diese Pläne zur Makulatur. Am Mittag wurde die Abdankung des Kaisers verkündet und die Republik ausgerufen. Am folgenden Tag sprach der Chefredakteur des *Berliner Tageblatts*, Theodor Wolff, von der «größten aller Revolutionen», die das Kaiserreich und alles, was dazugehörte, weggefegt habe.[7] Die Macht lag nun bei den Arbeiter- und Soldatenräten, die als Organe der Revolutionsbewegung überall gebildet worden waren. Sie wählten am 10. November in Berlin eine neue Reichsregierung, an deren Spitze ein «Rat der Volksbeauftragten» stand, mit jeweils drei Vertretern der SPD und der Unabhängigen Sozialdemokratischen Partei (USPD) – die Sozialdemokratie hatte sich wegen der Haltung zum Krieg im Jahr 1917 gespalten.

Am 11. November wurde in Compiègne nördlich von Paris der Waffenstillstand unterzeichnet – auf deutscher Seite nicht etwa vom Chef der OHL, Generalfeldmarschall von Hindenburg, sondern von einem Minister, Staatssekretär Matthias Erzberger. Erzberger konnte nicht ahnen, welche Folgen das haben würde. Ludendorff hatte die Falle schon am 29. September vorbereitet, als er die demokratischen Parteien in die Pflicht nahm, und Hindenburg wusste sehr genau, was er tat, als er im deutschen Hauptquartier an Erzbergers patriotisches Verantwortungsgefühl appellierte. Geschmeichelt tat der, wozu Hindenburg ihn aufforderte. Es war ein nicht wiedergutzumachender politischer Fehler, der Erzberger 1921 das Leben kosten sollte.

Am 12. November erließ der Rat der Volksbeauftragten einen «Aufruf an das deutsche Volk» und kündigte darin mit Gesetzeskraft an, dass von nun an in Deutschland alle Parlamente in direkter, allgemeiner, freier, gleicher und geheimer Wahl bestimmt werden sollten. Frauen bekamen das Wahlrecht. Das preußische Dreiklassenwahlrecht wurde abgeschafft. Für Betriebe und Behörden wurde der Acht-Stunden-Tag verkündet.[8] Die deutsche Republik sollte auch eine soziale Republik werden. Dieser Aufruf gilt als Magna Charta der deutschen Revolution.

Von alledem hat Hitler wohl in Pasewalk mit etwas Verzögerung erfahren. Es ist keine Äußerung aus der damaligen Zeit von ihm bekannt, mit der er das Geschehen negativ bewertet hätte. Am 19. November wurde er als «kriegsverwendungsfähig» zum Ersatzbataillon des 2. Bayerischen Infanterieregiments nach München entlassen.

Hitler kam in eine Stadt, die ihre eigene Revolution bereits zwei Tage vor der Ausrufung der Republik in Berlin erlebt hatte. Am 7. November 1918 hielt Kurt Eisner, seit 1917 die charismatische Führungsgestalt der Münchner Unabhängigen Sozialdemokratie, auf der Theresienwiese eine große Friedenskundgebung ab.[9] Dabei wurde auch lautstark das Ende der Monarchie gefordert. Anschließend zogen die Teilnehmer in einem gewaltigen Demonstrationszug durch die Straßen der Stadt. Viele

Soldaten schlossen sich an. Die Stimmung heizte sich immer mehr auf. Mit lauten antimonarchistischen Parolen ging es zur Residenz. Der größte Teil des Zuges war bereits vorbei, als eine Gruppe von Demonstranten zu den Portalen der Residenz stürmte, Eisner vorneweg. Die Wachen leisteten keinen Widerstand – so war es ihnen befohlen worden. Niemand griff ein. Kein Offizier, kein Ministerium, keine Behörde, kein Beamter wurde aktiv. Die Bayerische Monarchie fiel widerstandslos in sich zusammen wie alle anderen Monarchien im Reich. In der Nacht wurde das Landtagsgebäude besetzt, und Eisner proklamierte den Freistaat Bayern. «Als die Münchner Bürger sich am Morgen des 8. den Schlaf aus den Augen rieben, waren sie Republikaner geworden.»[10]

In einem Aufruf an die Bevölkerung Münchens kündigte Eisner die schnellstmögliche Wahl einer konstituierenden Nationalversammlung durch alle mündigen Männer und Frauen an, garantierte die Aufrechterhaltung der öffentlichen Ordnung sowie die Sicherheit der Person und des Eigentums. Grundsätzliche soziale und politische Reformen würden unverzüglich auf den Weg gebracht werden. All dies wollten SPD und USPD gemeinsam umsetzen. «Der Bruderkrieg der Sozialisten ist für Bayern beendet.» [11]

Die Novemberrevolution war auch in Bayern eine demokratische und soziale Revolution, wollte nicht die Herrschaft einer Partei oder die Diktatur des Proletariats errichten. Am 8. November wählte der in der Nacht entstandene «Arbeiter-, Soldaten- und Bauernrat» Kurt Eisner zum Ministerpräsidenten des Freistaats. Das wichtige Innenministerium übernahm Erhard Auer, der Vorsitzende der SPD, und auch der Minister für militärische Angelegenheiten – bewusst kein Kriegsminister – war ein Sozialdemokrat. Der Regierung gehörten aber auch bürgerliche Fachmänner an.

Es war der besonderen sozialen und wirtschaftlichen Situation in Bayern geschuldet, dass Eisner die Arbeiter- und Soldatenräte um Bauernräte erweiterte. Bayern wurde 1918 in weiten Teilen noch immer von mittlerem Bauerntum und mittelständischem Handwerk geprägt. Industriestandorte gab es durchaus – etwa in den Räumen München, Nürnberg-Fürth, Augsburg –, aber in Ober- und Niederbayern sperrte man sich gegen jeden Industriekapitalismus. Dem versuchte die SPD schon seit langem gerecht zu werden, indem sie einen betont konservativen Kurs eingeschlagen hatte. Auch Eisners USPD hielt daran im Kern fest.

Noch am 8. November verließ König Ludwig III. die Stadt. Fünf Tage später verzichtete er vom bayerischen Krongut Salzburg aus auf den Thron und entband Beamte, Offiziere und Soldaten von dem Treueid, den sie ihm gegenüber geleistet hatten. Die bayerische Revolution geriet im November schnell in ruhiges Fahrwasser und wurde nicht nur von der Arbeiterschaft, sondern auch von großen Teilen des Bürgertums positiv wahrgenommen. Sein Verhältnis zur Entwicklung der Dinge, notierte Thomas Mann am 10. November in sein Tagebuch, sei «freundlich, hoffnungsvoll, empfänglich, bereitwillig».[12] Auch Rainer Maria Rilke erlebte Kriegsende und Revolution in München. Er bekannte, dass er eine «rasche und freudige Zuversicht» fassen konnte, weil er darauf hoffte, dass die Menschheit in der Lage wäre, «eine ganz neue Seite der Zukunft aufzuschlagen».[13]

Ganz anders war die Stimmung im völkisch-nationalistischen Lager, das in Bayern besonders stark war. Schon im ausgehenden 19. Jahrhundert war München eine Hochburg des Antisemitismus gewesen und spielte auch eine prominente Rolle in der alldeutschen Bewegung.[14] Am 17. August 1918 wurde hier die «Thule-Gesellschaft» gegründet. Offiziell war sie ein Studienkreis, der sich mit alter deutscher Geschichte und Kultur befasste, doch in Wirklichkeit handelte es sich um eine «sektiererische Geheimgesellschaft, die für deutsche Machtentfaltung nach außen und rassische Reinheit im Innern eintrat.» Wer Mitglied werden wollte, musste nachweisen, dass es in seiner Familie «mindestens in den letzten drei Generationen ausschließlich deutsche Vorfahren gegeben hatte». Das Hauptquartier der Gesellschaft war eine Suite im vornehmsten Münchner Hotel, dem «Vier Jahreszeiten». «Die Gesellschaft konnte sich eine so luxuriöse Bleibe leisten, weil sich unter ihren etwa 200 Mitgliedern etliche sehr wohlhabende und hochgestellte Persönlichkeiten befanden.»[15] In diesem Milieu stand man der Revolution von Anfang an feindlich gegenüber. Schon am 10. November gründete die Thule-Gesellschaft eine paramilitärische Geheimorganisation zum Sturz der Revolutionsregierung. «Zu diesem ‹Kampfbund Thule› gehörten auch die späteren Nazi-Größen Rudolf Heß, Hans Frank und Alfred Rosenberg.»[16]

In nationalistischen Kreisen war man nicht bereit zu akzeptieren, dass die deutschen Armeen militärisch besiegt worden waren. Man suchte nach Schuldigen an der Niederlage und fand sie in streikenden Arbeitern und demokratischen Politikern. Schon im November 1918 wurde die Novemberrevolution als «Dolchstoß» in den Rücken des kämpfenden Heeres bezeichnet.[17] Für diese Kreise fügte es sich ins Bild, dass Eisner am 23. November 1918 geheime Berichte der bayerischen Gesandtschaft in Berlin aus dem Sommer 1914 veröffentlichte. Ihm ging es um einen ehrlichen Neuanfang in der internationalen Politik, zu dem in seinen Augen auch gehörte, deutsche Verantwortlichkeiten im Hinblick auf den Kriegsbeginn offenzulegen. Für die nationale Rechte war seine Veröffentlichung schlichter Landesverrat. Als Eisner Anfang Februar 1919 bei einer internationalen Konferenz sozialistischer Parteien in Bern von deutscher Kriegsschuld sprach, bekam er vom Kongress viel Beifall, hatte aber wohl auch sein Todesurteil gesprochen. Er war jetzt der «bestgehasste Mann in Deutschland».[18] Ein Attentat auf Eisner liege in der Luft, notierte Mitte Februar Herbert Field in sein Tagebuch, der sich als Repräsentant der amerikanischen Kommission für die Friedensverhandlungen in München aufhielt.[19]

Die Bayerische Volkspartei (BVP) und viele Zeitungen forderten jetzt ultimativ Eisners Rücktritt als Ministerpräsident. Der war schon deshalb unvermeidbar, weil die Wahlen zur bayerischen Landesversammlung am 12. Januar 1919 Eisners USPD eine dramatische Niederlage beschert hatten. Sie hatte weniger als drei Prozent der Stimmen erhalten. Stärkste Partei war mit 35 Prozent die Bayerische Volkspartei geworden, die Schwesterpartei der katholischen Zentrumspartei, die allerdings einen sehr eigenen politischen Kurs verfolgte. Dicht dahinter lag die SPD mit 33 Prozent, sie hatte im Vergleich zur Wahl von 1912 mehr als 13 Prozent dazugewonnen. Am 21. Februar sollte der neu gewählte Landtag zu seiner ersten Sitzung zusammentreten, und Eisner wollte bei dieser Sitzung seinen Rücktritt erklären. Doch dazu kam es nicht, der 21. Februar wurde zu einem «Schicksalstag für Bayern».[20]

Auf dem Weg zum Landtag wurde Eisner vom 21-jährigen Anton Graf von Arco auf Valley von hinten erschossen, einem völkisch-nationalistischen Studenten und beurlaubten Leutnant des Königlich Bayerischen Infanterie-Leib-Regiments. Arco tötete den Ministerpräsidenten durch zwei Schüsse in Rücken und Kopf, die er aus nächster Nähe abgab. Eisners Leibwächter schossen auf den Attentäter und verletzten ihn schwer. In einer handschriftlichen Notiz erklärte Arco vor dem Attentat: «Eisner ist Bolschewist, er ist Jude, er ist kein Deutscher, er fühlt nicht deutsch, untergräbt jedes vaterländische Denken und Fühlen, ist ein Landesverräter.» Später nannte er insbesondere den «Geheimnisverrat Eisners an die Alliierten» als Motiv für sein Attentat.[21]

Die Nachricht von der Ermordung Eisners löste keineswegs nur Trauer und Entsetzen aus. In Teilen des Bürgertums wurde sie begrüßt. An der Universität herrschte ein solcher Jubel, dass Professor Wilhelm Röntgen seine Vorlesung aussetzen musste. Thomas Mann notierte in sein Tagebuch: «Die Schulkameraden unserer Jungen haben bei der Nachricht applaudiert und getanzt.» Zwei Tage nach dem Mord besuchte der Schriftsteller den Tatort. «An der Straßenstelle, wo Eisner fiel, liegt ein Kranz mit seinem Bild, und ein Häufchen blutigen Straßenschmutzes ist zusammengekehrt.»[22]

In der bayerischen Politik löste die Ermordung Eisners Chaos und völlige Verwirrung aus. Eine Stunde nach dem Mord stürzte ein Mitglied des Revolutionären Arbeiterrats in den Saal des Bayerischen Landtags und feuerte zwei Schüsse auf Erhard Auer ab, den Innenminister und Vorsitzenden der SPD, weil er Auer für politisch verantwortlich hielt. In dem anschließenden Tumult wurden ein Abgeordneter der Bayerischen Volkspartei und ein als Besucher anwesender Major getötet. Auer überlebte das Attentat schwer verletzt, aber die politischen Folgen waren enorm. «In wilder Panik stieben die Abgeordneten davon», beschrieb Ernst Toller die Szene, «sie lassen das Parlament, das Volk, ihre Mandate, ihre Hüte und Mäntel im Stich, Bayern hat keine Regierung.»[23]

Eisners Beisetzung am 26. Februar zeigte eindrucksvoll die Popularität des charismatischen Sozialistenführers im linken Lager und war wohl auch ein deutliches Statement gegen politisch motivierten Mord. Mehr als 100 000 Menschen folgten dem Sarg durch München oder standen am Straßenrand. Heinrich Mann erklärte, «die hundert Tage» von Eisners Regierung hätten «mehr Ideen, mehr Freuden der Vernunft, mehr Belebung der Geister gebracht als die fünfzig Jahre vorher».[24]

Auch Adolf Hitler erwies Eisner offenbar mit einer roten Armbinde die letzte Ehre – manche Experten sind überzeugt, ihn auf einer Fotografie im Trauerzug entdeckt zu haben.[25] Das ist weniger erstaunlich, als es zunächst scheint. Hitler hatte sich unter seinen Kameraden den Ruf eines engagierten und redegewandten Soldaten erworben und war Mitte Februar zum Vertrauensmann seiner Kompanie gewählt worden, die treu zur Eisner-Regierung stand. Hitler hätte sich in den Wochen zuvor durchaus einem der Freikorps oder einer der sektiererischen Vereinigungen im völkisch-nationalistischen Dunstkreis anschließen können, hat dies aber nicht getan. Er soll zu diesem Zeitpunkt der Revolution positiv gegenüber gestanden haben.[26] Die sozialdemokratische *Münchener Post* berichtete am 25. März 1923, Hitler habe im Frühjahr 1919 einer Propagandaabteilung angehört, die der Arbeiter- und Soldatenrat in Hitlers Bataillon eingerichtet hatte. Ziel sei es gewesen, «die demokratisch-republikanische Staatsform als das erstrebenswerte politische Ziel zu unterstreichen.» Hitler habe Vorträge vor Soldaten gehalten, «galt seiner politischen Überzeugung nach in den Kreisen der Propagandaabteilung als Mehrheitssozialist und gab sich auch als solcher aus, wie so viele, war aber nie politisch oder gewerkschaftlich organisiert.»[27] Ob Hitler sich aus Überzeugung oder aus reinem Opportunismus zur Revolution bekannte, ist hier nicht zu klären. Es war für ihn zweifellos von großer Bedeutung, möglichst lange in der Reichswehr verbleiben zu können, wollte er nicht mittellos und ohne jede Perspektive auf der Straße stehen.

Während die Ermordung Eisners Bayern in große Unsicherheiten stürzte, kam es auf Reichsebene im Februar zunächst zu einer gewissen Beruhigung der politischen Verhältnisse. Nach erfolglosen Putschversuchen der Militärs im Dezember und dilettantischen Umsturzversuchen der radikalen Linken Anfang Januar hatten am 19. Januar 1919 die Wahlen zur Nationalversammlung eine Dreiviertel-Mehrheit für eine sozialdemokratisch-bürgerliche Koalition aus SPD, Zentrumspartei und Deutscher Demokratischer Partei (DDP) ergeben. Am 6. Februar kam die Nationalversammlung in Weimar zu ihrer ersten Sitzung zusammen, am 11. Februar wählte sie den Sozialdemokraten Friedrich Ebert zum Reichspräsidenten, und der setzte die neue Regierung ein, an deren Spitze sein Parteifreund Philipp Scheidemann stand.

Diese Regierung war mit gewaltigen Herausforderungen konfrontiert. Die wirtschaftliche und soziale Lage im Land war katastrophal. Vor allem in den Industriegebieten an der Ruhr und in Mitteldeutschland kam es immer wieder zu großen Streiks der unzufriedenen Arbeiterschaft, deren materielle Lage sich nicht erkennbar verbesserte. Auch die Sozialisierung des Bergbaus und der Schwerindustrie, ein wichtiges Ziel der sozialistischen Arbeiterbewegung, kam nicht voran. Streiks und Unruhen ließ die Regierung im Frühjahr 1919 von Freikorps und letzten Einheiten der alten Armee niederschlagen, die sie schon im Januar gegen die Aufständischen in Berlin eingesetzt hatte. Damals waren von diesen Einheiten Rosa Luxemburg und Karl Liebknecht, die führenden Köpfe der gerade gegründeten KPD, ermordet worden. Auch jetzt, im Frühjahr, griffen diese Einheiten schnell zu exzessiver Gewalt. Während die Novemberrevolution ausgesprochen friedlich verlaufen war, fielen im Frühjahr mehrere Tausend streikende oder aufständische linksorientierte Arbeiter dem brutalen Vorgehen der Freikorps zum Opfer, in denen rechtsextreme Gesinnung dominierte und das Hakenkreuz am Stahlhelm Karriere machte.

Karriere machte im Frühjahr 1919 auch die Dolchstoßlüge. Scheidemann hatte in seiner Regierungserklärung am 13. Februar die Niederlage im Weltkrieg als unvermeidlich bezeichnet. Die Antwort der rechtsorientierten Presse war eine regelrechte Kampagne, in der die Revolution für den militärischen Zusammenbruch verantwortlich gemacht wurde. General Ludendorff nutzte die Gelegenheit, um jede Verantwortung für das Waffenstillstandsgesuch von sich zu weisen. Das war verlogen und perfide – aber erfolgreich. Ludendorff kehrte am 21. Februar 1919 nach Deutschland zurück, er hatte sich im November nach Schweden abgesetzt.[28] Er gehörte schon im Frühjahr 1919 zu den aktivsten Feinden der jungen deutschen Demokratie und hinterließ eine breite Spur, die bis zum Hitlerputsch von 1923 führen sollte.

München kam nach der Ermordung Eisners nicht zur Ruhe. Nach einem kurzen, aber militanten Regime eines «Zentralrats», der nur aus Vertretern der radikalen Linken bestand, trat am 28. Februar in München ein Kongress der bayerischen Arbeiter-, Soldaten- und Bauernräte zusammen, der bis zum 8. März tagte. Die Räte lehnten einerseits die Errichtung einer Räterepublik ab, konnten sich aber andererseits auch

Zum Schutz der Räterepublik werden in München bewaffnete Arbeiterwehren aufgeboten.

nicht darauf verständigen, den gesprengten Landtag so schnell wie möglich wieder zusammentreten zu lassen. Auf der Suche nach einem Ausweg aus der komplexen und verfahrenen Situation verständigte man sich schließlich auf eine sozialistische Minderheitsregierung unter der Leitung des bisherigen Kultusministers und stellvertretenden Ministerpräsidenten Johannes Hoffmann (SPD). Am 17. März trat der Bayerische Landtag zusammen und wählte Hoffmann zum neuen Ministerpräsidenten.

Die Regierung bemühte sich zwar nach Kräften, die politisch völlig divergierenden Richtungen zusammenzuhalten und die desaströse wirtschaftliche Situation in Bayern zu lindern, war aber damit unter den gegebenen Umständen schlicht überfordert. Als in Ungarn am 21. März eine Räterepublik ausgerufen wurde, sah die extreme Linke darin ein Signal auch für Bayern. Sie forderte Bündnisse mit Moskau und Budapest. Als Hoffmann ankündigte, am 8. April den Landtag erneut zusammentreten zu lassen, rief sie am 7. April die «Bayerische Räterepublik» aus.

Die herausragenden Köpfe dieser Räterepublik waren zunächst sozialistische und anarchistische Schriftsteller, namentlich Ernst Toller, Gustav Landauer und Erich Mühsam. Die Münchner Kommunisten hatten im Vorfeld polemisiert, es handele sich um eine «Schein»-Räterepublik, die lediglich dazu diene, den Rätegedanken zu diskreditieren. Kaum war die Räterepublik ins Leben gerufen, vollzog die KPD dann allerdings eine Wende und versuchte, Anschluss an sie zu gewinnen. Die Regierung Hoffmann war bereits vor der Proklamation von München nach Bamberg ausgewichen. Ebert und die Reichsregierung bedrängten Hoffmann, so rasch wie möglich gegen die Räteregierung vorzugehen. Ein Versuch Hoffmanns mit eigenen militärischen Kräften scheiterte am 13. April, worauf nun die KPD die Chance sah, sich maßgeblich an der Räterepublik zu beteiligen.

Zwei Tage danach, am 15. April, wurde Hitler «Ersatz-Bataillons-Rat des Demobilisierungs-Bataillons des 2. Infanterieregiments». In seiner Gesamtheit verhielt sich dieser Soldatenrat «sehr loyal» gegenüber der Räteregierung.[29]

Nach der maßgeblichen Beteiligung der Kommunisten an der Räterepublik wandte sich Ministerpräsident Hoffmann aus dem Bamberger Regierungs-Exil um Unterstützung an Reichswehrminister Gustav Noske, der in der zweiten Aprilhälfte etwa 35 000 Mann gegen die Bayerische Räterepublik in Marsch setzte. Schon beim Vormarsch auf München hinterließen die Freikorps eine Blutspur, wie man sie schon aus dem rheinisch-westfälischen und dem mitteldeutschen Industriegebiet kannte.

Am 30. April erschossen Angehörige der «Roten Armee» der Räterepublik zehn Gefangene, die sie als Konterrevolutionäre betrachteten, darunter sieben Angehörige der Thule-Gesellschaft. Diese Mordaktion ist durch nichts zu rechtfertigen – es war die einzige, die in diesen Tagen von Anhängern der Räterepublik verübt wurde. Bis heute ist der «Geiselmord im Luitpold-Gymnasium» fester Bestandteil jeder Erzählung über die Münchner Räterepublik. Der Geiselmord wurde auch von den Anhängern der Räteregierung scharf verurteilt, dennoch bot er den

Innerhalb weniger Tage wird die Räterepublik von Freikorpstruppen niedergeschlagen, in denen fast durchweg rechtsextremes Gedankengut vorherrscht.

Regierungstruppen beim Einmarsch eine brauchbare Legitimation, keinerlei Rücksichten zu nehmen und barbarisch zu wüten. Am 3. Mai war München in der Hand der Regierungstruppen, die fast eine Woche lang auf alles schossen, was irgendwie verdächtig war. 52 ehemalige russische Kriegsgefangene wurden ebenso getötet wie zwölf Einwohner von Perlach, die meisten Sozialdemokraten, und 21 Mitglieder eines katholischen Gesellenvereins, die zu Unrecht als Spartakisten denunziert worden waren. Mehr als 600 Menschen kamen in diesen Tagen ums Leben, die meisten völlig unbeteiligte Zivilisten. Erst nach dem 8. Mai hörten die willkürlichen Erschießungen auf. 38 Angehörige der Regierungstruppen wurden bei der Niederschlagung der Räterepublik getötet.

Die Aufarbeitung des Geschehens durch die bayerische Justiz war bezeichnend. Gerichte verhängten in Verfahren, die mit der Räterepublik zusammenhingen, mehr als 1800 Freiheitsstrafen; im Durchschnitt mussten die Verurteilten ihre Strafe zu drei Vierteln verbüßen. Dagegen wurde von denen, die bei der Niederschlagung der Räterepublik Morde und andere Gräueltaten begangen hatten, kein einziger für seine Verbrechen zur Rechenschaft gezogen.[30]

Der Sturz der Räterepublik artet in Terror gegen ihre Anhänger und die Arbeiterschaft aus. Der Eisendreher Johann Lehner wird mit einem gesuchten Mitglied der «Roten Armee» verwechselt und kurzerhand erschossen. Unmittelbar vor seiner Erschießung fotografiert ihn der Freikorpsoffizier Hermann Pfeiffer.

Der weiße Terror übertraf in diesen Tagen deutlich den roten, aber im Bewusstsein des Münchner Bürgertums und der konservativen Landbevölkerung blieb ausschließlich die «rote Schreckensherrschaft» der Räterepublik präsent, gegen die man sich für die Zukunft mit sogenannten Einwohnerwehren wappnen müsse. Jedenfalls fehlt in keiner Darstellung der Entwicklung Bayerns in den folgenden Jahren der Hinweis, die Entstehung der Einwohnerwehren und anderer bewaffneter Verbände habe ihren Ausgangspunkt in der Räterepublik gehabt und sei nur als Reaktion auf die schrecklichen Wochen im April 1919 zu verstehen.

Bei Hitler scheint das Erleben der Räterepublik zunächst keinen Sinneswandel ausgelöst zu haben. Unmittelbar nach der Niederschlagung der Räteherrschaft war jedenfalls keine grundsätzliche Wende oder Radikalisierung in seiner politischen Orientierung festzustellen. Am 3. Mai bekannte er sich in einer Versammlung der Angehörigen des 2. Infanterieregiments in der Mannschaftskantine auf dem Oberwiesenfeld zur Demokratie und «unter Vorbehalt zur Mehrheitssozialdemokratie.»[31] So jedenfalls war das am 29. Oktober 1930 im *Berliner Tageblatt* zu lesen. Berichte von Augenzeugen dürfen gewiss nicht überbewertet werden, zumal, wenn sie sich auf Jahre zurückliegende Ereignisse beziehen. Und doch deuten sie darauf hin, dass sich bei Hitler erst in den Monaten nach der Niederschlagung der Räterepublik diejenigen politischen Überzeugungen herausbildeten, die wir mit seinem Namen verbinden. Der amerikanische Historiker David Clay Large, der an der University of California in Berkeley lehrte, ist überzeugt: «Die eigentliche politische Sozialisation Hitlers setzte erst nach der Niederschlagung der Münchner Räterepublik ein.»[32]

3

Making of «Hitler» – Vom Schulungsredner der Reichswehr zum Nationalsozialisten

Am 7. Mai 1919 wurden in Paris der deutschen Delegation die Friedensbedingungen der Alliierten übergeben. Sie lösten in ganz Deutschland einen Aufschrei der Empörung aus. Vergessen war, dass das Deutsche Reich im Frühjahr 1918 Russland einen gnadenlosen Siegfrieden aufgezwungen hatte. Jetzt hielt man die Gebietsabtretungen, die Reparationen und alle Beschränkungen, die Deutschland auferlegt wurden, für himmelschreiende Ungerechtigkeiten und betrachtete es als den Gipfel der Zumutungen, dass Deutschland einen Friedensvertrag unterzeichnen sollte, der allein ihm die Schuld am Krieg zuschrieb.

Am 12. Mai tagte die Nationalversammlung erstmals in Berlin. Philipp Scheidemann, der Regierungschef, sprach von einem «Gewaltfrieden», der das deutsche Volk erdrosseln solle. Die territorialen, wirtschaftlichen und politischen Forderungen würden Deutschland die Luft zum Leben nehmen. «Welche Hand müsste nicht verdorren, die sich und uns in solche Fesseln legte?» Diese Bedingungen stünden in krassem Gegensatz zu den Zusicherungen, die US-Präsident Woodrow Wilson gemacht habe. Dass die französischen Forderungen ursprünglich sehr viel weiter gingen und von dessen Verbündeten abgemildert worden waren, kam Scheidemann gar nicht in den Sinn. «Dieser Vertrag ist nach Auffassung der Reichsregierung unannehmbar.»[1]

Unterzeichnen oder nicht unterzeichnen? Das wurde für einige Wochen zur Schicksalsfrage der Deutschen, die überall und meist hoch emotional diskutiert wurde. Die einzige Partei, die sich trotz aller Kritik bereits früh für die Unterzeichnung des Vertrages aussprach, war die

USPD. In den Augen der Unabhängigen blieb Deutschland keine andere Wahl. Die am äußersten rechten Rand stehende Deutschnationale Volkspartei (DNVP) und die Deutsche Volkspartei (DVP) lehnten eine Unterzeichnung des Vertrages strikt ab. Auch die Deutsche Demokratische Partei (DDP), die mit dem Zentrum und der SPD die Regierung stellte, war einheitlich gegen eine Unterzeichnung. Die beiden anderen Parteien der Regierungskoalition gerieten in schwere Zerreißproben. Alle denkbaren und undenkbaren Szenarien wurden durchgespielt. Die Regierung fragte bei der Obersten Heeresleitung nach, ob der Kampf gegebenenfalls wieder aufgenommen werden könne. Das sei völlig unmöglich, war deren Urteil. Hindenburg scheute allerdings davor zurück, dies persönlich mitzuteilen, sondern beauftragte General Groener damit. Kaum ein anderer Armeechef der Weltgeschichte hat sich aus Feigheit und politischem Kalkül so erfolgreich darum gedrückt, die Verantwortung für einen verlorenen Krieg zu übernehmen wie Hindenburg.

Die Regierung Scheidemann trat zurück, aber am Ende blieb nur die Unterzeichnung. Wirklich substanzielle Verbesserungen konnte die deutsche Delegation nicht erreichen. Am 28. Juni setzten Außenminister Hermann Müller (SPD) und Reichsverkehrsminister Johannes Bell (Zentrum) im Spiegelsaal von Versailles ihre Unterschriften unter den Friedensvertrag. Für die nationale Rechte wurde «Versailles» neben dem «Dolchstoß» und der «Kriegsschuldlüge» eine ihrer schärfsten Waffen im Kampf gegen die Republik.

Es ist nicht ausgeschlossen, dass Hitler von der allgemeinen nationalen Empörung ähnlich mitgerissen wurde wie Anfang August 1914 von der Kriegsbegeisterung. Das könnte der Ausgangspunkt für den Sinneswandel gewesen sein, der bei ihm in der zweiten Jahreshälfte stattfand. Es könnten aber auch sehr profane Interessen gewesen sein, die den Dreißigjährigen dazu bewogen, sich dahin zu orientieren, wo sich ihm am ehesten eine Perspektive bot. Wenn die soziale Not groß ist und die Arbeitslosigkeit hoch, sind andere Dinge wichtig: ein Dach über dem Kopf, genügend zu essen und ein leidliches Auskommen. Ein wurzelloser und ungebundener Mann wie Hitler bekam das am leichtesten, indem er möglichst lange Soldat blieb. Hitler nutzte die Chancen, die ihm die Reichswehr im späten Frühjahr und im Sommer 1919 bot und konnte länger bei der Truppe bleiben als die meisten anderen.

Am 9. Mai wurde Hitler Mitglied der «Untersuchungskommission über die Revolutionsvorgänge beim 2. Infanterieregiment». Aufgabe dieser Einheit war es, alle Soldaten aufzuspüren, die der Roten Armee angehört oder sich an kommunistischen Umtrieben beteiligt hatten.[2] Er scheint zur vollen Zufriedenheit seiner Vorgesetzten gearbeitet zu haben. Im Verlauf des Mai 1919 richtete die bayerische Reichswehr in München eine Aufklärungs- und Propagandaabteilung ein, deren wichtigste Aufgabe es war, die Gesinnung der Truppe zu überwachen, die nationale Orientierung der Soldaten zu stärken und Anzeichen für subversive Aktivitäten frühzeitig zu erkennen. Zu ihren Aufgaben gehörte es auch, mit Hilfe von V-Leuten die zahlreichen politischen Organisationen und Splitterparteien zu beobachten, die seit Kriegsende aus dem Boden geschossen waren. Hauptmann Karl Mayr übernahm am 30. Mai das Kommando über diese Abteilung, und es war offenbar nicht einfach für ihn, geeignete Leute für diese Aufgabe zu finden. Gegenüber einem Bekannten klagte Mayr am 7. Juli: «Sie glauben ja gar nicht, wie wenig fähige Leute es gibt, die volkstümlich reden können. Die Leute können es sich nicht abgewöhnen, mit gelehrten Fachausdrücken um sich zu werfen.»[3] Einer der wenigen, die Mayrs Vorstellungen entsprachen, war Hitler. Bereits auf seiner ersten, Ende Mai 1919 zusammengestellten Liste in Frage kommender Männer tauchte der Name «Hittler (! – WN), Adolf» auf.[4] Unmittelbar danach begann Hitler für Mayr zu arbeiten.

Jahre später, Mayr hatte inzwischen längst die Fronten gewechselt und war nicht mehr gut auf Hitler zu sprechen, erklärte er über seinen ehemaligen Zögling: «Nach dem Ersten Weltkrieg war er … nur einer der vielen tausend Ex-Soldaten, die auf der Straße waren und nach Arbeit suchten … In dieser Zeit war Hitler bereit von irgendjemandem einen Posten anzunehmen, der ihm freundlich gesinnt war. … Er hätte für einen jüdischen oder französischen Auftraggeber genauso gern gearbeitet, wie für einen Arier. Als ich ihn das erste Mal traf, glich er einem müden streunenden Hund, der nach einem Herrn suchte.»[5]

Im Zuge ihrer Ausbildung mussten Hitler und seine Kameraden an der Münchner Universität fünftägige «Rednerkurse» für die «Propaganda bei den Truppen» absolvieren.[6] Diese Kurse sollten den Teilnehmern ein Verständnis der grundlegenden politischen Zusammenhänge der Zeit vermitteln und ihnen Vertrauen und Loyalität zu ihrem Land einflößen – so die Darstellung der Reichswehrführung. «Damit begann die ‹gezielte› politische Ausbildung Hitlers».[7] Unter den Kursleitern waren der weit rechts stehende Gymnasiallehrer und Publizist Josef Hofmiller, der national-konservative Historiker Karl Alexander von Müller und dessen Schwager Gottfried Feder, ein volkswirtschaftlicher Autodidakt, der über das Thema «Zinsknechtschaft» referierte.[8] Feder war von Beruf Ingenieur, Mitbegründer der Deutschen Arbeiter-Partei und sowohl Mitglied der Thule-Gesellschaft als auch des Deutschen Schutz- und Trutzbundes. Feders Thesen zur «Brechung der Zinsknechtschaft des Geldes» fanden später Eingang ins Parteiprogramm der NSDAP.

Die Vorträge enthielten eine Reihe von Formulierungen und Vorstellungen, die Hitler bald darauf bei seinen Auftritten verwendete. Er entpuppte sich in diesen Kursen als eloquenter Redner und Diskutant. Darauf wurde Mayr schnell aufmerksam und setzte Hitler auch als politischen Ausbilder ein. Schon bald hielt er innerhalb der Reichswehr Fortbildungskurse ab.

Am 19. August 1919 wurde Hitler nach Lager Lechfeld abkommandiert, um als «Aufklärer» Vorträge zu halten vor den «bolschewistisch und spartakistisch verseuchten, aus der Kriegsgefangenschaft zurückkehrenden deutschen Soldaten» – so der Bericht eines Hauptmanns Lauterbach. Vor ihrer Ausmusterung sollte Hitler aus diesen Soldaten wieder «gute Patrioten» machen. Er profilierte sich «als ein sehr guter und leidenschaftlicher Redner, wie in vielen Berichten von Teilnehmern festgehalten.»[9]

Nach der Niederschlagung der Räterepublik lag die Macht in Bayern weitgehend in den Händen der Militärs. Regierung und Landtag befanden sich bis zum 16. August in ihrem Bamberger Exil, in das sie im April geflüchtet waren. Erst dann kehrten sie nach München zurück. Die Militärs nutzten diese Zeit, um Reichswehr, Polizei und Beamtenapparat von all jenen zu «säubern», die im Verdacht standen, revolutionärem Gedankengut anzuhängen. Die Säuberungswelle erfasste am Ende das gesamte politische Leben Münchens und zeigte dauerhaft Wirkung.[10]

Am 3. Mai 1919 wurde Oberlandesgerichtsrat Ernst Pöhner zum neuen Polizeipräsidenten Münchens ernannt, ein parteipolitisch nicht gebundener «alter Beamter». Von vielen wurde das als Wiederherstellung geordneter Verhältnisse begrüßt. Pöhner machte aus seinem Hass gegen die Sozialisten und seine Feindschaft gegen die Republik kein Geheimnis. Gezielt sammelte er Männer mit gleicher Gesinnung um sich. Auf diese Weise wurde die Münchner Polizei auf scharfen Rechtskurs gebracht.[11]

Militärischer Stadtkommandant von München wurde nach der Niederschlagung der Räterepublik Oberst von Seißer. In dieser Funktion avancierte er «zum Liebling des Bürgertums und der politischen Rechten».[12] Nach der Rückkehr von Parlament und Regierung wurde deutlich, dass Militär und Polizei in Bayern inzwischen gegenüber der parlamentarischen Regierung ein beträchtliches Eigenleben gewonnen hatten. Die Machtverhältnisse hatten sich deutlich verschoben. Man konnte durchaus von einem Militärregime neben der parlamentarischen Regierung Hoffmann sprechen.[13]

Parallel zu den Wirren der Räterepublik und deren Niederschlagung hatte die Nationalversammlung in Weimar und in Berlin die Verfassung der Republik erarbeitet. Mit dem Entwurf hatte bereits die revolutionäre Übergangsregierung, der Rat der Volksbeauftragten, den Staatsrechtslehrer Hugo Preuß beauftragt. Preuß war einer der Mitbegründer der DDP und unter den deutschen Staatsrechtlern eine große Ausnahmeerscheinung: Er war Republikaner. Die Verfassung, die das Parlament nach langen Debatten und zahlreichen Veränderungen schließlich am 31. Juli 1919 verabschiedete, war die wohl freiheitlichste und sozialste Verfassung ihrer Zeit. Sie sollte sich in extremen Krisen bewähren, solange ein Demokrat an der Spitze des Staates stand. Unter Reichspräsident Hindenburg zeigte sich allerdings, dass sie die Republik nicht retten konnte, wenn ein Feind der Demokratie das höchste Staatsamt innehatte.

In den national-konservativen Kreisen Bayerns war bereits der Entwurf der Weimarer Reichsverfassung als akute Bedrohung wahrgenommen worden. Bayern sollte auf sein eigenes Heer und sein eigenes Diplomatenkorps verzichten. Auch eine selbstständige Post- und Telegrafenverwaltung war nicht mehr vorgesehen. Die Hoheitsrechte im Verkehrs- und Steuerbereich sollten auf das Reich übergehen. Nach Auffassung des Historikers Karl Alexander von Müller war Bayern von den Zentralisierungstendenzen der Weimarer Verfassung am schwersten betroffen. «Es hatte nicht nur bis 1918 nach Preußen die meisten bundesstaatlichen Sonderrechte bewahrt, es besaß eine tiefverwurzelte eigenstaatliche Tradition, ein sehr lebendiges eigenes Kultur- und Lebensgefühl; die Mehrheit seiner Bevölkerung war damals noch bäuerlich und mittelständisch-bürgerlich.»[14] Man begrüßte in Bayern zwar die Beseitigung der Vormachtstellung Preußens, plädierte im Übrigen aber sehr dafür, ohne große Veränderungen an die Verfassung des Bismarck-Reiches anzuknüpfen, und verteidigte vor allem die bayerischen Sonderrechte mit Zähnen und Klauen. «Einen Neubau des Verfassungsgebäudes lehnte man grundsätzlich ab.»[15]

Durchsetzen konnte sich Bayern mit diesen Vorstellungen nicht, aber am Ende stimmten lediglich fünf der bayerischen Abgeordneten – Georg Heim (BVP) und vier Mitglieder des Bayerischen Bauernbundes – gegen die neue Verfassung. Dennoch sollte diese Verfassung in den folgenden Jahren zum großen Konfliktherd zwischen Bayern und dem Reich werden.

Bereits 1919 war deutlich zu erkennen, dass Bayern einen Sonderweg einschlagen würde. Das lag nicht nur am Nebeneinander von Militärherrschaft und republikanischer Regierung, sondern auch am Aufbau der Einwohnerwehren, der nirgendwo sonst im Reich mit solcher Intensität und Systematik betrieben wurde. Ziel dieser Wehren war es zunächst, jedes Wiederaufflammen kommunistischer Umtriebe im Keim zu ersticken. Ihren Aufbau billigte die Regierung Hoffmann mit Erlass vom 17. Mai 1919 und versuchte dabei zugleich, die Tätigkeit dieser Wehren auf den Schutz der öffentlichen Sicherheit im eigenen Wohnbezirk zu beschränken. Doch die Mitglieder der Einwohnerwehren fühlten sich im Grunde nur den eigenen Führern verpflichtet. Ihre politische Orientierung bewegte sich zwischen bayerisch-monarchistisch, deutsch-national und völkisch-nationalistisch. Republikanisch waren sie nicht. Überall in Bayern entstanden solche Wehren, die mit Waffen und Munition aus überzähligen Beständen der Reichswehr ausgestattet wurden.

In dieser Gemengelage kehrte Hitler Ende August aus Lager Lechfeld nach München zurück. Nach wie vor war er für die Nachrichten- und Propagandaabteilung des Hauptmann Mayr tätig. Der bat ihn im September 1919 um die Formulierung einer politischen Stellungnahme.

In einem Briefentwurf sollte er sich zur «Judenfrage» äußern. In seinem mehrseitigen Entwurf bezeichnete Hitler die Juden nicht nur als «Rassentuberkulose der Völker», sondern schrieb auch von der «Notwendigkeit ihrer planmäßigen gesetzlichen Bekämpfung» und nannte als Fernziel «die Entfernung der Juden überhaupt».[16] In diesem Briefentwurf vom 16. September 1919 finden sich die ersten Belege einer eindeutig antisemitischen Haltung Hitlers.

Die von Hitler vertretenen Positionen waren im München des Jahres 1919 keineswegs originell. Der in nationalen Kreisen angesehene Publizist und Verleger Dietrich Eckart behauptete in seinen Traktaten schon seit dem Frühjahr, die Juden seien Deutschlands Unglück und insbesondere verantwortlich für den verlorenen Krieg. Auch in den Schulungskursen an der Münchner Universität war Hitler in vielfältiger Form mit massivem Antisemitismus konfrontiert worden. Hitler formulierte in seiner Stellungnahme zur «jüdischen Frage» nichts Neues, aber er hatte klar erkannt, «dass derjenige, der in München damals öffentlich gegen die Juden hetzte, von vornherein mit dem Beifall der Bevölkerung rechnen konnte.»[17]

Ähnliches gilt auch für seine Haltung zur Novemberrevolution. Nicht schon im November 1918, wie er in *Mein Kampf* behauptete, sondern erst seit dem Sommer 1919 positionierte er sich eindeutig als Gegner der Revolution, erst jetzt übernahm er Positionen der politischen Rechten. Als Hitler erkannt hatte, womit er im nationalen und im völkisch-nationalistischen Lager punkten konnte, bediente er dessen Erwartungen besonders radikal und skrupellos.[18]

Am 12. September erhielt Hitler von Hauptmann Mayr den Auftrag, die recht unauffällige Deutsche Arbeiter-Partei (DAP) etwas genauer zu beobachten, die der Werkzeugschlosser Anton Drexler, der Journalist Karl Harrer und der Ingenieur Gottfried Feder Anfang Januar 1919 gegründet hatten. Die DAP war eine kleine völkische Splitterpartei «wie viele andere, die damals in München an jeder Ecke gegründet wurden.»[19] Hitler nahm daraufhin an einer DAP-Versammlung teil, die in einem schummrigen Hinterzimmer der Gaststätte «Sterneckerbräu» stattfand. Er trug dabei zwar nicht seine Soldatenuniform, sondern einen ausgebeulten Anzug, aber er sah auch keinen Anlass, seine Reichswehrzugehörigkeit zu verbergen. Wahrheitsgemäß trug er sich im Gästebuch als «Obergefreiter Adolf Hitler, Zweites Infanterieregiment» ein. Seinen Oberlippenbart hatte er bereits zu dem kleinen Schnauzer gestutzt, der sein Markenzeichen werden sollte.[20]

Hauptredner des Abends war Gottfried Feder, den Hitler schon aus den Schulungskursen kannte. Als Hitler ging, drückte Drexler ihm ein Exemplar seiner Schrift *Mein politisches Erwachen* in die Hand, in der er beschrieb, wie er «die irreführenden Lehren des Marxismus» durchschauen und die «Bedrohung durch die Machenschaften der jüdischen Finanzwelt» erkennen gelernt hatte. Drexler forderte darin auch die Ablösung des parlamentarischen Regimes in Berlin durch eine autoritäre Regierung.[21]

Drexlers Schrift faszinierte Hitler, der im «politischen Erwachen» des Werkzeugschlossers seine eigene Entwicklung wiedererkannte. Auch die Mischung von antikapitalistischen und nationalistischen Motiven sagte Hitler zu, denn auch er war überzeugt, dass es entscheidend darauf ankomme, die Arbeiterschaft für die nationale Sache zu gewinnen.

Eine Woche später teilte die DAP Hitler auf einer Postkarte mit, er sei als Mitglied «aufgenommen», und lud ihn zur nächsten Ausschusssitzung der Partei ein. Innerhalb von einer Woche war alles entschieden. Am 19. September 1919 bestätigte Hitler seinen Eintritt in die DAP – offiziell mit der Mitgliedsnummer 555. Da die Zählung erst bei 501 begann, war er das 55. Parteimitglied und das siebte Mitglied im Parteiausschuss.[22] Zuvor hatte er sich dafür von Mayr eine Sondergenehmigung geben lassen. Die zu erteilen, dürfte dem Hauptmann nicht schwergefallen sein. Denn Mayr stand damals dem Gedankengut der DAP selbst sehr nahe. Möglicherweise steckte hinter seinem Auftrag an Hitler sogar die Absicht, seinen besten Propagandisten und Redner an die DAP heranzuführen. Fast auf den Tag genau ein Jahr nach Hitlers Parteieintritt, schrieb Mayr am 20. September 1920 an den im schwedischen Exil lebenden Putschisten Wolfgang Kapp, die Partei müsse die Basis des starken Stoßtrupps sein, den man brauche und erhoffe. «Ich habe sehr tüchtige junge Leute auf die Beine gebracht. Ein Herr Hitler z. B. ist eine bewegende Kraft geworden, ein Volksredner 1. Ranges. In der Ortsgruppe München haben wir über 2000 Mitglieder, während es im Sommer 1919 noch keine 100 waren.»[23]

Diese Zahlen deuten zwar an, dass von Hitler einiges zu erwarten war, aber sie zeigen auch die völlige Bedeutungslosigkeit der DAP im Herbst 1919. Die wichtigste antisemitische Organisation war zu diesem Zeitpunkt der Deutschvölkische Schutz- und Trutzbund, der über genügend Geldmittel verfügte, um für seine Versammlungen die größten Brauereisäle Münchens zu mieten.[24] Was die gesamte politische Rechte angeht, so war die Bayerische Einwohnerwehr zu dieser Zeit die bei weitem stärkste Organisation. Unter der Führung des Forstbeamten Georg Escherich war aus den lokalen Einwohnerwehren recht schnell eine Gesamtorganisation entstanden, die sowohl politisch als auch militärisch zu einem gewichtigen Faktor wurde. Die Berufung des Oberstleutnants a. D. Hermann Kriebel zum militärischen Stabsleiter der Bayerischen Einwohnerwehr am 1. Oktober 1919 leitete einen wichtigen Schritt zur Professionalisierung und zur Radikalisierung der Organisation ein. Kriebel war Mitarbeiter Ludendorffs in der OHL gewesen. Er sah in den Einwohnerwehren die Keimzelle eines wahren Volksheeres nach dem Vorbild von 1813 für den zukünftigen «Freiheitskrieg». Kriebel sorgte dafür, dass nach kurzer Zeit ein Drittel des gesamten Führungspersonals der Einwohnerwehr aus ehemaligen Berufsoffizieren bestand.[25] Das Hauptquartier der bayerischen Einwohnerwehr im Münchner Hotel «Ring» ähnelte immer mehr einer Festung. In Spitzenzeiten hatte Escherich etwa 300 000 Mann unter seinem Befehl, davon 30 000 in München.[26]

Bereits ein Jahr nach der Novemberrevolution hatte sich die Stimmung im Land grundlegend verändert. Im nostalgischen Rückblick erschien vielen die Zeit der Monarchie als Periode der Glückseligkeit. In Bayern war diese Stimmung besonders ausgeprägt. Hier wurde im November 1919 die «Bayerische Königspartei» gegründet, deren Repräsentanten die Annahme der Weimarer Verfassung durch den bayerischen Landtag als «Landesverrat» bezeichneten.[27] Für Not und Elend der Gegenwart wurde im national-konservativen Bürgertum nicht das Kaiserreich verantwortlich gemacht, sondern die Republik. Der verlorene Krieg wurde nicht der Heeresleitung angelastet, sondern der Revolution.

Es war vor allem die Dolchstoßlüge, die das politische Klima der Weimarer Republik immer stärker und nachhaltiger vergiftete. Ludendorffs Äußerungen vom März 1919 hatten zu heftigen Auseinandersetzungen in der Nationalversammlung geführt, die schließlich am 20. August einen Untersuchungsausschuss einrichtete, der sich mit den Ursachen des deutschen Zusammenbruchs beschäftigen sollte. Vor diesem Ausschuss sollten am 18. November Generalfeldmarschall Hindenburg und General Ludendorff aussagen. Ihr Auftritt wurde sorgfältig inszeniert. Sie reisten in einem Sonderzug an, die Reichswehr schickte eine Ehrenwache zum Bahnhof und stellte Hindenburg zwei Adjutanten zur Verfügung. Die Plätze im Sitzungssaal waren größtenteils an die vaterländische Prominenz und an die Presse vergeben. Hindenburgs Platz war mit weißen Chrysanthemen und einem schwarz-weiß-roten Band geschmückt. Hindenburg und Ludendorff verlasen eine vorbereitete Erklärung. Auf Einsprüche des Ausschussvorsitzenden und Zwischenrufe gingen sie nicht ein. Hindenburg legte einem ungenannten englischen General die Worte in den Mund, die deutsche Armee sei von hinten erdolcht worden. Flotte und Heer seien planmäßig zersetzt worden. «So mussten unsere Operationen misslingen, es musste der Zusammenbruch kommen; die Revolution bildete nur den Schlussstein.»[28]

Die politische Bedeutung dieses inszenierten Auftritts war enorm. Angesichts eines Generalfeldmarschalls, der wie ein Ankläger auftrat, sah sich die nationale Rechte im Aufwind. Hindenburg verlieh der Dolchstoßlüge aufgrund seiner Popularität und vermeintlichen Glaubwürdigkeit einen hohen Grad an Seriosität. Für die allermeisten deutschen Historiker der Weimarer Zeit war der Dolchstoß eine feststehende Tatsache. Unter ihnen war 1919 kein einziger Sozialdemokrat, es handelte sich um national denkende Männer, die zum größeren Teil glühende Anhänger der Monarchie oder eines starken Staates waren. Nur wenige entwickelten sich zu «Vernunftrepublikanern». Der Geist an den Universitäten, aber auch in den Schulen, in den Gerichtssälen und Amtsstuben der Republik war «schwarz-weiß-rot», in Bayern auch «weiß-blau».

Beim Prozess gegen Eisners Mörder Arco im Januar 1920 zeigte sich der politische Klimawechsel in München seit den Tagen der Revolution überdeutlich. Der Angeklagte wurde «wie ein Triumphator» vom Gefängnis zum Justizpalast gefahren, wo ihn «brausende Hochrufe» empfingen, berichtete der württembergische Gesandte Moser von Filseck nach Stuttgart.[29] Irgendwelche «Demonstrationen von gegnerischer Seite» konnte er nicht mehr feststellen. Sympathiekundgebungen gab es auch im Gerichtssaal. Richter und Staatsanwalt sahen in der «glühendsten Liebe zu seinem Volke» das Motiv des Täters. Dem Staatsanwalt blieb angesichts von Arcos Geständnis allerdings keine andere Wahl, als die Todesstrafe zu beantragen. Wie er die Tat persönlich beurteilte, machte er in seinem Plädoyer deutlich: «Wäre unsere Jugend insgesamt von solch glühender Vaterlandsliebe beseelt, wir hätten Hoffnung, mit froher Zuversicht der Zukunft unseres Landes entgegenzublicken.»[30] Das Gericht wusste freilich zum Zeitpunkt der Urteilsverkündung bereits, dass sein Todesurteil keinen Bestand haben würde.

Nachdem das Urteil ergangen war, zogen Studenten unter Absingen des Deutschlandliedes durch München und forderten die Begnadigung Arcos. Bereits am folgenden Tag sprach sich der Ministerrat einstimmig für eine Begnadigung aus, und das Urteil wurde in lebenslängliche Festungshaft umgewandelt – mit der Möglichkeit vorzeitiger Entlassung auf Bewährung. Zur Begründung hieß es, der junge Mann habe die Tat aus «Liebe zu seinem Volke und Vaterland» begangen und sei «frei von jedem persönlichen Hass- oder Rachegefühl» gegen das Opfer gewesen. Erst mit der Bekanntgabe der Begnadigung löste sich die allgemeine Spannung in der Stadt. Nach Informationen des württembergischen Gesandten hatten Polizei, Reichswehr und Einwohnerwehr für den Fall einer anderen Entscheidung einen «genauen Plan für den Sturz der Regierung» ausgearbeitet.[31]

Zu diesem Zeitpunkt begann Hitler damit, die DAP zu «seiner» Partei zu machen.

4

«Brodelnder Hexenkessel» – Der Kapp-Putsch, München und Hitler

Kaum war Hitler Mitglied in der DAP geworden, ging alles sehr schnell. Er sah die Chance, die ihm diese Partei bot, und er war entschlossen, sie zu nutzen. Den bisherigen leitenden Parteimitgliedern war er nicht nur aufgrund seines Rednertalents überlegen. Er hatte ihnen auch voraus, dass er sich den gesamten Tag der Parteiarbeit widmen konnte, während Anton Drexler, Karl Harrer und die anderen mit Arbeit ihren Lebensunterhalt verdienen mussten. Noch stand Hitler im Sold der Reichswehr, die ihm nicht nur ermöglicht hatte, seine Fähigkeiten als Redner zu entdecken und auszubauen, sondern auch sein Engagement in der DAP kräftig unterstützte.

Hitler war gleich nach seinem ersten Auftauchen in einer Veranstaltung der DAP zur nächsten Sitzung des Parteiausschusses eingeladen worden, aber er hatte in diesem Gremium weder Sitz noch Stimme. Entscheidungen trafen die offiziellen Mitglieder des Ausschusses. Das war ihm ein Dorn im Auge. Schon im Dezember 1919 formulierte Hitler eine neue Geschäftsordnung für den Parteiausschuss, deren Hauptzweck es war, den Einfluss des ersten Vorsitzenden Karl Harrer und seines Zirkels auf die Parteiführung einzudämmen und wenn möglich auszuschalten. Harrer hatte Vorbehalte gegen Hitler und wollte dessen Einfluss möglichst klein halten.[1] Es kam zu heftigen Auseinandersetzungen, in deren Verlauf sich Drexler auf Hitlers Seite stellte. Im Januar schied Harrer aus, und Drexler wurde erster Vorsitzender der Partei.

Drexler und Hitler formulierten nun ein 25 Punkte umfassendes «Parteiprogramm», und auf Hitlers vehementes Drängen wurde beschlossen, die Partei in «Nationalsozialistische Deutsche Arbeiterpartei» (NSDAP) umzubenennen. Hitlers Ziel war es vor allem, die sozialistisch beeinflussten Arbeiter für die «nationale Sache» zurückzugewinnen, und dieses Anliegen sollte bereits im Parteinamen sichtbar werden.[2] Am Dienstag, 24. Februar 1920, wurde zu einer großen Versammlung im Hofbräusaal geladen, bei der das Parteiprogramm vorgestellt werden sollte. Als Zugpferd engagierte die Parteileitung den damals populären völkisch-nationalistischen Redner Dr. med. Johann Dingfelder, der 2000 Münchner anlockte. Dingfelder referierte sehr allgemein über aktuelle Fragen der Zeit. Im Verlauf der anschließenden Diskussion kam Hitler dann eher nebenbei auf das Programm der Partei zu sprechen.[3] Damit war die NSDAP zwar an die Öffentlichkeit getreten, bekannt aber war sie noch lange nicht, als die Republik im März 1920 in ihre bis dahin schwerste Krise gestürzt wurde.

Schon seit Sommer 1919 hatte eine Gruppe um General Ludendorff und den ostpreußischen Generallandschaftsdirektor Wolfgang Kapp einen Staatsstreich vorbereitet. Kapp hatte 1917 zu den Mitbegründern der Vaterlandspartei gehört, deren Ziel ein Siegfrieden mit großen Gebietsgewinnen für das Deutsche Reich war. Im Oktober 1919 hatte die zunächst lose Gruppe um Ludendorff und Kapp die «Nationale Vereinigung» gegründet und damit einen organisatorischen Rahmen, eine Schaltstelle, für den geplanten Staatsstreich geschaffen. Zugleich hatte sie sich intensiv darum bemüht, aktive Offiziere für die Verschwörung zu gewinnen. Der Zeitpunkt dafür war günstig, weil im ersten Halbjahr 1920 die Reichswehr von etwa 250 000 Mann, die sie einschließlich der Freikorps noch umfasste, auf die vom Versailler Friedensvertrag vorgeschriebene Stärke von 100 000 Mann reduziert werden sollte. Das löste bei vielen Angehörigen der Truppe Existenzängste aus und erhöhte die ohnehin vorhandene Bereitschaft, gegen die Regierung der verhassten Republik vorzugehen.

Als am 29. Februar 1920 angeordnet wurde, die Marinebrigade Ehrhardt aufzulösen, sahen die Putschisten darin den geeigneten Zeitpunkt zum Losschlagen. General Walther Freiherr von Lüttwitz, der sich seit dem Ausscheiden Hindenburgs und der Auflösung der Obersten Heeresleitung im Sommer 1919 als militärischer Führer der gesamten Armee sah, forderte am Abend des 10. März Reichspräsident und Reichsregierung ultimativ auf, jeden weiteren Truppenabbau zu unterlassen, die

Nationalversammlung sofort aufzulösen und Neuwahlen zum Reichstag auszuschreiben. Er verlangte personelle Veränderungen in der Regierung, seine eigene Ernennung zum Oberbefehlshaber der Reichswehr und die Ablösung von General Walther Reinhardt, dem Chef der Heeresleitung, der loyal zur Regierung stand.[4]

Lüttwitz wurde nicht etwa sofort verhaftet, sondern lediglich am folgenden Tag seines Kommandos enthoben. Gegen die Mitverschwörer Kapp und Hauptmann a. D. Waldemar Pabst ergingen Haftbefehle, die aber nicht vollstreckt werden konnten, weil die beiden aus Kreisen des Berliner Polizeipräsidiums gewarnt worden waren. In der Nacht zum 13. März setzte Lüttwitz die Marinebrigade Ehrhardt in Marsch gegen Berlin.

Die führenden Generale der Reichswehr weigerten sich durchweg, gegen die Putschisten vorzugehen. Lediglich General Reinhardt war bereit, den Putsch mit Waffengewalt niederzuschlagen. Der Chef des Truppenamtes, General von Seeckt, drohte dagegen, er werde militärischen Widerstand gegen die anrückenden Truppen der Putschisten nicht zulassen. Gegen 4 Uhr am frühen Morgen des 13. März beschlossen Reichspräsident und Regierung Berlin zu verlassen und nach Dresden zu fliehen.

Im Morgengrauen rückte die Marinebrigade Ehrhardt unter Lüttwitz' Führung in die völlig ungeschützte Hauptstadt ein und besetzte das Regierungsviertel. Kapp wurde zum neuen Reichskanzler ausgerufen. In verschiedenen Teilen des Reiches waren Reichswehrkommandeure bereit, sich den Putschisten anzuschließen. Am 13. März 1920 schien die erste deutsche Demokratie am Ende.

Gerettet wurde die Republik von denen, die sie ins Leben gerufen hatten: von der Arbeiterschaft. Bereits am folgenden Tag legte ein Generalstreik das Land vollständig lahm, die Stimmung glich zeitweise der in den revolutionären Novembertagen 1918.

Vor allem im Ruhrgebiet flammten aber auch wieder die gewaltsamen Auseinandersetzungen auf, die es hier bereits im Frühjahr 1919 gegeben hatte. Der in Münster als militärischer Kommandeur amtierende General Oskar von Watter setzte wieder Truppen gegen streikende Arbeiter in Marsch und unterließ zugleich jede klare Stellungnahme gegen die rechtsextremen Putschisten. Am 15. März 1920 ließ

Die Marinebrigade Ehrhardt marschiert in das völlig ungeschützte Berlin ein. Kapitän Hermann Ehrhardt spielt nicht nur eine zentrale Rolle beim Kapp-Putsch, sondern ist auch Kopf der Geheimorganisation Consul, die den Zentrumspolitiker Matthias Erzberger und Reichsaußenminister Walther Rathenau ermordet. 1923 bereitet er in Bayern den «Marsch auf Berlin» vor.

Watter Standgerichte einsetzen. Die streikenden Arbeiter wussten noch aus dem Vorjahr, was ihnen jetzt blühte. Innerhalb kürzester Zeit bildeten sie eine Rote Armee und traten zum bewaffneten Kampf gegen Watters Verbände an.

Bereits am 17. März musste Kapp zurücktreten, nach nur vier Tagen war der Putsch abgewehrt. Die Gewerkschaften erhoben nach diesem «glänzenden Sieg» den Anspruch, an einer «Neuordnung der Verhältnisse» mitzuwirken, die den Wünschen des Volkes entspreche und Gewähr für eine sichere Zukunft biete. Nach langen Verhandlungen akzeptierten die Regierungsparteien in den Morgenstunden des 20. März einen acht Punkte umfassenden Katalog der Gewerkschaften, der Kernforderungen der Revolutionsbewegung enthielt: Entwaffnung und Bestrafung aller am Putsch Beteiligten; Säuberung und Demokratisierung der Verwaltung; Ausbau der Sozialgesetzgebung; sofortige Inangriffnahme der Sozialisierung der dazu reifen Wirtschaftszweige; Einberufung der Sozialisierungskommission; Auflösung aller konterrevolutionären militärischen Formationen und ihre Ersetzung durch Formationen aus den Kreisen der zuverlässigen republikanischen Bevölkerung, insbesondere der organisierten Arbeiter, Angestellten und Beamten; wirksame Erfassung der Lebensmittel, Bekämpfung des Wuchers und Schiebertums. Der Generalstreik wurde am 20. März um 7.05 Uhr beendet.[5]

Diese Forderungen waren in der Sozialdemokratie seit langem äußerst populär. Jetzt herrschte die Meinung vor, sie müssten endlich erfüllt werden, der Putsch von rechts habe eine neue Situation geschaffen. Die Wiederherstellung von Ruhe und Ordnung dürfe nicht zum alten Zustand zurückführen, der vor dem Putsch geherrscht hatte. Es ging Sozialdemokraten und Gewerkschaftsführern auch darum, radikalen Kräften in der Arbeiterschaft soweit wie möglich den Wind aus den Segeln zu nehmen, doch das erwies sich im Ruhrgebiet als unmöglich. Dort setzte sich die Rote Armee gegen Watters Truppen durch und vertrieb sie aus dem Revier. Beim fluchtartigen Rückzug des Militärs erbeuteten die Arbeiterwehren große Mengen von Waffen und Munition. Noch bis Anfang April 1920 wurde hier erbittert gekämpft, und die Regierung setzte Truppen ein, deren Kommandeure sich eben noch geweigert hatten, die Republik zu schützen. Sogar die Marinebrigade Ehrhardt wurde gegen die aufständischen Arbeiter in Marsch gesetzt.

Auf Seiten der Reichswehr und der Freikorps zählte man am Ende 208 Tote und 123 Vermisste, bei der Sicherheitspolizei 41 Tote. Die Zahl der Toten, die die Ruhrarbeiter zu beklagen hatten, ist niemals genau ermittelt worden, liegt aber mit Sicherheit weit über 1000. Die militärischen Standgerichte fällten 205 Todesurteile, von denen 50 vollstreckt wurden, bevor die Reichsregierung die Standgerichte am 3. April 1920 auflöste.

Trotz aller Forderungen aus den Reihen der SPD und der Gewerkschaften wurde nichts Einschneidendes gegen die konterrevolutionäre Gefahr unternommen, die von diesen Truppen ausging. Am Ende schied ausgerechnet General Reinhardt, der als einziger aus der Reichswehrführung militärisch gegen die Putschisten vorgehen wollte, aus seinem Amt als Chef der Heeresleitung aus, und General von Seeckt wurde sein Nachfolger.[6]

Die Regierung wurde zwar umgebildet, aber nicht etwa so, dass ein «Ruck nach links» erkennbar gewesen wäre, wie ihn die Gewerkschaften gefordert hatten. Neuer Reichskanzler wurde am 27. März der bisherige Außenminister Hermann Müller (SPD). Gustav Noske musste als Reichswehrminister seinen Hut nehmen.[7] Weil sich für seine Nachfolge kein geeigneter SPD-Kandidat fand, gaben die Sozialdemokraten das Amt aus der Hand. Nachfolger Noskes wurde der ehemalige Nürnberger Oberbürgermeister Otto Gessler (DDP), der wenig sachliche Kompetenz für das Amt mitbrachte und von sich selbst in diesen Tagen erklärte, er hänge noch immer am Bayerischen Königshaus und sei «höchstens Vernunftrepublikaner» geworden.

Es spricht Bände über das Justizwesen der Republik, dass nur einer der Putschisten des März 1920 gerichtlich abgeurteilt wurde. Traugott von Jagow, der als Innenminister vorgesehene frühere Regierungspräsident von Breslau, wurde zu fünf Jahren Festungshaft verurteilt, von denen er drei verbüßte. Das Gericht rechnete ihm «selbstlose Vaterlandsliebe» als mildernden Umstand an. Alle anderen Beteiligten flohen ins Ausland oder nach Bayern, wurden gar nicht angeklagt oder freigesprochen.

Als Hitler am 14. März vom Putsch in Berlin gehört hatte, war er völlig euphorisch gewesen. Auch Hauptmann Mayr, Hitlers Vorgesetzter, begrüßte den Putsch und schickte Hitler nach Berlin, wo der sich ein Bild von den Vorgängen machen sollte. Hitler war nicht nur einverstanden, sondern so erpicht auf diese Mission, dass er sich zum ersten Mal in seinem Leben in die Luft wagte. Mit von der Partie war Dietrich Eckart, der von Hitlers Rednertalent begeistert war und sich im Hinblick auf seine eigenen völkischen Visionen viel von ihm versprach. In Berlin wollte Eckart Hitler mit den Putschisten um Kapp bekannt machen, von denen er einige persönlich kannte. In einem Flugzeug, dass die Reichswehr stellte, starteten sie am 16. März vom Flugplatz Augsburg aus. Die Maschine, in der sie nach Berlin geflogen wurden, war ein kleiner Doppeldecker, der unterwegs so kräftig durchgeschüttelt wurde, dass Hitler sich mehrmals übergeben musste. Als sie in Berlin landeten, war der Staatsstreich bereits gescheitert und die Putschisten liefen auseinander.

«Hitler wäre trotzdem gerne eine Weile in Berlin geblieben, doch Eckart bestand auf sofortiger Rückkehr nach München. Hitler blieb einzig der Trost, dass er mit dem Zug nach Hause fahren durfte.»[8]

Auf Reichsebene blieb die Lage auch nach dem Putsch labil. Das Ergebnis der Reichstagswahl am 6. Juni 1920 zeigte eine deutliche Polarisierung der Wählerschaft. Die SPD büßte im Vergleich zur Wahl der Nationalversammlung am 19. Januar 1919 16 Prozent ein und erhielt nur noch 21,9 Prozent der abgegebenen Stimmen. Die USPD lag nun mit 17,6 Prozent fast gleichauf – sie bekannte sich seit ihrem Leipziger Parteitag im Dezember 1919 zur «Diktatur des Proletariats» und zum «Rätesystem».[9] Der zweite große Verlierer war die DDP, damals die einzige wirklich republikanische Partei des Bürgertums. Sie erhielt nur noch 8,3 Prozent der abgegebenen Stimmen gegenüber 18,5 Prozent im Januar 1919. Die katholische Deutsche Zentrumspartei, der dritte Partner der Weimarer Koalition, rutschte bei den Juniwahlen von 19,7 Prozent auf 13,6 Prozent ab. Stärkster Profiteur des Polarisierungsprozesses im bürgerlichen Lager war die DVP. Sie kletterte im Juni 1920 von 4,4 Prozent auf 13,9 Prozent der Wählerstimmen. Die früheren Nationalliberalen machten mehrheitlich kein Hehl daraus, dass sie Anhänger der Monarchie waren und der Republik ablehnend gegenüberstanden. Zugleich aber wollten sie auf dem Boden der Verfassung für ihre Überzeugungen streiten und lehnten gewaltsame Methoden ab. Die DVP akzeptierte die Republik vorläufig und unter Vorbehalt.

Nicht so die DNVP, die sich zum Sammelbecken nationalistischer, monarchistischer und antisemitischer Strömungen entwickelte. Sie wurde bei den Juniwahlen 1920 mit 15 Prozent stärkste Kraft im bürgerlichen Lager, ein Stimmenzuwachs von 4,7 Prozent.

Nach langen Verhandlungen verständigten sich Zentrum, DVP und DDP auf eine rein bürgerliche Minderheitsregierung, die bereits nach einem knappen Jahr am Ende war. Es folgten weitere Minderheitsregierungen, auf Reichsebene blieb die Lage unsicher.

In Preußen allerdings, dem weitaus größten Land der Republik, konnte die Koalition aus SPD, Zentrum und DDP trotz Verlusten bei der Wahl zum Preußischen Landtag im Februar 1921 ihre Mehrheit behaupten. Im Verlauf des Jahres kam es unter Einbeziehung der DVP zu einer Großen Koalition. Die Regierung unter Führung von Otto Braun

(SPD) erwies sich als ausgesprochen stabil. Bis auf eine kurze Unterbrechung 1925 regierte Braun als Chef einer Mitte-Links-Koalition bis Mitte 1932, und Preußen erarbeitete sich in diesen Jahren den Ruf, ein Bollwerk der Demokratie zu sein.

Die gegenteilige Entwicklung nahm Bayern. Dort nutzten Militärführung und vaterländische Verbände die Gelegenheit zu einem «kalten Putsch», der im Gegensatz zum Kapp-Lüttwitz-Putsch Bestand hatte und den Freistaat nachhaltig veränderte. Treibende Kräfte waren vor allem Forstrat Escherich mit der Bayerischen Einwohnerwehr, der Münchner Polizeipräsident Pöhner, der Regierungspräsident von Oberbayern, Gustav Ritter von Kahr sowie General Franz Ritter von Epp, der Kommandeur des bayerischen Freikorps Epp, das sich bei der Niederschlagung der Münchner Räterepublik besonders hervorgetan hatte.

Gemeinsam setzten die Verschwörer die Regierung unter Druck und forderten, die vollziehende Gewalt müsse sofort dem Kommandeur der bayerischen Reichswehrdivision, General Arnold Ritter von Möhl, übertragen werden. Nur so könne die angeblich auch in Bayern bedrohte staatliche Ordnung wiederhergestellt werden. Die Stimmung beim entscheidenden Ministerrat am 14. März 1920 wurde durch ständig hereingereichte Polizeimeldungen über Verschärfungen der Sicherheitslage beeinflusst. Diese Meldungen kamen aus der politischen Abteilung der Münchner Polizeidirektion, deren Leiter Wilhelm Frick war, ein enger Vertrauter Pöhners. Vor dem Gebäude marschierten drohend Einheiten des Kampfverbands «Oberland» auf, eines der zahlreichen paramilitärischen Verbände, die in Bayern seit dem Sommer entstanden waren.[10] Von einer freien Entscheidung des Kabinetts konnte keine Rede sein. Ministerpräsident Hoffmann blieb als einziger standhaft: Mit 6:1 Stimmen übertrug der Ministerrat Möhl die vollziehende Gewalt. Hoffmann und die beiden sozialdemokratischen Minister traten noch am selben Tag von ihren Ämtern zurück.

Am 16. März 1920 wählte der Bayerische Landtag auf Vorschlag der Bayerischen Volkspartei Gustav von Kahr zum Ministerpräsidenten des Freistaats. Kahr bildete die erste bürgerliche Regierung seit 1918. Die SPD war nicht mehr beteiligt und blieb bis zum Jahre 1933 auf der Oppositionsbank. Im Gegensatz zum Kapp-Putsch wurde das bayeri-

Unter militärischem Druck wählt der Landtag am 16. März 1920 Gustav von Kahr zum bayerischen Ministerpräsidenten. Unter Kahr rückt Bayern weit nach rechts und stilisiert sich zur «Ordnungszelle», aus der heraus das «jüdisch und marxistisch verseuchte Berlin» wieder auf den rechten Weg gebracht werden soll.

sche Unternehmen mit begrenztem Ziel durchgeführt, brachte aber einen nachhaltigen Ruck nach Rechts.

Das bayerische Bürgertum erwartete von Kahr «nicht nur die Liquidation der Revolutionsepoche, sondern die Wiederherstellung der vorrevolutionären Zustände. Dabei waren starke und ohne Zweifel tief verankerte monarchistische Erwartungen im Spiel.»[11] Man hatte auch die Hoffnung, unter Kahr als Ministerpräsident könnte die mit der Verabschiedung der Weimarer Verfassung verloren gegangene Sonderstellung Bayerns zurückgewonnen werden.

Er sei «eine ausgesprochen bürgerliche Gestalt, der Typus eines verdienten und erfahrenen bayerischen Verwaltungsbeamten der monarchischen Zeit», schrieb der zeitgenössische Historiker Karl Alexander von Müller über den ihm politisch nahestehenden Kahr: «kein rasch beweglicher Geist, ein Mann des bedächtigen Regelwegs – ohne herrscherlichen Ehrgeiz; ein Mann, dem die pünktliche, wohl auch die wegeweisende Verwaltung Lebensaufgabe und Freude ist».[12] Dem Bürgertum erschien Kahr als ein «Kabinettchef, wie man ihn aus der ‹guten alten Zeit› gewöhnt war, der Mann, der Ruhe, Sicherheit und Ordnung garantierte.»[13]

Ähnliche Charakterisierungen findet man häufig, sie entsprechen auch Kahrs äußerem Erscheinungsbild, aber sie passen nicht recht zum aggressiven politischen Kurs, den Kahr sofort gegenüber Berlin einschlug. Kahr unternahm keinerlei Versuch, durch Gespräche und Verhandlungen die Position Bayerns im Reich zu verbessern, sondern betrieb Fundamentalopposition gegen das angeblich marxistisch und jüdisch verseuchte Berlin. Unter Kahr wurde Bayern zur «Ordnungszelle» stilisiert, von der aus die nationale Wiedergeburt Deutschlands in die Wege geleitet werden konnte und musste. Kahr sah in den Einwohnerwehren mit ihren damals rund 300 000 Mann und in den anderen paramilitärischen Verbänden einen wesentlichen Pfeiler seiner Macht. Als die Reichsregierung gleich nach dem Kapp-Putsch die Entwaffnung aller Wehrverbände verfügte, lehnte Kahr das für Bayern rundweg ab. Er bot vielmehr all jenen Zuflucht in Bayern, denen in anderen Teilen Deutschlands der Boden zu heiß wurde. Zu den ersten, die nun nach München kamen, gehörte Kapitän Ehrhardt, nach dem die Berliner Polizei wegen seiner Beteiligung am Kapp-Putsch fahndete. In der Münchner Franz-Josef-Straße richtete Ehrhardt sein neues Hauptquartier ein. Die Thule-Gesellschaft half ihm dabei, seine Männer als Saisonarbeiter bei Landwirten in der Umgebung Münchens unterzubringen. Damit ihr militärischer Drill nicht verloren ging, traten sie in die Einwohnerwehr oder in einen der paramilitärischen vaterländischen Kampfverbände ein, die unter der Regierung Kahr immer stärkeren Zulauf fanden.[14]

Auch General Ludendorff setzte sich nach dem gescheiterten Putsch nach München ab. Er residierte nun in einer Villa im Nobelvorort Prinz-Ludwigs-Höhe, die sich schon bald zur Pilgerstätte und zum Sammelpunkt völkischer, antisemitischer und nationalrevolutionärer Gruppen und Aktivisten entwickelte, «die ohne ein festes Programm und ohne einen äußeren Zusammenhalt nur ein Ziel kannten: die Republik zu stürzen.»[15]

Ein anderer flüchtiger Kapp-Putschist war Dr. Max Erwin von Scheubner-Richter, «ein geschniegelter kleiner Mann und überzeugter Monokel- und Maßanzugträger. Der gebürtige Baltendeutsche wurde zum wichtigsten Verbindungsmann zwischen den völkischen Kräften Münchens und der großen Gemeinde weißrussischer Exilanten, die in der Stadt entstanden war.»[16]

Innerhalb kurzer Zeit entwickelte sich der Freistaat zum Rückzugs- und Aktionsraum völkischer, nationalrevolutionärer und nationalistischer Kräfte aus dem ganzen Deutschen Reich, und es ist schwer vorstellbar, dass dies ohne ausdrückliche Billigung des Ministerpräsidenten vonstatten gehen konnte. Viel spricht im Gegenteil dafür, dass Kahr schon als Ministerpräsident die Idee der «Ordnungszelle» Bayern sehr ernst nahm, aus der heraus das ganze Deutsche Reich wieder auf den rechten Weg gebracht werden sollte, und dass er dabei auch die Einwohnerwehren und die vaterländischen Verbände im Blick hatte.

Als die Entente Ende Juni 1920 die Entwaffnung der Einwohnerwehren forderte, stellte Kahr sich taub, und die Stimmung in Bayern kochte hoch. Auch als Ende September der Reichsentwaffnungskommissar die Abgabe der schweren Waffen verlangte, reagierte Kahr einfach nicht. Weder die Bestimmungen des Friedensvertrages schienen den bayerischen Ministerpräsidenten zu interessieren, noch mögliche Sanktionen bis hin zur Besetzung des Landes durch fremde Truppen. In ganz Bayern wurden in diesen Monaten zahlreiche geheime Waffenlager aus Beständen der Reichswehr angelegt. Nicht nur die schwarz-weiß-roten und die weiß-blauen vaterländischen Vereine erhielten immer mehr Zulauf, sondern auch die diversen paramilitärischen Kampfverbände. Bayern unter Kahr steuerte schon 1920 auf eine Kraftprobe mit Berlin zu – und die stärkste Partei im Landtag, die Bayerische Volkspartei, begab sich fürs erste in die Rolle des wohlwollend abwartenden Zuschauers.

Ganz anders Adolf Hitler, dessen Aktivitätsdrang keine Grenzen zu kennen schien. Hitler war am 31. März 1920 aus der Reichswehr entlassen worden, und am 8. Juli schied auch Hauptmann Mayr aus, aber Hitler war inzwischen auf dessen Führung und Unterstützung nicht mehr angewiesen. Er hatte neue Förderer gefunden, die seine politische Karriere voranbrachten.

Der zunächst wichtigste war zweifellos der schon erwähnte Dietrich Eckart, der 1913 durch die Heirat mit einer vermögenden Witwe zu Geld gekommen war und bei den Angehörigen der Münchner «besseren Gesellschaft» aus und ein ging. Eckart war Autor und hatte vor 1914 versucht, sich in Berlin als Dramatiker zu etablieren. Während des Krieges zog er nach München und fand hier in alldeutschen Kreisen eine geistige Heimat. Mit Unterstützung der Thule-Gesellschaft gab er nach Kriegsende die Wochenschrift *Auf gut deutsch* heraus, ein Sprachrohr antisemitischer Autoren. Hitler lernte er im Winter 1919/20 kennen und wurde für den zwanzig Jahre Jüngeren eine Art «väterlicher Freund». Eckart war ein guter und gewandter Gesellschafter und hielt äußerlich auf gepflegte Sitten. Er brachte dem gesellschaftlich unsicheren, von seiner Herkunft gehemmten und etwas linkischen Hitler sicheres Auftreten bei[17] und half ihm beim Verfassen seiner ersten Artikel. «Eckart war weit mehr als nur ein Begleiter Hitlers; er war sein wichtigster Mentor in den ersten beiden Jahren seines politischen Wirkens.»[18] Zwischen den beiden Männern entwickelte sich eine sehr enge Beziehung. Das «Prachtexemplar eines Altbayern mit dem Aussehen eines alten Walrosses»[19] war seit der ersten Begegnung vom rhetorischen Talent Hitlers überzeugt und erkannte dessen Potential als Propagandist der völkischen Sache. Eckart trug wesentlich dazu bei, die antisemitische und nationalistische Orientierung zu festigen, die bei Hitler im Lauf des Jahres 1919 immer deutlicher sichtbar wurde.

Eckart war für Hitler und die Partei aber auch als Geldgeber und Kreditvermittler von großer Bedeutung. Als Ende 1920 der *Münchner Beobachter* zum Verkauf stand, verpfändete Eckart «sein Haus und sein ganzes Hab und Gut», um der Partei den Erwerb der Zeitung zu ermöglichen. General Epp gab ein Darlehen von 60 000 RM aus einem Reichswehrfonds, für das Eckart bürgte, und so gingen der *Münchner Beobachter* und der Verlag Franz Eher Nachf. GmbH am Freitag, 17. Dezember 1920, ins Eigentum der NSDAP über. Der Kaufpreis betrug 120 000 RM.[20] Unter dem Namen *Völkischer Beobachter* erschien das Blatt nun als Parteizeitung der NSDAP. Nach zwei Kurzzeit-Chefredakteuren übernahm Eckart im August 1921 die Leitung der Redaktion. Trotz dieser engen Bindung an die Partei ist er aber offenbar selbst nie Mitglied geworden.[21]

Durch Eckart lernte Hitler Alfred Rosenberg kennen, der aus dem Baltikum stammte und im November 1918 nach München gekommen war. Rosenberg war ein fanatischer Antisemit, der hinter allem die «jüdische Weltverschwörung» am Werk sah. Für ihn war die russische Revolution ebenso ein Werk der Juden wie die deutsche.[22] Rosenberg trug wichtige Elemente zur Ausformung von Hitlers Antisemitismus bei. An Hitlers Reden lässt sich nachvollziehen, «wie er seit Sommer 1920 die Verhältnisse im revolutionären Russland immer mehr durch die Brille Rosenbergs betrachtete und sie mit der fixen Idee von einer ‹jüdischen Weltverschwörung› verknüpfte.»[23]

Auch der Student Rudolf Heß gehörte früh zu Hitlers Entourage, und auch ihn lernte Hitler über Eckart kennen. Heß stammte aus einem vermögenden Elternhaus, hatte sich 1914 wie Hitler als Kriegsfreiwilliger gemeldet und kam – wie viele aus seiner Generation – nach dem Krieg mit dem bürgerlichen Leben nicht zurecht. Er wurde Mitglied der Thule-Gesellschaft und war als Mitglied einer Bürgerwehr an der Niederschlagung der Münchner Räterepublik beteiligt. Heß war geradezu krankhaft schüchtern und ein «geborener Gefolgsmann».[24] Er verkörperte den «zunächst eher noch seltenen Typus des gläubigen Jüngers»[25] und widmete sein Leben ganz der Sache Hitlers. Heß trat der NSDAP Anfang Juli 1920 bei.

Eine wichtige Persönlichkeit für Hitlers Entwicklung in München war auch Julius Friedrich Lehmann, der sein Geld als Verleger medizinischer Bücher verdiente. Lehmann hatte in München den Ortsverein des Alldeutschen Verbands mitgegründet, war ein in der Wolle gefärbter Antisemit und publizierte in seinem Verlag auch extrem rassistische und nationalistische Schriften. Hier erschien beispielsweise Houston Stewart Chamberlains zweibändige Schrift «Die Grundlagen des 19. Jahrhunderts», mit der der britisch-deutsche Schriftsteller die ideologische Basis der völkischen Bewegung und des rassistischen Antisemitismus in Deutschland lieferte. Lehmann gab auch einen *Wehrschatz* heraus, der «zur Kräftigung und Festigung des Deutschtums an den Sprachgrenzen und im Auslande» beitragen sollte.[26] Seine Zeitschrift *Deutschlands Erneuerung* war ein wichtiges Publikationsorgan des Rechtsextremismus nach 1918.[27] Lehmann förderte Hitler nach Kräften und wurde später einer der ersten Träger des Goldenen Parteiabzeichens der NSDAP.[28]

Noch bedeutsamer dürfte allerdings der Münchner Polizeipräsident Ernst Pöhner gewesen sein, der 1919 nach der Niederwerfung der Räterepublik ins Amt gekommen war, und mit ihm der Leiter der politischen Abteilung der Münchner Polizeidirektion, Oberamtmann Wilhelm Frick. Frick erklärte im Prozess gegen die Putschisten des 8./9. November 1923 in aller Klarheit: «Wir erkannten, dass diese Bewegung der

Nationalsozialisten, die damals ja noch klein war – es wäre ein leichtes gewesen, sie damals noch zu unterdrücken, 1919 und 1920 – nicht unterdrückt werden dürfe. Wir taten das bewusst nicht, weil wir in ihr den Keim einer Erneuerung Deutschlands sahen, weil wir von Anfang an die Überzeugung hatten, dass diese Bewegung geeignet wäre, in der marxistisch verseuchten Arbeiterschaft wieder festen Fuß zu fassen und sie ins nationale Lager zurückzuführen. Deshalb hielten wir unsere schützende Hand über die Nationalsozialistische Arbeiterpartei und Herrn Hitler.» Kahr habe diese Haltung «stillschweigend geduldet». Als Kahr dann aber im Herbst 1921 ausschied, sei es nicht mehr möglich gewesen, die Praxis der «schützenden Hand» aufrechtzuerhalten.[29]

Hitler wusste nur allzu gut, was er den Unterstützern im bayerischen Polizeiapparat zu verdanken hatte. In *Mein Kampf* fand er lobende Worte für Pöhner und Frick, weil sie sich nicht gescheut hätten, «erst Deutsche und dann Beamte zu sein».[30] Frick zog als einer der ersten Nationalsozialisten in den Reichstag ein. Hitler hat Fricks Unterstützung nie vergessen und machte ihn 1933 zum Reichsinnenminister. Noch Ende März 1942 sang er im Führerhauptquartier ein Loblied auf Frick, der sich immer «tadellos benommen» und «mit seinen Fingerzeigen die Parteiarbeit im damaligen Umfang erst ermöglicht» habe.[31]

Wenn Frick im Prozess davon sprach, man habe Hitler zugetraut, «in der marxistisch verseuchten Arbeiterschaft wieder festen Fuß zu fassen und sie ins nationale Lager zurückzuführen», so brachte er ein zentrales Motiv für die Unterstützung der Nationalsozialisten zum Ausdruck, das weit über die Münchner Polizei hinaus galt. Das nationalkonservative Münchner Bürgertum musste staunend anerkennen, dass der «Volksredner» Hitler Menschen erreichte, zu denen kein anderer Zugang fand. Dass es sich dabei vor allem um verarmten Mittelstand und bedrohtes Kleinbürgertum handelte und nicht etwa um die klassische Arbeiterschaft, erkannte die «bessere Gesellschaft» nicht, sondern setzte ihre ganze Hoffnung beim Kampf gegen den «Marxismus» auf den Chefagitator der NSDAP.

Dass Hitler bei seinem Publikum so gut ankam, hatte nicht nur mit seinem rhetorischen Talent zu tun, sondern auch mit den Themen, auf die er regelmäßig zu sprechen kam. Zum Standardinhalt seiner Reden gehörte es, von der deutschen Vergangenheit in den herrlichsten Tönen zu schwärmen, die Gegenwart in den düstersten Farben zu schildern und die «Novemberverbrecher» für diesen Niedergang verantwortlich zu machen. Die Dolchstoßlüge war ebenso fester Bestandteil der Hitlerreden wie maßlose Polemik gegen den Versailler Vertrag, den «Schand- und Schmachfrieden», von dem Hitler behauptete, in 6000 Jahren Weltgeschichte habe es kein solches Diktat gegeben. An der Republik von Weimar ließ er kein gutes Haar, sprach von der «Lumpenrepublik», der «Berliner Judenregierung» oder der «Schieberrepublik»[32] – und traf damit genau den richtigen Ton für sein Münchner Publikum.

Das galt ganz besonders für das zentrale Motiv, das sich durch fast alle Reden zog: die Kampfansage an das Judentum. Dabei schlug Hitler die radikalsten Töne an und begeisterte damit seine Zuhörer. So hielt er am 20. August 1920 im Hofbräuhaus vor 2000 Zuhörern eine Grundsatzrede zum Thema «Warum sind wir Antisemiten?». Als er im Verlauf dieser Rede die «Entfernung der Juden aus unserem Volke» forderte, verzeichnete das Protokoll: «Stürmischer lange anhaltender Beifall und Händeklatschen». Insgesamt wurde der Redner während seiner zweistündigen Ausführungen 56-mal durch Beifall und Zustimmung unterbrochen. Ein Beobachter der sozialdemokratischen Zeitung *Münchener Post* kommentierte den Auftritt: «Eines hat Hitler los, das muss man ihm lassen, er ist der gerissenste Hetzer, der derzeit in München sein Unwesen treibt.»[33]

Ganz anders empfand das Hans Frank, der später große Karriere bis hin zum Generalgouverneur im besetzten Polen machte und noch später in Nürnberg angeklagt und hingerichtet wurde. Er besuchte im Januar 1920 als Neunzehnjähriger zum ersten Mal eine der Hitler-Veranstaltungen. In der Nürnberger Haft erinnerte er sich, dass aus Hitler seinerzeit der unbekannte Soldat des Weltkriegs gesprochen habe, der die Nöte und Wünsche seines Publikums teilte, dass er eine Aura des Wahrhaftigen und Authentischen verbreitete. «Das erste war, dass man fühlte: der da sprach, der meint es irgendwie ehrlich, der will nicht überzeugen von etwas, dem er selbst nicht ganz ‹traute› (...) Er sprach sich alles von der Seele und uns allen aus der Seele.»[34]

Hitler hatte schnell gelernt, effektvolle Propaganda zu entwerfen, mit der er die Massen mobilisieren konnte. Reden in kleinem Kreis waren seine Sache nicht. «Ich brauche Massen, wenn ich spreche», stellte er schon Anfang 1920 fest. Er brauchte «die orgasmische Erregung, die ihm nur die ekstatischen Massen gaben.» Er brauchte «die Befriedigung, die er aus den verzückten Reaktionen und dem wilden Applaus der jubelnden Menge zog».[35]

Was bei vielen den Eindruck erweckte, es komme tief aus Hitlers Innerstem, war allerdings in Wahrheit genauestens vorbereitet. Hitler war kein Stegreifredner, sondern notierte vorab auf rund einem Dutzend Bogen Stichworte und prägnante Parolen als Leitfaden für seine meist zwei- bis dreistündigen Reden.[36] Der Ablauf der Reden folgte einem strikt auf Wirkung berechneten Muster. In der Regel begann Hitler sehr ruhig, fast zögernd. In diesen ersten zehn Minuten «suchte er mit der Feinfühligkeit eines Schauspielers die Stimmung seines Publikums zu erspüren».[37] Sobald er sich der Zustimmung sicher war, lockerte sich seine Haltung. Er begann, seine Ausführungen durch ausdrucksstarke Gesten zu unterstreichen, zugleich wurden Tonart und Wortwahl aggressiver. «Je öfter Beifall und Zurufe aufklangen, um so mehr steigerte er das Tempo und die Lautstärke seines Vortrages.» Auf opponierende Zwischenrufe reagierte er mit Witz und Humor – und hatte die Lacher auf seiner Seite. Je länger Hitler sprach, desto mehr wurde sein Publikum «eine bis ins Innerste ergriffene Gemeinde», die ihm nach der Beendigung seiner Rede «begeistert und rückhaltlos Beifall zollte». Hitler selbst nahm jetzt «in Schweiß gebadet» die Glückwünsche seiner Anhänger entgegen.[38]

Hitler trat in München häufiger als jeder andere Redner auf. Im Jahr 1920 war er in den großen Münchner Brauereisälen 27-mal der Hauptredner und in mindestens sieben weiteren Versammlungen trat er als Kurz- oder Diskussionsredner auf. Noch war die NSDAP in München eine völkisch-nationalistische Gruppe unter vielen, aber Hitler nutzte all seine Möglichkeiten, für die Partei zu trommeln. Er war es, der mit seinem missionarischen Eifer, seiner Rednergabe und Überzeugungskraft regelmäßig Hunderte und später Tausende von Menschen in die Versammlungen lockte.[39]

Als es Hitler am 3. Februar 1921 gelang, 6500 Zuhörer im Circus Krone, Münchens größtem Saalbau, zu «glühender Begeisterung» mitzureißen, begann er selbst an sein Charisma zu glauben. Er sah sich nun als «Trommler» der kommenden nationalen Revolution. Drei Monate später empfing ihn Ministerpräsident von Kahr. Die NSDAP hatte einen Platz im politischen Leben der Stadt gefunden.[40] Mit seiner hämmernden Agitation gegen die Republik befand Hitler sich auch im Einklang mit der amtlichen bayerischen Politik. «Jetzt war er politisch salonfähig.»[41]

5

Erste Machtergreifung – Hitler und die NSDAP

Die persönliche Anerkennung durch die Spitze der bayerischen Politik und die Münchner Gesellschaft stärkte Hitlers Position innerhalb der NSDAP. Hitler wusste allerdings auch genau, wie sehr seine Popularität und seine politische Bedeutung zu diesem Zeitpunkt an München gebunden waren. Deshalb reagierte er sehr gereizt, als im Frühjahr 1921 innerhalb der Partei über eine Fusion mit der «Deutschsozialen Partei» oder der «Deutschen Werkgemeinschaft» gesprochen wurde, die der promovierte Augsburger Studienrat Otto Dickel gerade gegründet hatte. Hitler war entschieden gegen Fusionen, konnte sich aber zunächst nicht durchsetzen. Als Dickel dann auch noch auf Einladung der NSDAP-Führung im Hofbräuhaus einen Vortrag hielt, der beim Publikum sehr gut ankam, zog Hitler die Notbremse. Während die Parteispitze begeistert davon war, einen weiteren volkstümlichen und zugkräftigen Redner gewonnen zu haben, und weiter Gespräche über Zusammenschlüsse mit anderen Parteien führte, erklärte Hitler am 11. Juli wutentbrannt seinen Austritt aus der Partei.

Dieses Vabanque-Spiel hätte durchaus das Ende seiner politischen Karriere bedeuten können, aber dank Eckarts Vermittlung ging Drexler schnell auf Hitler zu und ließ anfragen, unter welchen Bedingungen er sich eine Rückkehr in die Partei vorstellen könne. Hitler nutzte die sich jetzt bietende Chance skrupellos und forderte am 14. Juli ultimativ das Amt des Ersten Vorsitzenden «mit diktatorischer Machtbefugnis». Daneben verlangte er eine definitive Absage an alle Fusionsbestrebungen, ein «Verbot jeder Änderung des Namens und des Programms der Partei für die Dauer von sechs Jahren» sowie die «unverrückbare» Festlegung von München als «Sitz der Bewegung».[1]

Die Parteiführung kapitulierte sofort und akzeptierte Hitlers Forderungen ohne Abstriche. Am 26. Juli trat er als Mitglied Nr. 3680 erneut in die NSDAP ein. Drei Tage später fand im Hofbräuhaus eine außerordentliche Mitgliederversammlung statt. Die 554 anwesenden Mitglieder wählten ihn wie gewünscht zum Vorsitzenden und übertrugen ihm «mit nur einer Gegenstimme»[2] diktatorische Befugnisse. Hitlers Machtergreifung in der Partei zeigte, dass er politische Taktik und Intrige meisterhaft beherrschte. Das half ihm auch dabei, «die von ihm okkupierte Partei ganz auf sich auszurichten.»[3]

Mit aller Intensität trommelte Hitler nun weiterhin als Redner für seine Partei und den Nationalsozialismus. Oberstes Ziel war «die Nationalisierung der Massen»,[4] und dafür bot das Jahr 1921 reichlich Anknüpfungspunkte. Im Versailler Vertrag war zwar grundsätzlich geregelt worden, dass Deutschland Reparationen für entstandene Kriegsschäden zu leisten hatte, aber die Höhe dieser Zahlungen wurde erst im Frühjahr 1921 nach einem langen Verständigungsprozess unter den Siegermächten von der Reparationskommission bekanntgegeben. Zunächst belief sich die Forderung auf 226 Milliarden Goldmark, zahlbar über einen Zeitraum von 42 Jahren. Das war eine Summe, die nicht nur jede Vorstellungskraft sprengte, sondern auch die deutsche Volkswirtschaft vollständig überforderte. Entsprechend fielen die Reaktionen in Deutschland aus, und sie blieben nicht ohne Wirkung. Im April setzte die Reparationskommission den Gesamtbetrag der Reparationen auf 132 Milliarden Goldmark fest und stellte zugleich einen Zahlungsplan auf, der eine Begleichung innerhalb von 66 Jahren vorsah.

Hitler nutzte die Situation zu heftigen Angriffen gegen die «inneren Feinde des Volkes», die er für die Niederlage im November 1918 verantwortlich machte. Am 28. April forderte er «Protest um Protest» gegen «diese Bande von Hundsföttern, die uns in dieses unermessliche Elend gestürzt hat und unter uns die ausschließliche Schuld trägt.» Hitler verlangte, «Nationalverbrecher» wie Matthias Erzberger vor einen «Staatsgerichtshof» zu stellen und forderte, dass «unsere Verderber nicht den Tod erleiden durch eine ehrenvolle Kugel, sondern durch den Strang.»[5]

Der Londoner Zahlungsplan der Entente traf am 6. Mai 1921 in Berlin ein, verbunden mit einem auf sechs Tage befristeten Ultimatum des Obersten Rats der Alliierten, das die sofortige Besetzung des Ruhrgebiets androhte, falls der Plan nicht angenommen würde. Die Besetzung des Ruhrgebiets war seit längerem das Ziel einflussreicher Kreise in Paris, «denen deshalb eine deutsche Ablehnung gar nicht unwillkommen gewesen wäre.»[6] So weit kam es jedoch nicht, der Plan wurde angenommen. Strategie der deutschen Politik war es, dem Plan zunächst bis zur Grenze der deutschen Leistungsfähigkeit gerecht zu werden, um den Alliierten zu demonstrieren, dass die Forderungen am Ende schlicht unerfüllbar waren.[7] Die gesamte politische Rechte tobte gegen die «Erfüllungspolitiker» in Berlin, und Hitler war wieder einer der schlimmsten Hetzer.

Auch die Auseinandersetzungen in Oberschlesien ließ Hitler sich nicht entgehen. In Oberschlesien fand am 20. März 1921 eine Volksabstimmung über die Frage statt, ob das Gebiet bei Deutschland verbleiben oder dem neu geschaffenen polnischen Staat angehören wollte. Diese Abstimmung war im Versailler Vertragswerk vorgesehen, und sie brachte ein für Deutschland günstiges Ergebnis: Fast 60 Prozent der Abstimmenden votierten für Deutschland, gut 40 Prozent für Polen. Anfang Mai kam es daraufhin zu einem polnischen Aufstand in Oberschlesien. Die französischen Besatzungstruppen bezogen Position für Polen, die Engländer wollten dagegen das Industriegebiet bei Deutschland belassen und duldeten die Organisierung eines deutschen Selbstschutzes.[8] Auch Ehrhardts Männer und der bayerische Bund Oberland beteiligten sich an den Kämpfen.[9]

Trotz militärischer Erfolge der deutschen Freikorps endete die Auseinandersetzung um Oberschlesien für Deutschland enttäuschend. Der Rat des Völkerbunds empfahl die Teilung des Abstimmungsgebietes, und entsprechend beschloss der Oberste Rat der Alliierten am 20. Oktober 1921 eine Aufteilung, durch die das ostoberschlesische Industriegebiet fast komplett Polen zugeschlagen wurde.[10] Auch diese Auseinandersetzung trieb die nationalen Leidenschaften in die Höhe und bot perfekte Anknüpfungspunkte für nationalistische Propaganda.

1921 brachte auch die Zuspitzung des Konflikts um die bayerischen Einwohnerwehren. Zum 1. Januar war die im Friedensvertrag vorgesehene Begrenzung der Reichswehr auf 100 000 Mann in Kraft getreten.

Am 29. Januar verlangten die Alliierten ultimativ die Auflösung der Wehren bis zum 30. Juni 1921.[11] Völlig zurecht sahen sie in ihnen paramilitärische Hilfsverbände der Reichswehr: Auf dem Höhepunkt ihrer Macht verfügte die bayerische Einwohnerwehr über mehr als 500 000 Gewehre, Tausende von Maschinengewehren und Hunderte von Geschützen.[12] Forstrat Escherich hatte hier eine gewaltige militärische Macht geschaffen, die mit einer «Einwohnerwehr» im eigentlichen Sinn des Wortes nichts mehr zu tun hatte. Der württembergische Gesandte in München berichtete am 2. April 1921 nach Stuttgart, er habe vom preußischen Geschäftsträger in München erfahren, die «hiesige Einwohnerwehr habe einen großen Stab von früheren Offizieren, meist Generalstäblern, mit einer Organisation, wie sie früher der große Generalstab gehabt habe, einer Presseabteilung, einer kartographischen Abteilung u. s. w. Mit den Büroräumen sei ein ganzes großes Hotel belegt und die Kosten seien auf 15 Millionen veranschlagt, würden sich aber wohl auf mindestens 25 Millionen im Jahr belaufen. Diese Organisation sei es, die der Entente auf die Nerven gehe, und darin habe sie nicht so ganz unrecht. Von den Offizieren dieses Stabes sei die Regierung Kahr abhängig, und das sei das Schlimmste.»[13]

Monatelang ließ Kahr alle Schreiben der Reichsregierung ins Leere laufen, die ihn bewegen sollten, die Forderungen der Alliierten zu erfüllen. Bockig und stur brach der Ministerpräsident damit nicht nur einen zusätzlichen massiven Konflikt mit Berlin vom Zaun, sondern provozierte auch heftige Reaktionen der Alliierten – bis hin zur militärischen Besetzung von Teilen des Landes. Es ist nicht auszuschließen, dass Kahr dies durchaus bewusst war. Inzwischen hatte er Kontakt zu Ludendorff, der von einem nationalen Freiheitskampf des Volkes träumte, wie es ihn ein gutes Jahrhundert zuvor gegen die Herrschaft Napoleons gegeben hatte. Weil er in solchen Phantasien schwelgte, war der «Nationalfeldherr» Ludendorff in München zum Hoffnungsträger der militärischen Revanchisten geworden.

Ein solches Spiel mit dem Feuer war den bürgerlichen Parteien im Bayerischen Landtag dann doch zu gefährlich. Auf Vorschlag der Bayerischen Volkspartei verständigten sie sich darauf, der Einwohnerwehr die freiwillige Auflösung nahezulegen[14] – und so geschah es dann. Bei den beiden letzten Führerbesprechungen der Einwohnerwehren im Mai

1921 wurde allerdings festgelegt, «dass man über eine Scheinauflösung der Wehren nicht hinausgehen werde.» Die bisherige Mitgliederzahl konnte unter den gegebenen Umständen nicht erhalten werden, aber die schlagkräftigsten Einheiten sollten in eine neue Untergrundorganisation übergehen. Um deren Tarnung zu erleichtern, sollte eine äußerliche Zerlegung «in unverfängliche kleine Vereine» eingeleitet werden, deren Zusammenhalt durch eine Oberleitung aus dem bisherigen Stab der Einwohnerwehr sichergestellt werden sollte.[15] Viele der bisherigen Einwohnerwehr-Aktivisten wechselten einfach zu anderen paramilitärischen Gruppierungen, die in München weiterhin aktiv blieben. Attraktiv war vor allem der Bund «Bayern und Reich», in dessen Ideologie sich wie bei den Einwohnerwehren regionalistische und nationalistische Motive mischten.[16]

Man verständigte sich in der Einwohnerwehr auch darauf, im Rahmen der Selbstauflösung nur den kleinsten Teil der Waffen bei der Interalliierten Militärkontrollkommission abzuliefern. Besonders Oberbayern wurde nun regelrecht in ein Waffenlager verwandelt. Mit tatkräftiger Unterstützung der Reichswehr wurden in Einödhöfen und Forsthäusern, in adeligen Landsitzen, Burgen und Schlössern, ja selbst in Klöstern Waffenarsenale angelegt. Die bereits bestehenden Beziehungen zwischen Angehörigen der Reichswehr und Mitgliedern paramilitärischer Organisationen wurden dadurch vertieft und erweitert. «Das Wissen um die verborgenen Waffenlager schuf das Gefühl einer gemeinsamen Verschwörung.»[17]

Kahr ließ all dies geschehen, forcierte die Auflösung der Einwohnerwehr nicht, rief aber am Ende auch nicht zum Widerstand auf. Zugleich blieb er auf hartem Konfrontationskurs gegenüber der Reichsregierung, sah keine vernünftigen politischen Alternativen. Gegenüber dem württembergischen Gesandten Moser erklärte er im Gespräch am 30. Juli 1921, die ganze äußere und innere Lage «sei derartig verzweifelt, dass er nicht sehe, wie wir auf normalem Wege uns allmählich wieder herausarbeiten sollen, er glaube, dass diese Lage nur durch eine gewaltsame Lösung eine Änderung werde erfahren können. Es müsse noch einmal Kämpfe im Innern und Krieg nach außen geben. Diejenigen, die dann noch am Leben seien, könnten dann das neue Deutschland aufbauen.»[18]

Kahr wurde für die Bayerische Volkspartei vollends zum Problem, als am 26. August 1921 der ehemalige Reichsfinanzminister Matthias Erzberger bei Bad Griesbach im Schwarzwald ermordet wurde. Der Zentrumspolitiker war bereits deshalb ins Fadenkreuz der extremen Rechten geraten, weil er im November 1918 den Waffenstillstandsvertrag unterzeichnet hatte. Aber auch mit seiner Finanzreform hatte er sich speziell in Bayern viele Feinde gemacht, weil er dem Reich eigene Steuerquellen zu Lasten der Länder erschlossen und die Weichen «eindeutig in Richtung Einheitsstaat»[19] gestellt hatte.

Die Spur von Erzbergers Mördern führte direkt nach München. Dort war im unmittelbaren Umfeld von Kapitän Ehrhardt die «Organisation Consul» (OC) gegründet worden – «Consul» war der Name, den Ehrhardt innerhalb seiner Organisation führte.[20] Die OC hatte als rechtsextreme militärische Sammlungsbewegung begonnen und war seit dem Spätherbst 1920 eine «reichsweit operierende Geheimorganisation, die sich mit einem von Monat zu Monat fester geknüpften Netz über das Reich erstreckte.»[21] Die Münchner Zentrale führte die Ortsgruppen der Ehrhardt-Männer an kurzer Leine. Nach heutigem Rechtsverständnis war die OC eine terroristische Vereinigung, die aus nationalistischen Motiven schwerste Verbrechen verübte, zu denen auch Mord gehörte. Sie nahm einerseits Männer und Frauen ins Visier, die von den geheimen Waffenlagern wussten und ihr Wissen preisgaben. Diese «Fememorde» der OC verbreiteten ein Klima der Angst und des Schreckens. Andererseits bedrohten und töteten Killerkommandos der OC politische Repräsentanten der Republik. Das erste dieser Opfer war der Fraktionsvorsitzende der USPD im Bayerischen Landtag, Karl Gareis, der in der Nacht vom 9. zum 10. Juni 1921 vor seiner Haustür erschossen wurde, als er von einem Vortrag nach Hause kam.[22] Das zweite Opfer war Erzberger, der auf dem Kniebis bei einem Spaziergang von zwei Männern mit zwölf Revolverschüssen getötet wurde. Sein Begleiter, der Zentrumsabgeordnete Carl Dietz, wurde schwer verwundet.

Als Täter ermittelte die badische Polizei schnell Heinrich Schulz und Heinrich Tillessen, beide führende Mitglieder der OC. Die Münchner Polizei ermöglichte den Tätern, sich nach Ungarn abzusetzen, bevor die badische Polizei in München eingetroffen war, um sie festzunehmen. In München konnte nur das OC-Mitglied Kapitänleutnant Manfred von Killinger verhaftet werden. Er stand im Verdacht, den Tätern schon vor der Tat Beistand für die Zeit danach zugesagt zu haben, wurde aber vor Gericht freigesprochen. Zumindest aber deckte die badische Polizei mit ihren Ermittlungen erstmals die Aktivitäten und das Netzwerk der terroristischen Vereinigung Organisation Consul auf.[23]

Reichsregierung und Reichspräsident reagierten mit Verordnungen zum Schutz der Republik, die sich gegen antirepublikanische Versammlungen, Druckerzeugnisse und Vereinigungen richteten. Zugleich verlangte Berlin von Kahr, den seit 1919 in Bayern bestehenden Ausnahmezustand abzubauen. Kahr lehnte das ab. Es ging dabei um die Grundlagen seiner eigenen diktatorischen Gewalt.[24] Auch die Führer der vaterländischen Verbände forderten «unbedingte Härte des Ministerpräsidenten gegen Berlin». Allerdings wollten es die bürgerlichen Parteien, nachdem endlich die Auflösung der Einwohnerwehr erledigt war, nicht schon wieder zu einer Dauerkrise mit dem Reich kommen lassen. Eine Parlamentarierdelegation handelte am 8./9. September in Berlin einen Kompromiss aus. Als Kahr sich weigerte, den mitzutragen, entzog ihm die BVP die parlamentarische Unterstützung.[25]

Am 12. September 1921 trat Kahr als Ministerpräsident zurück und kehrte auf seinen früheren Posten als Regierungspräsident von Oberbayern zurück. Sein Nachfolger wurde Hugo Graf Lerchenfeld-Köfering, damals Reichsgesandter in Darmstadt. Auch er stammte aus dem königlich-bayerischen Verwaltungsdienst, wirkte aber wie ein Gegenpol zu Kahr: «ein Aristokrat mit amerikanisch-demokratischem Gehaben, geistreich und geistigen Dingen lebendig aufgeschlossen», charakterisierte ihn Karl Alexander von Müller. «Der neuen deutschen Demokratie hing er ehrlich an und sein ausgesprochenes Ziel war, die Spannungen zwischen München und Berlin zu beenden.»[26] Tatsächlich trat im Dauerkonflikt zwischen Bayern und dem Reich, «der in den zurückliegenden Monaten in so erheblichem Maße als innerbayerisches Bindemittel der Rechten gewirkt hatte»[27], unter Lerchenfeld eine gewisse Entspannung ein.

Kurze Zeit nach Kahr stellte der Münchner Polizeipräsident Pöhner sein Amt zur Verfügung und wurde mit der Ernennung zum Richter am bayerischen Obersten Landesgericht entschädigt. Pöhner näherte sich Hitler nun zwar noch offener an,[28] konnte aber in seiner neuen Position weit weniger für ihn tun. Das war für die Nationalsozialisten inzwischen zu verkraften. Ludendorff war im Mai durch Heß auf Hitler aufmerksam gemacht worden, «und seither hatte der Name des Generals Hitler viele Türen geöffnet.»[29]

Im Juni hatte Dietrich Eckart ihn im Salon der Helene Bechstein eingeführt, der Frau des bekannten und wohlhabenden Berliner Klavierfabrikanten. Helene Bechstein war nicht nur fasziniert von dem aufstrebenden Politiker, sondern entwickelte eine geradezu «mütterliche Zuneigung» zu dem dreizehn Jahre jüngeren Mann. Ihr hatte Hitler es zu verdanken, wenn er nach und nach gesellschaftsfähig wurde. Helene Bechstein kleidete ihn neu ein, brachte ihm passable Umgangsformen bei und gab ihm bei ihren Empfängen im «Vier Jahreszeiten» Gelegenheit, sich Münchens «besserer Gesellschaft» zu präsentieren.

Zur Unterstützung aus diesen «besseren Kreisen» kam verstärkter Rückenwind aus der Reichswehr. Das Heer sah in den paramilitärischen Verbänden, zu denen auch die NSDAP und ihre SA gehörten, eine Einsatzreserve für Krisenzeiten und förderte sie nach Kräften. Was in Norddeutschland die «schwarze Reichswehr» war, repräsentierten in Bayern die vaterländischen Vereine und die paramilitärischen Kampfverbände. Wichtigster Verbindungsmann der Reichswehr zu den Verbänden war Hauptmann Ernst Röhm, Stabsoffizier der Brigade Epp, wie das Freikorps nach seiner Integration in die Reichswehr hieß. Röhm hatte bereits die Einwohnerwehren mit Waffen, Munition und militärischem Gerät bedient und organisierte nach deren Auflösung die geheimen Waffenarsenale, aus denen die Verbände weiterhin versorgt werden konnten. Röhm standen mit seiner geheimen «Feldzeugmeisterei» die technischen und materiellen Möglichkeiten zur Verfügung, die zur Instandhaltung der geheimen Waffenbestände und für deren immer häufiger notwendige Verlagerung vor dem Zugriff der Entente notwendig waren.[30]

Röhm war bereits Ende 1919 der DAP beigetreten (Mitgliedsnummer 623) und bald darauf in engeren Kontakt mit Hitler gekommen – «er war einer der wenigen Parteigänger der ersten Stunde, die den späteren ‹Führer› duzten.»[31] Röhm war maßgeblich daran beteiligt, aus dem Saalschutz, den die NSDAP 1920 gegründet hatte, eine schlagkräftige paramilitärische Truppe zu machen. Zunächst war noch von der

«Turn- und Sportabteilung» der NSDAP die Rede, Anfang August 1921 verfügte Hitler dann die Umwandlung in eine kampfstarke Sturmabteilung (SA). Ähnlich wie andere paramilitärische Verbände profitierte die SA von der Auflösung der Einwohnerwehren, aber sie hatte den großen Vorteil, dass der entscheidende Verbindungsmann zur Reichswehr der eigenen Partei angehörte. Seit Herbst 1921 ging die SA dazu über, nicht nur die Veranstaltungen der NSDAP zu schützen, sondern die Versammlungen der politischen Gegner zu stören und Juden auf offener Straße zu verprügeln. Mitte September 1921 sprengte sie eine Versammlung des Bayernbundes im Löwenbräukeller und fügte dabei dessen Leiter, dem Ingenieur Otto Ballerstedt, eine stark blutende Kopfwunde zu. Im Januar 1922 wurde Hitler deshalb wegen Landfriedensbruchs zu einer dreimonatigen Haftstrafe verurteilt, «von der er aber nur einen Monat – vom 24. Juni bis zum 27. Juli 1922 – im Gefängnis Stadelheim absitzen musste.»[32]

Während die SA unter ihren politischen Gegnern Furcht und Schrecken verbreitete, schwelgten Bayerns Monarchisten in Erinnerungen an die «gute alte Zeit». Am 18. Oktober 1921 starb König Ludwig III. von Bayern im ungarischen Exil. Die Beisetzungsfeierlichkeiten bescherten der monarchistischen Stimmung gewaltigen Auftrieb – «zumal Kronprinz Rupprecht von Bayern erklärte, in die Rechte seines Vaters, der niemals auf den Thron der Wittelsbacher verzichtet habe, eingetreten zu sein.»[33] Vor der Beisetzung des ehemaligen Königs am 5. November verdichteten sich sogar Gerüchte über einen geplanten Putsch. Es wurde erwartet, dass Rupprecht sich am Beisetzungstag «die Königskrone aufs Haupt setzen werde.»[34] Das hätte die Trennung Bayerns vom Reich bedeutet, was in Monarchistenkreisen durchaus nicht als Katastrophe empfunden worden wäre. Alle Putschüberlegungen waren jedoch erledigt, als Reichswehroffiziere dem Befehlshaber der bayerischen Division erklärten, «dass sich das Offizierskorps auf keinen Fall zu etwas gebrauchen lasse, was gegen den Diensteid sei.»[35]

6

«Ordnungszelle» Bayern – Der Traum vom «Marsch auf Berlin»

Separatistische Tendenzen hatten in Bayern seit 1919 Konjunktur. «Weg von Berlin» war für viele eine durchaus attraktive Parole. Der Preußenhass hatte schon im Lauf des Krieges deutlich zugenommen, besonders als auf Weisung Berlins Kirchenglocken eingeschmolzen und zu Granaten verarbeitet werden mussten.[1] Zeitweise war ein Bund der süddeutschen Staaten unter Einbeziehung Deutsch-Österreichs im Gespräch, zeitweise ein Rheinbund, dem auch die rheinischen Teile Preußens zugeschlagen werden sollten. Im Herbst 1922 kursierte ein recht konkreter Umsturzplan, der auch mit französischem Geld finanziert und vorbereitet wurde. Ziel war die – zumindest vorübergehende – Loslösung Bayerns vom Deutschen Reich. Die Wiedereinführung der Monarchie sollte als Option offengehalten werden, geplant war ein «Regentschaftsrat» mit diktatorischer Gewalt. Als die Separatisten versuchten, den ehemaligen Kronprinzen Rupprecht einzubinden, erstattete der Anzeige. Der Prozess im Juni 1923 offenbarte «einen Morast, dessen Spritzer recht weite Kreise trafen».[2]

Frankreich stand solchen Plänen äußerst wohlwollend gegenüber, weil sie das definitive Ende des Deutschen Reiches mit seinem bedrohlichen Potential an Bevölkerung, Wirtschaftskraft und militärischer Stärke bedeutet hätten. Der bayerischen Seele hätte wohl vor allem gutgetan, nicht mehr im Schatten des übermächtigen Preußen zu stehen. Die Wahrung eigenstaatlicher Interessen Bayerns war eines der zentralen Motive hinter den anhaltenden Spannungen und Konflikten zwischen Berlin und München. Das andere war die radikale Ablehnung der sozialistischen Politik, die in Berlin angeblich betrieben wurde. Häufig wurde diese Politik mit den Etiketten «jüdisch» und «marxistisch» markiert. Schwarz-rot-gold dachten in München nur die sozialdemokratische Arbeiterschaft und einige versprengte Demokraten. Die Bayerische Volkspartei hatte sich von der Zentrumspartei gelöst, von der die Weimarer Republik mitgetragen wurde. Die DDP war zwar in Franken stark, spielte aber in München und Südbayern keine Rolle.[3]

Im fränkischen Nordbayern lagen die Dinge insgesamt anders als in Ober- und Niederbayern. Hier war das Bürgertum traditionell eher national gesinnt und weniger weiß-blau. Hier hatte man die Tendenz der Weimarer Verfassung hin zum Einheitsstaat durchaus begrüßt. Hier war die monarchistische Stimmung bei weitem nicht so stark wie in München. Im fränkischen Bürgertum dominierte der demokratische Gedanke, und auch die fränkische Arbeiterschaft war republikanisch gesinnt, neigte nicht zum Radikalismus. Das soziale Klima war in Franken deutlich ausgeglichener als in München.[4] Nur: Die bayerische Politik wurde in München und Oberbayern gemacht, nicht in Nürnberg.

Nach Lerchenfelds Amtsantritt im September 1921 hatte sich zunächst manche aufgeregte Auseinandersetzung der Zeit Kahrs gelegt. Die vaterländischen Verbände verloren mit dem Wechsel von Kahr zu Lerchenfeld den unmittelbaren Zugang zur offiziellen bayerischen Politik. Für sie waren nun Monate der inneren Konsolidierung angesagt. Nach der Auflösung der Einwohnerwehren war eine Reihe von vaterländischen Vereinen und paramilitärischen Verbänden neu entstanden, bereits bestehende hatten den erheblichen Zulauf neuer Mitglieder zu verarbeiten. Die gesamte Landschaft der nationalen und völkischen Verbände in Bayern war keineswegs nur für die Kontrolleinrichtungen der Alliierten verwirrend und unübersichtlich.

In dieser Phase konnte Hitler das Profil seiner Partei weiter schärfen. Als Redner erreichte er jetzt ein immer größeres Publikum. Max von Gruber, Professor für Hygiene an der Universität München, erlebte ihn im Circus Krone. «Ich bewunderte seine Fähigkeit, zwei Stunden lang ohne Ermüdung in dem Riesenraum frei zu sprechen. Er beherrschte die vieltausendköpfige Menge vollständig, obwohl er ganz ruhig und ohne Gesten sprach und ohne unmittelbare Aufstachelung der Leidenschaften. Es war mir höchst merkwürdig, wie dieselben Bevölkerungsteile (kleine Leute, Handlungsgehilfen, Arbeiter, kleine und mittlere

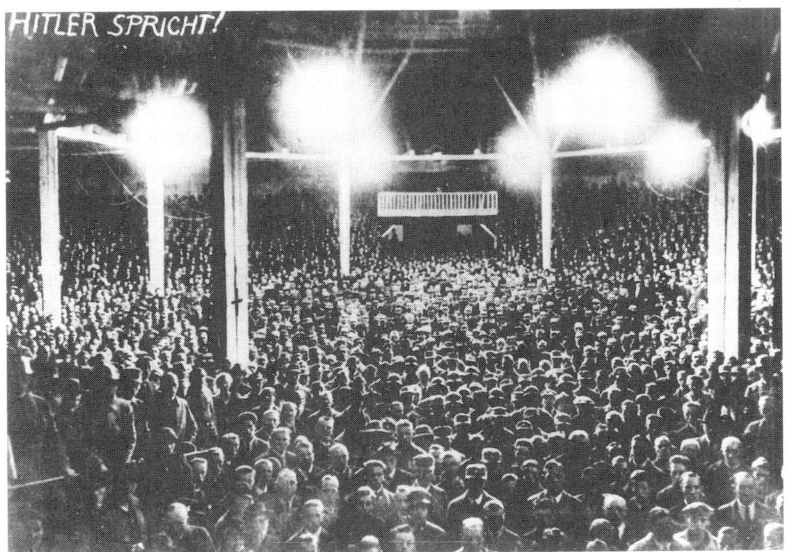

Hitler spricht im Circus Krone. Im Frühjahr 1921 gelingt es ihm erstmals, mehr als 6000 Zuhörer zu fesseln. In den folgenden zwei Jahren wird er zum populärsten Redner Münchens. Seine Fähigkeit, Massen zu faszinieren, macht ihn für die rechtskonservativen Kreise zur interessanten Figur. Man möchte ihn gern für die eigenen Zwecke nutzen.

Beamte, kleine und mittlere Geschäftsleute usw.), welche vor ein bis eineinhalb Jahren ganz und gar von demokratischen und sozialistischen Träumen und Wünschen erfüllt waren nun wieder nationalbegeistert waren, ‹Deutschland, Deutschland über alles› und ‹Die Wacht am Rhein› sangen.»[5]

Gruber war keineswegs der Einzige der Münchener Professoren, der von Hitler fasziniert war. Die Ludwig-Maximilians-Universität entwickelte sich zum Sammelbecken für völkisch und nationalistisch gesinnte Professoren und Studenten und wurde ein wichtiger Rückhalt für Hitlers Bewegung. Wichtig für Hitlers Denken wurde der Geograph Karl Haushofer mit seiner «Lebensraumtheorie». Haushofer schrieb kulturell «führenden» Nationen das Recht zu, sich den zum Überleben «notwendigen» Raum anzueignen. Rudolf Heß brachte Haushofer und Hitler 1922 zusammen.[6]

Hitler wurde immer mehr zu einer interessanten öffentlichen Figur.

«Der Beiname ‹König von München›, den ihm seine innerparteilichen Gegner ironisch angeheftet hatten, traf immer mehr die Wirklichkeit.»[7] Dazu trug Ernst Hanfstaengl maßgeblich bei, der aus einer alteingesessenen Münchner Verleger-Familie stammte. «Putzi», wie er von seinen Freunden genannt wurde,[8] hatte in Harvard studiert und dann die New Yorker Filiale des väterlichen Kunstverlages geleitet. Im Sommer 1921 war er nach München zurückgekehrt und dann auch auf Hitler aufmerksam geworden. Im November 1922 erlebte er einen Auftritt Hitlers im «Kindlkeller» und hatte noch lange danach «die faszinierende Rhetorik Hitlers im Ohr». Neben den Inhalten, mit denen er zu «gut 95 Prozent» übereinstimmte,[9] begeisterte ihn auch Hitlers Stimme. «Wer Hitler nur aus den Veranstaltungen der späteren Jahre kennt – als den schon zur Maßlosigkeit entarteten tobenden Demagogen und Diktator am Mikrophon –, hat keine Vorstellung von dem registerreichen und volltönenden Instrument seiner natürlichen, nicht künstlich verstärkten Stimme in den ersten Jahren seines politischen Debüts. Da hatte sein Bariton noch Schmelz und Resonanz, da standen ihm noch Kehltöne zur Verfügung, die einem unter die Haut gingen, da waren seine Stimmbänder noch unverbraucht und befähigten ihn zu Nuancierungen von einzigartiger Wirkung.»[10]

Für Hanfstaengl war klar: «Zweifellos, hier war ein Virtuose auf der Klaviatur der Massenseele im Kommen, der eines Tages das Spiel auf der politischen Szene maßgeblich mitbestimmen würde.»[11] Hanfstaengl beschloss, Hitlers nähere Bekanntschaft zu suchen und ihn nach Kräften zu unterstützen. Bald gehörte der Großbürgersohn zu Hitlers Entourage und öffnete ihm vollends die Türen zu den exklusivsten Münchner Privathäusern und Salons, zu denen durchaus auch seine eigene Wohnung in der Gentzstraße am Rande von Schwabing gehörte.[12] Auch hier war Hitler von nun an häufig zu Gast.

Dort erlebte ihn Karl Alexander von Müller zur Kaffeezeit: «Wir anderen saßen schon zu viert am blanken Mahagonitisch vor dem Fenster, als die Wohnungsglocke klang; durch die offene Tür sah man, wie er auf dem schmalen Gang die Gastgeberin fast unterwürfig höflich begrüßte, wie er Reitpeitsche, Velourhut und Trenchcoat ablegte, schließlich einen Gürtel mit Revolver abschnallte und gleichfalls am Kleiderhaken aufhängte. Das sah kurios aus und erinnerte an Karl May (…) Der Mann, der hereinkam, war nicht mehr der trotzig-verlegene Ausbilder in einer schlechtsitzenden Uniform, der mir 1919 gegenübergestanden war; aus seinem Blick sprach schon das Bewusstsein des öffentlichen Erfolges: aber etwas seltsam Linkisches haftete ihm immer noch an».[13]

Vermutlich haben auch seine Unterwürfigkeit und sein exotisches Auftreten Hitler für Münchens wohlhabende Bürger interessant gemacht, nicht nur seine nationalistischen Thesen und seine kompromisslose Agitation gegen die Berliner Republik. Es war «nicht zuletzt seine soziale Randständigkeit, seine Aura eines Kellerkindes der Gesellschaft, die auf gelangweilte Damen und Herren der Gesellschaft einen gewissen Reiz ausübte und einen Hauch von Verruchtheit und Gefahr in ihr Leben zu bringen versprach.»[14] Jedenfalls kam von Angehörigen der gesellschaftlichen und wirtschaftlichen Elite Münchens nun der «vielleicht wichtigste Schub für Hitler». Ohne deren Unterstützung wäre er vermutlich ein «zweitrangiger Bierkellerprophet» geblieben.[15]

Wichtig war dieser Schub auch ganz profan in finanziellem Sinn. Mitgliedsbeiträge und Einnahmen aus den Versammlungen deckten bei weitem nicht die laufenden Kosten der NSDAP für Personal und Verwaltung. Auch der *Völkische Beobachter* konnte nur erscheinen, weil er laufend erhebliche Zuschüsse bekam. Ohne potente Geldgeber wäre die Partei längst am Ende gewesen. Zu den frühen Förderern gehörte der Augsburger Fabrikant Dr. Gottfried Grandel. Dazu kam der bei den Siemens-Werken in Berlin tätige Chemiker Dr. Emil Gansser, der mit Dietrich Eckart befreundet war. Gansser öffnete Hitler erste Türen in Berlin. So konnte er am 29. Mai 1922 einen Vortrag im Berliner «Nationalen Klub von 1919» halten, der neben Offizieren und Beamten auch Unternehmer zu seinen Mitgliedern zählte. «Danach scheinen einige Spenden von Berliner Industriellen geflossen zu sein, unter anderem von Ernst von Borsig und dem Kaffeefabrikanten Richard Franck.»[16]

Die Monate der – scheinbaren – Beruhigung der politischen Verhältnisse im Land endeten am 24. Juni 1922 mit einem brutalen Mord. Mitten in Berlin wurde Reichsaußenminister Walther Rathenau von einem Kommando der Organisation Consul erschossen.[17] Rathenau war einer der Hauptexponenten der «Erfüllungspolitik» gegenüber den Siegermächten – und er war Jude. Die Mörder folgten Rathenau, als er morgens von seiner Wohnung in Grunewald im offenen Wagen ins Amt

Nach der Trauerfeier für den ermordeten Reichsaußenminister Walther Rathenau am 27. Juni 1922 vor dem Reichstagsgebäude. Unmittelbar neben dem ersten PKW Reichspräsident Friedrich Ebert und Reichskanzler Joseph Wirth. Die anschließende Beisetzung Rathenaus wird zu einer Demonstration für die Republik, an der sich in Berlin Hunderttausende beteiligen. In vielen Städten des Reiches finden demokratische Kundgebungen statt.

gefahren wurde, schlossen zu ihm auf, feuerten mit einer Maschinenpistole Salven auf ihn ab und warfen zuletzt noch eine Eierhandgranate in den Wagen des Reichsaußenministers.[18]

Am selben Tag trat der Reichstag zusammen, und Reichskanzler Joseph Wirth, ein Südbadener vom linken Flügel der Zentrumspartei, hielt eine hochemotionale Rede, in der er mit der politischen Rechten und ihren ständigen extremistischen Angriffen auf die Republik abrechnete. Die Rede gipfelte in dem bis heute häufig zitierten Schlusssatz: «Da steht (Wirth drehte sich zu den Abgeordneten der Rechtsparteien – WN) der Feind, der sein Gift in die Wunden eines Volkes träufelt. – Da steht der Feind – und darüber ist kein Zweifel: Dieser Feind steht rechts!»

Das demokratische Deutschland reagierte mit einer Verordnung des Reichspräsidenten zum Schutz der Republik, die am 26. Juni in Kraft trat. Sie knüpfte an die Verordnung an, die im Jahr zuvor nach der Ermordung Erzbergers erlassen worden war, richtete nun aber auch einen Staatsgerichtshof zum Schutz der Republik ein, vor dem künftig alle Verfahren wegen Hochverrats und politisch motivierter Gewaltkriminalität verhandelt werden sollten. Das war ein wichtiger und nur allzu verständlicher Schritt. Speziell die bayerische Justiz hatte in den Jahren zuvor hinlänglich unter Beweis gestellt, dass ihr nichts weniger am Herzen lag als die Demokratie. Für rechtsextreme Mörder hatte sie stets ein mildes Urteil gefunden. Von einer republikfeindlichen Justiz konnte man keine fairen Verfahren gegen Feinde der Demokratie erwarten.

Durchaus zurecht sahen die Wehrverbände und die vaterländischen Vereine in der Einrichtung dieses Staatsgerichtshofs zum Schutz der Republik einen Angriff auf ihre bayerische Festung und reagierten entsprechend heftig. Die bayerische Politik trat den Verbänden nicht etwa entgegen, sondern stellte sich auf deren Seite, indem sie gegen einen angeblichen Eingriff des Reiches in die Justizhoheit der Länder wetterte. Gegenüber dem württembergischen Gesandten Moser erklärte Ministerpräsident Lerchenfeld recht offen, «dass die Verordnungen in Bayern nur durchgeführt werden könnten, insoweit das Rechtsempfinden und die Verfassung nicht beeinträchtigt würden. Nehme er die Verordnungen unbesehen hin, so wäre er bei der hier herrschenden Stimmung in wenigen Tagen weggefegt und dann könnte es zu den schlimmsten Unruhen, ja zum Bürgerkrieg kommen.»[19] Das politische Klima in Bayern wurde nicht von der Regierung oder vom Landtag bestimmt, sondern vom «nationalen Lager».[20]

Um Maßnahmen zum Schutz der Republik eine breite und sichere Grundlage zu geben, blieb es nicht bei der Verordnung des Reichspräsidenten. Der Reichstag verabschiedete vielmehr am 18. Juli mit verfassungsändernder Mehrheit ein entsprechendes Gesetz – gegen die Stimmen der DNVP, der BVP, des Bayerischen Bauernbundes, einiger Mitglieder der Deutschen Volkspartei und der Kommunisten.[21] Es trat am 21. Juli in Kraft und führte vor allem wegen der Einrichtung des Staatsgerichtshofs in Leipzig sofort zu einer ernsthaften Auseinandersetzung mit Bayern.

Am 24. Juli verabschiedete der bayerische Landtag eine Verordnung «zum Schutze der Verfassung der Republik» und erklärte darin, das

Reichsgesetz sei «eine Verletzung der Reichsverfassung». Im Gegensatz zum Reichsgesetz hieß es in der bayerischen Verordnung, in Bayern seien «die Volksgerichte» zuständig und «nichtbayerischen Polizeiorganen» sei «die selbstständige Vornahme von Amtshandlungen in Bayern verboten».[22] Verantwortlich für diese scharfe Reaktion war in erster Linie die Spitze der BVP, nicht Ministerpräsident Lerchenfeld, der die Angelegenheit «mehr dilatorisch» behandeln und zunächst abwarten wollte.[23]

In der Debatte des bayerischen Landtags am folgenden Tag erklärte der Vorsitzende der SPD-Landtagsfraktion, Johannes Timm, diese Verordnung stelle «einen Treubruch gegen das Reich und eine Verfassungsverletzung dar, die ohne Beispiel in der Geschichte sind.»[24] Mit einer klaren Ablehnung durch die SPD hatte man in der Regierung und der BVP natürlich gerechnet, und nicht nur das. Der württembergische Gesandte berichtete bereits am 22. Juli nach Stuttgart, man rechne in München «ziemlich stark damit, dass die Demokraten aus der Koalition ausscheiden, die dann durch den Eintritt der Mittelpartei (der bayerischen Schwester der Deutschnationalen Volkspartei – WN) nach rechts erweitert werden müsste. Einem etwa ausbrechenden Generalstreik soll durch sofortige Verhängung des Belagerungszustandes begegnet werden.»[25]

Man reibt sich die Augen, wenn man liest, mit welcher Wucht Bayern die Konfrontation gesucht haben soll, aber die Berichte Mosers sind in höchstem Maße glaubwürdig. Er war bereits lange vor dem Krieg als württembergischer Gesandter nach München gekommen und hatte beste Kontakte in die traditionelle bayerische Politik. Als Gesandter konnte er jederzeit alle Minister und Beamten um Unterredungen bitten und war bestens informiert.[26]

Die bayerische Politik steuerte offenbar sehenden Auges in einen massiven Konflikt mit dem Reich und nahm dafür große Auseinandersetzungen im eigenen Land bis hin zur Verhängung des Belagerungszustandes in Kauf. Immerhin nannte die Reichsregierung die Dinge klar beim Namen. Am 26. Juli erklärte sie, «zum ersten Mal seit der Gründung des Reiches» verweigere eine Landesregierung «einem verfassungsmäßig zustande gekommenen Reichsgesetz die Geltung». Die bayerische Verordnung sei «verfassungswidrig und ungültig».[27] Am

28. Juli drohte der Reichspräsident in einem Schreiben an den bayerischen Ministerpräsidenten mit der Reichsexekution,[28] deutete aber Offenheit für Gespräche an, so dass Lerchenfeld «recht befriedigt schien».[29] Vom 9. bis 11. August wurde unter dem Vorsitz Eberts verhandelt, aber das Ergebnis dieser ersten Runde lehnten die bayerischen Regierungsparteien am 17. August ab. Erst als das Reich auch noch die Errichtung eines eigenen süddeutschen Senats beim Staatsgerichtshof und eines besonderen bayerischen Referats beim Oberreichsanwalt sowie die Mitwirkung der bayerischen Staatsanwälte bei Überweisungen von Strafsachen an den Staatsgerichtshof zusagte, wurde das Abkommen vom bayerischen Landtag genehmigt und die bayerische Notverordnung außer Kraft gesetzt.[30]

Die bayerische Rechte feierte das forsche Auftreten gegen Berlin am 16. August mit einer Großkundgebung auf dem Königsplatz, wo sich 70 000 Menschen versammelten. Veranstalter waren die vaterländischen Verbände. Zweiter Redner bei der Kundgebung war Adolf Hitler. Er rief der Menge zu, im Kampf des Reiches gegen Bayern gehe es nicht um besondere bayerische Reservatrechte, sondern darum, dass Bayern «der deutscheste Staat im Deutschen Reich» sei. Deshalb bekämpfe man Bayern von Berlin aus. Man wolle «Bayern den Berliner Kurs aufzwingen, damit es dem östlichen Judentum verfalle, und das deutsche Volk dadurch den russischen Verhältnissen zuführen.» Von nun an müsse mit den Kompromissen Schluss gemacht werden, «wenn Deutschland nicht seinem Untergang entgegentreiben soll.»[31] Hitlers Auftritt bei dieser Kundgebung zeigte: Er und seine Bewegung waren zu einem relevanten Faktor im Lager der politischen Rechten geworden.

Die vaterländischen Verbände werteten die Großkundgebung als gewaltigen Erfolg. Im Anschluss gab es konkrete Überlegungen zwischen Otto Pittinger, dem Vorsitzenden des größten und einflussreichsten der Verbände, dem Bund «Bayern und Reich», Hauptmann Ernst Röhm, Stabsoffizier bei der VII. Reichswehrdivision und Verbindungsmann zu den Verbänden, und dem Münchner Polizeipräsidenten Ernst Pöhner, am 25. August eine weitere Demonstration anzusetzen und sie zu einem Putsch gegen die bayerische Staatsregierung zu nutzen. General Möhl und General Epp wurden informiert – und die Spitze der bayerischen Reichswehrdivision leitete keinerlei Maßnahmen zum Schutz der Regierung ein. Auch Hitler wurde eingeweiht, doch dann zögerte Pittinger im letzten Moment. Er ließ nur einen kleinen Teil seiner Wehrmänner aufrufen, und als die Staatsregierung kurzfristig ein Verbot der Versammlung verfügte, blieb er vollkommen passiv.[32]

Die Episode macht deutlich, wie massiv Lerchenfelds Kurs des Dialogs und der Verständigung mit Berlin in den vaterländischen Verbänden abgelehnt wurde. Deutlich sichtbar war Mitte August 1922 aber auch, dass selbst die Spitze der BVP diesen Kurs nicht mehr weiter unterstützte. Am 6. September berichtete der württembergische Gesandte Moser nach Stuttgart, Lerchenfeld habe sich ihm gegenüber bitter darüber beklagt, «wie schwer ihm seine Amtsführung gemacht werde. Er würde diese Bürde lieber heute als morgen abschütteln, aber zur Zeit wolle er den Leuten, die seinen Rücktritt verlangten, diesen Gefallen nicht tun.» Moser berichtete auch, Lerchenfeld habe sich über Diktaturideen erregt, die der frühere Polizeidirektor Pöhner gegenüber Dritten geäußert habe. «Man wolle in Bayern eine Militärdiktatur errichten, die sich dann allmählich über das ganze Reich ausbreiten solle. Man versteige sich zu der größenwahnsinnigen Idee, dass von Bayern aus die Gesundung nicht nur des Deutschen Reiches, sondern ganz Europas kommen müsse.»[33]

Es war nur noch eine Frage von Wochen, bis sich ein geeigneter Anlass für Lerchenfelds Rücktritt fand. Nach einer üblen Verleumdungskampagne gegen seine Frau war es am 2. November 1922 so weit. An der Hetze gegen ihn und seine Frau hatten sich auch maßgebliche Männer der BVP eifrig beteiligt.[34] Nach seinem Abschied erklärte Lerchenfeld gegenüber Moser, es sei eben «das Unglück, dass der politische Horizont hier ein so entsetzlich enger sei, man könne sich hier gar nicht vorstellen, dass anderswo die Verhältnisse anders gelagert seien. Da spreche man immer vom Niedergang der Sozialdemokratie, aber die Wahlen in Sachsen hätten bewiesen, dass davon keine Rede sein könne. Auch in den Parteien bedenke man hier nie genügend die Rückwirkung auf andere Teile des Reiches, wo andere Gesinnungen herrschten.»[35]

Bei den sächsischen Landtagswahlen am 5. November 1922 hatte die SPD 41, die KPD 10, die DNVP 19, die DVP 18 und die DDP 8 Sitze errungen. Die bürgerlichen Parteien hatten schwere Verluste hinnehmen müssen. Die Welt in Sachsen war eine völlig andere als die in München.

In Sachsen war die Sozialdemokratie die unangefochten führende Kraft, in München dagegen wurden schwarz-rot-goldene Fahnen der Republik heruntergerissen und verbrannt, die aus Anlass eines Besuchs des Reichspräsidenten am Hauptbahnhof und am Messeeingang aufgehängt worden waren. Ebert hatte angekündigt, im Mai 1922 zur Eröffnung der deutschen Gewerbe-Ausstellung nach München zu kommen, sagte nach diesen Vorfällen aber kurzfristig ab. Nachdem Bayern sich zu verschärften Sicherheitsmaßnahmen verpflichtet hatte, holte Ebert den Besuch am 12./13. Juni nach. Hitler erklärte im Vorfeld, der Besuch des Reichspräsidenten sei eine Beleidigung für Bayern, und drohte mit Gewaltmaßnahmen. Zu Gewalt kam es nicht, aber Besuchsrahmen und Stimmung bewegten sich durchgängig am Rande eines Eklats. Der britische Generalkonsul berichtete nach London: «Der Präsident traf gestern morgen ein und erhielt einen frostigen Empfang. Er hatte das unschöne Erlebnis, ausgebuht zu werden, wohin er auch kam. Es gab keinen Aufmarsch von Gardetruppen und kein Flaggenhissen zu Ehren des Präsidenten, und wahrscheinlich haben nur die wenigsten in der Stadt weilenden ausländischen Touristen überhaupt etwas davon mitbekommen, dass das deutsche Staatsoberhaupt in München zu Besuch war.»[36]

In den Wochen nach dem Mord an Rathenau wurde in vielen deutschen Ländern eine Reihe von nationalistischen Verbänden, wie der Alldeutsche Verband und der Stahlhelm, für aufgelöst erklärt.[37] Die NSDAP wurde zunächst in Baden und Thüringen, dann auf Grundlage des Republikschutzgesetzes in Braunschweig, Hamburg, Preußen und Mecklenburg-Schwerin verboten. Die bayerische Staatsregierung dachte nicht an ein Verbot.[38]

Auf Reichsebene kam es nach dem Mord zu einer Annäherung der DVP an die regierende Weimarer Koalition. Tief erschüttert rief der Vorsitzende Gustav Stresemann in seiner großen Reichstagsrede am 5. Juli aus, jetzt sei die «Ausrottung» der Mordorganisationen «mit Stumpf und Stiel» geboten, es gehe nicht mehr um die Frage «hier theoretische Republikaner, dort theoretische Monarchisten», sondern um den eigentlichen Gegensatz: «Staatsbejahung oder Staatszerstörung». 36 von 56 DVP-Abgeordneten stützten diese neue Linie der DVP.[39]

In Bayern dagegen tickten die Uhren anders. Hier führten die Ermordung Rathenaus und das aus diesem Anlass verabschiedete Republikschutzgesetz zu einer verschärften Tendenz nach Rechtsaußen. Als Hitler am 18. September 1922 im Circus Krone als erste seiner grundlegenden Forderungen die «Abrechnung mit den Novemberverbrechern von 1918» nannte, vermerkte der Bericht des *Völkischen Beobachters*: «Minutenlanger tosender Beifall».[40] Hitler und seine Bewegung beherrschten inzwischen ganz eindeutig die Münchner Versammlungen und Straßen. Die Mitgliederzahlen der NSDAP stiegen von 6000 Anfang 1922 auf über 20 000 bis zum Jahresende.[41] Ende September 1922 kaufte die NSDAP trotz aller finanziellen Probleme der Partei den ersten «Schnellkraftwagen» für ihren Vorsitzenden, «ein prachtvolles rot lackiertes Sechszylinder Benz-Cabriolet, mit dem sich Hitler von Auftritt zu Auftritt chauffieren ließ.»[42] Inzwischen trat Hitler nicht selten mehrmals am Abend in verschiedenen Biersälen auf.

Unter dem Eindruck von Mussolinis sogenanntem «Marsch auf Rom» am 27./28. Oktober 1922 begannen nun einige Männer aus Hitlers Entourage von ihm als «Führer» zu sprechen. Den Auftakt machte Hermann Esser, der Anfang November im Hofbräuhaus ausrief: «Deutschlands Mussolini heißt Adolf Hitler.»[43] Noch im selben Monat stilisierten auch Berichte des *Völkischen Beobachters* Hitler zum charismatischen «Führer».[44] Auf Plakaten für zehn Protestkundgebungen am Mittwoch, 13. Dezember 1922, wurde er erstmals offiziell als «unser Führer» angekündigt.[45]

Mussolinis «Marsch auf Rom» beflügelte die Fantasie der gesamten politischen Rechten. Zuvor war in informierten Kreisen immer wieder von einer «Angora-Lösung» für Deutschland die Rede gewesen. Das spielte auf die Entwicklung in der Türkei an, wo Gazi Mustafa Kemal Pascha, der spätere Atatürk, am 23. April 1920 im anatolischen Kernland die Große Nationalversammlung der Türkei ausgerufen hatte und dann von Angora aus, dem späteren Ankara, Druck auf das osmanische Parlament in Istanbul ausgeübt hatte. Die Erhebung der Jungtürken hatte gezeigt, dass es möglich war, das politische System einer korrumpierten Hauptstadt von außen her zu stürzen. München sollte gegen Berlin eine ähnliche Rolle übernehmen wie Angora gegen Istanbul. Mussolinis «Marsch auf Rom» entsprach aber den bayerischen Träumen noch exakter, denn die italienischen Faschisten hatten zuerst Südtirol erobert und von dieser «Ordnungszelle» aus den Marsch auf Rom angetreten.

Polizei und Heer gingen zu den Schwarzhemden über, die Regierung stürzte und der König ernannte den Duce zum Ministerpräsidenten.[46] So stellte man sich in Bayern das Ende der verhassten Republik vor – wobei für die Rolle des Duce durchaus unterschiedliche Besetzungen kursierten. Wie in Italien sollte jedenfalls auch in Deutschland die Rettung aus den Bergen kommen.

Ende November 1922 war in *Heimatland*, dem Blatt der früheren Einwohnerwehr, zu lesen: «Wir müssen den Terror in unserem Vaterland mit denselben Mitteln und Waffen brechen wie Mussolini in Italien. Wir müssen die Hochburgen der roten Reaktion mit stürmender Hand nehmen und die Giftbuden, von denen aus sich täglich die Jauche des Judengiftes in unser betörtes Volk ergießt, in Flammen aufgehen lassen. In Trümmer weiter mit den Parlamenten, diesen Schwatzbuden der Revolution, diesen Kuhhandelsstellen, wo die heiligsten Rechte des Volkes schamlos verhökert werden.»[47]

Seit dem Spätsommer 1922 machten in München Gerüchte die Runde, ein Putsch der NSDAP stehe unmittelbar bevor. Lerchenfelds Nachfolger Eugen von Knilling nahm das nicht sonderlich ernst. Im Gespräch mit Moser erklärte er am 13. November, «dass die Gefahr eines national-sozialistischen Putsches etwas übertrieben werde, woran das Angstgeschrei der Sozialdemokraten nicht zum mindesten die Schuld trage.»[48] Dem amerikanischen Konsul in München, Robert Murphy, versicherte Knilling, Hitler fehle das Format, um «es weiter als bis zum Volksredner zu bringen». Er habe «nichts von den Qualitäten eines Mussolini».[49]

Knilling kam wie Kahr und Lerchenfeld aus dem alten hohen Beamtentum und gehörte der BVP erst seit 1920 als Abgeordneter an. Er war «ein Mann, der wankelmütig und unentschlossen die Ereignisse abwechselnd treiben ließ oder von ihnen getrieben wurde».[50] Der Fraktionsvorsitzende der BVP, Heinrich Held, gab ihm am 16. November im Bayerischen Landtag mit auf den Weg, dass in den vaterländischen Verbänden und Wehren «doch eine ganze Masse bester staatserhaltender Kräfte» am Werk seien. Ob alles, was sie tun und von sich geben, Beifall finden könne, habe mit der entscheidenden Sache nichts zu tun: «Es ist das Ringen um die Heimat, um das Vaterland und die Abwehr gegen den Feind, der das Vaterland umbringen will. Ich halte es für die vornehmste Pflicht einer neuen Regierung, konsolidierend, zusammenfassend einzuwirken. Der neue Staat braucht feste Grundlagen und alle sind gut genug, die als staatserhaltend und -bildend an diesem Staate mitarbeiten.»[51] Die BVP war zu dieser Zeit von einem dogmatischen Antimarxismus geprägt, der sie sehr anfällig für Einheitsfrontgedanken der Rechten machte.[52]

Anfällig für solche Gedanken war auch die Bayerische Reichswehrdivision, die intensiv mit den paramilitärischen Verbänden der nationalistischen und völkischen Rechten zusammenarbeitete und selbst schon seit 1919 zu einem Sammelbecken reaktionärer, antirepublikanischer Kräfte geworden war, unter denen es auch immer mehr Anhänger Hitlers und der NSDAP gab.[53]

Schon Anfang 1922 hatte sich eine bayerische Kompanie, die zum Wachregiment nach Berlin kommandiert worden war, geweigert, die Reichskokarde anzulegen. Sowohl Reichspräsident Ebert als auch Reichswehrminister Gessler waren besorgt wegen dieses Vorfalls.[54] Dem Chef der Heeresleitung gelang es nicht, diese Besorgnis auszuräumen. Angesichts der Entwicklungen in der bayerischen Reichswehrdivision diskutierte das Reichskabinett im Januar und Februar 1922 immer wieder über die Gefahr eines Putsches. Es war nicht unbedingt beruhigend, wenn Seeckt in einer dieser Sitzungen erklärte: «Meine Herren, in Deutschland kann niemand einen Putsch machen als ich. Und ich erkläre Ihnen, ich mache keinen.»[55] Im Lauf des Jahres nahmen die Befürchtungen noch zu, die bayerische Reichswehrdivision könnte sich gegen die Demokratie wenden. Der württembergische Gesandte Moser schrieb am 31. August 1922 nach Stuttgart, man dürfe sich darüber keinen Illusionen hingeben, «dass Reichswehr und Polizeiwehr sowie die Kreise der früheren Einwohnerwehr gegen einen Putsch von rechts nichts unternehmen, sich vielmehr höchstwahrscheinlich demselben anschließen werden.»[56]

Offenbar war Seeckt sehr daran gelegen, über die Verhältnisse in Bayern genauer und zuverlässig informiert zu werden. Ab Herbst 1922 ließ er von seiner Frau Dorothee einen politischen Salon in München unterhalten, der ihn über die Interna Bayerns auf dem Laufenden halten sollte.[57] Seine Frau war für Seeckt auch in politischen Fragen eine wichtige Partnerin, regelmäßig informierte er sie in Briefen über aktuelles Geschehen.

Im Herbst 1922 wird General Otto von Lossow zum Kommandeur der VII. (bayerischen) Reichswehrdivision ernannt. Der Chef der Heeresleitung verfolgt damit wohl das Ziel, das Eigenleben der Division zu beenden und sie wieder klar der Reichswehrführung unterzuordnen. Erreicht hat Seeckt dieses Ziel nicht. Das zeigt sich im Herbst 1923 sehr deutlich.

Die VII. (bayerische) Reichswehrdivision hatte im Lauf der Zeit ein bemerkenswertes Sonderleben entwickelt. Ihr Kommandeur, General Arnold von Möhl, hatte 1920 in den Tagen des Kapp-Lüttwitz-Putsches für einen starken Rechtsruck in der bayerischen Politik gesorgt. Infanterieführer der VII. Division war General Epp, der mit seinem Stabschef, Hauptmann Ernst Röhm, die Zusammenarbeit der Reichswehr mit den bayerischen Wehrverbänden bewerkstelligte – unter Einbeziehung von Hitlers SA. Möglicherweise wollte Seeckt dieser Entwicklung ein Ende setzen. Im Herbst 1922 nahm das Heeresamt eine Umbesetzung in der bayerischen Divisionsspitze vor. Das Tandem Epp-Röhm wurde zerschlagen, Epp verließ die Reichswehr zum 31. Oktober. Möhl wurde nach Kassel befördert, und Generalleutnant Otto von Lossow zum Kommandeur der VII. (bayerischen) Reichswehrdivision ernannt. Lossow war ein ehemaliger Kriegskamerad Seeckts von der türkischen Front und genoss ohne Zweifel das Vertrauen Seeckts. In Fragen der bayerischen Wehrverbände war Lossow allerdings «völlig unerfahren und stützte sich vor allem auf den Rat seines Fachmanns Röhm in seinem Stab.»[58]

Die «Konsolidierung» der vaterländischen Verbände, die der Fraktionsvorsitzende der BVP am 16. November 1922 anmahnte, war zu diesem Zeitpunkt bereits im Gang. Am 9. November wurde die «Vereinigung vaterländischer Verbände in Bayern (VVVB)» gegründet, in der sich 19 Organisationen zusammenschlossen. Die bedeutendsten waren der Bund «Bayern und Reich», die Nürnberger «Reichsflagge» und der «Verband der vaterländischen Bezirksvereine Münchens». Auch die NSDAP wurde Mitglied der Vereinigung. Große Kampfverbände wie die Bünde Oberland und «Wiking», die neue Organisation von Kapitän Ehrhardt, waren nicht dabei, weil ihnen der Einfluss der «weiß-blauen» Kräfte um Pittinger zu groß war. Um möglichst viele Organisationen zur Mitarbeit zu bewegen, wurde jedem einzelnen Verband ein Vetorecht in politischen Richtungsfragen eingeräumt.[59]

Die VVVB unter dem Vorsitz des Münchner Gymnasialprofessors Hermann Bauer war am Jahresende eher ein Papiertiger als eine schlagkräftige Organisation. Die wirkliche «Konsolidierung» der Bewegung stand noch an, als am 11. Januar 1923 60 000 französische und belgische Soldaten das Ruhrgebiet besetzten. Dieser Einmarsch war ein GAU für die deutsche Politik und wirbelte alles durcheinander, im Ruhrgebiet und in Berlin, aber auch in Bayern. 1923 wurde zum «Horrorjahr» der deutschen Republik.

7

Taumelnd am Abgrund – Das Horrorjahr 1923

Der Anlass für den Einmarsch der Truppen ins Ruhrgebiet am 11. Januar 1923 war eher marginal. Die Reichsregierung hatte Ende 1922 um ein zweijähriges Moratorium bei den Reparationszahlungen gebeten. Die Regierungschefs der Alliierten hatten das abgelehnt. Deutschland war mit seinen Zahlungen im Rückstand. Es fehlten Kohlenlieferungen im Wert von 24 Millionen Goldmark, und von 200 000 Meter Telegrafenmasten waren erst 65 000 geliefert worden. Verglichen mit den bereits geleisteten Zahlungen von 1,48 Milliarden Goldmark war dies insgesamt kaum der Rede wert. Dennoch setzten Frankreich und Belgien Truppen in Marsch.

Die Besetzung sorgte in ganz Deutschland für helle Empörung, überall im Reich kochten die nationalen Emotionen hoch. Sofort wurde eine «nationale Einheitsfront» ausgerufen, die von den Deutschnationalen bis zu den Sozialdemokraten reichte. Hitler aber scherte aus. Am Tag des Einmarschs sprach er im Circus Krone zum Thema: «Nieder mit den Novemberverbrechern». Über die «nationale Einheitsfront» zog er nur verächtlich her. «Die deutsche Wiedergeburt nach außen ist erst dann möglich, wenn die Verbrecher zur Verantwortung gezogen und ihrem gerechten Schicksal überliefert werden». Das «Geschwätz von der Einheitsfront» sei nur geeignet, das Volk von dieser Aufgabe abzulenken.[1] Hitler nahm auch nicht an einer Kundgebung am 14. Januar in München teil, zu der die Vereinigung der vaterländischen Verbände aufrief. In aller Deutlichkeit demonstrierte der NSDAP-Vorsitzende, dass er inzwischen eine «eigenständige politische Rolle» beanspruchte.[2]

Nationalsozialistische Deutsche Arbeiterpartei.

Hoch die internationale Solidarität!

Das war die Parole, mit der man die wenigen Denkenden, die die sogenannte Völkerverbrüderung und Solidaritätsduselei als jüdischen Börsenschwindel erkannt hatten, zu Boden schlug.

Nun können unserem Volk die Augen aufgehen darüber, welche Wirksamkeit dieser Solidarität innewohnt.

Deutschland wird verhungern und kein Hahn kräht nach ihm.

Frankreich besetzt das Ruhrgebiet, kein Mensch der anderen Welt kümmert sich darum.

Immer neue Erpressungen werden folgen und niemand wird mit uns Mitleid empfinden.

Was allein könnte Deutschland heute retten?

S e l b s t h i l f e!

Und diese einzige Hilfe, sie ist dem deutschen Volk in 50jähriger Wühlarbeit von der internationalen Börse und ihren marxistischen Agenten geraubt worden.

Heute hat das deutsche Volk den Lohn für die infamste Gaunerei der Weltgeschichte, für die verbrecherische Wehrlosmachung seiner selbst durch die

Novemberverbrecher von 1918

zu erdulden.

Kommt nun Alle

Heute Donnerstag, den 11. Januar 1922, abends 8 Uhr

zur

Riesenkundgebung in den Zirkus Krone

mit der Parole:

„Nieder mit den Novemberverbrechern."

Es wird sprechen unser Führer, Pg. Adolf Hitler.

Beginn 8 Uhr abends. **Eintritt zur Deckung der Plakatkosten Mk. 10.–**

Juden ist der Zutritt verboten.

Einberufer: Für die Parteileitung:
A. Drexler.

Aufruf zur NSDAP-Kundgebung am 11. Januar 1923, dem Tag der Besetzung des Ruhrgebiets. Hitler wird inzwischen als «unser Führer» angekündigt. Er verweigert sich einer nationalen Einheitsfront gegen die Besetzung und nutzt sie vielmehr für seinen Kampf gegen Demokratie und «Novemberverbrecher». Auf dem Flugblatt ist beim Datum irrtümlich von 1922 die Rede.

Die Reichsregierung proklamierte am 13. Januar eine Kampagne des «passiven Widerstandes». Die Beamten im Ruhrgebiet wurden angewiesen, die Anordnungen der Besatzungsmächte nicht zu befolgen. Alle Reparationslieferungen wurden eingestellt. Frankreich reagierte mit Verhaftungs- und Ausweisungsaktionen, um den Widerstand zu brechen. Der passive Widerstand schlug bald auch in aktive Widerstandshandlungen um, und die Reichswehr förderte den Kampf gegen die Besatzungsmächte nach Kräften. Sie stellte auch die Mittel bereit, mit denen im besetzten Gebiet Sabotageakte durchgeführt wurden. Der Chef der Heeresleitung, General von Seeckt, handelte damit der offiziellen deutschen Politik zuwider, aber im Einvernehmen mit dem parteilosen Reichskanzler Wilhelm Cuno, Reichswehrminister Otto Gessler (DDP) und Arbeitsminister Heinrich Brauns (Zentrum).

Die Massen der Arbeiter und der katholischen Bevölkerung am Rhein, die den Ruhrkampf trugen, sahen «mit steigender Erbitterung und Angst», wie sie von der Regierung an eine «Militärherrschaft illegaler Verbände» ausgeliefert wurden.[3] Wiederholt wandte sich auch der badische Staatspräsident Remmele an Mitglieder der Reichsregierung und klagte über geheime Sabotagetätigkeit der Reichswehr im besetzten Gebiet. Nach seiner Überzeugung lasse sich mit jedem Tag deutlicher erkennen, wohin die sinnlosen Sabotageakte führten: «Die rechtsorientierten und die vorwiegend nur militärpolitisch eingestellten Kreise des deutschen Volkes sehen denn auch in der Entwicklung des Begriffes über den passiven Widerstand den Anfang zu einer militärischen Auseinandersetzung», schrieb Remmele am 27. Juni 1923 an Gessler.[4]

Seeckt war in diesen Wochen fest davon überzeugt, dass es zu einem Krieg kommen würde[5] und traf entsprechende Vorbereitungen. Beschleunigt wurden seit dem Februar paramilitärische Verbände aufgestellt und ausgebildet, die – natürlich gegen die Bestimmungen des Versailler Vertrages verstoßende – «Schwarze Reichswehr» wurde zu einem wichtigen Bestandteil der deutschen Politik. Schon seit 1921 verfolgte Seeckt den Plan, die sieben Divisionen der Reichswehr heimlich auf zunächst 21 zu erweitern, und hatte Verbindungen zur russischen Roten Armee geknüpft. Mit deren Unterstützung wurden deutsche Offiziere und Techniker geschult und im Geheimen Aufrüstung betrieben. Das

Einmarsch französischer Truppen mit Panzerwagen in eine Kleinstadt des Ruhrgebiets. Der unübersehbar militärische Charakter der gesamten Besetzung führt auf deutscher Seite zu massiver illegaler Aufrüstung. Die Reichswehrführung rechnet mit Krieg. Die Ausbildung paramilitärischer Verbände wird verstärkt. Zu ihnen gehört auch Hitlers SA.

geschah zunächst mit dem Ziel, einen Revanchekrieg gegen Polen zu führen,[6] aber seit Januar 1923 stand ein Krieg gegen Frankreich im Zentrum der Überlegungen.

«Seit Sonntag», notierte Seeckts Adjutant, Oberst Hans Harald von Selchow, am 7. Februar in sein Tagebuch, «sind einige hohe russische Militärs hier und verhandeln im Truppenamt. Ich erfahre nichts, so geheim gehalten werden diese Besprechungen. Immerhin vermute ich, dass wir in Russland weniger einen Verbündeten als ein Ersatzlager oder ein Hinterland mit Rohstoffen suchen, um die im Gang befindliche Aufrüstung zu beschleunigen. Die Aufrüstung geht weiter trotz aller Kontrollkommissionen, die unglaublicher Weise noch immer in Deutschland tätig sein dürfen.»[7] Am 14. Februar trug Seeckt dem Reichspräsidenten seine Rüstungspläne und seine auf Russland gesetzten Erwartungen vor. Eine Zusammenarbeit mit den russischen Bolschewiki war Ebert zutiefst zuwider, aber im Falle feindlicher Angriffe, äußerte er gegenüber Seeckt, «müsse sich Deutschland eben wehren, so gut es gehe.»[8]

Es waren wohl vor allem Fragen der Militärpolitik, die Seeckt veranlassten, sich am 11. März 1923 in München auf ein Treffen mit Hitler einzulassen, das General Lossow, der neue Kommandeur der VII. Reichswehrdivision vorgeschlagen hatte. «Hitler malte in berauschenden Worten ein unendlich schönes Bild des neuen Deutschland und versuchte, den General von Seeckt am Schluß auf seine Seite zu ziehen, indem er ihm ‹die Führung der gesamten Arbeiterschaft Deutschlands› anbot», erinnerte sich Seeckts Adjutant Selchow später. Seeckt hörte diesen Vortrag ohne Unterbrechung wohl 1 ½ Stunden an und fragte Hitler dann, wie er eigentlich zum Eid stehe. Hitler sprang von seinem Platz auf und rief in Ekstase geratend: «Wir werden dafür sorgen, dass die jetzige Regierung in Berlin an die Laternenpfähle des Königsplatzes vor dem Reichstag kommt, wir werden dafür sorgen, dass der Reichstag in Flammen aufgeht, und wenn dann das große Tohuwabohu da ist, dann werde ich mit der Bitte an Sie herantreten, die Führung der gesamten Arbeiterschaft Deutschlands zu übernehmen.» Danach, so Selchow, habe Seeckt sich erhoben und das Treffen beendet: «Von heute ab, Herr Hitler, haben wir uns nichts mehr zu sagen.»[9]

Ein Einvernehmen zwischen Seeckt und Hitler war nach diesem Treffen nur noch schwer vorstellbar, aber in Hitlers Augen war ohnehin München wichtiger. Hier hatte er schon Ende Januar gezeigt, dass er sich als Herr der Stadt fühlte. Ab dem 27. Januar hatte er einen dreitägigen Parteitag der NSDAP angesetzt, bei dem er auf 12 Massenkundgebungen sprechen wollte. Auf dem Marsfeld sollten 6000 demonstrativ aufgebotenen SA-Männern Standarten verliehen werden. Das ging in der aufgewühlten Situation des Januar 1923 selbst der bayerischen Regierung zu weit. Am 25. Januar verhängte sie den Ausnahmezustand über die Stadt und genehmigte Hitler lediglich die Hälfte der geplanten Versammlungen, und zwar in geschlossenen Sälen. Die Standartenweihe sollte nur im Gebäude des Circus Krone stattfinden, nicht unter freiem Himmel.

Hitler gab jedoch nicht klein bei, Röhm und Epp intervenierten zu seinen Gunsten bei Lossow, und der erreichte eine Lockerung der Verbote, nachdem Hitler ihm sein Ehrenwort gegeben hatte, keinen Putschversuch zu unternehmen und die öffentliche Ordnung nicht zu stören.[10] Alle zwölf Veranstaltungen wurden schließlich genehmigt, und Hitler ließ sich «in seinem neuen roten Mercedes-Cabrio von Veranstaltung zu Veranstaltung chauffieren.»[11] Die Standartenübergabe konnte vor dem Circus Krone auf dem Marsfeld stattfinden. Hitler hielt sich nicht einmal an die wenigen noch geltenden Einschränkungen und führte den Parteitag nahezu in der ursprünglich vorgesehenen Weise durch, ohne dass die Polizei einschritt. Während des Parteitags beherrschten marschierende SA-Kolonnen das Straßenbild, die Stadt schien sich in der Hand der Nationalsozialisten zu befinden.[12]

Die Polizei machte einen geradezu hilflosen Eindruck, schien unfähig, gegen Hitlers selbstherrliches Vorgehen einzuschreiten.[13] Der württembergische Gesandte berichtete nach Stuttgart, in München herrsche «mit Recht allgemein das Gefühl, dass die Regierung sich gründlich blamiert habe». Das Ansehen der Regierung habe «einen sehr bedauerlichen Stoß erlitten».[14]

Die aktivistischen Wehrverbände verstanden die Verhängung des Ausnahmezustands als Kampfansage der Regierung. Gleich am folgenden Tag, am 26. Januar, trafen sich die Führer von Bund Oberland, Bund Unterland, Verband der vaterländischen Bezirksvereine Münchens (VVM), Reichsflagge und SA und schufen eine neue gemeinsame Spitzenorganisation, die «Arbeitsgemeinschaft vaterländischer Kampfverbände». Hauptmann Röhm, «bevollmächtigter Führer des stärksten und geschlossensten Verbandes, der Reichsflagge», war der «Vater dieses Kindes».[15] Röhm hatte bis dahin eng mit Pittinger und dessen Bund «Bayern und Reich» zusammengearbeitet, kündigte ihm nun aber am 27. Januar die Gefolgschaft auf. Damit war eine Spaltung der vaterländischen Verbände in zwei Lager vollzogen, ein konservativ-nationales mit deutlichen weiß-blauen Anteilen und ein völkisch-nationalistisches, das unter den Farben schwarz-weiß-rot agierte – mit oder ohne Hakenkreuz. Die München-Augsburger Abendzeitung machte in einer Übersicht am 16. und 17. Mai 1923 die Differenzen zwischen den beiden großen Gruppen an zwei Merkmalen fest: Der Arbeitsgemeinschaft seien erstens «nur solche Verbände angeschlossen, die ausschließlich auf dem Boden des Wehrgedankens stehen und diesen Gedanken praktisch betätigen». Die Arbeitsgemeinschaft sehe zweitens «ihre Hauptaufgabe nicht so sehr in der Stützung der Regierung, als darin, die Regierung zu einer nationalen Politik beschleunigten Tempos zu treiben.»[16]

Die politische Führung der Arbeitsgemeinschaft war zunächst Kahr angeboten worden, der damals Regierungspräsident von Oberbayern war.[17] Als der ablehnte, fiel die Wahl auf dessen früheren Justizminister Christian Roth von der Bayerischen Mittelpartei. Roth übernahm die politische Führung der Arbeitsgemeinschaft. Im Herbst wechselte er zur NSDAP und nahm am Hitlerputsch teil. In der Putschregierung war er als bayerischer Innenminister vorgesehen.

Die militärische Führung der Arbeitsgemeinschaft wurde Oberstleutnant a. D. Hermann Kriebel übertragen, dem früheren Stabschef der Einwohnerwehr. Hitler hatte keinen unmittelbaren Zugriff auf die Arbeitsgemeinschaft, lief sogar Gefahr, seine direkte Verfügung über die SA zu verlieren. Röhm bekannte in seinen 1928 erschienenen Erinnerungen aber freimütig, sein Sinnen und Trachten sei allein darauf gerichtet gewesen, «Hitler die diktatorische politische und Kriebel die diktatorische militärische Führung in den Kampfbünden zu verschaffen.»[18]

Der Regierung Knilling teilte die Arbeitsgemeinschaft am 5. Februar ihre Gründung mit – verbunden mit der als Loyalitätserklärung verpackten Drohung, sie stehe «nach wie vor hinter einer Staatsregierung, die entschlossen national ist und bleibt.»[19]

Bereits im April kam es zu einem ersten Konflikt, als der Staatsgerichtshof in Leipzig aufgrund des Republikschutzgesetzes gegen den Herausgeber und den Schriftleiter des *Völkischen Beobachters*, Dietrich Eckart und Hermann Esser, sowie gegen Martin Weger, einen Redakteur des *Miesbacher Anzeigers*, Haftbefehle erließ. Die Arbeitsgemeinschaft forderte von der Regierung, dass sie den Vollzug von Haftbefehlen «gegen vaterländisch gesinnte Männer Bayerns ein für allemal ablehnt». Da die «sehr erregte Stimmung (…) zu unüberlegten Einzelaktionen» führen könne, verlangte die Arbeitsgemeinschaft eine Antwort noch im Laufe des nächsten Tages.[20] Knilling sah freundlich über die ultimative Form der Forderung hinweg und erklärte einer Delegation, auch er befürworte eine Aufhebung des Republikschutzgesetzes, halte es aber zurzeit für völlig aussichtslos, sich darum zu bemühen. Damit ließ sich die AG zufriedenstellen.[21]

Anders verlief der Konflikt, zu dem es am 1. Mai kam. Auf der

Münchner Theresienwiese sollte auch 1923 die traditionelle Maifeier der Sozialisten und der Freien Gewerkschaften stattfinden. Sie war vom Innenminister bereits genehmigt, als die Arbeitsgemeinschaft die ultimative Forderung erhob, diese Kundgebung zu verbieten, da die Bevölkerung sie gerade am Jahrestag der Befreiung Münchens von der Räteherrschaft als Provokation empfinden müsse. Die Propaganda der Nationalsozialisten malte das Gespenst einer neuen Revolution an die Wand, der man entgegentreten müsse. Die Regierung lehnte ein Verbot der Maifeier ab. Darauf entschieden die Führer der Arbeitsgemeinschaft, am 1. Mai bewaffnet auf dem Oberwiesenfeld zu exerzieren und gewaltsam gegen die sozialistische Linke vorzugehen. Dazu benötigten sie ihre bei der Reichswehr eingelagerten Waffen, doch General Lossow untersagte deren Herausgabe am 30. April. Nun zeigte sich, wie weit die Reichswehr mit den Wehrverbänden bereits verquickt war: Lossows Verbot wurde nicht überall eingehalten. Besonders aus der geheimen Feldzeugmeisterei der Reichswehr, die Hauptmann Röhm verwaltete, wurden am frühen Morgen des 1. Mai Waffen an die vaterländischen Kampfverbände ausgegeben, die dann etwa 3000 Mann auf dem Oberwiesenfeld aufmarschieren ließen.[22]

Diesmal entschied sich die Regierung für eine härtere Gangart. Sie bot Landespolizei und Reichswehrtruppen von außerhalb Münchens auf und ließ die Verbände auf dem Oberwiesenfeld einschließen. Hitler und die Führer der versammelten Kampfverbände mussten klein beigeben. Sie ließen ihre Mannschaften zwar exerzieren, brachen aber das ganze Unternehmen ab, als die sozialistische Maifeier – ohne Zwischenfälle – beendet war. Die beteiligten Verbände mussten die Waffen wieder bei der Reichswehr abliefern und marschierten unter Hitlers Führung zum Bürgerbräukeller, «wobei sie von der Maifeier Heimkehrende verprügelten und deren rote Fahnen verbrannten.»[23]

Der 1. Mai 1923 endete ohne Tote und Verletzte, aber die Brisanz der Lage war offensichtlich: Die vaterländischen Kampfverbände hatten sich trotz eines klaren Verbotes bewaffnen können. Innenminister Schweyer veranlasste Ermittlungen gegen Hitler wegen Bildung bewaffneter Haufen (§ 127 StGB). Das hätte Hitler auf jeden Fall für zwei Monate hinter Gitter bringen können, da er im Januar 1922 wegen Landfriedensbruchs (§ 125 StGB) zu einer Gefängnisstrafe von drei Monaten verurteilt worden war, aber davon nur einen Monat abgesessen hatte und bis Frühjahr 1926 unter Bewährung stand. Als aber Hitler drohte, im Falle eines Prozesses über die geheime Zusammenarbeit seiner SA und der Kampfverbände mit der Reichswehr in der Öffentlichkeit auszupacken, erteilte Justizminister Franz Gürtner (Bayerische Mittelpartei) der Staatsanwaltschaft die Anweisung, den Antrag auf Eröffnung der Hauptverhandlung aus Gründen der «Staatsräson» auf eine «ruhigere Zeit» zu verschieben.[24]

Die bayerische Regierung hatte zu den vaterländischen Kampfverbänden eine zutiefst zwiespältige Haltung: Einerseits konnte und wollte sie erpresserische Aktivitäten nicht zulassen, um die Staatsautorität zu wahren. Andererseits sah sie in den vaterländischen Kampfverbänden «national wertvolle Elemente», wichtige Einsatzkräfte gegen den äußeren Feind und durchaus auch gegenüber Berlin, und versuchte die Verbände für die eigene Politik zu nutzen.

Die bayerische Reichswehrdivision arbeitete seit langem mit den vaterländischen Verbänden zusammen, seit Gründung der Arbeitsgemeinschaft ganz besonders mit den Kampfverbänden, die ihr angehörten. Theodor von Endres, erster Generalstabsoffizier im Stab der VII. Division, beschrieb diese Verflechtungen in seinen «Aufzeichnungen über den Hitlerputsch»: Vor dem 1. Mai 1923 waren «ganze Kompanien bei der nationalsozialistischen Partei eingeschrieben und Stoßtrupps der Reichswehr machten in zivil die Strafexpeditionen Hitlers tapfer mit. In den Kasernen wurden die Waffen der Rechtsverbände aufbewahrt und gepflegt, und Abend für Abend mühten sich Offizier und Unteroffizier in Überstunden ab, der nationalen Jugend militärische Kenntnisse beizubringen und sie mit der Waffe vertraut zu machen. Übungen der Verbände fanden am helllichten Sonntagvormittag statt, wobei trotz Ententekommissionen mit Waffen, die Führer hoch zu Pferde (welch letztere die Reichswehr stellte) durch die Leopoldstraße marschiert wurde.»[25] Endres betonte, «dass kurz vor dem 1. Mai 1923 zwischen der bayerischen Regierung und ihren Machtfaktoren, der Reichswehr und der Polizeiwehr einerseits und den vaterländischen Verbänden, Nationalsozialisten, Korps Oberland usw. andererseits, ein freundliches Verhältnis bestand, das allseitig getragen war von dem Bestreben, Krieg und Versailler Diktat in gut deutschem Sinne zu liquidieren.»[26]

Die Regierung Knilling trat den Verbänden auch nach dem 1. Mai keineswegs klar entgegen. Sie wollte Hitler nicht bekämpfen, sondern so weit zähmen, dass er für die politischen Interessen der politischen Rechten, der staatstragenden Kräfte in Bayern, nutzbar war. Und doch mussten die Ereignisse vom 1. Mai 1923 gewisse Konsequenzen nach sich ziehen. Am 4. Mai befahl Lossow Röhm zu sich, löste ihn von seinem bisherigen Posten ab und versetzte ihn nach Bayreuth.[27] Reichswehr und Kampfverbände sollten nach dem 1. Mai zunächst nicht mehr «ein Herz und eine Seele» sein,[28] aber die organisatorischen Fäden durften natürlich nicht abreißen, schon aus militärstrategischen und außenpolitischen Gründen. General Lossow forderte ab dem 23. Mai jedoch eine schriftliche Verpflichtung von den Verbänden und jedem einzelnen, der ausgebildet wurde: «Dafür, dass die Reichswehr es übernimmt, mich im Waffenhandwerk auszubilden, verpflichte ich mich: a) dem Aufruf des Landeskommandanten zum Dienst mit der Waffe ohne Vorbehalt zu folgen; b) nicht aufgerufen mich an keiner feindseligen oder gewalttätigen Handlung gegen die bayerische Reichswehr oder Landespolizei zu beteiligen; c) davon, dass ich von der Reichswehr (von dem Reichsheer) ausgebildet werde, nicht zu sprechen».[29] Nach anfänglichem Sträuben gaben die Führer der Kampfverbände – und auch Hitler – diese Erklärung ab.[30]

Für Hitler waren die Ereignisse des 1. Mai zweifellos ein Rückschlag, aber auch ein wertvolles Lehrstück. Sie zeigten ihm in aller Deutlichkeit vor allem eines: «Ohne die Reichswehr war er machtlos.»[31] Diese Lehre sollte Hitlers Verhalten im November entscheidend prägen. Zunächst aber zog er sich für einige Zeit aus der Öffentlichkeit zurück und reiste in die Abgeschiedenheit der Berchtesgadener Bergwelt, wo sich Dietrich Eckart schon seit längerem versteckt hielt, um sich einer drohenden Verhaftung zu entziehen. Damals, so hat Hitler später bekannt, habe er sich «ganz verliebt in die Landschaft».[32]

Während Hitler in der Berchtesgadener Landschaft Erholung von den Strapazen der permanenten Agitation und Propaganda suchte, verschlechterte sich die soziale Lage der Bevölkerung massiv – und von Woche zu Woche mehr. Der Prozess hatte nicht erst 1923 begonnen, sondern schon während des Krieges. Das Kaiserreich hatte im November 1918 eine bereits stark zerrüttete Währung hinterlassen. Die Staatsschuld hatte 1913 fünf Milliarden betragen und war bis 1919 auf 144 Milliarden angewachsen, denn die kaiserliche Regierung hatte den Krieg nicht etwa durch höhere Steuern oder andere Einnahmen finanziert, sondern durch eine langfristige Verschuldung des Staates. Auch nach 1918 wurde die Politik der Staatsverschuldung fortgesetzt. Statt Einnahmen und Ausgaben in Einklang zu bringen, wurde Papiergeld gedruckt und damit die Inflation immer mehr in Fahrt gebracht. Bereits 1921 hätte nur noch eine drastische Währungsreform helfen können. Im Dezember 1922 betrug das Defizit des Reiches 469 Milliarden.[33] Ein Tausendmarkschein reichte schon zum Jahreswechsel kaum mehr zum Bezahlen einer Straßenbahnfahrkarte.

Mit Beginn des passiven Widerstandes gegen die Besetzung des Ruhrgebiets mussten Millionen von «Zwangsarbeitslosen» unterstützt werden. Dazu kamen Kohlekäufe im Ausland, mit denen die Lieferungen von der Ruhr ersetzt wurden. All dies wurde finanziert durch Papiergeld aus der Notenpresse, was zu galoppierender Inflation führte und die ohnehin zerrüttete Währung vollends entwertete. Für einen US-Dollar mussten im Januar 1923 10 000 Papiermark bezahlt werden, im Juli 35 000 und im August 4,6 Millionen. Die Folgen der exorbitanten Teuerung waren für den größten Teil der Bevölkerung verheerend. Geldvermögen wurden innerhalb kurzer Zeit wertlos. Wer von früher Erarbeitetem oder Geerbtem lebte, das er auf einer Bank deponiert hatte, stand buchstäblich vor dem Nichts. Das traf die bürgerlichen Mittelschichten, vor allem das Kleinbürgertum, das häufig gezwungen war, Sachwerte wie Grundstücke oder Wertgegenstände zu verkaufen, ohne das Abrutschen in Armut und Not damit wirklich verhindern zu können.

Der Münchner Historiker Karl Alexander von Müller hat eindrucksvoll beschrieben, was sich in seiner bürgerlichen Umgebung abspielte: «Man sah im eignen Umkreis alte Bekannte, die erwerbsunfähig wurden, nach einem arbeitsreichen Leben darben und frieren; man sah Kinder vor Entbehrungen krank werden und Kranke aus Mangel an Notwendigem zugrunde gehen; man sah Familien fleißiger Menschen von einem generationenlang festgehaltenen Lebensstand ohne Schuld heruntersinken in Unsicherheit und drückende Armut. Es war nicht mehr möglich, sich darüber hinwegzutäuschen: dies war nicht das Los einzelner Unglücklicher, die unter die Räder kamen, es war eine ganze große Schicht des Volkes, die ohnmächtig hinabgedrängt wurde, mittlere Bürger, Handwerker und Kleinhändler, geistige Arbeiter und Künstler, frühere Offiziers- und Beamtenfamilien (…) Und nun fühlte sie, wie ihr, langsam aber unaufhaltsam, der gewohnte Lebensboden unter den Füßen weggezogen wurde, während neben ihr hartgesottene Schieber den papiernen Überfluss in gedankenlosem Genuss verschleuderten.»[34]

Die «Schieber», auf die Müller anspielte, waren die skrupellosen Profiteure der Inflation, die aus der Not vieler ihren ganz persönlichen Gewinn zogen. Zu ihnen gehörten nicht nur kleine Gauner, sondern auch große Unternehmer wie Hugo Stinnes. Männer wie Stinnes verstanden es glänzend, für den Kauf von Grundstücken und Industrieanlagen große Summen bei Banken aufzunehmen, die sie später lächelnd in entwerteter Währung zurückzahlten. Stinnes baute in dieser Zeit seinen «gigantischen Privatkonzern» auf, die Hugo Stinnes GmbH, die sechzig Unternehmen kontrollierte und auch die Rhein-Elbe-Siemens-Schuckert Union beherrschte, einen Riesentrust, der selbst an etwa fünfzig Unternehmen beteiligt war.[35] Stinnes und die anderen Männer seines Schlages profitierten so massiv von der Inflation, dass sie an einer Stabilisierung der Währung vorerst gar nicht interessiert waren.

Auch Landwirte gehörten zu den Gewinnern der Inflation. Sie konnten einerseits die Preise ihrer Produkte der Teuerung angleichen, andererseits konnten sie noch in Goldmark aufgenommene Hypotheken und Schulden – nach dem gesetzlich festgelegten Grundsatz «Mark gleich Mark» – jetzt in entwerteter Papiermark zurückzahlen.

Für die Arbeiterschaft versuchten die Gewerkschaften zu retten, was zu retten war, indem sie mit Hilfe von Tarifverträgen die Löhne an die Lebenshaltungskosten koppelten. So konnte die völlige Verelendung der Arbeiterfamilien verhindert werden, aber wer arbeitslos wurde, rutschte immer tiefer in Elend und Not. Die Gewerkschaften erkannten früh, dass die Politik des «passiven Widerstands» immer mehr zu einer Politik gegen die eigene Bevölkerung wurde, ohne dass sie gegenüber Frankreich erkennbar Wirkung zeigte. Einmal begonnen, war sie angesichts der hochgeputschten nationalen Emotionen jedoch nur schwer zu beenden. Gewerkschaften und Sozialdemokratie fürchteten zurecht eine neue Dolchstoßlegende. Der Vorsitzende des Allgemeinen Deutschen Gewerkschaftsbundes, Theodor Leipart, brachte deshalb schon am 17. April 1923 eine Große Koalition ins Gespräch. Nur eine breit aufgestellte Regierung hatte nach seiner Überzeugung die Kraft und den Handlungsspielraum, die Konfrontation mit Frankreich zu beenden und den Konflikt auf dem Verhandlungsweg zu lösen.[36]

Am selben Tag hielt Gustav Stresemann, der Vorsitzende der Deutschen Volkspartei (DVP), im Reichstag eine Rede, die nicht weniger als das Symbol eines grundsätzlichen Kurswechsels war. Die DVP hatte sich 1919 nicht auf den Boden der Republik gestellt, sondern keinen Zweifel an ihrer Vorliebe für eine Monarchie gelassen. Mit seiner Rede präsentierte Stresemann sich nun «als Staatsmann der Weimarer Republik, als Träger dieser neuen Staatsform». Es ging ihm darum, «Gemeinsamkeiten auf breiter Ebene herzustellen» und «innenpolitische Gräben zu überwinden». Nach dieser Rede erschien eine Zusammenarbeit der DVP mit der Sozialdemokratie möglich, die bis dahin undenkbar war. Betrachtet man den Vorstoß Leiparts und die Rede Stresemanns gemeinsam, dessen Partei mehr als jede andere auch die deutsche Großindustrie repräsentierte, dann deutete sich eine Verständigung von Kapital und Arbeit zur Beendigung des «passiven Widerstands» bereits am 17. April an. Es sollte aber noch schmerzhafte und leidvolle Monate dauern, bis die Große Koalition, das Bündnis von SPD, Zentrum, DDP und DVP, realisiert werden konnte. Immer wieder kam es aufgrund der akuten Notlage in diesen Monaten zu Hungerunruhen und Plünderungen.

Viele der Arbeitslosen wandten sich der KPD zu, die von einer Splitterpartei zur Massenpartei geworden war, seit es im Dezember 1920 zur Spaltung der USPD gekommen und deren linker Flügel zur KPD gestoßen war. Schon im März 1921 hatte die KPD in völliger Überschätzung ihres Potentials und auf Weisung von Komintern-Gesandten einen Aufstand im mitteldeutschen Industriegebiet vom Zaun gebrochen, der von der preußischen Polizei innerhalb weniger Tage niedergeschlagen wurde. Im Sommer 1923 bescherte die wachsende Verzweiflung in der Arbeiterschaft der KPD neue Anhänger. Die Partei erzielte deutliche Stimmengewinne bei Wahlen zu Betriebsräten und Verbandstagen von Einzelgewerkschaften, in Stadtverordnetenversammlungen und Landtagen. Die KPD schaltete sich in viele der zahlreichen Streiks ein, die in diesen Monaten von Gewerkschaften organisiert wurden. Gelegentlich war sie auch Initiator von Ausständen. Teile der KPD-Zentrale und mehr noch die Komintern-Funktionäre in Moskau träumten angesichts dieser Bewegung von einer zweiten Revolution in Deutschland. Im August 1923 wurde im Exekutivkomitee der Komintern und im Politbüro der russischen KP über die «zunehmend revolutionäre Stimmung in Deutschland» beraten und schließlich festgelegt, dass die KPD auf eine Revolution im November hinarbeiten sollte.[37]

Eine wichtige Rolle war dabei Sachsen und Thüringen zugedacht. In Sachsen regierte seit 1919 die SPD, zunächst allein, dann im Bündnis mit der DDP und seit Dezember 1920 in einer Minderheitskoalition mit der Rest-USPD. Nach der sozialdemokratischen Wiedervereinigung im September 1922 wurde die SPD-Minderheitsregierung unter Ministerpräsident Wilhelm Buck zeitweise von den Kommunisten gestützt. Nach einem Misstrauensantrag gegen Buck wählten SPD und KPD im März 1923 den bisherigen Justizminister Erich Zeigner zum Ministerpräsidenten einer reinen SPD-Regierung. Zeigner war gerade einmal 37 Jahre alt und gehörte der SPD erst seit der Revolutionszeit an. Er war ein Akademiker mit Doktortitel, dem es darum ging, Versäumnisse der sozialdemokratischen Politik nach 1918 zu korrigieren, dem es Ernst damit war, die revolutionären Versprechungen von einem neuen, demokratischen Staat und die Hoffnungen auf eine «andere» Gesellschaft zu erfüllen.[38]

Als «überzeugter Pazifist»[39] hielt es Zeigner auch für dringend notwendig, in der deutschen Außenpolitik ein wirklich neues Kapitel aufzuschlagen. Kaum im Amt markierte die Regierung Zeigner – «sicherlich in grotesker Überschätzung ihrer Möglichkeiten» – wichtige außenpolitische Ziele. Sie plädierte dafür, den passiven Widerstand an der Ruhr möglichst bald zu beenden und ganz generell die Konfrontation mit Frankreich durch Kooperation zu ersetzen. Zeigner forderte, die Zusammenarbeit mit rechten Wehrverbänden und nationalistischen Kreisen zu beenden und die Reichswehr vollständig demokratischer Führung zu unterwerfen.[40] Dass sich Zeigner damit weder bei der Reichswehr noch bei den vaterländischen Wehrverbänden Freunde machte, liegt auf der Hand.

In Sachsen hatten Verhaftungen nach dem Reichsparteitag der NSDAP im Januar 1923 so viel republikfeindliches Material zutage gefördert, dass sich das Land von den Wehrverbänden und von Bayern bedroht sah, wo der «Marsch auf Berlin» immer mehr zum politischen Tagesgespräch wurde.[41] Bereits bei der Vorstellung seiner Regierung formulierte Zeigner am 10. April in der 29. Sitzung des sächsischen Landtags, seine Besorgnis im Hinblick auf die Festigung und Behauptung der Republik. «Über ganz Deutschland haben sich zahlreiche Organisationen verbreitet, die, verborgen oder offen, gegen die Republik, gegen die Arbeiterschaft hetzen. Mit Bitterkeit haben wir feststellen müssen, dass die Reichswehr sich nicht freigehalten hat von engen Beziehungen zu diesen reaktionären, faschistischen Organisationen. Sie, die der Republik dienen, sie schützen sollte, die gedacht ist als ein Machtinstrument der Republik, hat sich mehr und mehr zu einer Bedrohung der Republik entwickelt. In dieser Situation kann es zunächst einmal der Arbeiterschaft nicht verdacht werden, wenn sie, zum Schutze ihrer Versammlungen, ihrer Einrichtungen, ihrer Führer Abwehrmaßnahmen gegen Übergriffe putschistischer Elemente beschlossen hat. Aber nicht nur der Arbeiterschaft und ihren Einrichtungen droht Gefahr, die Republik selbst ist bedroht, sie kämpft um ihre Existenz.»[42]

Zu den Abwehrmaßnahmen, von denen Zeigner sprach, gehörten insbesondere «Proletarische Hundertschaften», die von der Regierung als Hilfspolizei aufgestellt werden sollten. Sie entwickelten sich rasch zu einem Stein des Anstoßes für weitreichende politische Konflikte. Vom Bürgertum und von Industriellen wurden sie als Bedrohung begriffen. Der Reichspräsident lehnte solche bewaffneten Selbstschutzorganisationen rundweg ab, in Preußen verbot sie Innenminister Severing (SPD) im Mai 1923 auf Grundlage des Republikschutzgesetzes.

Ein anderer permanenter Konfliktherd entwickelte sich aus Zeigners – völlig zutreffender – Kritik an der Zusammenarbeit der Reichswehr mit nationalistischen Wehrverbänden. In Gesprächen mit der sächsischen Staatsregierung sagte die Reichswehrführung Ende Mai zu, «die Kontakte zu republikfeindlichen Verbänden abzubrechen, ihnen keine Waffen mehr zu liefern, illegale ‹Selbstverteidigungsverbände› aufzulösen und der Landesregierung rechtzeitig Informationen über Truppenverschiebungen zukommen zu lassen.» Zeigner versprach im Gegenzug, die Reichswehr bei der Rekrutierung von Zeitfreiwilligen zu unterstützen und sagte zu, Rücksprache mit der Reichswehr zu suchen, bevor er sie öffentlich attackierte.[43]

Die Reichswehr unterstützte republikfeindliche Wehrverbände trotz dieser Vereinbarung weiterhin, und Zeigner kritisierte sie dafür, so auch in einer Rede am 7. August 1923, in der Zeigner die Reichswehr öffentlich – und wiederum völlig zutreffend – verdächtigte, Beziehungen zu rechtsradikalen Organisationen zu unterhalten. Der Befehlshaber des Wehrkreises IV, General Alfred Müller, brach daraufhin jeden Verkehr mit der sächsischen Regierung ab, und die Angelegenheit beschäftigte von nun an auch den Reichswehrminister, das gesamte Kabinett sowie den Reichspräsidenten. Schon zu diesem Zeitpunkt wurde die Regierung Zeigner zum roten Tuch für die Reichswehrführung, und Sachsen begann sich zum Problemfall zu entwickeln, der im Herbst akut werden sollte. Hier und im benachbarten Thüringen trat die KPD im Oktober in die bestehenden SPD-Regierungen ein.

Während die KPD von Not und Arbeitslosigkeit der Arbeiterschaft profitierte, schlossen sich Angehörige der von «Proletarisierung» betroffenen oder bedrohten Mittelschichten vielfach rechtsextremen, völkisch-nationalistischen Parteien und Bewegungen an. Das nutzte auch der NSDAP. Sie hatte zu Jahresbeginn 1923 etwas mehr als 20 000 Mitglieder. Bis November kamen 35 000 neue hinzu, so dass die Partei am Vorabend des Putsches etwa 55 000 Mitglieder besaß.[44] Maria Enders, Mitarbeiterin in der Geschäftsstelle in der Münchner Corneliusstraße, berichtete später, der Andrang sei zeitweise so stark gewesen, dass sie kaum mit dem Ausfüllen der Karteikarten hinterherkam.[45]

Dieser anhaltende Zustrom half der Partei recht schnell über den Misserfolg am 1. Mai hinweg. Bereits zum 13. Deutschen Turnfest, das vom 14. bis 18. Juli mit etwa 250 000 Teilnehmern in München stattfand, wollte Hitler wieder alle Register nationalsozialistischer Propaganda ziehen. Bereits im Vorfeld war es zu einer Kontroverse über die Teilnahme jüdischer Sportler gekommen. Die Münchner Polizei hatte vorab das Zeigen von Parteifahnen und Armbinden, die die Zugehörigkeit zu einer politischen Partei zum Ausdruck brachten, ausdrücklich verboten. Zum Auftakt sprach Hitler am 14. Juli bei einer Kundgebung im Circus Krone über «Fluch der Novemberrevolution. Internationale Sklavenkolonie oder deutscher Freiheitsstaat!» Während seiner Rede wurden entgegen dem polizeilichen Verbot nationalsozialistische Fahnen und Standarten entrollt und präsentiert. Die Polizei versuchte einzuschreiten, der leitende Polizeibeamte wandte sich auch direkt an Hitler. Der erklärte nur lapidar, er habe den Zirkus gemietet und könne darin machen, was er wolle. Die Polizei habe kein Recht, ihm im Zirkus das Entfalten von Fahnen zu verbieten. Die Polizei ließ die Sache auf sich beruhen. Es gelang ihr zunächst auch nicht, den ungenehmigten Demonstrationszug durch die Stadt zu verhindern, zu dem die Versammelten im Anschluss an die Kundgebung aufbrachen. In der Innenstadt griff die Polizei dann doch zu, löste den Zug auf und beschlagnahmte dabei eine der Standarten, die Hitler im Januar der SA verliehen hatte.[46] Während des gesamten Turnfestes beherrschten jedoch die Kampfverbände die Stadt und machten daraus eine «machtvolle Demonstration des erwachenden, völkischen Deutschlands».[47]

Zum wiederholten Mal verstieß Hitler damit in provozierender Weise gegen Auflagen von Polizei und bayerischer Staatsregierung – und wieder geschah nichts. In Baden, Preußen, Thüringen, Mecklenburg-Schwerin, Hamburg und Bremen war die NSDAP zu dieser Zeit verboten. In Sachsen waren Versammlungen und Aufzüge der Nationalsozialisten untersagt. Schon am 15. März 1923 hatte der 1. Senat des Staatsgerichtshofes des Deutschen Reiches diese Verbote der NSDAP, ihrer Gliederungen und Presseorgane bestätigt. Die bayerische Regierung Knilling interessierte dieses Urteil nicht. In Bayern genoss Hitler trotz aller Verstöße gegen behördliche Auflagen vollständige Handlungs- und Bewegungsfreiheit und nutzte sie intensiv, um durch massive Agitation und zahllose Veranstaltungen seine Partei voranzubringen.

Dabei spielte Hitler selbst im Lauf des Jahres 1923 eine immer bedeutsamere Rolle. Schon beim Parteitag im Januar war er als «Führer der deutschen Freiheitsbewegung» herausgestellt worden.[48] Immer häufiger ließ er sich nun als «Führer» der Nationalsozialisten bezeichnen, und am 20. April, Hitlers Geburtstag, machte der Völkische Beobachter mit der Balkenüberschrift «Deutschlands Führer» auf, darunter ein Gedicht Eckarts, dessen letzte Zeilen lauteten: «Die Herzen auf! Wer sehen will, der sieht! / Die Kraft ist da, vor der die Nacht entflieht!» Rosenberg jubelte in dieser Ausgabe über Hitlers Wirken, das von «Monat zu Monat reifer, größer und hinreißender» werde. Scharen Verzweifelter, die sich nach einem «Führer des deutschen Volkes» sehnten, blickten «immer erwartungsvoller auf den Mann in München».[49]

Hitler selbst sprach von sich in diesen Monaten zwar gelegentlich auch noch als «Trommler», dessen Aufgabe es sei, dem zukünftigen Führer den Weg zu bereiten, so wie er das auch in den beiden Jahren zuvor getan hatte, aber sein Selbstbild war 1923 dabei, sich zu ändern. Für diesen Prozess spricht auch sein Umgang mit dem Thema Fotografie. Bis zum Spätsommer 1923 existierte kein Foto, das Hitler zeigte. Es gehörte offenbar bis dahin zur Inszenierung seiner Persönlichkeit, denn er und seine SA haben peinlich darauf geachtet, dass der Führer der Nationalsozialisten nicht fotografiert wurde. Noch im April 1923 schlug Hitler in Berlin mit einem Stock auf einen Pressefotografen ein, der ihn abgelichtet hatte, bis der sich bereit erklärte, das Foto herauszugeben. Nach dem «Deutschen Tag» Anfang September in Nürnberg gab Hitler dann das Versteckspiel auf und meldete sich beim Fotografen Heinrich Hoffmann zur Porträtsitzung an. In der *Berliner Illustrierten Zeitung* vom 16. September 1923 erschien das erste gedruckte Hitler-Porträt mit dem Zusatz: «Adolf Hitler, der Führer der bayerischen Nationalsozialisten, der es bisher ablehnte, sich fotografieren zu lassen, aber nun seinem Prinzip untreu geworden ist.»[50] Schon die ersten Porträtaufnahmen Hoffmanns zeigten Hitler in der Pose der späteren Führerbildnisse – «mit einer forciert männlichen Haltung, verschränkten Armen oder herrisch in die Hüfte gestemmten Linken, mit zusammengezogenen Augenbrauen und zusammengepresstem Mund unter dem gestutzten Oberlippenbart. Körpersprache und Gesichtsausdruck demonstrieren Willenskraft, Entschlossenheit und Härte.»[51] Es war nicht der «Trommler», der da zu sehen war, sondern der «Führer».

Hitler sah sich bereits 1923 nicht mehr in der zweiten Reihe, sondern in der ersten. Wenn er sich im Lauf des Jahres Ludendorff immer mehr näherte, dem «legendären Feldherrn des Krieges», der in München die große Hoffnung der schwarz-weiß-roten vaterländischen Verbände war, dann ging es keineswegs darum, auf eine Diktatur Ludendorffs hinzuarbeiten. Ludendorffs Ansehen sollte vielmehr helfen, sich die Unterstützung der Reichswehr zu sichern. Ludendorff andererseits sah in Hitler lediglich den «politischen Berater, der die Massen zu mobilisieren verstand».[52] Die Rangordnung zwischen den beiden war keineswegs geklärt, aber in der Sache bestand weitgehende Einigkeit, jedenfalls über den nächsten großen Schritt, der jetzt zu machen war: den Marsch nach Berlin.

In seinen Erinnerungen an den Putsch und die Jahre davor schrieb Ludendorff lapidar: «Der Ruf: ‹Los von Berlin›, der bis dahin nur allzu oft in München zu hören war, wandelte sich in den Ruf: ‹Auf nach Berlin›.»[53] Er selbst war daran nicht unbeteiligt. Als Gegner jedes Separatismus arbeitete er nach Kräften dafür, dass Bayern seine «deutsche Aufgabe» erkannte und zu erfüllen suchte. Die reichspolitischen Entwicklungen in den Sommermonaten lieferten ihm dazu kräftigen Rückenwind.

Von galoppierender Inflation zu sprechen, war inzwischen eine maßlose Untertreibung, aber auch der Begriff Hyperinflation bringt nicht angemessen zum Ausdruck, was im Sommer 1923 in Deutschland stattfand. Musste man im August 4,6 Millionen Mark für einen Dollar auf den Tisch legen, so waren im November 4 Billionen fällig. Immer häufiger kam es im Sommer zu Unruhen, Streiks und Plünderungen. Unter solchen Bedingungen konnte keine Volkswirtschaft längere Zeit funktionsfähig bleiben. Klar war aber auch, dass eine Währungsreform nur gelingen konnte, wenn die aktuell maßgebliche Ursache des Währungsverfalls zuvor aus der Welt geschafft wurde. An einer Beendigung des «passiven Widerstands» führte jetzt kein Weg mehr vorbei. Was immer an Aktionen der nationalen Rechten, der vaterländische Verbände und der völkisch-nationalistischen Wehrverbände zu befürchten war: Es musste in Kauf genommen werden, um den völligen Zusammenbruch der deutschen Wirtschaft und des Reiches abzuwenden. Je breiter die Basis war, auf die sich die Entscheidung zur Beendigung stützte, desto eher würde man alle Reaktionen und Folgeerscheinungen bewältigen.

Diese Erkenntnis setzte sich in der SPD und in der DVP durch. Auch Hugo Stinnes, der auf dem Wirtschaftsflügel der DVP eine gewichtige Rolle spielte, bejahte die Bildung der Großen Koalition anfänglich, um die Verantwortung für diesen entscheidenden Schritt auf möglichst viele Schultern zu laden.[54] Die Mehrheit in beiden Reichstagsfraktionen signalisierte Anfang August 1923 Zustimmung für die Große Koalition, die Stresemann in seiner Aprilrede bereits in den Bereich des Möglichen gerückt hatte. In beiden Parteien gab es allerdings auch Wider-

Ab dem Spätsommer 1923 wird die zuvor schon galoppierende Inflation vollends zur Hyperinflation. Papierscheinbündel, für die man morgens noch Brot kaufen konnte, taugen am Nachmittag oft nur noch als Bauklötze für Kinder. Wenn die deutsche Wirtschaft gerettet werden soll, muss der Ruhrkampf beendet und die Währung saniert werden.

spruch, in der DVP von Teilen des Wirtschaftsflügels, in der SPD vom linken Flügel der Fraktion, vor allem von ehemaligen Unabhängigen. Am 11. August beschloss die SPD-Fraktion, ein Misstrauensvotum gegen den parteilosen Reichskanzler Wilhelm Cuno in den Reichstag einzubringen. Die Sozialdemokraten waren zwar nicht an dessen Regierung beteiligt, aber Cunos bürgerliche Minderheitsregierung war auf ihre Unterstützung angewiesen. Am folgenden Tag trat Cuno zurück.

Bereits wenige Stunden danach beauftragte Reichspräsident Ebert den DVP-Vorsitzenden Stresemann mit der Kabinettsbildung. In der verzweifelten Lage des Reiches führte kein Weg mehr an Stresemann vorbei – auch nach Überzeugung des österreichischen Gesandten in Berlin: «Die Regierung der Großen Koalition ist die letzte Rettung, die Deutschland im Rahmen der Weimarer Republik aufzubringen vermag. Noch niemals hat eine Regierung ihr Amt in einem schwierigeren Augenblick übernommen als dem gegenwärtigen.»[55] Am 13. August wurde Stresemann zum Reichskanzler ernannt, einen Tag danach war die Regierungsbildung abgeschlossen.

Die Regierung hatte eine Fülle fast unlösbarer Aufgaben vor sich, von denen zwei absolute Priorität hatten: die Beendigung des passiven Widerstands und die Sanierung der Währung. Die Vorbereitung der Währungsreform überließ Stresemann weitgehend seinem Finanzminister Rudolf Hilferding (SPD) und den Fachleuten, die Beendigung des passiven Widerstands erforderte seinen ganzen Einsatz als Reichskanzler.

Jeder wusste, dass aufreibende und gefährliche Wochen auf die Koalitionäre zukommen würden. Stresemann und Reichspräsident Ebert sahen aufgrund der wirtschaftlichen Misere und der dramatischen Notlage der Ärmsten vor allem einen kommunistischen Aufstand drohen. In der SPD fürchtete man mehr einen Putsch von Rechtsaußen, womöglich mit Beteiligung von Einheiten der Reichswehr. Hermann Müller, Vorsitzender der SPD-Reichstagsfraktion und einer der beiden Parteivorsitzenden der SPD, appellierte gleich in seiner Rede zum Antritt des Kabinetts Stresemann am 14. August an die Reichswehr, sich nicht für die «volksfeindlichen parteipolitischen Zwecke» extremer Parteien missbrauchen zu lassen. «Ein neuer Putschversuch würde das Reich in seiner Folgewirkung sprengen. Mit dem Reich fiele auch die Reichswehr.» Die Reichsregierung habe deshalb unter allen Umständen dafür Sorge zu tragen, «dass kein Organ der Reichswehr Verbindungen zu illegalen Organisationen unterhält.»[56]

Das war nicht nur eine Aufforderung an die Regierung, sondern zugleich ein geradezu beschwörender Appell an die Reichswehrführung, nicht die Grundlage ihrer eigenen Existenz aufs Spiel zu setzen. Es war nicht nur die Erinnerung an den Kapp-Putsch von 1920, die in der SPD erhebliche Zweifel an der Republiktreue der Reichswehr wachhielt. Sorge bereiteten auch die intensive Zusammenarbeit mit demokratiefeindlichen, nationalistischen Wehrverbänden und die Infiltration der Reichswehr durch die extreme politische Rechte. Seeckt selbst unternahm wenig, um Zweifel an der Republiktreue der Reichswehr zu zerstreuen. Als im Kabinett die Frage an ihn gerichtet wurde, ob die Reichswehr zuverlässig sei, antwortete Seeckt: «Ob sie zuverlässig ist, weiß ich nicht, aber mir gehorcht sie.» Als einige Wochen später der Reichspräsident selbst, immerhin der offizielle Oberbefehlshaber der Reichswehr, im Rahmen einer Debatte Seeckt ziemlich erregt ansprach: «Ich möchte wirklich nun wissen, wo steht denn eigentlich die Reichswehr?» bekam Ebert von Seeckt die schroffe Antwort: «Die Reichswehr steht hinter mir.»[57]

Die Antwort war nicht gerade hilfreich und verbindlich, aber sie traf den Nagel auf den Kopf. Die Reichswehr gehorchte nicht ihrem Oberbefehlshaber – das war der Reichspräsident – und auch nicht dem Reichswehrminister, sondern dem Chef der Heeresleitung – und selbst das war nicht in allen Teilen der Truppe garantiert. Die Reichswehr fühlte sich in der Ära Seeckt lediglich einem «abstrakten Staatsgedanken» verpflichtet, nicht dem konkreten Staat der parlamentarischen Demokratie. «Das Offizierskorps betrachtete die Reichswehr als einen eigenständigen innenpolitischen Machtfaktor».[58] Seeckt selbst nahm als Chef der Heeresleitung von Anfang an für sich in Anspruch, die «Neutralität» der Armee, den «Staat im Staate» zu repräsentieren. Die ideologische Vorstellungswelt des Offizierskorps war geprägt durch Reste monarchistisch-obrigkeitsstaatlichen Denkens, das Gefühl der Demütigung durch die Niederlage und das System von Versailles sowie ein elitäres Sendungsbewusstsein. Man fühlte sich als Schutzherr des «Staatsganzen» gegenüber dem demokratischen Parteienstaat, den man in seiner Pluralität nur negativ sah. Die Reichswehr war 1923 keine republikanische Armee, sondern durchaus eine Gefahr für die Demokratie. Seeckt selbst besaß «keine Bindung an die Republik».[59]

Friedrich von Rabenau, Seeckts erster Biograf, war 1922/23 Offizier im Truppenamt, ab 1936 war er zuständig für den Aufbau eines eigenständigen zentralen Heeresarchivs. Seine 1940 erschienene Biografie atmete den Geist der Zeit, aber sie stützte sich zugleich auf umfangreiches Material in Seeckts Nachlass und beste Beziehungen zu dessen politisch wacher und von ihrem Mann stets eingeweihter Frau Dorothee – Seeckt selbst war 1936 gestorben. Folgt man Rabenau, dann war an der Spitze der Heeresleitung und auch bei Seeckt persönlich bereits zur Jahreswende 1922/23 der Gedanke aufgekommen, dass man zur «Rettung Deutschlands» die Demokratie beseitigen müsse – ganz ähnlich wie in der Ordnungszelle Bayern. Anfang 1923, so Rabenau, hatten sich in Berlin und München zwei Strömungen entwickelt, die im Grunde das Gleiche wollten, «nur in verschiedener Art». Dass die «Linksregierung» in Berlin beseitigt werden müsse, «war in München und Berlin gemeinsames Ziel.» Gemeint war, wohlgemerkt, die rein bürgerliche Regierung Cuno, die von der SPD gestützt wurde. Seeckt habe im Januar, so Rabenau weiter, die Macht für sich selbst angestrebt und eine Diktatur Seeckt für möglich gehalten.[60] In den folgenden Monaten hat sich Seeckts Haltung in dieser Frage modifiziert, und er hat über Lösungen mit Hilfe eines Direktoriums nachgedacht.

Zu einem akuten Problemfall entwickelte sich im Verlauf des Jahres die VII. Reichswehrdivision, die oft auch als die «bayerische» bezeichnet wird, obwohl es Heereskontingente wie zu Zeiten des Kaiserreichs in der Zeit der Republik nicht mehr gab. Die VII. Division war Teil der einheitlichen Reichswehr und unterstand ohne Wenn und Aber dem Befehl der Reichswehrspitze. Schon Anfang Januar hatte der Chef des Generalstabs der VII. Division, General Freiherr Otto von Berchem, Seeckt gemeldet, «auf die bayerische Reichswehrdivision sei kein Verlass mehr, sie werde nicht auf ‹Nationale› schießen.»[61] Je mehr die Bayerische Reichswehrdivision «ein Herz und eine Seele» mit den vaterländischen Wehrverbänden wurde, desto weniger war gewährleistet, dass sie Seeckts Befehlen bedingungslos gehorchte.

Lossow verfolgte als Kommandeur der VII. Division im Hinblick auf Hitler und die NSDAP eine Art Umarmungsstrategie. Über Lossows «Auffassung vom Nationalsozialismus» teilte der Vertreter der Reichsregierung in München, Gesandter Edgar Haniel von Haimhausen, dem Staatssekretär in der Reichskanzlei, Eduard Hamm, bereits am 29. Januar 1923 «Vertraulich. Persönlich» mit, der General sei der Meinung, «die ganze Bewegung sei so bedeutsam und so tragfähig, dass man sie eingehend studieren müsse. Gerade die besten und gebildetsten Elemente unserer heutigen hiesigen Jugend bekennten sich zum Nationalsozialismus.» Das könne man nicht von heute auf morgen aus der Welt schaffen. Es gelte deshalb «den Nationalsozialismus von den unzweifelhaft vorhandenen Schlacken und Auswüchsen zu reinigen, um den ebenso unzweifelhaft gesunden und erfreulichen nationalen Kern heraus zu schälen und zu erhalten. Dies sei aber nur durch enge Fühlungnahme gerade mit den Führern und den besten Elementen der Bewegung und durch aufklärende Arbeit unter diesen zu erreichen.»[62] Lossow, berichtete Haniel von Haimhausen weiter, sei auch der Auffassung, «in Reichswehr und Schutzpolizei stünden gerade die Tüchtigsten dem Nationalsozialismus in patriotischer Begeisterung innerlich nahe.»[63] Diese Stimmung in der bayerischen Reichswehrdivision und der Landespolizei bot Hitler und seiner NSDAP, aber auch den anderen paramilitärischen Wehrverbänden, geradezu ideale Entwicklungsmöglichkeiten.

Um den Zusammenhalt der nationalen und völkischen Gruppen zu kräftigen und gleichzeitig Stärke nach außen zu demonstrieren, führten die vaterländischen Verbände im Sommer und Herbst 1923 in verschiedenen bayerischen Städten «Deutsche Tage» durch. In der Regel handelte es sich vor allem um Heerschauen der völkisch-nationalistischen Bewegung.

Von besonderer Bedeutung war der «Deutsche Tag» in Nürnberg am 1./2. September 1923. Am Jahrestag des Siegs über Frankreich 1870 in der Schlacht bei Sedan fand in Nürnberg eine gewaltige Kundgebung statt – die Polizei schätzte 100 000 Teilnehmer. Der Regierungspräsident von Mittelfranken überbrachte zur Eröffnung die Grüße des Bayerischen Staatsministeriums, am zweiten Tag folgte der große Vorbeimarsch, der über zwei Stunden dauerte. Ludendorff, Prinz Ludwig Ferdinand von Bayern, Hitler, Pittinger, Hauptmann Adolf Heiß von der Reichsflagge, Friedrich Weber von Oberland und andere nahmen die Parade auf dem Marktplatz ab. Der Berichterstatter des Staatspolizeiamtes Nürnberg-Fürth geriet in schwärmerische Verzückung: «voran die Fahnen der alten Armee, begleitet von Landespolizei zu Pferd und zu Fuß, dann die Kriegervereine, Offiziersbünde und Vaterländischen Verbände. Die Straßenzüge waren in ein Meer von schwarzweißroten und weißblauen Fahnen gehüllt, brausende Heilrufe der Straßen, Gehsteige und Fenster in dichtgedrängten Massen füllenden Bevölkerung umtosten Ehren-

Beim «Deutschen Tag» in Nürnberg nimmt Hitler (im Bild links) am 2. September 1923 auf dem Hauptmarkt einen Vorbeimarsch «vaterländischer» Verbände ab. Ganz selbstverständlich steht er in einer Reihe mit politischen und militärischen Würdenträgern. Mit 100 000 Teilnehmern wird die Nürnberger Veranstaltung zu einer großen Heerschau der weiß-blauen und der schwarz-weiß-roten Rechten.

gäste und Zug, zahllose Arme strecken sich ihm mit wehenden Tüchern entgegen, ein Regen von Blumen und Kränzen schüttete sich von allen Seiten über ihn: Es war ein freudiger Aufschrei hunderttausender Verzagter, Verschüchterter, Getretener, Verzweifelnder, denen sich ein Hoffnungsstrahl auf Befreiung aus Knechtschaft und Not offenbarte.» Die Stadt sei erfüllt gewesen von «einer Begeisterung, wie sie Nürnberg seit dem Jahr 1914 nicht mehr erlebt hat.»[64]

Ludendorff forderte in Nürnberg öffentlich die Wiedereinsetzung der Hohenzollern, was in Bayern nicht ohne Widerspruch blieb. Der ehemalige Kronprinz Rupprecht meldete mit einer Rede am 8. September Führungsansprüche von Bayern an. Der monarchische Gedanke gewann jetzt in Bayern stark an Boden.

Mindestens ebenso bedeutsam war, dass der Deutsche Tag in Nürnberg zu einer noch stärkeren Verflechtung der drei stärksten Wehrbünde der «Arbeitsgemeinschaft vaterländischer Kampfverbände» führte. Reichsflagge, SA und Oberland schlossen sich zum «Deutschen Kampfbund» zusammen und gaben sich ein eigenes politisches Programm. Dessen Kern: «Wir bekämpfen vor allem die Schergen des äußeren Feindes: die marxistische Bewegung, die Internationale in jeder Form, das Judentum als Fäulniserreger im Völkerleben, den Pazifismus. Wir bekämpfen den Geist der Weimarer Verfassung, die Erfüllungspolitik, das parlamentarische System mit seiner öden Mehrheitsanbetung; wir sind Gegner der Herrschaft des internationalen Kapitals und des volkszerstörerischen Klassenkampfes.»[65]

Hermann Kriebel wurde militärischer Führer des Kampfbunds, Hitlers Gefolgsmann Max Erwin von Scheubner-Richter Geschäftsführer. Hitler selbst wurde drei Wochen nach der Gründung «dank der Winkelzüge Röhms» die «politische Führung» des Kampfbunds übertragen. Was mit «politischer Führung» in der Praxis gemeint war, blieb unklar. Es war jedenfalls nicht Hitler, der das «Aktionsprogramm» des Kampfbundes entwarf, sondern Scheubner-Richter. Dieses am 24. September 1923 präsentierte Programm enthielt strategische Elemente und stellte klar, dass vor der «nationalen Revolution» in Bayern die Stützen der Macht im Staat gewonnen werden müssten. Erst wenn Armee und Polizei auf der Seite des Kampfbundes seien, könne die «nationale Revolution» folgen.[66] Das war eine bedeutsame Festlegung, die bei der Beurteilung des Putschversuchs am 8./9. November zu berücksichtigen ist.

Den bayerischen Innenminister Franz Xaver Schweyer (BVP) beschäftigte im Zusammenhang mit dem Deutschen Tag in Nürnberg allerdings nicht die Gründung des Deutschen Kampfbundes. Er monierte gegenüber dem württembergischen Gesandten Moser, dass, «die Sozialdemokraten die Gelegenheit genutzt hätten, um die gar nicht bestehende Gefahr eines Putsches von rechts an die Wand zu malen, ihre Leute zu alarmieren und nach Nürnberg zum Schutz der Republik zu senden.»[67] Als am 1. September der Deutsche Kampfbund gegründet wurde, war Schweyers Partei längst dabei, den Schulterschluss mit den vaterländischen Verbänden zu suchen, bei denen der Name Kahr immer noch einen sehr guten Klang hatte.

Bereits im März 1923 hatte Moser von Filseck nach Stuttgart berichtet, die Bayerische Volkspartei plane, das neue Amt eines Staatspräsidenten zu schaffen. Ministerpräsident Knilling habe ihm bestätigt, dass dahinter der Wunsch stehe, «die durch den Rücktritt Kahrs enttäuschten Parteimitglieder durch die Hoffnung zu trösten, dass sie ihn als Staatspräsidenten wiedersehen würden». Die Idee eines Staatspräsidenten sei hier außerordentlich populär, habe Knilling ihm erläutert, «in ihr verkörpere sich das Verlangen nach dem starken Mann, den man angeblich brauche, um das Volk aus dieser schlimmen Zeit herauszuführen, und der Wunsch, der eigenen Staatspersönlichkeit Bayerns einen erhöhten Ausdruck zu verleihen.»[68] Zu diesem Zeitpunkt erklärte Knilling noch entschieden, er selbst werde «keinen Augenblick auf seinem Posten bleiben, wenn Herr von Kahr Staatspräsident würde.» Kahr sei nicht mehr der zuverlässige Charakter, der bescheidene, einfach denkende Mann, als den er ihn jahrzehntelang geschätzt habe, «der viele Weihrauch, der ihm gestreut worden sei, habe ihm den Kopf verdreht.» Knilling warnte im Gespräch mit Moser, Kahrs «Schwäche den rechtsradikalen Einflüssen gegenüber sei zu groß, und wenn er Staatspräsident werden sollte, wäre er nur eine Puppe in der Hand solcher Kreise.»[69]

Nach der Bildung der Großen Koalition in Berlin scheint der bayerische Ministerpräsident seine Meinung geändert zu haben. Als jetzt der Name Kahr als starker Mann mit diktatorischen Befugnissen massiv ins Spiel gebracht wurde, formulierte Knilling keine Bedenken, jedenfalls finden sich keinerlei entsprechende Hinweise. Bereits die Bildung der Großen Koalition brachte offenbar in Bayern die Gemüter derart in Wallung, dass man sich entschloss, den schwelenden Konflikt mit dem Reich zu eskalieren und wenn möglich für eine Änderung der Verhältnisse in Berlin zu sorgen. «Ende August», so die Aussage Friedrich Webers vom Bund Oberland am 27. Februar 1924 im Hitlerprozess, sei ihm «von dem Führer des Bundes Bayern und Reich, Herrn Sanitätsrat Dr. Pittinger, in eingehenden Besprechungen die Notwendigkeit der Bildung eines Generalstaatskommissariats mit dem damaligen Regierungspräsidenten von Oberbayern, Herrn von Kahr, als Leiter dargelegt worden!» In den «letzten Augusttagen» sei ihm «dann derselbe Plan im Justizministerium von einer zuständigen Stelle entwickelt worden». Am 3. September seien er und Hauptmann Heiß, der Leiter von Reichsflagge, daraufhin nach Mittenwald zu Ministerpräsident Knilling gefahren, um ihm zu erklären, «dass wir es selbstverständlich auf das lebhafteste begrüßen würden, wenn die gesamte Macht in Form einer Diktatur in Bayern in einer Hand vereinigt würde, dass wir nur große Bedenken gegen den Mann hätten, der uns hier an verschiedenen Stellen genannt worden war». Kahr trauten die beiden Wehrverbandsführer nicht den eisernen Willen und die rücksichtslose Durchsetzungskraft zu, die sie für notwendig hielten, damit «die deutsche Frage entscheidend in Angriff genommen und zu einer Lösung gebracht werden» konnte. Im Lauf des Septembers, so Weber weiter, sei er dann «von einer hohen, als Bayer für mich maßgebenden, entscheidenden Stelle» – eine Umschreibung für den früheren Kronprinzen Rupprecht – ebenfalls über die geplante Ernennung Kahrs zum Generalstaatskommissar informiert worden.[70]

Am 9. September berichtete der württembergische Gesandte nach Stuttgart, er habe vom Schriftleiter der Bayerischen Volkspartei-Korrespondenz, «der über die Stimmung innerhalb der Partei immer besonders gut informiert ist und dem Abgeordneten Held nahesteht», gehört, «man begegne hier dem Ministerium Stresemann mit großem Misstrauen, vor allem wegen des starken sozialistischen Einschlags.» Der Schriftleiter «vermöge dem Ministerium Stresemann kein langes Leben zu prophezeien und was dann komme, das werde noch schlimmer sein. Der Reichswagen rolle immer mehr dem Abgrund zu, man sei aber in Bayern nicht gesonnen, diese Fahrt bis ans Ende mitzumachen. Wenn man diesen Entschluss gefasst habe, so sei das noch lange kein Separatismus. Bayern wolle nicht vom Reich los, aber wenn in Berlin das Chaos komme, dann müsse Bayern bemüht sein, vom Reich zu retten, was noch davon zu retten sei, und man hoffe hier sehr, dass der ganze Süden sich zusammentue, um sich gegen einen bolschewistischen Norden abzuschließen und so einen Rest des Deutschen Reichs aufrechtzuerhalten.»[71]

Drei Tage später wurde Moser von Ministerpräsident Knilling empfangen, der ebenfalls über «den starken sozialistischen Einschlag» des Kabinetts Stresemann klagte, der in Bayern «sehr schwer ertragen» werde. «Wenn nun Stresemann scheitere und zurücktreten müsse, so könne man sich nichts anderes denken, als dass ein ganz aus Sozialdemokraten, womöglich unter Teilnahme von Kommunisten gebildetes Ministerium komme. Das sei dann der kritische Moment, wo es sich frage, ob man diese Politik weiter mitmachen solle, die ein Ende der Reichsverfassung bedeuten würde, oder ob man nicht versuchen solle, hier im Süden das Deutsche Reich zu erhalten. Wenn dieser Fall eintrete, so sei es besonders wichtig, dass es nicht von Seiten der Rechtsaktivisten zu einem Gewaltakt komme.»[72]

Am 18. September berichtete Moser nach Stuttgart, dass sich der BVP-Fraktionsvorsitzende Heinrich Held «kürzlich» mit dem Kronprinzen Rupprecht zu einer Besprechung getroffen habe, bei der es darum gegangen sei, wie Kahr «an eine einflussreiche Stelle in der Regierung» zu bringen wäre, ohne dass dadurch ein Regierungswechsel nötig würde. «Man kann sich das nur so denken, dass Herr von Kahr Staatspräsident oder eine Art Diktator werden soll, und zwar ohne dass das Ministerium Knilling zurückzutreten hätte.» Über die Hintergründe konnte auch Moser nur spekulieren: «Man hat hier das Gefühl, dass eine große Spannung herrscht (…) Man hört immer mehr von einer Trennung Bayerns vom Reich sprechen, die unvermeidlich sei. Natürlich wird sie nach Kräften beschönigt und als patriotische Tat im Interesse des Reiches hingestellt.»[73]

Während Mosers Berichte im September 1923 eher nach bayerischem Separatismus klangen, bezog Hermann Bauer, der Vorsitzende der «Vereinigung vaterländischer Verbände in Bayern», schon am 22. August entschieden die Gegenposition: «Was Bayern anlangt, so dürften bald Konflikte mit der Reichsregierung entstehen, die Bayern vor eine Schicksalsfrage stellen. Man glaube aber nicht, dass Bayern sich den Reichsgedanken verekeln lassen wird, im Gegenteil: (…) Wir werden der neuen Berliner Richtung nicht den Gefallen tun, uns egoistisch abzukapseln. Wir werden nicht rufen: Los von Berlin, sondern vielmehr: Auf nach Berlin! Wir werden da sein und wach sein, gestärkt durch den Sauerstoff unserer freien weißblauen Berge, und gegen die verderblichen Berliner Gasdämpfe werden wir mit schwarzweiß-roten Gasmasken ausgerüstet sein.»[74]

Ähnlich kampfentschlossen klang Ministerpräsident Knilling, als er am 16. September vor dem Bayerischen Bauernbund in Tuntenhausen sprach: «Unüberbrückbar stehen sich in Deutschland die national-germanisch-christliche und die international-marxistische Weltanschauung gegenüber. Der Kampf zwischen beiden wird früher oder später auszutragen sein. Dazu bedarf es nicht eines blutigen Bürgerkrieges, es genügt, wenn die vaterländische Bewegung in Deutschland so erstarkt, dass Gegenbewegungen nicht mehr aufkommen können.»[75] Das Drehbuch für die Politik Bayerns im Herbst 1923 war Mitte September offenbar schon geschrieben, und wichtige Akteure waren bereits mit ihren Rollen vertraut gemacht worden.

In einem Aufruf des Bundes Bayern und Reich vom 22. September hieß es: «Die Stunde ist da! In dem Augenblick, wo das Unheilgebilde von Weimar mit der Unerbittlichkeit der Naturgesetze den Weg all dessen getrieben wird, was nicht lebensfähig ist, ist die Zukunft des unsterblichen Reichsgedankens unserem Bayernlande zu treuen Händen überantwortet. Die Stunde, an die wir seit Jahren, leider mehr mit den Worten als mit ernstlichen Vorbereitungen gedacht haben, rückt heran; jetzt gilt die Tat.»[76]

In München machte sich immer mehr bayerisches Sendungsgefühl breit. Die Parole von der «deutschen Aufgabe Bayerns» berauschte. Da die politische und wirtschaftliche Lage des Reiches in Bayern als ausweglos angesehen wurde, sah man in einem «Losschlagen» Bayerns die einzige Chance, «um die Tür in eine bessere Zukunft aufzustoßen».[77]

Die Parole «Auf nach Berlin!» war in diesen Wochen keineswegs nur die Parole Hitlers und des Kampfbundes, sondern auch die der konservativ-nationalen vaterländischen Verbände, denen Kahr seit Jahren sehr nahestand. Es ist schwer vorstellbar, dass die Spitzen des Bayerischen Staates sich mit eben diesen Verbänden im Vorfeld über die Einsetzung von Kahr als Generalstaatskommissar besprachen, ohne dass die entscheidende Frage auf den Tisch kam: Wie geht es weiter mit Berlin? Viel plausibler erscheint, dass Kahr – allen Dementis zum Trotz – eingesetzt wurde, um die Empörung im nationalen Lager über die Beendigung des passiven Widerstands zu nutzen, um gegen die Reichsregierung vorzugehen und den Konflikt Bayerns mit dem Reich nachhaltig zu lösen – und zwar nicht durch eine Abspaltung Bayerns vom Reich.

Die offizielle Begründung, man habe durch die Ernennung des Generalstaatskommissars einem geplanten Putsch der Nationalsozialisten vorbeugen wollen, erscheint demgegenüber wenig glaubhaft. Ein isolierter Putsch Hitlers oder des Kampfbunds mag die Fantasie des einen oder anderen Bürgers und Politikers beschäftigt haben, aber er war von

Anfang an zum Scheitern verurteilt. Er hätte nicht nur vollständig dem Aktionsprogramm des Kampfbundes widersprochen, in dem festgehalten war, dass man erst dann nach der Macht greifen könne, wenn Reichswehr und Polizei für die Sache gewonnen seien. Ein solcher isolierter Putsch hätte mit vorhersehbarer Sicherheit das Ende der nationalsozialistischen Bewegung bedeutet und war für Hitler aufgrund der Erfahrung vom 1. Mai 1923 undenkbar.

Während man in Bayern auf das Signal zum «Losschlagen» wartete, also die offizielle Beendigung des passiven Widerstands, spielten sich auch in der Reichspolitik besorgniserregende Entwicklungen ab. Stinnes meldete sich am 8. September mit einem Artikel in der *Deutschen Allgemeinen Zeitung* zu Wort, in dem er den Achtstundentag in Frage stellte, für Gewerkschaften und Arbeiterschaft eine der zentralen Errungenschaften der Novemberrevolution: «Das deutsche Volk muss, wo immer es Arbeit gibt, sofort mindestens zwei Stunden länger und mit mindestens der gleichen Intensität arbeiten wie vor dem Kriege. Das ist kein Opfer, das von dem arbeitenden Volke verlangt wird, sondern das Gebot der natürlichen Selbsterhaltung.»[78] Die Verlängerung der Arbeitszeit hatte Stinnes bereits Ende Oktober 1922 gegenüber dem US-amerikanischen Botschafter Houghton als Plan zur umfassenden Lösung des Reparationsproblems ins Spiel gebracht. 10 bis 15 Jahre lang sollte nach seinen Vorstellungen die Arbeiterschaft länger arbeiten, ohne dass dafür ein besonderer Lohnzuschlag gezahlt werden sollte. Streiks sollten für die Dauer von mindestens fünf Jahren verboten und als strafbare Handlungen betrachtet werden. Als Stinnes diese Vorstellungen am 9. November 1922 etwas abgemildert im wirtschafts- und finanzpolitischen Ausschuss des Reichswirtschaftsrates präsentiert hatte, waren sie in der sozialdemokratischen und kommunistischen Presse empört abgelehnt worden. Jeder Versuch, die Arbeitszeit wieder zu verlängern, wurde von der Arbeiterschaft als Versuch betrachtet, die Novemberrevolution rückgängig zu machen. Unter den Rahmenbedingungen des Herbstes 1922 konnte keine Regierung es wagen, ein solches Programm durchzusetzen.

Im Herbst 1923 war die Situation eine ganz andere, und Stinnes konnte einen neuen Vorstoß wagen. Am 15. September 1923 traf Stinnes erneut mit dem amerikanischen Botschafter zusammen. Sechs Tage danach erstattete Houghton dem State Department Bericht. Zu Beginn habe Stinnes erklärt, nun sei das Ende da, die Ruhr und das Rheinland müssten kapitulieren. Wenn Deutschland leben solle, müssten die Arbeiter länger und schwerer arbeiten. Er habe aber Zweifel, dass die Arbeiterschaft dieser Forderung nachkommen werde, sie müsse dazu gezwungen werden. «Deshalb, sagte er, muss ein Diktator gefunden werden, ausgestattet mit Macht, alles zu tun, was irgendwie nötig ist. So ein Mann muss die Sprache des Volkes sprechen und selbst bürgerlich sein, und so ein Mann steht bereit. Eine große, von Bayern ausgehende Bewegung, entschlossen die alten Monarchien wieder herzustellen, sei nahe. Ich fragte ihn, wie nahe, – und er sagte mir, vielleicht zwei bis drei Wochen entfernt. (...) Der Bewegung, sagte er, würden sich alle Rechtsparteien anschließen und eine ansehnliche Gruppe gemäßigter Männer in der Mitte, und sie würde in erster Linie einen Kampf gegen den Kommunismus bedeuten, da der kommunistische Flügel die Arbeiter zur Opposition treiben würde. Ich fragte ihn, ob die Industriellen sich mit der Bewegung vereinen würden. Stinnes erwiderte, dass sie das würden.»[79]

Stinnes hatte die Große Koalition nur notgedrungen zur Beendigung des passiven Widerstands befürwortet, weil er für diesen Schritt auch die Sozialdemokratie in die Verantwortung nehmen wollte. Kaum war die Entscheidung getroffen, «hatte aus seiner Sicht die Große Koalition ihren Zweck erfüllt und konnte durch eine industriefreundlichere Regierung ersetzt werden.»[80] Bereits in der Sitzung der DVP-Fraktion am 12. September griff Stinnes die Regierung Stresemann heftig an.

Der Herbst 1923 würde dramatische Auseinandersetzungen und Belastungen bringen. Das war bereits klar, noch bevor das Ende des passiven Widerstands am 26. September offiziell vom Reichspräsidenten und der Reichsregierung verkündet wurde. Lange hatte Stresemann darauf gehofft, irgendein Zugeständnis der französischen Seite erreichen zu können. Aber die Fronten waren hart geblieben. Stresemanns Vorgänger Cuno hatte gleich zu Anfang die Formel geprägt: «Keine Verhandlung ohne vorherige Räumung.» Frankreich und Belgien hatten sich festgelegt auf die Formel: «Keine Verhandlung ohne vorherige Aufgabe des passiven Widerstandes». Ein Weg zu einem Kompromiss war nicht erkennbar. Italien und Großbritannien hatten im Übrigen «die grundsätzliche Haltung Frankreichs in der Reparationsfrage gebilligt und Deutschland wiederholt nahegelegt, den passiven Widerstand aufzugeben.»[81] Woher sollte also Unterstützung im Lager der Siegermächte kommen?

Stresemann war sich aber zugleich darüber im Klaren, dass eine Beendigung des passiven Widerstandes ohne irgendwelche französischen Zusicherungen «von weiten und politisch mächtigen Teilen der öffentlichen Meinung Deutschlands nicht gebilligt und von den politischen Radikalen beider Richtungen ausgenutzt werden» würde.[82] Deshalb gab er die Hoffnung nicht auf, bis der britische Premierminister bei einem Paris-Besuch am 19. September demonstrativ den Schulterschluss mit Frankreich vollzog. Damit war klar, dass kein Weg an der «deutschen Kapitulation» vorbeiführte. Nun bereitete die Reichsregierung den bedingungslosen Abbruch des passiven Widerstands im Ruhrgebiet sorgfältig vor, unter anderem durch eine Konferenz mit den Ministerpräsidenten der deutschen Länder.

Bei dieser Konferenz wurde die unabwendbare Notwendigkeit des Abbruchs von allen Ministerpräsidenten anerkannt, auch von Knilling. Der allerdings betonte, dass durch die Besetzung des Ruhrgebiets der Vertrag von Versailles gebrochen worden sei und nun «nicht mehr als verbindlich angesehen werden dürfe.»[83] Das war kaum mehr als ein hilfloser und durchsichtiger Versuch, sich in München als Ministerpräsident präsentieren zu können, der nicht einfach nur «ja» gesagt hatte. Verantwortungslos war das Ansinnen zudem, weil eine entsprechende «Aufkündigung» des Versailler Vertrages völlig unvorhersehbare Reaktionen der Alliierten auslösen konnte. Für die Regierung Stresemann konnte es auch nicht ernsthaft zur Debatte stehen, da sie eine realistische Lösung des Reparationsproblems durch Verhandlungen erreichen wollte.

Die beim Abbruch des passiven Widerstands zu erwartenden Auseinandersetzungen betrafen ganz unmittelbar auch den Chef der Heeresleitung, denn nach Art. 160 des Versailler Vertrages war das Heer «für die Erhaltung der Ordnung innerhalb des deutschen Gebietes und zur Grenzpolizei bestimmt».[84] Schon am 10. September hatte sich Seeckt mit einem dramatischen Befehl an das Heer gewandt: «Wir stehen vor der größten Krise, die das Reich bisher durchgemacht hat. Nur durch

Der Chef der Heeresleitung, General Hans von Seeckt, entwickelt 1923 Ambitionen, allein oder mit einem Direktorium das Parlament auszuschalten und mit diktatorischer Macht zu regieren. Er versucht, Reichspräsident Ebert für seine Pläne zu gewinnen.

die unbedingte und rücksichtslose Aufrechterhaltung der Staatsautorität wird diese Krise überwunden werden können. Die Abneigung des Soldaten, in den inneren Kampf einzugreifen und Polizeidienste zu verrichten, ist begründet. Sie darf aber nicht dazu führen, dass durch übermäßige Zurückhaltung der Truppe die Staatsautorität als solche aufs Spiel gesetzt wird.»[85]

Seeckt hatte, wenn er «die unbedingte und rücksichtslose Aufrechterhaltung der Staatsautorität» einforderte, wohl in erster Linie kommunistische Aufstände vor Augen. Das geht aus seinen Aussagen zum Gebrauch der Waffen hervor, die nicht den Kampf gegen paramilitärische Verbände unterstellten, sondern das Vorgehen gegen unbewaffnete Menschenmengen. «Eine Truppe, die schießt, löst die schwierigsten Aufgaben; ein Bataillon, das Gewehr bei Fuß steht, ist hilflos. Diese wichtigste Erfahrung der Revolutionskämpfe scheint manchen Stellen bereits nicht mehr bekannt zu sein. Zu meiner größten Überraschung habe ich in Berichten Wendungen folgender Art gelesen: ‹Die Truppe scheute sich, von der Waffe gegen die vorwiegend aus Frauen und Kindern bestehende Menge Gebrauch zu machen›, ‹die Truppe ließ sich ins

Gedränge bringen› (…) Es muss in aller Deutlichkeit gesagt werden, dass ein Überhandnehmen derartiger Anschauungen letzten Endes zum Selbstmord der Staatsgewalt führen würde.»[86]

Die aktuellen politischen Entwicklungen forderten von Seeckt nach seiner eigenen Überzeugung aber auch, ganz persönlich, entscheidend zur «Rettung des Vaterlandes» beizutragen. Schon zu Jahresbeginn hatte er, wie erwähnt, mit dem Gedanken geliebäugelt, die parlamentarische Demokratie durch eine nationale Diktatur (unter seiner Führung) zu ersetzen. Im Lauf des Jahres sei Seeckt von der Vorstellung abgerückt, dass die Diktatur eines einzelnen die richtige Lösung für das Reich sei, berichtet sein Biograf Rabenau. «Er gewann den Eindruck, dass die Voraussetzungen dazu wahrscheinlich überhaupt noch nicht gegeben waren. Er hat auch eingesehen, dass für ihn selbst die Resonanz in weiten Volkskreisen nicht ausreicht. Er sah ebenso ein, dass zu dieser Zeit noch keine Persönlichkeit ausreichende Resonanz hatte. (…) Seeckt hat dann an ein Direktorium von mehreren Männern gedacht, darunter an den deutschen Botschafter Wiedfeldt in Washington und an eine hervortretende Persönlichkeit des Wirtschaftslebens, Minoux, vielleicht auch noch an diesen und jenen. Bis in die ersten Novembertage hinein hat Seeckt die Macht nun nicht mehr für sich, wohl aber für ein solches Direktorium angestrebt.»[87]

Offenbar war es Justizrat Heinrich Claß, der Führer des Alldeutschen Verbandes, der den Gedanken eines Direktoriums an Seeckt herangetragen hatte. Hinter Claß standen «Kreise des Großbürgertums, der Industrie, des Handels, der Bankwelt und der Großagrarier».[88] Im geplanten Direktorium sollten Wehrmacht, Wirtschaft und Staatsapparat zusammenwirken. In einem ersten Schritt ging es den Verschwörern um die «Stabilisierung des Staates als der Voraussetzung einer Wirtschaftssanierung, wozu sie die parlamentarische Reichsregierung mit ihrer Abhängigkeit von den Linksparteien nicht für fähig hielten.» Ihnen schwebte ein «von der Armee garantierter Ordnungsstaat mit letztlich recht eindeutig kapitalistischem Akzent» vor, «der dem kaiserlichen Vorkriegsdeutschland verzweifelt ähnlich sah».[89]

Auch aufgrund seiner Machtposition stand Seeckt im Mittelpunkt der Direktoriums-Bestrebungen, und so gaben sich, je näher der Abbruch des passiven Widerstands rückte, Politiker und Lobbyisten bei

Seeckt die Klinke in die Hand. Am 23. September war Oskar Hergt, der Vorsitzende der DNVP, bei ihm. Er drängte Seeckt, eine führende politische Rolle zu übernehmen, ohne dass der sich in die Karten schauen ließ. Am 24. September besuchte ihn Claß, dem Seeckt erklärte, dass er «jedem Umsturz, ob von rechts oder links, mit allen Mitteln begegne.» Von da an galt Seeckt in diesen Kreisen als «Schildhalter Eberts». Am selben Tag empfing Seeckt auch Vertreter der Christlichen Gewerkschaften, die ihn baten, die Kanzlerschaft anzunehmen. Der General habe erklärt, sich einem «loyalen Angebot» nicht versagen zu wollen. Am 25. September erläuterte der Manager und frühere Stinnes-Vertraute Friedrich Minoux Seeckt sein Programm. General Otto Hasse, der Chef des Truppenamtes der Reichswehr, notierte: «Seeckt ist ganz benommen von dem gewaltigen Eindruck dieser Persönlichkeit.»[90]

Am Abend des 25. September schrieb Seeckt seiner Frau über den «bunten Wechsel der Gesprächspartner»: «Es ist wohl nirgends so wirr und aufgeregt wie hier, wo alle Narren zusammenlaufen und am liebsten bei mir. Einige Ausnahmen gibt es, aber nicht viele unter dieser allgemeinen Narrenzunft.» Später legte er nach: «Ich lasse mich nicht hetzen und brauche keinen Antrieb.»[91]

So ernst aber nahm Seeckt die Lage doch, insbesondere die in Bayern, dass er seiner Frau am 23. September nach München schrieb: «Es herrscht eine riesige Erregung und dem zu Folge Unsicherheit. Meines Erachtens über das Berechtigte hinaus, aber freilich die Lage spitzt sich zu, wie man sagt. Auch über die Zustände unten in Bayern herrscht natürlich Angst. (…) Nach langem Erwägen möchte ich Dir raten, an Deine Rückkehr zu denken. Ich sehe keineswegs schwarz; aber ich halte es doch für möglich, dass die Verhältnisse in den nächsten Tagen sich so entwickeln, dass Du Ihnen lieber von hier aus zusiehst …»[92]

8

«Treuhänderin des deutschen Volkes» – Bayerns offener Verfassungsbruch

Als die Regierung Stresemann am 26. September 1923 den Abbruch des passiven Widerstandes an der Ruhr bekanntgab, wurde das vom Großteil der deutschen Bevölkerung ruhig aufgenommen. Man hatte mit dieser Entscheidung nicht nur gerechnet, sie erschien angesichts der wirtschaftlichen Misere dringend geboten, um das Land nicht völlig im Chaos versinken zu lassen. Die Reallöhne der Arbeiter lagen inzwischen in vielen Branchen bei etwa der Hälfte des Vorkriegsniveaus. Der Hunger trieb vor allem Frauen und Kinder auf die Felder, wo sie sich mit Kartoffeln versorgten. Es gab Überfälle auf Bauernhöfe und Angriffe auf Marktstände. Lebensmittelgeschäfte, Bäckereien und Fleischereien wurden geplündert. Die materielle Not war demoralisierend, und die Angst der (noch) Beschäftigten, ihren Arbeitsplatz zu verlieren, schwächte die Organisationen der Arbeiterschaft außerordentlich. Der Frankfurter Bezirksleiter des ADGB, Miesbach, beklagte, das Brachliegen der gesamten Wirtschaft habe «eine sehr gedrückte Stimmung gegenüber den Gewerkschaften ausgelöst».[1] Die Inflation erreichte im November ihren Höhepunkt.

Wie nicht anders zu erwarten, löste der Abbruch des passiven Widerstands jedoch bei der politischen Rechten eine Welle massiver Proteste aus. Nationalisten jeglicher Couleur sahen in der Einstellung des Ruhrkampfes ein «zweites Versailles» und machten dafür den «sozialistischen Einschlag» der Reichsregierung verantwortlich, die mit dem «Verrat an der Ruhr» einer weiteren Kapitulation vor den Alliierten entgegensteuere.[2] Eine zweite Dolchstoßlüge machte schnell die Runde.

Besonders heftig waren die Reaktionen in Bayern, wo sowohl die

Regierung als auch die vaterländischen Verbände jetzt den Zeitpunkt gekommen sahen, ihre Interessen massiv, auch mit der Androhung von Gewaltmaßnahmen und zur Not sogar mit militärischer Gewalt durchzusetzen. Hitler, der Kampfbund und andere paramilitärische Verbände witterten die Chance, den erträumten «Marsch auf Berlin» anzutreten und mit den «Novemberverbrechern» abzurechnen. Die weiß-blau oder gemäßigt schwarz-weiß-rot orientierten vaterländischen Verbände wollten die Gelegenheit nutzen, Bayern zu stärken, in Berlin einen Regierungswechsel herbeizuführen, vielleicht sogar die Monarchie wiederherzustellen. Für die bayerische Regierung war darüber hinaus eine Neuordnung des Reiches im bayerischen Sinn von entscheidender Bedeutung: Rückkehr zu einem Staatenbund im Sinne des Bismarck-Reiches, nun aber mit einem starken, gleichberechtigten Bayern an der Seite Preußens. Gemeinsam verfolgten alle bayerischen Akteure als erstes Ziel die Beseitigung der «sozialistisch-jüdischen» Regierung Stresemann und die Errichtung einer «nationalen Diktatur».

Dieses Ziel hatten sie mit interessierten Kreisen «im Norden» gemeinsam. Da waren die Männer um Heinrich Claß und seinen Alldeutschen Verband. Es gab den «Stahlhelm, Bund der Frontsoldaten», der den Deutschnationalen nahestand und eine ernstzunehmende paramilitärische Organisation darstellte. Franz Seldte hatte den Verband 1918 in Magdeburg gegründet und war seither dessen Vorsitzender, sein Stellvertreter war Theodor Düsterberg, der im Oktober und November Strippen ziehend in München unterwegs war. Militärisch noch bedeutsamer war der Bund Wiking von Kapitän Hermann Ehrhardt, eine Nachfolgeorganisation der Organisation Consul und der Marinebrigade Ehrhardt. Daneben arbeiteten honorige Herren auf die Errichtung einer nationalen Diktatur hin, die in diesen Kreisen allerdings meist «Direktorium» genannt wurde – gemeint war im Kern dasselbe: Der Reichstag sollte ausgeschaltet, die parlamentarische Demokratie beseitigt und der Einfluss des Volkes durch Wahlen eliminiert werden. Hugo Stinnes agierte in diesem Sinn und vertrat dabei auch die Interessen der Schwerindustriellen von der Ruhr. Besonders aktiv war Stinnes' ehemaliger Manager Friedrich Minoux, der sich insbesondere um den Mann bemühte, ohne den «im Norden» nichts ging, um General von Seeckt, den Chef der Heeresleitung.

Seeckt stand dem Gedanken einer nationalen Diktatur bzw. eines Direktoriums seit langem positiv gegenüber, konnte sich gar nicht vorstellen, dass der Reichstag mit seinem Streit der Parteien den Karren aus dem Dreck ziehen könnte. Seeckts Staatsverständnis war vordemokratisch, seine Loyalität galt nicht der Weimarer Republik, nicht der Demokratie, sondern dem Reich, dem abstrakten deutschen Staat und dessen Einheit. Die Reichswehr verkörperte in seinen Augen den Staat und hatte dessen Existenz zu garantieren. Eine schlichte Machtübernahme durch einen Militärputsch war mit diesem Verständnis vom Staat und seiner bewaffneten Macht schwer zu vereinbaren, weshalb Seeckt in diesen entscheidenden Wochen stets nach Lösungen suchte, unter Wahrung der Staatsautorität in den Besitz der Macht zu kommen. Idealerweise konnte das geschehen, indem der Reichspräsident ihn zum Kanzler ernannte und ihn per Notverordnung nach Artikel 48 der Weimarer Verfassung mit diktatorischer Macht ausstattete.

Seeckt war keineswegs der Einzige in der Reichswehrführung, der auf eine national orientierte Diktatur hinarbeitete. Demokraten waren im Offizierskorps dünn gesät. Seeckt hatte durch seine Personalpolitik seit 1920 viel zu diesem Zustand beigetragen, aber er konnte sich dennoch nicht völlig sicher sein, dass tatsächlich die gesamte Reichswehr mit ihren sieben Divisionen ein zuverlässiges Instrument in den Händen seiner Führung sein würde – gerade in Krisenzeiten.

Neben den zahlreichen und mächtigen Gegnern von rechts waren Ende September auch die Kommunisten entschlossen, die extreme Krisensituation zu nutzen, um die parlamentarische Republik zu beseitigen. Eine zweite Revolution, ein deutscher «Oktober», sollte Deutschland zum neuen Zentrum der Weltrevolution machen und Entlastung für die noch immer bedrängte Sowjetmacht in Russland bringen. Es stand wahrlich nicht gut um die deutsche Demokratie, als die Regierung Stresemann am 26. September 1923 den Abbruch des passiven Widerstands bekanntgab.

Bayern reagierte noch am selben Tag mit der Verhängung des Ausnahmezustands, setzte Gustav von Kahr als Generalstaatskommissar ein und übertrug ihm die vollziehende Gewalt. Artikel 48, Absatz 4 der Weimarer Verfassung räumte einer Landesregierung das Recht ein, derartige Anordnungen «bei Gefahr im Verzuge» und als «einstweilige

Maßnahmen» zu treffen. Er bestimmte auch: «Die Maßnahmen sind auf Verlangen des Reichspräsidenten oder des Reichstages außer Kraft zu setzen.»

Offiziell fiel die Entscheidung zu diesem Vorgehen in der Sitzung des Ministerrates vom 26. September, an der auch Lossow, Seißer, der Münchner Polizeipräsident, der Präsident des Landtags und – gegen Schluss – Kahr teilnahmen. Die wesentlichen Vorentscheidungen waren in den Parteispitzen der Regierungskoalition längst erfolgt, die jetzt den geeigneten Zeitpunkt für das lange diskutierte Handeln gekommen sahen. Nach bayerischer Auffassung lieferte die Beendigung des passiven Widerstands an der Ruhr eine überzeugende Begründung für die Maßnahmen, zu denen man sich bereits zuvor entschlossen hatte. Sämtliche vaterländischen Verbände, erklärte Knilling gegenüber dem württembergischen Gesandten, seien im Begriff gewesen, «in das Lager Hitlers überzugehen, und wenn man nicht rechtzeitig etwas dagegen getan hätte, so wäre die Gefahr eines Sturzes der Regierung in der Nacht von heute auf morgen eine sehr große gewesen.»[3] Später wurde in einer Denkschrift, die das Generalstaatskommissariat unmittelbar nach dem 9. November 1923 erstellte, konkret behauptet, es hätten Anzeichen dafür vorgelegen, «dass Hitler am 28.9. einen Staatsstreich versuchen wollte.»[4] Belege für diese Behauptung sind nie vorgelegt worden, und Hitler hat entsprechende Absichten stets bestritten. Weit mehr als es zum üblichen politischen «Geschäft» gehört, wurden in den entscheidenden Wochen des Jahres 1923 wahre Absichten verschleiert und falsche Fährten gelegt. Es wurde getrickst und gelogen, und es wurde Vorsorge getroffen für den Fall, dass am Ende doch alles schief gehen würde.

Kahr wurde bei seiner Ernennung zugesichert, er unterstehe als Generalstaatskommissar zwar dem Gesamtstaatsministerium, also der Regierung, bekomme aber für die Ausübung der vollziehenden Gewalt freie Hand. Ausdrücklich betonte man, dass er nicht nur Vollzugsorgan der Staatsregierung sei.[5] Die Staatsanwaltschaft hat im Hitlerprozess allerdings Wert darauf gelegt, dass Kahr nicht «die Stellung eines Diktators» gehabt habe. «Sein Machtbereich war nur ein Ausschnitt aus der Gesamtstaatsgewalt, die in der Hauptsache den ordnungsmäßigen Organen, dem Gesamtministerium und dem Landtage verblieb. Sein Machtbereich erschöpfte sich in der Ausübung der vollziehenden Gewalt und in den Anordnungen zur Wiederherstellung der öffentlichen Ruhe und Ordnung.»[6]

Die Wahl war auf Kahr gefallen, weil dessen Name bei den vaterländischen Verbänden einen hervorragenden Klang besaß. Als Ministerpräsident hatte er ab März 1920 Bayern zu einem Eldorado des Rechtsextremismus gemacht und Berlin beharrlicher die Stirn geboten als seine beiden Nachfolger. Ihm traute man zu, die Verbände gemeinsam hinter sich zu sammeln. Darin sah auch Kahr selbst seine wichtigste Aufgabe. Kaum im Amt, ließ er am Vormittag des 26. September die Führer der vaterländischen Verbände zu sich kommen und forderte sie auf, sich ihm anzuschließen. Wer dazu nicht bereit sei, den betrachte er als Gegner. Alle stellten sich sofort hinter ihn – bis auf den Kampfbund. Dessen Geschäftsführer Scheubner-Richter erklärte, er habe zu einem solchen Schritt keine Vollmacht, sondern müsse erst eine Entscheidung der Kampfbundführung einholen. Darauf verbot Kahr kurzerhand 14 Versammlungen, auf denen Hitler am folgenden Tag in München sprechen wollte. Hitler tobte. Schon um die Mittagszeit schrieb er an Kahr: Dessen erster Akt sei ein Verbot der völkischen Freiheitsbewegung; er, Hitler, werde die Konsequenzen daraus ziehen. Der Münchner Historiker Karl Alexander von Müller, ein enger Vertrauter Kahrs, erlebte unmittelbar, was dann folgte. «Nachmittags, während ich da bin, schickt der Kronprinz den Chef seiner Verwaltung zu Kahr: dieser solle sofort an Hitler antworten: vollkommenes Missverständnis; er (Kahr) stehe selbst auf dem Boden der völkischen Freiheitsbewegung, das Verbot sei eine technische Polizeinotwendigkeit gewesen, im übrigen hätte Hitler am Vormittag selbst kommen sollen; diese Antwort sofort veröffentlichen.»[7] Kahr handelte entsprechend.

Bereits bei Kahrs Ernennung zum Generalstaatskommissar hatte der ehemalige Kronprinz Rupprecht eine entscheidende Rolle im Hintergrund gespielt. Nach einer Unterredung mit Rupprecht hatte der Fraktionsvorsitzende der BVP, Heinrich Held, den Anstoß zur Beauftragung Kahrs gegeben. Rupprecht war es auch, der durch sein klares Bekenntnis zu Kahr Ministerpräsident Knilling dazu brachte, seinen Widerstand gegen Kahr aufzugeben. «Im Kabinett des Kronprinzen bestätigte man dessen ausschlaggebenden Anteil an der Einsetzung Kahrs. Dieser betrachte sich loyal als dessen Stellvertreter.»[8]

Kahrs Aufgabe bestand offenbar nicht darin, Hitler und den Kampfbund von den «gemäßigten» Verbänden zu isolieren, die durch die Vereinigung vaterländischer Verbände in Bayern (VVVB) repräsentiert wurden. Er sollte ganz im Gegenteil die verschiedenen Strömungen wieder zusammenfassen und die vaterländische Bewegung in ihrer ganzen Breite hinter sich bringen. Die entscheidende Frage war: zu welchem Zweck? Während die bayerische Politik erklärte, Kahrs Aufgabe sei es, mäßigend auf die Verbände einzuwirken, Hitler und den Kampfbund von «Dummheiten» abzuhalten, sah man in Berlin Kahrs Ernennung und auch deren Begleitumstände als Alarmzeichen. Weder der Reichspräsident noch das Reichskabinett waren vorab von den Absichten der bayerischen Staatsregierung informiert, geschweige denn von ihr konsultiert worden. In einem Telefongespräch mit Knilling erklärte Stresemann am 27. September, dass sie «einigermaßen unangenehm dadurch überrascht worden seien, aus den Redaktionen der Presse von dem Beschluss der bayerischen Regierung zu hören.»[9]

Noch in der Nacht vom 26. zum 27. September tagten Reichspräsident und Kabinett im Beisein des Chefs der Heeresleitung. Berlin reagierte auf die Entscheidungen Bayerns mit einer Notverordnung des Reichspräsidenten nach Artikel 48 Abs. 2 der Weimarer Verfassung. Ebert verhängte den militärischen Ausnahmezustand und übertrug die vollziehende Gewalt dem Reichswehrminister, der sie an die militärischen Befehlshaber der sieben Wehrkreise delegieren konnte. Diese Lösung war offensichtlich nicht im Sinne Seeckts, von dem berichtet wird, bei einer späteren Besprechung mit Reichswehrminister Gessler und führenden Offizieren sei er «pikiert» beiseite gestanden. Gegenüber dem Chef des Truppenamtes, General Hasse, erklärte er vielsagend: «Wenn's eine Komödie wird, komme ich überhaupt nicht, wird's ein Drama, komme ich im 3. Akt.»[10] Die Nacht vom 26. zum 27. September brachte jedenfalls noch nicht Seeckts Auftritt.

Die nächtliche Entscheidung betraf nicht nur Bayern, sondern das gesamte Reichsgebiet und damit sämtliche Länder. Württemberg, Hessen und Baden protestierten mit unterschiedlichen Begründungen dagegen, einer Militärdiktatur unterworfen zu werden. Der badische Staatspräsident Remmele nannte es in einem Schreiben an Stresemann einen beschämenden Zustand, dass ein Offizier «als Vormund für eine vom

Volk gewählte Regierung» ins Gebäude des Staatsministeriums gesetzt werde.[11]

Am härtesten betroffen war Sachsen, wo Gessler mit seiner Ernennung zum Inhaber der vollziehenden Gewalt «den entscheidenden Hebel» erhielt, «um den Konflikt mit Zeigner machtbewusst zu eskalieren und auszutragen.»[12] Gessler nutzte seine neue Machtposition sofort und übertrug seine Befugnisse auf General Alfred Müller, der sich als Befehlshaber des Wehrkreises IV bereits heftige Auseinandersetzungen mit dem sächsischen Ministerpräsidenten geliefert hatte. Damit begann ein kalter Krieg zwischen dem Reichswehrminister und dem Militärbefehlshaber auf der einen und der Sächsischen Staatsregierung auf der anderen Seite.

Für Bayern hatte die Übertragung der vollziehenden Gewalt auf den Reichswehrminister die Folge, dass nun aus der Perspektive des Reiches General Lossow als Militärbefehlshaber unmittelbar die Weisungen Gesslers auszuführen hatte, während nach den Vorstellungen Bayerns allein Kahr Inhaber der vollziehenden Gewalt im Freistaat war. Die konfliktträchtige Situation hätte theoretisch leicht aus der Welt geschafft werden können, indem der Reichspräsident nach Artikel 48 Abs. 4 der Weimarer Verfassung von der bayerischen Staatsregierung die Aufhebung des von ihr verhängten Ausnahmezustands verlangt hätte. Die SPD-Minister brachten das im Kabinett zur Sprache, aber der Kanzler und die bürgerlichen Kabinettskollegen winkten ab. Sie gingen davon aus, dass Bayern einer solchen Aufforderung nicht nachkommen würde, und hielten es für klüger, sie deshalb gar nicht erst zu erheben. Auch der Reichspräsident versprach sich nichts von einem solchen Schritt.

Am 27. September meldete sich der bayerische Ministerpräsident telefonisch beim Reichskanzler und versuchte, ihn zu beruhigen. Gegenüber Kahr sei kein Misstrauen angebracht, erklärte Knilling, auch wenn Kahr «spezielle Beziehungen zu Rechtsorganisationen habe» – so die Notiz Stresemanns nach dem Gespräch. Der Ministerpräsident «bat mich, davon überzeugt zu sein, dass Herr v. Kahr seine Aufgabe in vollkommen loyaler Weise erfüllen werde.» Stresemann dagegen führte nach eigenen Angaben «Rückwirkungen bei unseren eigenen rechtsradikalen Kreisen» ins Feld, denen man sofort vorbeugen müsse. «Nachdem in Nürnberg (beim Deutschen Tag am 1./2. September – WN) erklärt worden sei, dass die bayrischen Fäuste in Berlin Ordnung schaffen müssten, würden diejenigen Kreise im übrigen Deutschland, die eine solche Entwicklung wünschten, sich durch die Mitteilung über die Übergabe der Gewalt an Herrn v. Kahr angereizt fühlen und auch ihrerseits den Moment zum Losschlagen für gekommen erachten.»[13] Der Reichskanzler ließ sich von Knillings Beschwichtigungsversuchen nicht beeindrucken. Ihm war völlig klar, dass es hier um mehr ging als um eine Vorsorgemaßnahme gegen Übergriffe der vaterländischen Verbände, dass die Vorgänge in Bayern «erst die Anfänge einer Entwicklung waren, die eine tiefgreifende Veränderung anstrebte.»[14]

Hitler hatte dagegen Schwierigkeiten, die Einsetzung Kahrs als Generalstaatskommissar zu deuten. Anfangs waren er, Scheubner-Richter und Pöhner der Überzeugung, sie sei «die Kriegserklärung» an den Kampfbund.[15] Zu dieser Deutung passte das Verbot der 14 NSDAP-Versammlungen durch Kahr. Hitler ordnete deshalb noch am 26. September an, NSDAP-Mitglieder müssten aus allen Verbänden austreten, die nicht zum Kampfbund gehörten.

Andere Maßnahmen Kahrs sprachen jedoch eine andere Sprache. So traf in der Nacht vom 28. zum 29. September Kapitän Ehrhardt in München ein. Er war mit einem PKW der Reichswehr aus Tirol geholt worden, wohin er sich abgesetzt hatte, nachdem ihn Kameraden aus der Untersuchungshaft beim Staatsgerichtshof in Leipzig befreit hatten. Nach seiner Ankunft in München konferierte Ehrhardt mehrere Stunden mit dem Chef der Landespolizei, Oberst Seißer, der auch Chef der wehrtechnischen Abteilung im Stab des Generalstaatskommissariats war und bei Kahr residierte. Auch Kahr begrüßte Ehrhardt in jener Nacht. Bei späteren Vernehmungen und im Prozess bestritt Kahr, Ehrhardt nach München geholt zu haben. Bei seiner Vernehmung am 29. Dezember 1923 erklärte er: «Ich habe Ehrhardt in dieser Zeit nur einmal flüchtig zu Gesicht bekommen, ohne mit ihm ein politisches Wort zu wechseln.»[16]

Seißer stattete Ehrhardt mit einem polizeilichen Sonderausweis aus, denn der wurde noch immer vom Leipziger Oberreichsanwalt steckbrieflich gesucht. Nach Kahrs und Seißers Aussage übernahm Ehrhardt den Auftrag, mit seinem Bund Wiking als Notpolizei den Grenzschutz in Nordbayern gegen die «roten» Länder Thüringen und Sachsen zu

Neben Kahr und Lossow ist Oberst Hans von Seißer der dritte Mann in der Münchner Machtelite, der auf den «Marsch nach Berlin» hinarbeitet. Der Chef der Landespolizei erledigt für Kahr auch Aufgaben, mit denen der Generalstaatskommissar persönlich nicht in Verbindung gebracht werden will.

verstärken. Nach Aussagen der anderen Beteiligten ging es bei Ehrhardts Auftrag um viel mehr. Ehrhardts Bund Wiking sollte Teil eines bewaffneten Potentials an der Nordgrenze Bayerns sein, «das im Falle eines aktiven Vorgehens gegen Norden zur Unterstützung herangezogen werden konnte.»[17]

Am 29. September traf sich Ehrhardt sowohl mit dem früheren Münchner Polizeichef Pöhner als auch mit Kriebel, dem militärischen Führer des Kampfbunds. Beiden teilte Ehrhardt mit, dass er sich mit seiner Organisation Kahr unterstellt habe. In beiden Gesprächen ging es vor allem um den erhofften Aufmarsch gegen Berlin. Bei seiner Vernehmung am 9. November 1923 gab Pöhner zu Protokoll: «Am Samstag den 29. September 1923 nachmittags suchte Ehrhardt mich in meiner Wohnung auf. Er war sehr erfreut darüber, daß nun endlich mit dem militärischen Vormarsch gegen Berlin ernst gemacht wird (…) Die Absichten Ehrhardts waren mir nichts Neues. Sie entsprachen dem, was Ehrhardt und ich schon vor Jahren mit einander erörtert und als das Zweckmäßigste befunden hatten, nämlich die deutsche Frage von Bayern aus aufzurollen und durch eine militärische Aktion gegen Berlin zur Lösung zu bringen. Die sämtlichen Beteiligten waren sich ebenso selbstverständlich klar darüber, dass die Aufstellung von Ehrhardt-Formationen an der bayerischen Grenze diesen Zweck verfolge und dass der Titel als bayerische Notpolizei nur den äußeren Deckmantel bilden sollte, um den Schein der Gesetzmäßigkeit zu wahren und um die Berliner nicht misstrauisch zu machen. Denn es war jedem klar, dass ein Mann wie Ehrhardt, dessen Organisation Wiking die bestausgebildete und am festesten gefügte Truppe in ganz Deutschland war, die ihr Hauptverbreitungsgebiet in Norddeutschland hat, nicht den Nachtwächter der bayerischen Grenze zwischen Coburg und Hof machen, sondern seine großdeutsch eingestellte Politik mit Waffengewalt durchführen wolle.»[18]

Ehrhardt wollte Pöhner bei seinem Besuch nicht nur ganz allgemein für Kahr gewinnen, sondern sah in dem ehemaligen Münchner Polizeichef den idealen Mann, der ihm in Nordbayern den Rücken freihalten könnte. Nordbayern war für Ehrhardt und seine Truppen beim beabsichtigten Vormarsch gegen Berlin als Aufmarschgebiet und als Etappe von größter Bedeutung und musste «von irgendwelchen Störungen (Generalstreik, Eisenbahnunterbrechungen, Sabotageakte)» freigehalten werden. Ehrhardt stellte sich vor, dass Pöhner als «Stellvertreter Kahrs für Nordbayern» für ihn Aufmarsch und Rückendeckung sicherstellen sollte.[19] Pöhner ließ unmittelbar nach dem Gespräch mit Ehrhardt durch Frick bei Kahr wegen eines Gesprächstermins anfragen.

Kahr selbst setzte bereits am 29. September den Vollzug des Republikschutzgesetzes in Bayern aus. Er erfüllte damit eine Forderung des Kampfbunds, deren Umsetzung Ministerpräsident Knilling im April verweigert hatte. Am selben Tag löste er die sozialdemokratischen und kommunistischen Selbstschutzverbände in Bayern auf, unterdrückte den Vertrieb der linksorientierten außerbayerischen Presse und verbot kommunistische Zeitungen sowie Streiks und Aussperrungen.

Durch einen Brief der drei bayerischen Offiziersverbände an ihre Mitglieder wurde am 29. September auch bekannt, dass der ehemalige Kronprinz Rupprecht sich mit dem «Wunsch und Befehl» an die Verbände gewandt hatte, «dass die ehemaligen Offiziere eingedenk ihres Fahneneids, sich rückhaltlos hinter Generalstaatskommissar Kahr und in militärischen Dingen hinter den Landeskommandanten General v. Lossow stellen, der sich bedingungslos dem Generalstaatskommissar zur Verfügung gestellt hat.»[20]

Bereits am folgenden Tag kam es zum Gespräch zwischen Kahr und Pöhner, bei dem auch Seißer, Frick und Kriebel anwesend waren. Kahr lehnte eine Stellvertreterposition für Nordbayern ab. Er sei nicht berechtigt, Stellvertretungen anzuordnen und seine Ermächtigung zur Ausübung der vollziehenden Gewalt zu delegieren.[21] Kahr bot Pöhner jedoch die Position eines Zivilgouverneurs in Thüringen und Sachsen an. Als Pöhner meinte, an solchen «politischen Lächerlichkeiten» habe er kein Interesse, erklärte ihm Kahr, dies «sei eine Aufgabe, die ihn nicht nur tage- und wochenlang, sondern Monate, vielleicht Jahre in Anspruch nehme.»[22] Auch in Kriebels Augen ging es in Sachsen und Thüringen keineswegs um «politische Lächerlichkeiten». Wie er später im Prozess aussagte, war für ihn als Soldaten völlig klar: «Wenn man nach Berlin marschieren will, dann muss man Sachsen und Thüringen fest in die Hand nehmen. Man kann solche Gebiete in dem Zustand, in welchem sie damals waren, nicht ohne besondere Vorsichtsmaßregeln im Rücken lassen.»[23] Kahr bat Pöhner zum Schluss, sich die Sache noch einmal zu überlegen. Die Aussprache endete «in harmonischer Weise», erinnerte sich Pöhner. «Ich hatte aus ihr die Bestätigung dessen erhalten, dass es Herrn von Kahr mit einer militärischen Aktion gegen Norddeutschland durchaus ernst war und dass er sich zu diesem Zweck meiner Zusage wegen meiner beabsichtigten Verwendung in Sachsen und Thüringen versichern wollte.»[24]

Am 2. Oktober traf Pöhner in dieser Angelegenheit Oberst von Seißer, den Landespolizeichef. Seißer versuchte noch einmal, Pöhner das Angebot Kahrs nahe zu bringen. Er werde Sorge dafür tragen, dass ein Offizier, mit dem Pöhner schon früher gut zusammengearbeitet habe, als Befehlshaber für die bayerischen Truppen in Sachsen und Thüringen aufgestellt werde. Als Pöhner darum bat, «als Machtmittel für Thüringen und Sachsen» Truppen des deutschen Kampfbundes zur Verfügung gestellt zu bekommen, lehnte Seißer ab, weil diese Truppen «weitermarschieren und durch andere ersetzt würden». Pöhner blieb bei seiner ablehnenden Haltung, weil er Kahr nicht «die nötige Kraft zum Durchhalten» zutraute.[25]

Am 1. Oktober war Kahr vor die Presse getreten und hatte sein Programm und seine bereits angeordneten Maßnahmen erläutert. Sein nächstes Ziel sei die Sammlung aller vaterländischen Verbände zur Schaffung einer festen und straffen Staatsautorität. Die ihm zugeneigten vaterländischen Verbände und der Kampfbund hätten das gleiche Ziel, so Kahr, nämlich ein starkes deutsches Vaterland. Über die Erreichung dieses Ziels könne man unterschiedlicher Meinung sein, aber er habe die Hoffnung, dass in der augenblicklichen Schicksalsstunde des deutschen Volkes nicht wieder, wie so oft in der deutschen Geschichte, Unterschiede und Trennungen im Wege stünden, die sich nachteilig auf das gemeinsame Ziel auswirkten.[26] Wichtig war es Kahr auch, den Gegner in aller Deutlichkeit zu benennen: «Bezüglich der Stellung zum Marxismus soll endlich einmal Klarheit geschaffen werden. Es gibt nur ein Rechts oder Links und von dieser klaren Entscheidung ausgehend kann niemals ein Kompromiss sondern nur ein Kampf und ein Austragen der Gegensätze zum Ziele führen. Dadurch ist die Stellung zum Marxismus klar gekennzeichnet.»[27]

Der württembergische Gesandte berichtete am 2. Oktober über Kahrs erste Aktivitäten nach Stuttgart: «Man hat das Gefühl, als habe er nur auf die Stunde gewartet, wo er in die erforderliche Machtvollkommenheit eingesetzt ist, um seine schon längst gehegten Absichten zu verwirklichen.»[28] Kahr selbst war in der Tat, wie Staatsrat Hans Schmelzle seinem alten Schulfreund Reichswehrminister Gessler versicherte, diesmal entschlossen, «es auf Biegen und Brechen ankommen zu lassen».[29]

Das Kabinett in Berlin wagte dem eigenmächtigen Handeln Bayerns nichts entgegenzusetzen. Gessler war wie Seeckt der Meinung, dass dem Reich die Machtmittel fehlten, um Bayern in die Schranken zu weisen und seine Position durchzusetzen. Die Reichswehr sei gegen Bayern nicht einsetzbar.

Aber nicht nur Bayern, auch das Unternehmerlager ging Ende September zum offenen politischen Angriff auf die Reichsregierung und die Sozialdemokratie über. Während in Bayern Kahr die Truppen für den Kampf gegen den «Marxismus» hinter sich scharte, beschlossen am

Gustav Stresemann mit Journalisten 1923. Der Vorsitzende der DVP führt seine Partei in die Regierungsverantwortung und wird am 13. August zum Reichskanzler ernannt. Kaum hat er den Widerstand an der Ruhr beendet, fällt der Unternehmerflügel in der DVP ihm in den Rücken. Auch die Reichswehrführung schießt sich auf ihn ein.

28. September die Zechenbesitzer im Ruhrgebiet, «unter Missachtung der gesetzlichen Bestimmungen und der Tarifverträge» die tägliche Arbeitszeit im Bergbau um eineinhalb Stunden zu verlängern. Sie schreckten auch nicht davor zurück, die französische Besatzungsmacht zur Abschaffung des Achtstundentags aufzufordern.[30] Die Neuregelung, die ab dem 8. Oktober gelten sollte, hätte eine Rückkehr zur Arbeitszeit bedeutet, wie sie vor dem Krieg bestanden hatte. Das war eine durchaus beabsichtigte Provokation für Gewerkschaften und SPD, die politisch durch flankierende Aktivitäten von Stinnes in der DVP-Fraktion begleitet wurde. Für Stinnes und seine Unternehmerfreunde hatte die Große Koalition mit dem Abbruch des passiven Widerstands ihren Zweck erfüllt und sollte nun möglichst rasch durch eine industriefreundliche Regierung ohne sozialdemokratische Beteiligung ersetzt werden. Die Arbeitszeitfrage bot sich dafür als idealer Hebel an. Aus Stinnes' Sicht musste es zunächst gelingen, die gesamte DVP auf eine Zustimmung

zur Verlängerung der Arbeitszeit festzulegen, dann ging es im zweiten Schritt darum, der Regierungskoalition und vor allem der SPD diese Entscheidung aufzuzwingen. Sollte dies scheitern, konnte man die Koalition mit den Sozialdemokraten beenden und eine neue Koalition unter Einbeziehung der DNVP bilden. Der Kampf gegen das Kabinett Stresemann hatte schon in der letzten Septemberwoche mit einer Pressekampagne gegen die SPD begonnen.

Die von Stinnes und dem rechten Flügel der DVP verfolgte Strategie war außerordentlich erfolgreich. Das zeigte sich, als das Kabinett am 1. Oktober beschloss, ein Ermächtigungsgesetz in den Reichstag einzubringen, das der Regierung erlaubte, ohne Zustimmung des Parlaments die zur Erhaltung der Wirtschaft notwendigen Maßnahmen auf wirtschafts-, finanz- und sozialpolitischem Gebiet einzuleiten. Eine solche zeitlich befristete Ermächtigung war zweifellos sinnvoll, um der wirtschaftlichen Misere im Land begegnen und dringend notwendige Schritte zur Sanierung der Währung schnell unternehmen zu können. Nachdem jedoch die Arbeitszeitfrage von den Zechenbesitzern und Stinnes so massiv in den Mittelpunkt von Auseinandersetzungen gerückt worden war, konnte die SPD unter keinen Umständen einem Ermächtigungsgesetz zustimmen, das auch die Arbeitszeitfrage völlig ins Ermessen der Regierung gestellt hätte. Am 2. Oktober lehnte die Reichstagsfraktion der SPD es mit 61:54 ab, dass sozialpolitische Fragen durch das Ermächtigungsgesetz geregelt werden sollten. Die Fraktion der DVP beharrte aber genau darauf und ließ sich auch nicht auf einen Kompromissvorschlag der Sozialdemokraten ein. Stresemann sah nun keine Chance mehr, das Ermächtigungsgesetz zustande zu bringen. Am 3. Oktober 1923 erklärte er kurz vor Mitternacht dem Reichspräsidenten den Rücktritt seines Kabinetts.[31]

Gemessen an der schweren Regierungskrise erscheint fast nebensächlich, was sich am 1. Oktober in Küstrin abspielte, aber die Episode wirft doch ein bezeichnendes Schlaglicht auf die Zustände im Reich. Aufgebracht über den Abbruch des passiven Widerstands im Ruhrgebiet planten Angehörige der «Schwarzen Reichswehr» einen Staatsstreich. Major a. D. Bruno Ernst Buchrucker und seine Männer hatten im Baltikum und in Oberschlesien gekämpft, waren nun aber nicht mehr reguläre Angehörige der Reichswehr, sondern offiziell als Zivilisten im Arbeitseinsatz für die Reichswehr tätig. Tatsächlich wurden sie weiter ausgebildet und danach mit der Pflege und Reparatur der Freikorps-Waffen beschäftigt, die von der Reichswehr verwahrt wurden. Buchrucker hatte bereits am 29. September mit 200 Mann versucht, das Berliner Regierungsviertel zu besetzen. Im Auftrag Seeckts beendete das Wehrkreiskommando III dieses Abenteuer sehr rasch, ließ aber Buchrucker entkommen. Der unternahm dann am 1. Oktober mit etwa 400 Mann den Versuch, die Festungsstadt Küstrin, etwa 70 Kilometer östlich von Berlin, in seine Gewalt zu bekommen. Gleichzeitig besetzte einer seiner Mitverschwörer mit mehreren Freikorpskompanien die Zitadelle von Spandau. Dem dilettantischen Putschversuch wurde von der Reichswehr rasch und ohne nennenswerte Kämpfe ein Ende bereitet.

In München bahnte sich derweilen eine Auseinandersetzung an, in der Kahr offenbar einen hervorragenden Hebel sah, um den Konflikt mit Berlin entscheidend zu verschärfen. Am 27. September hatte der *Völkische Beobachter* unter der Überschrift «Die Diktatoren Stresemann – Seeckt» über angebliche Diktaturpläne der Reichsregierung im Benehmen mit dem Reichspräsidenten und dem Chef der Heeresleitung berichtet. Höhere Offiziere der Reichswehr nähmen an, «dass Seeckt seine Partner über kurz oder lang beiseite schieben werde». Das Organ der NSDAP behauptete weiter, Seeckt sei «ein enger Gesinnungsgenosse des jüdischen Berliner Tageblatts» und warnte, «dass auch Seeckts Frau, gleich der Stresemanns, eine Jüdin ist und Seeckt politisch beeinflusst.»[32] Diese antisemitischen Angriffe nahm der Reichswehrminister als Inhaber der vollziehenden Gewalt zum Anlass, Druck und Vertrieb des Völkischen Beobachters zu verbieten. Er beauftragte General Lossow, seinen Militärbefehlshaber in Bayern, das Verbot zuzustellen und durchzusetzen.

Statt Gesslers Auftrag pflichtgemäß auszuführen, wandte sich Lossow in dieser Angelegenheit an Generalstaatskommissar Kahr. Der lehnte ein Verbot mit der am 4. Oktober schriftlich gefassten Begründung ab, dass dadurch «neue Spaltungen und Schwierigkeiten in der vaterländischen Bewegung entstehen» und bei einem Teil ihrer Verbände «Erbitterung gegen die Reichswehr» geschaffen würde. Das würde sein Ziel gefährden, «alle völkischen Kräfte zusammenzuschließen». Außerdem werde die bayerische Öffentlichkeit eine diesbezügliche

Aktion der Reichswehr als Eingriff in die Polizeihoheit Bayerns und de facto als «Reichsexekution» empfinden.[33] Lossow weigerte sich, das Verbot des *Völkischen Beobachters* gegen den Willen Kahrs zu vollstrecken. «Das war ein klarer Fall von Befehlsverweigerung.»[34]

Als ob er der Provokation noch eine Spitze aufsetzen wollte, erließ Kahr am 4. Oktober aus eigener Machtvollkommenheit ein Verbot gegen den *Völkischen Beobachter*, weil das Blatt einen Aufruf mit dem Titel «Artilleristen! Macht feuerbereit!» veröffentlicht hatte. Der forderte Männer mit entsprechender Erfahrung dazu auf, sich «zum Artillerieregiment der Sturmabteilung der NSDAP in der Münchner Corneliusstraße 12 oder der Schellingstraße 39/I zu melden».[35]

In Berlin ging zu diesem Zeitpunkt der Machtkampf um die Regierung in die entscheidende Runde. Der Reichspräsident beauftragte Stresemann unmittelbar nach dessen Rücktritt am 3. Oktober wieder mit der Bildung eines Kabinetts. Das war ganz und gar nicht im Sinne von Stinnes und seinen politischen Freunden. Die Deutschnationale Volkspartei weigerte sich am 4. Oktober, in eine von Stresemann geführte Koalition einzutreten: «Wir verlangen endlich eine Regierung, die sich bewusst auf die nationalen Kräfte in allen Volksschichten stützt.»[36] Zentrum und DDP lehnten allerdings eine Koalition mit der DNVP ab. Eine Regierungsbildung schien unmöglich.

General Hasse, der Chef des Truppenamtes, riet Seeckt in diesen Tagen dazu, als Chef der Heeresleitung die vollziehende Gewalt zu übernehmen. Eine Diktatur Seeckts stand als konkrete Möglichkeit im Raum. Stresemann versuchte gegenzusteuern, verhandelte am 4. Oktober mit Seeckt über dessen Eintritt in ein neu zu bildendes Kabinett. Hasse beklagte Seeckts Zurückhaltung und meinte, seine Zeit «wird nicht kommen, wenn er nicht dafür kämpft.»[37]

In der Nacht vom 5. zum 6. Oktober gelang dann doch noch ein Durchbruch in der Arbeitszeitfrage. SPD, DVP, Zentrum und DDP verständigten sich darauf, grundsätzlich am Achtstundentag festzuhalten, verkündeten aber, dass eine Neuregelung der Arbeitszeitgesetze nicht zu umgehen sei. Im Hinblick auf diese Neuregelung gestand die SPD «die Möglichkeit der tariflichen und gesetzlichen Überschreitung der jetzigen Arbeitszeit im Interesse der volkswirtschaftlich notwendigen Steigerung und Verbilligung der Produktion» zu.[38] Damit war der Weg für eine Erneuerung der Großen Koalition frei. Für den Industrieflügel der DVP und die gesamte nationale Rechte war das eine schwere Niederlage, denn für den Moment war durch die Einigung der Weg zu einer Regierung der «nationalen Kräfte» versperrt. Dass die SPD über ihren Schatten sprang, hatte viel mit dem herrschenden Ausnahmezustand zu tun. Wenn sich jetzt eine Rechtsregierung gebildet hätte, wäre der Reichspräsident kaum in der Lage gewesen, den Ausnahmezustand gegen den Willen der Regierung aufzuheben. Folglich hätte eine Regierung der politischen Rechten den Ausnahmezustand nach Belieben gegen die sozialdemokratischen Regierungen in Sachsen, Thüringen und Preußen anwenden und die SPD ausschalten können. Verglichen mit diesem Schreckensszenario erschien die Große Koalition den Sozialdemokraten als das kleinere Übel.

Am 6. Oktober präsentierte Stresemann dem Reichstag sein neues Kabinett. Es war gegenüber dem vorhergegangenen nur an wenigen Stellen verändert, aber die Gewichte hatten sich deutlich nach rechts verschoben. Im Kabinett waren nur noch drei Sozialdemokraten. An die Stelle von Rudolf Hilferding war als Finanzminister nun der parteilose Hans Luther getreten. Neuer Minister für Ernährung und Landwirtschaft wurde der ostpreußische Rittergutsbesitzer Gerhard Graf von Kanitz, der kurz zuvor noch der DNVP angehört hatte.

Am 8. Oktober sprach der Reichstag dem Kabinett mit großer Mehrheit das Vertrauen aus. Fünf Tage danach wurde das Ermächtigungsgesetz mit mehr Stimmen als der notwendigen Zwei-Drittel-Mehrheit verabschiedet. Dieses Gesetz, so war es ausdrücklich festgelegt, trat «mit dem Wechsel der derzeitigen Reichsregierung in ihrer parteipolitischen Zusammensetzung spätestens aber am 31. März 1924 außer Kraft».[39] Nach der Verabschiedung des Ermächtigungsgesetzes vertagte sich der Reichstag auf unbestimmte Zeit. Am 16. Oktober wurde die Rentenbank errichtet und die «Rentenmark» eingeführt. Sie sollte ab 15. November gültiges Zahlungsmittel sein und die (Papier)Mark zum Kurs von 1:1 Million ablösen. Das war der entscheidende Schritt zur Sanierung der deutschen Währung.

Gleich die erste Sitzung des neuen Kabinetts am 6. Oktober nutzte Reichswehrminister Gessler, um sich der Zustimmung seiner Kollegen für ein noch schärferes Vorgehen gegen Sachsen zu versichern. Konkret war seine Absicht, das Zusammentreten des Sächsischen Landtags zu verhindern, dessen nächste Sitzung für den 11. Oktober anberaumt war, und das mit der selbstherrlichen, geradezu abenteuerlichen Begründung, «er halte es für unvereinbar mit seiner Stellung als Inhaber der vollziehenden Gewalt unter dem Ausnahmezustand, dass seine Person oder die Reichswehr als solche zum Gegenstand von Verhandlungen, insbesondere aber von Angriffen der zu erwartenden Art im Parlament eines Landes gemacht würde.»[40]

Gesslers Vorhaben hätte die Beseitigung der parlamentarischen Demokratie im Freistaat Sachsen bedeutet. Die drei SPD-Minister hielten ein Einschreiten gegen den Sächsischen Landtag für rechtlich und politisch ausgeschlossen. Gessler drohte daraufhin mit seinem Rücktritt und erklärte, er könne dann auch «für die Haltung der Reichswehr keine Gewähr übernehmen.»[41] Als die Kabinettssitzung nach einer Unterbrechung fortgesetzt wurde, zeigte sich, dass Gessler auch das sächsische Kabinett absetzen und einen Reichskommissar an dessen Stelle setzen wollte. Für einen solchen Staatsstreich von oben waren weder der Reichskanzler noch der Reichspräsident zu gewinnen – jedenfalls nicht zu diesem Zeitpunkt. Gessler sah sich gezwungen einzulenken.

Es zeigte sich nun schmerzhaft deutlich, was für ein folgenschwerer politischer Fehler der Sozialdemokraten es gewesen war, nach der Entlassung Noskes keinen eigenen Kandidaten als Nachfolger aufbieten zu können und das Amt des Reichswehrministers Gessler zu überlassen. Gessler gehörte in den Krisenmonaten 1923 wahrlich nicht zu den Verteidigern der Demokratie, sondern war im Hinblick auf Sachsen und Thüringen bereit, hemmungslos alle demokratischen Grundsätze beiseitezuschieben. Er war mit Sicherheit «nicht die geeignete Persönlichkeit, um die Reichswehr als einziges Machtmittel deutscher Innenpolitik zu führen und Disziplinlosigkeiten in ihr zu unterbinden.»[42] Wie weit er dabei nicht nur im Geist der Reichswehrführung handelte, sondern in deren Auftrag, ist kaum zu beurteilen. Gesslers Initiative vom 6. Oktober entsprach jedenfalls exakt den Plänen der Reichswehrführung für Sachsen.

Seeckts großer Gesamtentwurf galt allerdings nicht einem einzelnen Land, sondern dem Reich. Der Chef der Heeresleitung formulierte in diesen Tagen eigenhändig «Ein Regierungsprogramm» und daneben einen Text mit dem Titel «Regierungserklärung», der den Charakter einer Proklamation hatte. Beide Texte sind nicht mit einem Datum versehen, können jedoch frühestens Ende September entstanden sein, spätestens Ende Oktober. Meist werden sie auf Ende September datiert. Beide Texte belegen, «dass Seeckt sich bereits damals auf die Rolle eines vom Reichspräsidenten berufenen Notstandskanzlers, möglicherweise an der Spitze eines Direktoriums vorbereitete.»[43]

In seiner «Regierungserklärung» formulierte Seeckt, das Kabinett sei «seinem Wesen nach eine Regierung des Ausnahmezustandes und des Übergangs». Es habe die Aufgabe, «die Einheit des Reiches und den Bestand des Reiches nach außen und innen zu erhalten und zu festigen». Es werde alle zur Mitarbeit fähigen und bereiten Kräfte des Volkes zu gemeinsamer Arbeit zusammenfassen. «Die Wiederherstellung und Stärkung der vollen Souveränität des Reiches, die Wiederherstellung und Stärkung der Reichsgewalt muss die Grundlage der Politik der Regierung sein.»[44]

Oberste Priorität hatte für Seeckt die Revision des Versailler Vertragswerks. Diesem Ziel sollte alles dienen, was er im Hinblick auf die Strukturen des Reiches und die Innenpolitik in Angriff nehmen wollte. Das «Regierungsprogramm» kündigte an: «Niederwerfung aller gegen den Bestand des Reiches und gegen die ordnungsmäßige Reichs- und Staatsautorität gerichteten Bestrebungen durch Anwendung der Machtmittel des Reiches (…) Erhaltung und Stärkung der Reichsoberhoheit, insbesondere der Vollzugsgewalt. Ausbau und Änderung der Reichsverfassung in föderativem Sinn. Einführung einer Reichsständekammer, in welcher die Berufsvertretung durch Wahl erscheint, neben dem Reichstag. Heraufsetzung des Wahlalters auf 25 Jahre. (…) Vereinigung des Amtes des Kanzlers und des preußischen Ministerpräsidenten (…) Finanzielle Selbstständigkeit der Staaten unter Aufsicht des Reiches. Vereinfachung der Verwaltung».[45] Unter dem Stichwort «Wirtschaft» führte Seeckt aus: «Entschlossene Absage an alle marxistischen Theorien und Maßnahmen, insbesondere Aufgabe aller Sozialisierungsbestrebungen. Aufsichtsrecht des Staates über die lebenswichtige Produktion (…) Verbot der Kartelle und Syndikate. Aufhebung der Tarifverträge. Ersatz der Gewerkschaften durch Berufskammern.»[46] Auch die «Befreiung von lästigen Ausländern», womit nur Ostjuden gemeint sein konnten, kündigte Seeckt an.[47]

«Regierungserklärung» und «Regierungsprogramm» Seeckts waren eine radikale Kampfansage an die Demokratie und an allen sozialen Fortschritt, den die Republik gebracht hatte. Seeckts Plan, die Gewerkschaften abzuschaffen und an ihre Stelle Berufskammern zu setzen, Tarifverträge aufzuheben und die Wirtschaft einem Aufsichtsrecht des Staates zu unterwerfen, kam der Wirtschaftsordnung sehr nahe, die zehn Jahre später von den Nationalsozialisten in Deutschland durchgesetzt werden sollte. Mit parlamentarischer Demokratie hatte das Staatswesen, das Seeckt vorschwebte, jedenfalls nichts zu tun.

Was die Entwicklung in Bayern anging, konnte Seeckt im Interesse der Reichswehr nicht hinnehmen, dass General Lossow sich weigerte, den Befehl Gesslers zum Verbot des *Völkischen Beobachters* auszuführen. Seeckt gestand Lossow zu, Einwände geltend zu machen, aber wenn der Befehl trotz dieser Bedenken aufrechterhalten wurde, war er zu befolgen. Als Lossow sich weiterhin weigerte, war für Seeckt der «entscheidende militärische Konfliktfall» gegeben. Nun ging es in seinen Augen «um die Erhaltung der Disziplin und des Gehorsams» als Voraussetzung für das Weiterbestehen der Reichswehr und damit letztlich auch des Reiches. Am 9. Oktober teilte Seeckt dem Kommandeur der VII. Reichswehrdivision per Brief mit, er traue ihm nicht mehr zu, willens und in der Lage zu sein, «die Belange der Reichswehr und die Autorität des Reiches gegenüber örtlichen politischen Widerständen durchzusetzen», und ersuchte Lossow, sein Abschiedsgesuch einzureichen.[48] Lossow kam auch dieser Aufforderung nicht nach. Er konnte sich dabei der Unterstützung durch den Generalstaatskommissar und die bayerische Staatsregierung sicher sein.

Inzwischen war deutlich erkennbar, dass Kahr, Lossow und Seißer eng zusammenarbeiteten und als eine Art Triumvirat eine gemeinsame Agenda verfolgten. Das hat bei Hitler und den anderen führenden Männern des Kampfbundes vorsichtige Hoffnungen geweckt, Kahr könnte es diesmal vielleicht wirklich ernst meinen. Der entscheidende Grund, die zögerliche Haltung gegenüber dem Generalstaatskommissar nach und nach zu überwinden, waren jedoch nach Aussage Röhms die «Verhandlungen, die Kahr zum Zwecke der Errichtung einer nationalen Diktatur mit norddeutschen Kreisen einleitete». Hatte der Kampfbund am 29. September Kahr noch unterstellt, sich auf weiß-blaue Interessenpolitik zu beschränken, gaben offenbar die Gespräche, die Major Vogts Anfang Oktober in München führte, «dem Kampfbund Anlass, seine Stellung gegenüber dem Generalstaatskommissar auf eine neue Grundlage zu stellen.»[49]

Vogts gehörte den norddeutschen Kampfverbänden an, die in Berlin eine Diktatur etablieren wollten, «die rechtsgerichtet die nationalen Belange in den Vordergrund stellte und in ihrer Tätigkeit unabhängig sein sollte von den Einflüssen eines ständig schwankenden Parlaments.» Vogts kam im Auftrag und als Verbindungsmann der norddeutschen Verbände nach München und sprach, wie er bei seiner Vernehmung durch die Staatsanwaltschaft am 10. Januar 1924 erklärte, «mit fast allen Personen, die in der vaterländischen Bewegung an irgendeiner Stelle führend tätig waren. Ich fand überall Zustimmung für meine Idee, insbesondere auch zu dem Vorschlag, dass Kahr an führender Stelle tätig sein solle. Ich fand diese Zustimmung auch in den Kreisen der Hitlergruppe, wo man mir sagte, dass Hitler gar nicht danach strebe eine führende Rolle zu spielen, sondern nur der Trommler der Bewegung sein und für seine Agitation freie Hand haben wolle.»[50]

Auf Bedenken im Hinblick auf eine leitende Rolle Kahrs in einem Berliner Direktorium stieß Vogts dagegen bei Lossow und Seißer – und nicht zuletzt bei Kahr selbst. Das Triumvirat hatte Sorge, dass ohnehin vorhandene Gerüchte über eine geplante bayerische Vormachtstellung neue Nahrung bekommen könnten. Sie seien «keine Separatisten, sondern gute Deutsche im Sinne Schwarz-Weiß-Rot und wollten es vermeiden, durch die Vorstellung des Namens Kahr neue Uneinigkeit heraufzubeschwören.»[51] Major Vogts hat im Rahmen der späteren Untersuchungen der Staatsanwaltschaft auch erklärt, Lossow und Seißer hätten zu diesem Zeitpunkt die Auffassung vertreten, eine solche Umsturzbewegung müsse aus dem Norden kommen. «Sie lehnten es entschieden ab, eine gewaltsame Aktion in Bayern einzuleiten und von hier nach dem Norden weiter zu tragen. Sie erklären sich aber bereit, mit den nationalen Machtmitteln eine solche im Norden zustandegekommene nationale Reichsregierung tatkräftig zu unterstützen.»[52]

Auf den ersten Blick scheint diese Haltung im Widerspruch zum «Grenzschutz»-Aufbau zu stehen, für den Ehrhardt bereits Ende September nach Bayern geholt worden war. Bei genauerer Betrachtung ergibt sich jedoch ein anderes Bild. Es ging Lossow und Seißer im Gespräch mit Major Vogts wohl vor allem darum, die Verschwörer und Kampfverbände in Norddeutschland wachzurütteln, die in ihren Augen viel zu passiv waren und sich allzu sehr auf Bayern verließen – Lossow sprach unmittelbar vor dem Putsch von «lauter Eunuchen und Kastraten», «die zu feige sind, einen Entschluss zu fassen».[53] Außerdem fanden die gesamten Vorbereitungen für den Aufbau einer militärischen Drohkulisse an der bayerischen Nordgrenze und einen eventuellen «Marsch auf Berlin» unter strengster Geheimhaltung statt, so dass es zu diesem Zeitpunkt nicht angeraten schien, sich bereits zu weit aus der Deckung zu begeben.

Die weiteren Aktivitäten des Münchner Triumvirats sprechen jedenfalls eine ganz eindeutige Sprache. Hermann Kriebel, der militärische Führer des Deutschen Kampfbunds, wurde mit der Ausarbeitung des Befehls für den Grenzschutz und den Aufmarsch an der bayerischen Nordgrenze beauftragt. Das war nicht nur im Hinblick auf die Einbindung Hitlers ein geschickter Schachzug, Kriebel war als ehemaliger Offizier im Stab Ludendorffs in der Obersten Heeresleitung ein Fachmann ersten Ranges. Er sorgte nun aufgrund seiner Position im Kampfbund für eine vertrauensvolle Zusammenarbeit der vaterländischen Verbände mit Reichswehr und Landespolizei. Und es stand ihm als militärischem Leiter des Kampfbundes ein eigener Stab im «Rheinischen Hof» in München zur Verfügung, so dass auf die direkte Mitarbeit des Stabes der VII. Division verzichtet werden konnte. Das erleichterte die Geheimhaltung und auch eine – aus Sicht des Triumvirats – eventuell später notwendig werdende Distanzierung von dem gesamten Vorhaben. Am 16. Oktober legte Kriebel den sogenannten Grenzschutzbefehl vor, den er nach eigenen Aussagen vorab mit Seißer besprochen hatte. Seißer konnte sich daran später nicht mehr erinnern.

Kriebels Geheimbefehl regelte Gliederung und Kommandoverhältnisse für den Grenzschutz in Nordbayern und diente zugleich der Vorbereitung des Aufmarschs gegen Berlin. Ziffer 7 des Befehls war überschrieben «Deckung des Aufmarsches» und legte fest, dass der Grenzschutz in den Abschnitten seinen Schwerpunkt haben sollte, «in denen der Grenzschutz gleichzeitig der Deckung des Aufmarsches gegen Norden dient». Er habe dessen Organisation zu verschleiern und in der ersten Phase abzuschirmen und «kann gar nicht stark genug sein.»[54] Seißer behauptete im Hitlerprozess am 12. März 1924, dass er diesen Teil des Befehls, der ja immerhin seinen unterstellten Kommandeuren zuging, abgelehnt habe. Dem Befehl war eine Karte beigegeben, aus der Kampfgliederung, Vormarschstreifen und Versorgung für den Marsch auf Berlin hervorgingen.

Auch die taktische Ausbildung der vaterländischen Verbände durch die VII. Reichswehrdivision wurde bereits auf den Vormarsch ausgerichtet. So hielten beispielsweise die Münchner Zeitfreiwilligen Einsatzübungen anhand des Stadtplans von Berlin ab. Die Planung Kriebels sah vor, «den Stoß auf Berlin ausschließlich durch Freiwilligenverbände zu führen und die Reichswehr- und Landespolizeiformationen an den Flanken gestaffelt nachzuziehen, um für den Marsch auf Berlin Einwirkungen von außen abzuschirmen.»[55] Kriebel selbst kam in der bayerischen Aufmarschplanung gegen Norddeutschland eine leitende Position zu. Ihm unterstand der gesamte Grenzschutz, der von der Landespolizei und von den Wehrverbänden getragen wurde. Als Abschnittsbefehlshaber waren höhere Offiziere der Landespolizei eingesetzt, die ihnen unterstellten Unterabschnitte sollten von Offizieren aus den Wehrverbänden geleitet werden.

Unter dem Eindruck der konkreten Aktivitäten und Vorbereitungen stellten sich am 16. Oktober alle vaterländischen Verbände, auch der Kampfbund, und die Landespolizei in einer Besprechung im «Rheinischen Hof» Lossow für die sich abzeichnende Auseinandersetzung mit Berlin zur Verfügung. Lossow war nun der oberste militärische Führer über alles in Bayern, was legal oder illegal Waffen trug. Er war die große Hoffnung all derer, «die ungeduldig auf den Befehl ‹Marsch auf Berlin› warteten.»[56]

Am 19. Oktober wurde Lossow förmlich vom Reichswehrminister entlassen. Am selben Tag nahm Kahr in München in einer Ansprache vor den standortältesten Offizieren der bayerischen Garnisonen zum «Fall Lossow» Stellung. Er betonte dabei, dass der Streitfall nicht militärischer, sondern politischer Natur sei. Es gehe nicht um Lossow, nicht um Bayern, nicht um die bayerische Regierung und nicht um die Reichsregierung, erklärte Kahr. «Es handelt sich um den großen Kampf der zwei für das Schicksal des ganzen deutschen Volkes entscheidenden

Weltanschauungen, der internationalen marxistisch-jüdischen und der nationalen-deutschen Auffassung.» «Deutsch oder Nichtdeutsch», das sei hier die Frage. Jeder Offizier und jeder deutsche Mann müsse entscheiden, auf welcher Seite er stehen wolle. «Bayern hat die Schicksalsbestimmung, in diesem Kampf für das große deutsche Ziel die Führung zu übernehmen und würde sich an seiner Pflicht gegenüber dem deutschen Volk versündigen, wenn es sich von dieser Aufgabe aus Angst vor Verantwortung drücken wollte.»[57] Bei dieser Versammlung der Standortältesten stand bereits im Raum, Lossows Entlassung nicht hinzunehmen, sondern den General als «Landeskommandanten» weiter mit der Führung der VII. Reichswehrdivision zu beauftragen und die gesamte Division auf den bayerischen Staat zu verpflichten.

Am folgenden Tag trat in München der Ministerrat zusammen. Ministerpräsident Knilling war sich der Tragweite der anstehenden Entscheidungen völlig bewusst und warf gleich zu Beginn die Frage auf, «ob er den ganzen Weg der jetzt aufgebrochenen Auseinandersetzung mitgehen könne oder ob er nicht einem Nachfolger Platz machen solle.» Knillings Rücktritt hätte den Rücktritt der gesamten Regierung zur Folge gehabt, und den wollte eine Reihe von Ministern nicht riskieren, «weil dadurch Bayern den radikalsten Kräften ausgeliefert würde.» Knilling konnte schließlich bekanntgeben, «dass die Führer der Koalitionsparteien sich dafür ausgesprochen hätten», die Division auf den bayerischen Staat zu vereidigen. Lossow berichtete, dass bei der Versammlung der Standortältesten nach der Mittagspause der Beschluss gefasst worden sei, dass die siebte Division «unter allen Umständen rückhaltlos hinter Lossow stehe und bereit sei, sich auf die bayerische Regierung verpflichten zu lassen.» Die versammelten Offiziere hätten einmütig erklärt, «dass die Mannschaften restlos das tun würden, was ihnen befohlen werde.»[58]

Aus den Erinnerungen des Bayreuther Bataillonskommandeurs, Hilmar Ritter von Mittelberger, geht allerdings hervor, dass die Ansichten der Kommandeure durchaus geteilt waren. Man hatte Sorge, dass der Beschluss der bayerischen Regierung die Einheit des Reiches gefährde.[59] Der Kampfbund weigerte sich später sogar, seine Truppen den Generälen Ruith und Kreß zu unterstellen, weil diese sich bei der Inpflichtnahme der VII. Division für die bayerische Regierung nicht hinter Lossow gestellt hätten. Ruith und Kreß seien «schwarz-rot-gelb» eingestellt, erklärte Kriebel am 28. Februar 1924 im Hitlerprozess[60] – was in dieser Klarheit und Eindeutigkeit wohl auch nicht zutraf.

Ohne diese Details zu kennen, beschloss der Ministerrat am 20. Oktober, Lossow als Landeskommandanten mit der Führung der VII. (bayerischen) Division zu beauftragen und bereits am Morgen des 22. Oktober die gesamte Division auf Bayern zu verpflichten. In einem Aufruf «An das bayerische Volk!» wurde mitgeteilt, dass die bayerische Staatsregierung diese Entscheidungen «als Treuhänderin des deutschen Volkes» getroffen habe.[61] Der Generalstaatskommissar ließ einen Aufruf verbreiten, in dem es hieß: «Bayern betrachtet es als seine heilige Pflicht, in dieser Stunde eine Hochburg des bedrängten Deutschtums zu sein. (…) Bayern und Deutsche! Bleibt treu der hehren Aufgabe, unserem deutschen Vaterlande die innere Freiheit wiederzugeben!»[62]

Die Reichsregierung reagierte sofort mit einem Aufruf, in dem sie das Vorgehen Bayerns als «offenen Verfassungsbruch» bezeichnete.[63] Seeckt gab einen Erlass an das Reichsheer heraus und sprach von einem gegen die Verfassung gerichteten Eingriff in die militärische Kommandogewalt. «Wer dieser Anordnung der bayerischen Regierung entspricht, bricht seinen dem Reich geleisteten Eid und macht sich des militärischen Ungehorsams schuldig. Ich fordere die 7. (bayerische) Division des Reichsheers hierdurch feierlich auf, ihrem dem Reich geleisteten Eid treu zu bleiben und sich den Befehlen ihres höchsten militärischen Befehlshabers bedingungslos zu fügen.»[64]

Am Abend des 20. Oktober sprach gegen 23 Uhr der Stellvertreter Kahrs, Oberregierungsrat Hubert Freiherr von Aufseß bei den «Bojaren» im «Wittelsbacher Garten» in München. Aufseß betonte, er spreche «im Namen und Auftrag seiner Exzellenz des Herrn Generalstaatskommissars Dr. v. Kahr», bestellte Grüße und beste Wünsche und erklärte dann: «Der Bruch zwischen Bayern und Berlin ist heute Abend 8 Uhr 30 erfolgt, und wir sind froh, dass er erfolgt ist. Es heißt für uns nicht: Los von Berlin, wir sind keine Separatisten, es heißt für uns: Auf nach Berlin!» Bayern sei seit zwei Wochen von Berlin in unerhörter Weise belogen worden. Das sei auch nicht anders zu erwarten «von dieser Judenregierung, an deren Spitze ein Matratzeningenieur steht.» Man könne aber nicht einfach gleich losschlagen, wie Hitler das wolle, sondern müsse diplomatisch vorgehen, damit man nicht ins Unrecht gesetzt werde. «Man wartet in Norddeutschland bloß darauf, dass wir losschlagen; aber dies muss alles vorbereitet sein. (…) Meine Damen und Herren! Halten Sie sich bereit, wenn in den nächsten Tagen der Aufruf zu den Waffen an alle ergeht, die schon mit Gewehr und Säbel umgegangen sind. Meine Damen, lassen Sie Ihre Angehörigen, ihre Brüder ziehen zum großen Befreiungskampf! Es wird nur kurze Zeit dauern.»[65] Aufseß hat später bestritten, Derartiges gesagt zu haben. Im Hitlerprozess wurden jedoch die unterschriebenen Beglaubigungen von acht namentlich genannten Zeugen vorgelegt.[66]

Am 22. Oktober um 11 Uhr wurde an allen Standorten der VII. Reichswehrdivision den Offizieren und Mannschaften der Aufruf der bayerischen Staatsregierung offiziell bekannt gemacht, und die Angehörigen der Division legten ohne Ausnahme das Bekenntnis ab, «von der bayerischen Staatsregierung als der Treuhänderin des deutschen Volkes bis zur Wiederherstellung des Einvernehmens zwischen Bayern und Reich in Pflicht genommen» zu sein.[67] Trotz des mahnenden Erlasses des Chefs der Heeresleitung verweigerte kein einziger das Bekenntnis. Allerdings hatte eine Reihe von Offizieren Widerspruch gegen eine Vereidigung erhoben, die Lossow ursprünglich erreichen wollte.

Mit dieser Inpflichtnahme war in den Augen der Öffentlichkeit der Rubikon überschritten. Der Schritt Bayerns beweise, meinte das *Berliner Tageblatt*, «dass man an den maßgebenden bayerischen Stellen den Bruch will. Das bayerische Kabinett ist nur die Kulisse, hinter der das Spiel von den Regisseuren geleitet wird. Das sind Kahr und die ‹Vaterländischen Verbände›».[68] In der bayerischen Öffentlichkeit, insbesondere aber vom Offizierskorps, wurde die Inpflichtnahme als Vorbereitung einer größeren Aktion gegen das Reich verstanden. Der Kommandeur der Infanterieschule, General von Tieschowitz, erklärte später als Zeuge im Hitlerprozess: «Bei der Vereidigung der 7. Division auf Bayern habe ich mir gesagt: Wenn er das tut, ist der nächste Schritt der Vormarsch auf Berlin, vollständig klar.»[69] Das Vorgehen Bayerns war «der offenste Verfassungsbruch, den die Reichsgeschichte seit 1871 kannte, der schlichte Hochverrat.»[70]

9

«Herbstübung 1923» – Aufmarsch für die Diktatur

In Sachsen entwickelte sich im Oktober 1923 der Kalte Krieg zwischen dem Militärbefehlshaber und der sächsischen Staatsregierung immer mehr zur heißen Auseinandersetzung, nachdem der Versuch des Reichswehrministers zunächst gescheitert war, Landtag und Regierung durch einen Zivilkommissar zu ersetzen. Am 10. Oktober nahm Ministerpräsident Zeigner zwei Kommunisten als Minister in die bestehende SPD/KPD-Koalitionsregierung auf und bezeichnete sie als «Regierung der republikanischen und proletarischen Verteidigung».[1]

Dass die KPD nun nach monatelangem Zögern bereit war, sich personell an einer Koalitionsregierung zu beteiligen, diente allerdings nicht nur defensiven, sondern vor allem offensiven Zwecken.

Was Zeigner nicht wissen konnte: Am 4. Oktober hatte in Moskau das Politbüro der russischen Kommunisten getagt und auf Vorschlag des Generalsekretärs der Komintern, Grigorij Sinowjew, beschlossen, den Auftakt zu der seit August geplanten «proletarischen Revolution» in Deutschland auf den 9. November zu terminieren. An diesem Tag sollte ein Aufstand des deutschen Proletariats beginnen und kommunistische Regierungen in Berlin, Hamburg, Dresden und in anderen Landeshauptstädten an die Macht bringen. Die Erhebung sollte der Auftakt zur Weltrevolution sein. Notfalls lasse sich das Datum auch verschieben oder vorverlegen. Am 10. Oktober erschien in der *Roten Fahne*, dem Parteiorgan der KPD ein handgeschriebener Brief Stalins im Faksimile: «Der Sieg des deutschen Proletariats wird ohne Zweifel das Zentrum der Weltrevolution von Moskau nach Berlin versetzen.»[2]

Russische Bürgerkriegsexperten waren bereits nach Deutschland eingeschleust worden, um die «Revolution» zu organisieren und zu unterstützen. Vor allem sollten sie 800 Proletarische Hundertschaften, insgesamt angeblich 100 000 Mann, ins Gefecht führen. In Preußen waren die Proletarischen Hundertschaften zu diesem Zeitpunkt bereits verboten, General Müller, der Befehlshaber in Sachsen, erließ am 13. Oktober ein Verbot, das ausdrücklich «die proletarischen Hundertschaften» und die «Republikanische Notwehr» nannte. Zusätzlich unterstellte er die gesamte sächsische Landespolizei seinem Befehl. Schon zu diesem Zeitpunkt zeigte sich, dass die Angst vor den Proletarischen Hundertschaften in krassem Missverhältnis zu deren Kampfstärke stand. Das Verbot konnte ohne größere Auseinandersetzungen oder gar Kämpfe vollzogen werden. Sinowjew telegrafierte zwar aus Moskau: «Sofort Bewaffnung von 50 000 bis 60 000 Arbeitern wirklich durchführen, den General Müller ignorieren. Dasselbe in Thüringen.»[3] Aber das Telegramm blieb ebenso wirkungslos wie die Rede des sächsischen Finanzministers Paul Böttcher (KPD), der am 13. Oktober öffentlich vom «proletarischen Befreiungskampf» fantasierte. Böttchers Brandrede war sogar eher ein Schuss, der nach hinten losging. Diese Rede könnte es gewesen sein, die den lange zögernden Reichspräsidenten zum Einschwenken auf den Konfrontationskurs bewog, den Gessler und die Militärs schon seit längerem verfolgten. Ebert sah Böttchers Rede als «offene Gewaltandrohung» gegen das Reich. Er befürwortete jetzt voll und ganz die von Seeckt vorgeschlagene «Heranführung von Truppen gegen Sachsen.»[4]

Am 17. Oktober forderte General Müller auf Weisung des Reichswehrministers die Landesregierung ultimativ auf, sich vom Auftritt Böttchers zu distanzieren. Zeigner beschwerte sich im Gegenzug bei der Reichsregierung gegen die «aufreizende Tätigkeit des Generals» und verlangte, dass der militärische Ausnahmezustand sofort aufgehoben werden sollte. Er stand mit dieser Forderung nicht allein. Der *Vorwärts*, das Zentralorgan der SPD, kritisierte am 18. Oktober, das Vorgehen des Militärbefehlshabers trage die Züge «krampfhafter Übereilung und leidenschaftlicher Unüberlegtheit». Es stehe «in krassem Gegensatz zu der himmlischen Geduld, mit der man die Vorgänge in Bayern bisher behandelt hat.» Die Entwicklungen in Sachsen und Bayern wurden inzwischen häufig als miteinander verknüpfte Ereignisse wahrgenommen.

Der *Vorwärts* berichtete, in der sächsischen und thüringischen Arbeiterschaft habe sich der Gedanke durchgesetzt, dass es ihre Aufgabe sei, gegen den von München aus angedrohten Marsch nach Berlin einen undurchdringlichen Wall zu bilden. Weil Sachsen «nach ihrer Überzeugung in ungerechter und parteilicher Weise mit der Reichsexekution bedroht wird», fragten sich auch immer mehr Sozialdemokraten, «wie lange noch eine mitverantwortliche Beteiligung der Partei an der Leitung der Reichsgeschäfte möglich sein wird.»[5] Noch stellte die SPD-Spitze die Große Koalition nicht in Frage, weil aber der militärische Ausnahmezustand vielfach nur genutzt wurde, um gegen republiktreue Verbände vorzugehen, nicht jedoch gegen nationalistische und vaterländische Organisationen, forderte der SPD-Vorstand einstimmig, den militärischen Ausnahmezustand zu beenden.

Am 18. Oktober prangerte Zeigner die Zusammenarbeit zwischen Reichswehrstellen und illegalen militärischen Organisationen an. Weil er inzwischen zur Genüge erfahren hatte, dass der Reichswehrminister auf diesem Ohr völlig taub war und nichts unternahm, rief Zeigner nun die Alliierten zum Einschreiten auf, weil es sich dabei um einen Verstoß gegen den Versailler Vertrag handelte. «Für die Militärs war dies nichts anderes als Landesverrat.»[6]

Drei Tage danach fand in Chemnitz eine allgemeine Arbeiterkonferenz mit mehr als 400 Delegierten statt, bei der nach Plänen der KPD ein landesweiter Generalstreik beschlossen werden sollte. Heinrich Brandler, der KPD-Vorsitzende und Leiter der sächsischen Staatskanzlei, forderte dort mit Vehemenz dessen sofortige Ausrufung – «und zwar als Kampflosung gegen die Reichswehr.»[7] Er stieß damit auf keinerlei positive Resonanz und zog den Vorschlag zurück, als die Sozialdemokraten unter den Delegierten mit ihrem Auszug drohten. Sein Parteifreund August Thalheimer nannte die Abfuhr später ein «Begräbnis dritter Klasse».[8] Mit diesem unerwarteten, aber sehr deutlichen Ergebnis der Chemnitzer Konferenz waren alle kommunistischen Träume von einem «deutschen Oktober» am 9. November wie Seifenblasen geplatzt. Wenn die KPD bereits in Sachsen an einem Generalstreik scheiterte, war an revolutionäre Aktionen im Reich gar nicht zu denken. Alle Revolutionspläne wurden auf unbestimmte Zeit fallen gelassen.

Am Tag nach der Konferenz marschierte die Reichswehr mit Billigung des Reichspräsidenten, aber ohne förmlichen Beschluss der Reichsregierung großflächig in Sachsen ein. Beim Einrücken der Regimenter kam es vereinzelt zu Schusswechseln, so in Meißen und Pirna. In Chemnitz, im Erzgebirge und im Vogtland gab es Tote und Verletzte. Von massivem gewaltsamem Widerstand konnte aber keine Rede sein. Die Gefahr eines «deutschen Oktober» existierte nach der Chemnitzer Konferenz nicht mehr.

Dass es in Hamburg am 23. Oktober dennoch zu einer lokalen kommunistischen Erhebung kam, dürfte vor allem auf Missverständnisse und Kommunikationsprobleme zurückzuführen gewesen sein. Der Hamburger Aufstand begann am frühen Morgen des 23. Oktober. Kommandos der KPD errichteten Straßensperren, und Stoßtrupps besetzten Polizeireviere, aber die Kommunisten blieben weitgehend unter sich. Selbst die Werftarbeiter, die sich bereits seit dem 20. Oktober im Streik befanden, schlossen sich nicht an. Der Aufstand brach rasch zusammen. Auf Seiten der Kommunisten gab es 24 Tote zu beklagen, bei der Polizei 17. Faktisch alle Berichte stimmen darin überein, dass die KPD nur über wenige Waffen verfügte.

Die Gefahren, die der deutschen Demokratie von Linksaußen drohten, wurden auch im Herbst 1923 gewaltig überschätzt, während sich die Bataillone der politischen Rechten scheinbar unaufhaltsam in Stellung brachten und das Ende der deutschen Republik nur noch eine Frage der Zeit zu sein schien.

Von Hitler war im Oktober 1923 wenig zu hören. In dieser Zeit wurde das Spiel von anderen bestimmt und gemacht, in Bayern vor allem vom Triumvirat Kahr-Lossow-Seißer. Hitler hatte allerdings klare Vorstellungen von den Schritten, die jetzt unternommen werden müssten. Vor SA-Führern erklärte er am 23. Oktober, jetzt müsse die deutsche Frage von Bayern her aufgerollt werden. In München müsse eine deutsche Regierung ausgerufen werden. Diese Regierung werde eine deutsche Freiheitsarmee formieren, die dann unter der schwarzweißroten Hakenkreuzfahne in ganz Deutschland den Kampf gegen alles Nichtdeutsche führen und am Ende ihre Fahne auf dem Reichstagsgebäude hissen werde «zum Zeichen der Befreiung Großdeutschlands.»[9]

Für den 24. Oktober hatte Lossow seine Generalstabsoffiziere, Offiziere der Landespolizei und die Führer aller Wehrverbände zu einer

Lagebesprechung ins Wehrkreiskommando geladen. 34 Herren waren anwesend, darunter auch ein Vertreter des Generalstaatskommissariats. Lossow bekannte sich dabei ausdrücklich zu einer schwarz-weiß-roten Haltung und trug seine Einschätzung der Lage vor, aus der sich drei Handlungsoptionen ergäben: «1. Einmarsch nach Berlin und Ausrufung der nationalen Diktatur, 2. Weiterwurschteln und ‹Bayern bei der Stange bleiben› (sich also weiterhin zum vaterländischen Bayern zu bekennen – WN), 3. Trennung Bayerns vom Reich.»[10] Lossow ließ keinen Zweifel über seine Präferenz: «Für uns in Bayern kommt nur die erste Möglichkeit in Betracht». Er betonte gleichzeitig, dass dafür nicht mehr viel Zeit bleibe. Würde länger als zwei bis drei Wochen gewartet, wäre diese Möglichkeit verspielt und es würde automatisch die zweite Option eintreten. Lossow nannte die Dinge bei dieser Offiziers- und Führerbesprechung beim Namen. Er sprach ganz offen vom Marsch auf Berlin und der Ausrufung der nationalen Diktatur.

Nach Lossows Ausführungen trug Hans von Hößlin, Major im Generalstab der VII. Division, detailliert die Mobilmachungsplanung für den Marsch auf Berlin in Form eines Generalstabsvortrages vor. Im Anschluss besprach Lossow mit den anwesenden Vertretern der vaterländischen Verbände deren Verhältnis zur Reichswehr bei der Aktion. Seine eigenen Vorstellungen gingen dahin, aus der VII. Reichswehrdivision durch Erweiterung und Integration der Angehörigen der vaterländischen Verbände drei Divisionen zu machen. Damit war ein Teil der Verbände einverstanden, andere hatten allerdings den Wunsch, «als Formation selbständig zu bleiben.»[11] Die Besprechung dauerte eineinhalb Stunden. Es ist eine Niederschrift erhalten, die im Bayerischen Hauptstaatsarchiv zugänglich ist und auch gedruckt vorliegt.[12]

Lossow selbst hat in einem Schreiben an den Staatsanwalt vom 5. Februar 1924 bestritten, am 24. Oktober 1923 vom Marsch auf Berlin gesprochen zu haben. Nach seiner Darstellung ging es darum, «eine ausgesprochene Rechtsregierung oder Rechtsdiktatur» zu unterstützen, die sich eventuell in Berlin bilden könnte, oder darum, dass Bayern im Fall von Krawallen und Chaos «dem Norden zu Hilfe kommen müssen, so wie der Norden uns in München zur Zeit der Rätediktatur zu Hilfe gekommen ist. Aus diesem Fall könnte sich schließlich wieder eine Rechtsdiktatur ergeben, für die es eine Notwendigkeit sei, über entsprechende

Machtmittel zu verfügen.» Auch für den dritten Fall, «dass die Wurstelei noch eine Zeitlang weitergehe», sei es wichtig, «dass in Bayern der nationale völkische Gedanke stark sei, und wir für ihn eintreten. Auch für diesen Fall könnte die Verstärkung unserer Machtmittel wünschenswert sein, denn je stärker wir sind, desto stärker wird unsere Position sein.»[13]

Solche Versuche, die eigenen Ausführungen durch Erläuterungen zu relativieren, können nicht darüber hinwegtäuschen, dass Lossows Aussagen unmissverständlich waren. Sie wurden von vielen Beteiligten bezeugt. Wie auch immer die Wortwahl im Einzelnen gewesen sein mag: Lossow ließ auch keinen Zweifel daran, dass er gegen den Willen des Reichstags und der Reichsregierung eine Verstärkung der bayerischen «Machtmittel» herbeiführen und den Sturz der Regierung herbeiführen wollte. Bereits die Vorbereitung dieser Maßnahmen machte Lossow zum Hochverräter.

Zwei Tage nach der Besprechung erging ein geheimer Befehl mit der Nummer «I a Nr. 800/23» und dem Stichwort «Herbstübung 1923». Für den Fall «innerer Unruhen» sollte nach diesem Befehl eine Verstärkung der Division vorbereitet werden. Mit den Vorbereitungen sollte «sofort» begonnen werden, «damit «die Verstärkung in dreimal 24 Stunden nach Eintreffen des Ausführungsbefehls abgeschlossen ist.»[14] Dem Befehl «Herbstübung 1923» wurde ein Befehl beigelegt, der ein Stichwort für die Auslösung der Truppenverstärkung enthielt. Es wurde auch befohlen: «Die gegenwärtige Verfügung ist sofort nach Eintreffen zu vernichten.»[15] Kein Zweifel: «Herbstübung 1923» war ein streng geheimer Vorgang, bei dem es keine Pannen geben sollte.

Bayern steuerte in diesen Wochen einen beispiellosen Konfrontationskurs, der sich nicht nur gegen die Regierung Stresemann richtete, sondern gegen die deutsche Republik, gegen die Demokratie. Von Separationsgedanken und weiß-blauem Rückzug war keine Rede mehr. Die Welt solle wissen, dass aus München «nicht das Signal zur Auflösung, sondern vielmehr zu neuem Aufbau des wankenden Deutschen Reiches gegeben wurde»,[16] hieß es in einer Verlautbarung der Bayerische Volkspartei vom 21. Oktober. Es gehe nicht um «bayerische Eigenbrötelei», sondern um «die deutsche Sache», assistierte zwei Tage danach die Bayerische Mittelpartei, die bayerische Schwester der DNVP: «Der gegenwärtige Konflikt zwischen Bayern und Berlin ist nichts anderes als der letzte Versuch, die Schicksalsfrage des deutschen Volkes zu lösen und den Untergang des ganzen Reiches zu verhüten.»[17]

Vermittlungsversuche des württembergischen Ministerpräsidenten lehnte Kahr rundweg ab. Auf einer Pressekonferenz erklärte er, er denke gar nicht mehr daran, mit Berlin zu verhandeln. Dass der Reichsrat, die Vertretung der Länder, sich am 24. Oktober einmütig auf den Standpunkt der Reichsregierung und gegen Bayern stellte, beeindruckte weder Kahr noch die bayerische Staatsregierung.

Man war in München fest entschlossen, den Kampf zu führen, den man im Interesse der «deutschen Sache» für nötig hielt. Das zeigte sich auch an einem kleinen, aber symbolträchtigen Detail. Am 23. Oktober äußerte sich Lossow zu an ihn herangetragenen Wünschen, die schwarz-weiß-rote Kokarde beim bayerischen Teil der Reichswehr wieder einzuführen. Ihm selbst liege das sehr am Herzen, erklärte er, und bat um etwas Geduld: «Ich rechne darauf, dass der Tag nicht fern liegt, an dem die ganze deutsche Reichswehr gemeinsam mit uns wieder die schwarz-weiß-rote Kokarde trägt.»[18]

Im Hinblick auf den Sturz der Republik, die Beseitigung der parlamentarischen Demokratie bestand völlige Einigkeit unter allen Beteiligten – und unter den wichtigsten Akteuren offenbar weitgehendste Übereinstimmung auch in den meisten anderen Punkten. Lossow jedenfalls erklärte am 22. Oktober, «in neun von zehn Punkten gehe er mit der Auffassung Hitlers völlig einig».[19]

Hermann Göring, der Chef der SA, machte am 23. Oktober die Führer der militärischen Verbände der Nationalsozialisten bei einer Besprechung in den Münchner Diensträumen der SA mit Hitlers Plänen vertraut: «In München wird eine Reichsdiktatur mit dem Ziel ausgerufen, der nationalen völkischen Idee mit Gewalt in Deutschland zum Sieg zu verhelfen. (...) die Vorbereitungen sind getroffen. Der Zeitpunkt steht noch nicht fest. Es kann noch einige Wochen dauern, vielleicht erfolgt die Proklamation der Reichsdiktatur schon in den allernächsten Tagen. Reichsdiktator (wird) General Ludendorff, Reichswehrminister General Lossow, Hitler (ist) gleichfalls in der Regierung. Ludendorff, Lossow und Hitler sind völlig einig und treffen die Vorbereitungen gemeinsam. Ob Kahr gewonnen werden kann, ist noch zweifelhaft, aber wahrscheinlich. Falls Kahr nicht dafür zu haben ist, wird noch etwas gewartet; seine

Stellung ist an sich schon erschüttert. Gleichzeitig mit der Proklamierung der Reichsdiktatur wird ein Aufruf zur Bildung einer Nationalarmee erlassen. Den Kern dieser Armee bilden die Kampfverbände der Nationalsozialisten, Oberland, Reichskriegsflagge, die auch in erster Linie die Führer stellen. Alle übrigen Vaterländischen Verbände werden gleichzeitig aufgelöst und verboten. (...) Die Reichswehr rückt sofort zum Grenzschutz an die Nordgrenze Bayerns. Hinter der Reichswehr vollzieht sich die Bildung der Nationalarmee, der die Offensive nach Berlin zufällt. (...) Oberst von Seißer ist vollkommen für die Sache gewonnen; desgleichen Roth und Pöhner. Die in der Öffentlichkeit verbreitete Ansicht, dass General Lossow hinter Kahr steht, ist unrichtig. General von Lossow hat das schwächliche Verhalten Kahrs nie gebilligt und steht schon längere Zeit auf Seiten Hitlers und Ludendorffs.»[20]

In diesen Tagen überschlugen sich die Ereignisse in München geradezu und trieben immer mehr auf die Spitze. Am 24. Oktober ließ Kahr 60 «prominente jüdische Familien» mit einer Frist von fünf Tagen aus München ausweisen.[21] Die bayerische Polizei tat sich allerdings schwer, «Gründe für die Ausweisung dieser ostjüdischen Familien, die zum Teil bereits 20 bis 30 Jahre in Bayern lebten, zu finden.» Hauptargument war, dass sie seinerzeit arm nach Bayern gekommen waren, aber «inzwischen zum Schaden des bayerischen Volkes Vermögen erworben hätten.»[22] In dieser Maßnahme zeigte sich Kahrs persönlicher Antisemitismus, aber sie diente gewiss auch dazu, den Nationalsozialisten Gemeinsamkeiten vor Augen zu führen. Innenminister Schweyer (BVP) distanzierte sich ebenso von der Ausweisung wie der Münchner Erzbischof Michael von Faulhaber.

Am 27. Oktober drohte der Reichspräsident Bayern formell die Reichsexekution an, Kahr brach daraufhin jede Verbindung mit dem «marxistischen» Berlin ab und erklärte gegenüber der Presse, Bayern werde nun «führend und aktiv» auf die deutschen Verhältnisse einwirken, um den Anstoß zu einem Wandel zu geben. Gleichzeitig ermächtigte er Kapitän Ehrhardt, den Marsch auf Berlin beschleunigt vorzubereiten. Ehrhardt stellte sich nun bei seiner Aufmarschplanung auf den 15. November als ersten Angriffstag ein.

Einiges spricht dafür, dass Kahr im Einverständnis mit dem Ministerpräsidenten handelte. Die Reichsregierung bot der bayerischen Regierung am 27. Oktober Verhandlungen über die aktuell zwischen Bayern und dem Reich strittigen Fragen an und bat um «eine möglichst baldige Antwort». Dennoch beschäftigte sich der Ministerrat erst am 30. Oktober mit der Anfrage der Reichsregierung. Knilling vertrat dabei die Auffassung, bevor man über den «Fall Lossow» sprechen könne, müssten die Fragen der Finanzhoheit, der Verkehrshoheit, der Militärhoheit und der Polizeihoheit geklärt sein. Er hielt es für «zweckmäßig» an diesem Tag noch keinen Beschluss zu fassen, «zumal auch mit der Möglichkeit von Änderungen im Reichskabinett zu rechnen sei».[23] Bei der folgenden Sitzung am 3. November stellte Knilling die Entscheidung noch einmal zurück. In der Woche nach dem 4. November fand keine Sitzung des Ministerrats statt. Offenbar bestand auf Seiten der bayerischen Regierung zu diesem Zeitpunkt kein Interesse an Verhandlungen, man zog es vor, die weiteren Entwicklungen abzuwarten.

Anders als im Fall Bayerns wurde gegenüber Sachsen mit der Reichsexekution nicht nur gedroht. Hier griff die Reichswehr nach ihrem Einmarsch am 22. Oktober immer wieder mit eiserner Härte durch. So in Freiberg am Rand des Erzgebirges, wo am 27. Oktober eine größere Menschenmenge demonstrierte. Ein Reichswehroffizier forderte die Demonstranten mehrfach auf auseinanderzugehen. Als das nicht geschah, schossen die Soldaten in die Menge; aus den Reihen der Demonstranten wurde zurückgeschossen. Am Ende waren 23 Tote und 31 Verletzte unter der Zivilbevölkerung und 4 verwundete Soldaten zu beklagen.

Trotz derart drakonischer Maßnahmen gelang es der Reichswehr als Besatzungsmacht nicht, Sachsen so zu beherrschen und umzugestalten, wie sich die Führung das offenbar vorgenommen hatte. Die noch immer amtierende Regierung Zeigner und der nach wie vor existierende Landtag waren Störfaktoren. Der Reichswehrminister griff deshalb auf das Vorhaben zurück, mit dem er sich am 6. Oktober im Kabinett nicht hatte durchsetzen können. Am 27. Oktober teilte Gessler in der Kabinettssitzung mit, er als Inhaber der vollziehenden Gewalt habe sich entschlossen, die sächsische Landesregierung abzusetzen und die Regierungsgewalt einem Kommissar zu übertragen. Was Gessler nicht sagte, Stresemann aber wohl ahnte oder wusste: Die Reichswehrführung plante, «die Verwaltung Sachsens durch einen Reichskommissar zum

Ausgangspunkt einer weitgreifenden politischen Umgestaltung zu machen».[24] Die Pläne der Reichswehr griffen deutlich über Sachsen hinaus, sie hatten «eine Schlüsselfunktion» für ganz Deutschland.

Stresemann gelang es, Gesslers Ankündigung ins Leere laufen zu lassen. Der Kanzler erwirkte eine neue Verordnung des Reichspräsidenten, die ausschließlich ihm, und nicht dem Inhaber der vollziehenden Gewalt, die Vollmacht gab, das Personal der sächsischen Behörden auszuwechseln. Die Pläne der Reichswehr «waren damit durchkreuzt, noch ehe sie Gestalt annehmen konnten, und der Spielraum der Aktionsmöglichkeiten des Militärs in deutlicher Weise begrenzt.»[25] Stresemann hatte sie «ebenso nachhaltig wie diskret zerstört».[26]

Stresemann selbst machte allerdings von der Verordnung des Reichspräsidenten auf eine Weise Gebrauch, die wesentlich zum Ende der Großen Koalition beitrug. Nach Ansicht aller bürgerlichen Mitglieder seines Kabinetts war die Regierungsbeteiligung der KPD in Sachsen nicht hinnehmbar – auch wenn sie auf völlig legalem Weg zustande gekommen war. Eine Partei, die offen den Staatsumsturz predige und ihn vorbereite, könne nicht an einer Regierung beteiligt sein. Die SPD-Minister lehnten zwar die Zusammenarbeit ihrer Parteifreunde mit den Kommunisten ebenfalls ab, sahen jedoch keinen Grund, demokratisch legitimierte und legal zustande gekommene sozialdemokratisch geführte Landesregierungen gewaltsam zu stürzen. Von ihren Argumenten ließ Stresemann sich nicht beeindrucken, sondern forderte noch am 27. Oktober den sächsischen Ministerpräsidenten ultimativ auf, «den Rücktritt der Sächsischen Landesregierung zu vollziehen, weil die Teilnahme kommunistischer Mitglieder an dieser Landesregierung angesichts des Gesamtprogramms der kommunistischen Partei (…) mit verfassungsmäßigen Zuständen unvereinbar ist.» Stresemann erbat Mitteilung über den Rücktritt «innerhalb des morgigen Tages» und drohte, bei Weigerung werde ein Reichskommissar bestellt, «der die Verwaltung des Landes bis zur Wiederherstellung verfassungsmäßiger Zustände in die Hand nimmt.»[27]

Zeigner war durchaus bereit, sich diesem Ultimatum zu fügen, schrieb aber zunächst einen hinhaltenden Brief, weil sich in der Führung der sächsischen SPD Widerstand bemerkbar machte. Noch bevor dieser Brief Stresemann erreichte, ernannte der Kanzler am Morgen des

29. Oktober den früheren Reichsjustizminister und derzeitigen Reichstagsabgeordneten der DVP, Karl Rudolf Heinze, zum Reichskommissar für Sachsen. Zu diesem Zeitpunkt hatte Stresemann auch die offizielle Verordnung des Reichspräsidenten noch nicht in Händen, die ihm Ebert erst gegen 11 Uhr mit der ausdrücklichen Bemerkung überreichen ließ, dass über die Frage der Anwendung «erst eine Verständigung mit dem Kabinett und den Parteiführern herbeigeführt werden müsse». Das hatte Stresemann ausdrücklich zugesagt.[28]

Um 13 Uhr teilte der Kanzler dann jedoch in der Kabinettssitzung mit, dass Heinze schon vor der morgigen Sitzung des Landtags eine neue Regierung einsetzen solle. Zum Zeitpunkt der Kabinettssitzung und ohne schriftliche Anweisungen des Reichskanzlers war Heinze bereits dabei, die sächsische Regierung abzusetzen. Am frühen Nachmittag des 29. Oktober zog die Reichswehr «mit klingendem Spiel» vor die Ministerien in Dresden und zwang die sächsischen Minister, «angeblich sogar mit entsichertem Gewehr», zum Verlassen ihrer Amtsräume.[29] General Müller verbot «bis auf weiteres» das Zusammentreten des sächsischen Landtags, um das Vorgehen des Reichskommissars gegen unerwünschte parlamentarische Interventionen abzuschirmen, musste dieses Verbot auf Druck des Reichspräsidenten und der Reichsregierung jedoch bald wieder aufheben.

Das gesamte Vorgehen und besonders die extrem knappe Fristsetzung Stresemanns führten zu heftigen Protesten nicht nur von Sozialdemokraten. Auch die linksbürgerliche Presse verurteilte die Reichsexekution und prangerte die schweren Fehler bei der übereilten Umsetzung der Verordnung an. Es entwickelte sich ein verfassungsrechtlicher Diskurs darüber, ob der Reichspräsident überhaupt berechtigt war, den Kanzler zur Absetzung der Regierung zu ermächtigen. Die *Vossische Zeitung* befürchtete, Sachsen könnte Präzedenzfall werden: «Was heute gegen Sachsen geschieht, kann morgen gegenüber jedem anderen Lande vorgenommen werden. Man stelle sich einmal vor, welche Folgen es haben müsste, wenn morgen eine deutschnationale Regierung im Reich glaubt, die preußische Regierung absetzen zu müssen.»[30] Genau dieser Fall trat 1932 ein!

Der württembergische Gesandte Moser berichtete aus München: «Das Vorgehen der Reichsregierung in Sachsen weckt hier gemischte

Gefühle, einerseits freut man sich über das energische Einschreiten gegen die äußerste Linke, andererseits stimmt die Betrachtung bedenklich, dass die Reichsregierung mit der Absetzung einer Landesregierung einen höchst folgenschweren Schritt getan und einen Vorgang geschaffen hat, der für das Verhältnis des Reiches zu den Ländern gefährliche Aussichten eröffnet.»[31]

Mit Eberts Unterstützung versuchten die Sozialdemokraten zu retten, was jetzt noch zu retten war. Stresemann musste Heinze bremsen und aus dem Spiel nehmen. Am 30. Oktober erklärte Ministerpräsident Zeigner offiziell seinen Rücktritt und damit den der gesamten Regierung. Die SPD-Landtagsfraktion nominierte in Gegenwart des Parteivorsitzenden, Otto Wels, und des Vorsitzenden der Reichstagsfraktion, Wilhelm Dittmann, den früheren Wirtschaftsminister Alfred Fellisch zum Ministerpräsidenten einer rein sozialdemokratischen Minderheitsregierung. Die DDP war bereit, dieses Kabinett mit zu tragen. Am 31. Oktober wählte der sächsische Landtag Fellisch zum Nachfolger Zeigners. Der Reichspräsident erklärte die Reichsexekution gegen Sachsen für abgeschlossen und beendete Heinzes Mandat als Reichskommissar.

Gleichzeitig beschloss die SPD-Reichstagsfraktion, dass sie in der Großen Koalition nur verbleiben könne, wenn erstens der militärische Ausnahmezustand aufgehoben werde, wenn zweitens die Reichsregierung das Verhalten der bayrischen Machthaber offen als Verfassungsbruch behandle und die gebotenen Schritte gegen Bayern unternehme und wenn drittens die Reichswehr in Sachsen nur noch auf Anforderung der sächsischen Regierung zur Aufrechterhaltung von Ruhe und Ordnung herangezogen werde.[32]

In der Sitzung des Reichskabinetts am 1. November bemühte sich der Reichskanzler zwar intensiv darum, das belastete Verhältnis zur SPD wieder zu verbessern, lehnte aber die Forderungen der SPD ab. Reichswehrminister Gessler brachte klar zum Ausdruck, dass der Reichswehr, weiten Teilen der DVP und ihm selbst die Reichsexekution nicht weit genug gegangen sei. General Müller erklärte in einer Meldung am 6. November sogar bündig und entlarvend: «Der Einsatz der Reichswehr war nutzlos, wenn die Regierung Fellisch am Ruder bleibt. Der Ausnahmezustand darf nicht eher aufhören, bis das Land eine andere Regierung erhalten und diese festen Fuß gefasst hat.»[33] Es ging der Reichswehr ganz offensichtlich nicht nur darum, einige Kommunisten aus der sächsischen Regierung zu entfernen. Die gesamte Sozialdemokratie sollte ausgeschaltet werden. Ähnlich dachte man auch im Hinblick auf Thüringen, wo zum Verdruss der Reichswehrführung nach wie vor eine sozialdemokratische Minderheitsregierung im Amt war.

Auch dem Reichswehrminister war daran gelegen, die Sozialdemokratie möglichst umfassend aus der Regierungsverantwortung zu drängen. Gessler meinte, im Hinblick auf Bayern gebe es zwei Wege – den strikt legalen, der zum Bruch führen müsse, und den der Verständigung, der aber nicht gangbar sei, solange die Sozialdemokratie der Reichsregierung angehöre. «Die Dinge seien jetzt so weit, dass man sich entscheiden müsse, welchen Weg man gehen wolle. Die Sozialdemokratie müsse überlegen, ob sie bei dieser Sachlage aus dem Kabinett ausscheiden wolle. Geschähe dies, so würde Herr von Lossow sofort verschwinden».[34] Das war eine unverhüllte Aufforderung an die SPD, sie möge schnellstens das Kabinett verlassen, weil anders angeblich die bayerische Krise nicht zu lösen sei. Es war zugleich ein politischer Offenbarungseid und ein Plädoyer für eine Teilkapitulation des Deutschen Reichs vor dem Freistaat Bayern.

Gessler stand mit dieser Meinung nicht allein. Bei einem Treffen der bürgerlichen Kabinettsmitglieder am Vormittag des 2. November traten alle Minister dafür ein, die Forderungen der SPD abzulehnen. Gessler hatte zuvor drastisch die Situation an der Nordgrenze Bayerns geschildert: «Es drohe jetzt ein Losschlagen von Links und Rechts. Die rechtsradikalen Gruppen um Coburg seien mehrere 1000 Mann stark und dächten an naheliegendem Datum an einen Vormarsch. Er habe versucht, über einen großen Mann in Hannover Einfluss zu gewinnen, dies sei aber gescheitert, da auch dieser Mann auf dem bayerischen Standpunkt stehe (gemeint war wohl Hindenburg – WN). Die bayerische Gruppe rechnet auf das Zuströmen der gebildeten Jugend. Er habe heute Truppenbewegungen angeordnet, wollte aber nach Möglichkeit Zusammenstöße vermeiden. Es sei klar, dass die Reichswehr nicht mit Begeisterung kämpfen würde. Auf der anderen Seite ständen Offizierskompanien, Leute, die alle Brücken hinter sich abgebrochen hätten. Komme jetzt ein rein bürgerliches Kabinett, so würde der Zusammenstoß vielleicht vermeidbar sein. Blieben dagegen die Sozialdemokraten im Kabinett, so hätten wir am 6. oder 9. November die Schlacht in Thüringen.»[35] In der Sitzung des Kabinetts am Nachmittag wurde das Ende der Großen Koalition zu Protokoll genommen, und die Sozialdemokraten schieden aus der Regierung aus.

Auf die Verhältnisse in Bayern hatte die Reichsexekution gegen Sachsen nicht beruhigend gewirkt. Seißer berief am 27. Oktober eine Versammlung der Polizeioffiziere in die Münchner Türkenkaserne ein. Er gab einen Überblick über den Konflikt zwischen Bayern und Reich und erklärte, «dass Bayern der Berliner marxistischen Regierung unter keinen Umständen nachgeben werde; in Berlin sei eine Judenregierung.»[36]

Hitler führte am 30. Oktober eine große Massenversammlung im Circus Krone durch und rief unter dem donnernden Beifall tausender Zuhörer: «Für mich ist die deutsche Frage erst gelöst, wenn die schwarzweißrote Hakenkreuzfahne vom Berliner Schloss weht.» Und er fügte hinzu: «Es gibt kein Zurück, nur ein Vorwärts! Dass die Stunde gekommen ist, fühlen wir alle».[37] Am folgenden Tag berichtete Moser nach Stuttgart, «dass die Macht Hitlers wieder im Wachsen sei». Er habe das von verschiedenen Seiten gehört. «Die Verbände sind von der Haltung der Regierung nicht befriedigt, weil sie nicht scharf genug vorgehe, und neigen daher wieder mehr Hitler zu. Außerdem fange man bereits an, über Herrn von Kahrs Tätigkeit Enttäuschung zu empfinden. Es bestehe daher die Gefahr, dass dieser, wenn er das Gefühl habe, an Boden zu verlieren, im Wunsch seine Macht zu erhalten, immer mehr Anschluss nach rechts suche und schließlich bei Hitler und Ludendorff lande.»[38]

General Groener, ein Württemberger, der in der Revolutionszeit und den ersten Monaten der Republik mit Ebert zusammengearbeitet hatte, war tief besorgt und setzte am 1. November zwei Briefe auf, den einen an den Reichspräsidenten, den anderen an den früheren Chef der Obersten Heeresleitung, Generalfeldmarschall a. D. Paul von Hindenburg. Gegenüber Hindenburg brachte er sein tiefes Misstrauen gegenüber Kahr zum Ausdruck, der inzwischen Schritte unternommen habe, deren Auswirkungen «für Reich und Preußen sehr weittragend und gefährlich» werden könnten. Ein Dualismus Preußen-Bayern im Reich, wie er in München offenbar gewünscht werde, sei nicht möglich. «Steigt

Bayern, fällt Preußen.» Den Bayern komme es «niemals darauf an, die preußische Macht zu stärken, sondern die bayerische.» Eine Revision der Verfassung unter den gegenwärtigen Verhältnissen könne zur Auflösung des Reiches führen. Groener appellierte an den Preußen Hindenburg, «Preußen und Reich auch in der republikanischen Staatsform als eins zu betrachten.»[39] An Ebert schrieb Groener, «dass alle vaterländischen Verbände, ob in Bayern, Württemberg oder im Norden (…) zu den verwegensten Entschlüssen bereit» seien und «auf die Losung aus Bayern» warteten. Sie «betrachten Herrn v. Kahr (weit mehr als Hitler und Ludendorff) als ihren Mann, dessen Führerschaft und Ruf sie zu folgen nicht zaudern werden».[40]

In München wurden derweilen die Vorbereitungen immer konkreter. Am 2. und 3. November gab das Wehrkreiskommando Durchführungsbefehle zum Geheimbefehl I a Nr. 800/23 heraus. Damit wurde die Aktion «Herbstübung 1923» ausgelöst, die Verstärkung und Umgruppierung der bayerischen Reichswehrdivision zu drei Divisionen. Die Ausbildung war in den Wochen zuvor beschleunigt worden. Jetzt wurden Mitglieder der Verbände in die Kasernen einberufen und ärztlich untersucht. Ihnen wurde Versorgung wie Reichswehrangehörigen zugesichert. Die Deckung des Pferdebedarfs wurde in die Wege geleitet. Alle diese Maßnahmen erfolgten im engsten Einvernehmen mit dem bayerischen Generalstaatskommissar und mit der bayerischen Staatsregierung. Für die Kosten der Mobilisierung kam der bayerische Finanzminister auf. «Als erster Aufstellungstag wurde der 15. November bestimmt, die Mobilmachung musste demnach am 18. November durchgeführt sein. Vor Berlin wurden diese kriegerischen Vorbereitungen sorgfältig geheim gehalten.»[41]

Seißer und Hitler hatten sich im Oktober wiederholt zu Besprechungen in der Wohnung des Führers von Oberland, Dr. Weber, getroffen, zuletzt am 1. November. Über dieses Treffen sagte Weber bei seiner Vernehmung am 16. November 1923: «Seißer erklärte, dass er am 3. November 1923 zwecks Orientierung in Berlin sein werde, dass Hitler bis zu seiner Rückkunft von eigenen Schritten Abstand nehmen solle, bis er persönlich Informationen über die Lage in Berlin, die Haltung Seeckts usw. zurückgebracht habe. Hitler erklärte: ‹Herr Oberst, ich werde noch warten, bis sie zurück sind, aber handeln Sie dann und veranlassen Sie den Herrn Generalstaatskommissar zum Handeln, es ist allerhöchste Zeit. Die wirtschaftliche Not treibt unsere Leute, so dass wir entweder handeln müssen oder unsere Kreise zu den Kommunisten abschwenken. Wenn Sie zurück sind und nicht gehandelt wird, bin ich gezwungen, selbstständig vorzugehen.›»[42]

Seißer fuhr auf Anordnung von Kahr und mit Wissen der bayerischen Staatsregierung nach Berlin und führte dort am 3. November Gespräche mit einflussreichen Persönlichkeiten, die auf ein rechtsgerichtetes Direktorium bzw. eine Diktatur hinarbeiteten. Eineinhalb Stunden sprach er am Vormittag mit dem ehemaligen Stinnes-Manager Minoux, der als Wirtschaftsfachmann für ein Direktorium im Gespräch war. Minoux lehnte einen Putsch ab und riet zum Abwarten. «Zeit noch immer nicht erfüllt. Hunger und Kälte noch mehr wirken lassen. Dann Unruhen, die eine Änderung hervorrufen», notierte Seißer. «Eindruck dass Minoux sich zurückhält, bis seine Zeit gekommen ist. Er sagt wörtlich, dass Leute, die sich an einem Putsch beteiligen, für Regierung unmöglich werden.» Aufgrund einer Unterredung mit Ebert erklärte Minoux: «Dieser denkt nicht daran, ohne Parlament zu regieren. Wird sich auch durch Drohungen nicht einschüchtern lassen.»[43]

In einem weiteren Gespräch erfuhr Seißer von Direktor Kriegsheim vom Landbund, dass man dort verärgert über Seeckt sei, weil der den Entschluss zum Bruch mit Ebert und Stresemann nicht finde. Eine gewaltsame Lösung sei aber nur mit der Reichswehr möglich. Man wolle noch einmal versuchen, Seeckt «durch starken Druck zum Entschluss zu bringen». Gelinge das nicht, müsse es einen Wechsel in der Leitung der Reichswehr geben. «Vaterländische Kampfverbände im Norden zu schwach, um allein den Erfolg zu erzielen.»[44]

Über das zentrale Gespräch mit Seeckt notierte Seißer: «Ich schilderte kurz die Auffassung in Bayern und das großdeutsche Ziel Kahrs: Schaffung einer vom Parlament freien nationalen Diktatur, die mit durchgreifenden Maßnahmen gegen den sozialistischen Unrat vorgeht. Seeckt: Das ist auch mein Ziel, aber ich habe es erheblich schwieriger als Sie in Bayern. Zweifel an Stresemann. Unterschied im Tempo, aber nicht im Ziel. Legaler Weg muss gegangen werden.» Seißer berichtete Seeckt vom starken Druck aller vaterländischen Kräfte in Bayern, die Kahr drängten, in Berlin eine nationale Diktatur zu errichten. Eine baldige Lösung sei nötig. «Man darf die Stärke der Bewegung in Bayern nicht unterschätzen.» Von Seeckt erfuhr er, dass der sich auf keinen Fall dazu hergebe, gegen Bayern zu marschieren. Gegen Thüringen werde die Reichswehr in den nächsten Tagen vorgehen.[45] Über die Zusammensetzung des nationalen Direktoriums herrsche noch völlige Unklarheit, notierte Seißer abschließend. Kahr werde als möglicher Reichspräsident genannt.[46]

Die Berlin-Reise Seißers war für die weitere Entwicklung von entscheidender Bedeutung. Als Seißer am Morgen des 4. November aus Berlin zurückkam, traf er sich – ohne Hitler zu verständigen – sofort mit Kahr. Was die beiden gesprochen haben, ist nicht überliefert, liegt aber auf der Hand. Offenbar war ihnen klar geworden, dass ein eigenmächtiges und isoliertes Vorgehen Bayerns von Seeckt nicht wohlwollend unterstützt werden würde, dass der Chef der Heeresleitung insbesondere einen Vormarsch auf Berlin nicht tolerieren würde. Seeckt nahm für sich in Anspruch, den Takt vorzugeben und wollte – ebenso wie Minoux – noch abwarten, um zu gegebener Zeit den «legalen» Weg zu gehen. Zurzeit saß Seeckt offenbar noch fest im Sattel, und es wäre fahrlässig gewesen, auf seinen Sturz zu hoffen. Zu denken gab vielleicht auch Minouxs Bemerkung, Putschisten würden für die Regierung unmöglich werden. Bei nüchterner Betrachtung mussten Kahr und Seißer zu dem Ergebnis kommen, dass sie mit einem Marsch auf Berlin kaum etwas gewinnen, aber viel verlieren konnten. Die militärische Drohkulisse in Nordbayern konnte durchaus aufrechterhalten und auch ausgebaut werden, aber der Marsch durfte nicht beginnen. Das war vermutlich das Ergebnis des Gesprächs, das Kahr und Seißer am Vormittag des 4. November führten. Nach Seißers Reise stellten die Führer des Kampfbundes «einen völligen Wechsel in der Politik des Generalstaatskommissariats» fest.[47] Aufgrund von Seißers Bericht trat «der große Umschwung aller Dinge» ein.[48]

Von Kahr war zu den Hintergründen von Seißers Reise nichts zu erfahren. Im Prozess erklärte er als Zeuge lediglich: «Seißer ist nach Berlin gefahren in meinem Auftrag und mit Wissen der bayerischen Staatsregierung. Das weitere steht unter dem Dienstgeheimnis.»[49] Seißer dagegen sagte am 12. März 1924 im Prozess aus: «Die Unterredung mit Seeckt in Berlin erfolgte auf Anordnung des Generalstaatskommissariats und mit Wissen des Herrn Ministerpräsidenten. Sie hatte nur rein informatorischen Zweck und zwar war der Hauptzweck, die damals in Berlin umgehenden ungeheuerlichen Gerüchte, es würde ein Vormarsch nach Berlin geplant, nachdrücklichst zu dementieren».[50]

Die «ungeheuerlichen Gerüchte» gab es zu dieser Zeit in Berlin tatsächlich, am intensivsten an eben jenem 3. November 1923. Der Reichspräsident wurde mit der Nachricht konfrontiert, Bayern werde Berlin mit der VII. Reichswehrdivision angreifen, wenn nicht innerhalb von 48 Stunden eine nationale Regierung gebildet sei. In einer Besprechung mit Gessler und Seeckt verlangte Ebert daraufhin den sofortigen Aufmarsch der Reichswehr gegen Bayern. Für alle Beteiligten war das Gerücht offenbar absolut glaubwürdig. Seeckt erklärte, ein Aufmarsch gegen Bayern sei nicht möglich. Die Reichswehr sei zu schwach und angesichts der Stimmung in der Truppe könne ein Kampf nicht gewagt werden. «Selbstverständlich erzeugte diese Äußerung eine gespannte Atmosphäre.»[51] Auf Eberts Frage, was dann zu tun sei, antwortete Seeckt nach den Erinnerungen von Gessler: «Verständigung mit der Rechten, weil sonst die Truppe zwischen zwei Feuer kommt».[52] Im Übrigen müsse die Truppe erst den Rücken in Thüringen frei haben und die proletarischen Hundertschaften müssten ausgeschaltet sein.[53] Ebert gab daraufhin seine Zustimmung zum Einmarsch der Reichswehr in Thüringen, der zwei Tage später erfolgte. Seeckt brachte im Verlauf des Gesprächs auch sich selbst als möglichen Reichskanzler mit besonderen Vollmachten ins Spiel. Stresemann verfügte nach dem Ausscheiden der SPD nicht mehr über eine Mehrheit im Reichstag, und weder die DNVP noch der Industrieflügel der DVP um Stinnes waren bereit, ein drittes Kabinett Stresemann zu stützen. Ebert machte Seeckt unmissverständlich, aber diplomatisch klar, dass er dieser Lösung wenig abgewinnen konnte: Er könne Seeckt als Chef der Heeresleitung nicht entbehren.[54]

Seeckt hatte für den 3. November vormittags die Oberbefehlshaber nach Berlin beordert. An den Tagen zuvor war er von verschiedenen Seiten nochmals stark gedrängt worden, die Gewalt an sich zu reißen. Sowohl der Chef des Truppenamtes, General Otto Hasse, hat dies getan wie auch Oberstleutnant Joachim v. Stülpnagel. Hasse hatte in den letzten Oktobertagen ein langes Gespräch mit Seeckt unter vier Augen, in dem er ihm riet, die vollziehende Gewalt selbst zu übernehmen und den

Reichstag aufzulösen. Die Generale erwarteten am 3. November eine Entscheidung. Aufgrund von Seeckts Termin beim Reichspräsidenten verzögerte sich der Besprechungstermin mit den Oberbefehlshabern um volle fünf Stunden. Solange sie auf Seeckt warteten, besprachen die Generale die Lage. Sie waren sich einig, dass Seeckt nun alle Trümpfe in der Hand habe und die Situation ausnützen müsse. Je länger sie sprachen, desto sicherer waren sie: «Wenn er jetzt käme, werde er die Militärdiktatur und sein Programm verkünden.» Als Seeckt dann endlich erschien, war er «offensichtlich abgespannt und in grimmiger Stimmung». Er schilderte den Generalen die Lage, und damit war die Besprechung auch schon zu Ende. «Alle waren vollständig bestürzt. Niemand war gefragt worden. Die Generale gingen mit dem Gefühl einer gänzlich unbefriedigenden Lösung davon. Sie waren der Ansicht, dass Seeckt einen falschen Entschluss gefasst hatte.»[55] Noch im Verlauf des Tages stellte sich heraus, dass es sich bei der Nachricht über das bayerische Ultimatum um eine Falschmeldung gehandelt hatte.

Das Gespräch mit dem Reichspräsidenten war zwar ganz anders verlaufen, als Seeckt das erhofft hatte, aber zu einem Bruch zwischen ihm und Ebert hatte es nicht geführt. Seeckt blieb gegen die Empfehlungen und Erwartungen seiner Umgebung bei seiner Linie, eine Diktatur oder ein Direktorium nur auf «legalem» Weg, also mit Zustimmung des Reichspräsidenten zu installieren. Dafür bot die aktuelle Regierungskrise günstige Voraussetzungen, und offenbar hatte Ebert im Verlauf des Gesprächs Seeckt beauftragt, Sondierungen im Hinblick auf ein Direktorium vorzunehmen. Am 4. November schrieb Seeckt «nicht nur mit Wissen, sondern auf Wunsch des Reichspräsidenten, mit dem ich in den letzten Tagen eingehende Unterredungen hatte, die in vielen Fragen zur Verständigung führten», an Otto Wiedfeldt, den deutschen Botschafter in den USA. Seeckt ersuchte Wiedfeldt, «ein kleines Kabinett mit Direktoriumscharakter und Ausnahme-Vollmachten» zu führen. Man müsse jetzt mit dem endgültigen Zusammenbruch des Kabinetts Stresemann rechnen, und der Nachfolger müsse mehr sein als ein Nachfolger, «er muss ein Führer sein zu besserer Zukunft.»[56] Wiedfeldt ließ sich zwei Wochen Zeit, dann kam seine telegrafische Absage, die briefliche folgte am 24. November. Wiedfeldt wies insbesondere darauf hin, dass er nicht «das Vertrauen so wichtiger Gruppen wie der Landwirtschaft und großenteils der Arbeiterschaft besitze», was für eine solche Position unabdingbare Voraussetzung sein müsse.[57]

Was immer Eberts Motive in dieser Angelegenheit gewesen sein mögen: Seeckt konnte weiter hoffen, den «legalen» Weg gehen und mit Zustimmung des Reichspräsidenten eine Direktoriumsregierung installieren zu können. Das hat ihm den scharfen Bruch mit Ebert nahezu unmöglich gemacht, den nicht nur seine Umgebung, sondern auch alle nationalen Verbände und Interessenvertretungen immer drängender von ihm forderten. Am 4. November erging ein Befehl Seeckts an die Wehrkreiskommandeure, der diese Einbindung Seeckts deutlich zeigte. Er wandte sich gegen alle Umsturzversuche von links und rechts und betonte, die notwendige «harte, nüchterne Arbeit» könne nur «auf dem Boden von Gesetz und Verfassung» geleistet werden. Es sei das Lebensinteresse der Reichswehr, dass sie «nur den überparteilichen staatlichen Notwendigkeiten» diene. Zugleich war der Befehl Mahnung und Warnung: «Diese staatlichen Notwendigkeiten zu erkennen und durchzusetzen, ist aber allein Sache der obersten Führung. Die Ehre des Soldaten liegt nicht im Besserwissen und Besserwollen, sondern im Gehorsam.»[58]

Es war in Seeckts Augen offenbar kein Widerspruch zu diesem Bekenntnis zu «Gesetz und Verfassung», dass er am folgenden Tag einen Brief an Kahr fertigstellte und auf den Weg brachte, in dem er die Gemeinsamkeiten «in unseren Anschauungen und Zielen» betonte. Er «halte ein Kabinett Stresemann auch nach einer Umbildung nicht für lebensfähig.» Er habe dem Kanzler und dem Reichspräsidenten gesagt, «dass ich nicht auf die Dauer für die Haltung der Reichswehr unter einer Regierung einstehen könnte, zu der sie kein Vertrauen habe. Mehr noch, ich sehe ohne Umschwung in der Reichsregierung den Bürgerkrieg mit Sicherheit voraus.» Das war die kaum verhohlene Drohung mit Waffengewalt, falls nicht bald eine nationale Regierung eingesetzt werde. Offenbar war es Seeckt wichtig, Kahr erstens zu signalisieren, dass er zu gegebener Zeit sogar bereit sei, einen Bürgerkrieg zu riskieren. «Sein Ausgang ist ungewiss; sein Verlauf auf alle Fälle für uns vernichtend, wenn er nicht mit klarer Einheitsfront aller national Gesinnten geführt wird. Dann ist er mit Aussicht auf Erfolg zu führen.» Zweitens appellierte Seeckt an Kahr, gemeinsam vorzugehen, und keinesfalls isoliert und verfrüht: «Eine Regierung Stresemann ohne überzeugte Unterstützung der Reichswehr und der hinter ihr stehenden Kräfte kann sich nicht halten, auch wenn heute noch einmal der Versuch dazu gemacht wird. Die Reichswehr darf dabei nicht in die Lage gebracht werden, sich gegen Gesinnungsgenossen für eine ihr wesensfremde Regierung einzusetzen.»[59]

Der ursprüngliche Entwurf zu diesem Brief, den Seeckt am 2. November aufgesetzt hatte, hatte darüber hinaus ein klares Bekenntnis gegen die parlamentarische Demokratie enthalten: «Die Weimarer Verfassung ist für mich kein noli me tangere; ich habe sie nicht gemacht, und sie widerspricht in den grundlegenden Prinzipien meinem politischen Denken. Ich verstehe daher vollkommen, dass Sie ihr den Kampf angesagt haben».[60]

Offenbar war es in Seeckts Augen auch kein Widerspruch zu seinem Bekenntnis zu «Gesetz und Verfassung», wenn er am Nachmittag des 5. November dem persönlichen Referenten Stresemanns, Legationssekretär Heinrich Ehlers, in aller Deutlichkeit erklärte, dass er «das Verbleiben des Kanzlers im Amte für unmöglich» halte. Er, Seeckt, «werde nach seiner festen Überzeugung nicht imstande sein, sowohl die Rechtsbewegung der legalen und illegalen Verbände rechtzeitig abzufangen, als auch weite rechtsgerichtete Kreise der Reichswehr in der Hand zu behalten, wenn der Kanzler bliebe». Einig waren sich Seeckt und Ehlers darüber, «dass unter keinen Umständen wieder eine parlamentarische Regierung, geschweige denn eine parlamentarische Regierungskrisis erträglich sei, sondern dass ein kleines Direktorium die Regierungsgewalt erhalten müsse.» In einer wenige Tage nach dem Gespräch geschriebenen Notiz hielt Ehlers auch fest, Seeckt habe erklärt, dass er, «falls der Reichspräsident ihm die Führung der Regierungsgeschäfte an der Spitze eines solchen Direktoriums anbieten werde, sich nicht versagen werde».[61]

Ehlers versuchte nach dem Gespräch sofort, den Reichskanzler zu unterrichten, aber er erreichte ihn erst in der Nacht. Stresemann nahm diese «Absetzung des Reichskanzlers durch die Reichswehr» nicht nur «tief erschüttert» zur Kenntnis, sondern rief gegen 2.30 Uhr den Reichspräsidenten an, der wiederum dem Reichswehrminister Bescheid gab.[62] Ebert «blieb unbeirrt», Reichswehrminister und Reichswehrchef dementierten umgehend, und doch hatte das Ganze ein parlamentarisches Nachspiel. Stresemann berichtete am Morgen des 6. November in der DVP-Fraktion. Seine Schlusssätze zeigten die ganze Dramatik der Situation: «In dieser Woche wird sich entscheiden, ob die nationalen Verbände den Kampf wagen. Die Regierung hat genügend Reichswehr bei Coburg. Versagt die Reichswehr, so werden diese Gruppen siegen. Dann kommt vielleicht eine deutsch-nationale Diktatur. Ich bin das Hundeleben satt – Verrat auf jeder Seite! Wenn die Banden in Berlin eindringen sollten, ich gehe nicht nach Stuttgart (wie 1920 die Regierung beim Kapp-Putsch – WN). Dann sollen sie mich niederschießen an dem Platze, an dem zu sitzen ich das Recht habe.»[63]

Am 6. November veröffentlichte die Reichsregierung einen Aufruf, in dem sie vor gewissen Kreisen warnte, die versuchten, «einen ungesetzlichen Druck auf die Staatsgewalt auszuüben, vielleicht sogar die Brandfackel des Kampfes Deutscher gegen Deutsche, in das deutsche Haus zu werfen», und ankündigte, solchen «Bestrebungen mit äußerster Energie, mit ganzer Kraft entgegenzutreten».[64]

Der amerikanische Botschafter, Alanson B. Houghton, berichtete am selben Tag telegrafisch an Staatssekretär Charles E. Hughes in Washington über eine lange Unterredung, die er am Abend zuvor mit Hugo Stinnes geführt habe. Stinnes sei «ziemlich aufgebracht» über Stresemanns «Widerspenstigkeit», eine neue Regierung anzuerkennen, die sich auf die Rechtsparteien stütze. Niemand, der Bayerns Vertrauen verloren habe, könne als Kanzler im Amt bleiben. Stresemanns kommender Sturz unterliege keinem Zweifel. «Stinnes sagte mir weiter, dass er glaube, dass Wiedfeldt abberufen werden würde, um als Reichskanzler und Außenminister an die Spitze der neuen Regierung zu treten, und dass Minoux, ein Industrieller von großem Format, der mit Wiedfeldt seit vielen Jahren gearbeitet hat, Finanzminister werden und vermutlich die innere Umstellung überwachen wird. (…) Stinnes sagte mir auch, dass ein Separatistenstaat (im Rheinland) nun wahrscheinlich sei.»[65]

In der *Frankfurter Zeitung* war am 5. November zu lesen, die Wahrscheinlichkeit einer Rechtsdiktatur steige in dem Maße, in dem die DNVP sich offen mit den zum Putsch bereiten nationalrevolutionären Gruppierungen solidarisiere. Die Rüstungen der «bayerischen rechtsradikalen Verbände» an der thüringischen Grenze seien keine zufällige

Einzelerscheinung, «sondern nur ein Glied in der großen auch in Norddeutschland vorhandenen Bewegung, die unter deutschnationaler Führung und schwerindustrieller Gönnerschaft auf die gewaltsame Ersetzung der verfassungsmäßigen Regierung durch eine offene Rechtsdiktatur hindrängt».[66]

Auch in ihrer Abendausgabe vom 6. November bezog die *Frankfurter Zeitung* klar Position: «Gegen die Republik, gegen die Demokratie erhebt sich bewaffnete Gewalt der Gegenrevolution; jeder Tag kann uns ihr Losschlagen bringen. An ihrer Spitze stehen dieselben Männer des Verhängnisses, die Deutschland im Kriege ins Unglück geführt haben, die es im Kapp-Putsch wieder ins Unglück treiben wollten».[67]

Angesichts der akuten Bedrohung forderte der sozialdemokratische *Vorwärts* in seiner Morgenausgabe vom 6. November die Reichsregierung auf, «denen Waffen in die Hand zu geben, die als Soldaten der Republik für die Republik kämpfen wollen».[68]

Der *Völkische Beobachter* brachte am selben Tag einen Kommentar «Fort mit Ebert». Der amtierende Reichspräsident sei «der typische Repräsentant der verlotterten Zustände, die uns fünf Jahre jüdischer Mache gebracht haben. Das deutsche Volk zu vertreten, hat Ebert nie das Recht besessen: seine Präsidentschaft bedeutet außen- wie innenpolitisch und wirtschaftlich kulturell die Herrschaft undeutschen Geistes. Nun, da diesem Geiste Kampf angesagt ist bis zum Ende, da die Sturmfahnen des nationalen Gedankens sich entrollen und der dröhnende Schritt der völkischen Verbände erschallt, ist ein Ebert als Präsident erst recht unmöglich geworden. (…) In einem neuen Vaterland ist kein Platz mehr für solche Erscheinungen.»[69]

Die *Münchner Neuesten Nachrichten* meldeten am 6. November: «Der in Magdeburg zusammengetretene Vorstand des Bundes Stahlhelm (Bund der Frontsoldaten), forderte namens von Millionen ehemaliger Soldaten den Reichskanzler in einem Telegramm auf, umgehend die nationale Diktatur zu schaffen. (…) Nur die sofortige Errichtung einer nationalen Diktatur vermöge Deutschland zu retten. Der Reichskanzler solle in diesem Sinne von den in seiner Hand befindlichen Machtmitteln Gebrauch machen und sofort handeln, damit nicht andere handelten.»[70]

Kahr lud an diesem 6. November die Führer aller vaterländischen

Verbände zu einer Besprechung ins Generalstaatskommissariat. Kahr führte aus, «zwei Wege gebe es für die nationale Diktatur: den normalen Weg, nichtparlamentarisch» – damit war die Einsetzung eines Direktoriums durch den Reichspräsidenten gemeint. «Dieser sei fraglich. Der anormale Weg sei vorbereitet», er könne jedoch «nur nach einem einheitlichen, ganz genau vorbereiteten und durchdachten Plane» beschritten werden. Es müsse gewährleistet sein, dass dazu die «Bereitschaft auch in Norddeutschland vorhanden» sei, vor allem müsse «die Mitwirkung der norddeutschen Reichswehr» gesichert sein. «Erst wenn alles bereit ist, beginnt die Tat. Den Befehl dazu gebe ich.» Kahr fügte hinzu, dass er «stündlich definitive Nachrichten aus Berlin» über die Zusammensetzung des Direktoriums erwarte. Die militärische Leitung liege allein bei General v. Lossow. Lossow und Seißer stellten sich voll und ganz hinter Kahr, und der General fügte hinzu, er werde mit seiner Division jedes Unternehmen zu Gunsten einer «Rechtsdiktatur» unterstützen, «wenn die Sache einigermaßen Aussicht auf Erfolg hat. Ein Abenteuer mache ich nicht mit, dagegen jeden Weg, der zum gewünschten Erfolg führt, auch wenn der Erfolg schließlich nur auf dem Wege des Staatsstreichs zu erreichen ist.»[71]

Die Sprache des Triumvirats an diesem 6. November war eine andere als in den letzten Oktobertagen. Die Gespräche, die Seißer in Berlin geführt hatte, und Seeckts Brief an Kahr hatten ganz offensichtlich Wirkung gezeigt. Nun war klar, dass das Triumvirat die nationale Diktatur keinesfalls in München verkünden und mit militärischer Gewalt nach Berlin tragen würde. Der Anstoß musste von Berlin ausgehen. Das Triumvirat war bereit, die geballte militärische Macht Bayerns in die Waagschale zu werfen, um einer Rechtsdiktatur zum Sieg zu verhelfen, aber ein Vormarsch, wie er mit der «Herbstübung 1923» vorbereitet wurde, kam nur in Frage, wenn man sicher war, dass die Reichswehr in Norddeutschland mit im Boot war.

Schon am Tag zuvor hatte Kahr Kapitän Ehrhardt zu sich gerufen und ihm erklärt, der auf Mitte November festgesetzte Vormarsch müsse aus ganz bestimmten Gründen unterbleiben. Ehrhardt war offenbar «sehr empört über die schwankende Haltung Kahrs.»[72] Auch nach dem offiziellen Ende der Besprechung am 6. November machten einige Vertreter der vaterländischen Verbände ihrem Unmut Luft. Im Verlauf dieses Gesprächs erklärte Lossow aufgebracht: «Ich will ja marschieren, Herrgott, ich will ja marschieren, aber nur, wenn ich 51 % Wahrscheinlichkeit habe.» Dabei schlug der General mit der Faust auf den Tisch.[73]

Bei den Verbänden hatte man schon bei der Grundsteinlegung für das Gefallenendenkmal vor dem Armee-Museum am 4. November, dem Heldengedenktag, die Proklamation einer neuen Reichsregierung und den Startschuss für den Marsch auf Berlin erwartet. Für den Festakt waren Reichswehr, Landespolizei und sämtliche Wehrverbände aufmarschiert – ein demonstrativer Schulterschluss der bewaffneten Macht in Anwesenheit zahlreich erschienener bayerischer Prominenz. Kahr war allerdings nicht dabei, und Ludendorff verpasste die Veranstaltung aufgrund einer Wagenpanne. Hitler war «höchst verärgert» darüber, dass er hinter der Reihe der mit Orden behängten Generale und der befrackten Minister stehen musste.[74] Angesichts hochgesteckter Erwartungen war die feierliche Grundsteinlegung für Röhm und die anderen Aktivisten in den vaterländischen Verbänden eine Enttäuschung. «Wieder neigte sich eine historische Stunde ihrem Ende zu. Aber nichts geschah. Truppen und Verbände rückten mit klingendem Spiel wieder ab in die Quartiere.»[75]

Es war nicht nur allgemeine Ungeduld, die vor allem Hitler und den Kampfbund darauf drängen ließ, endlich «loszuschlagen». Die Organisationen standen unter erheblichem Druck der Männer, die sie mobilisiert hatten. Der militärische Führer des Kampfbundes hatte in diesen Tagen und nochmals am 6. November gegenüber Major Vogts, dem norddeutschen Verbindungsmann, geklagt, es sei schwer, das Ganze noch zusammenzuhalten, seine Männer seien sehr beunruhigt, weil kein Geld mehr da sei. Ähnlich äußerte sich Scheubner-Richter. Die Männer seien schlecht genährt, schlecht gekleidet und bekämen für ihre Tätigkeit bei den Sturmtrupps nichts bezahlt. «Um die Leute zusammenzuhalten, müsse man jetzt endlich etwas unternehmen, sonst würden die Leute nach links radikalisiert werden.»[76]

Das Triumvirat dagegen stand seit dem 4. November auf der Bremse. Der Einmarsch der Reichswehr in Sachsen und Thüringen hatte die militärische Lage verändert. Die auf drei Divisionen erweiterte Streitmacht Lossows wäre dort jetzt nicht mehr auf Landespolizei und kaum ernstzunehmende Proletarische Hundertschaften getroffen, sondern auf reguläre Einheiten der Reichswehr. Auch die ideologische Begründung der gesamten Aktion war nun schwierig geworden. In Sachsen und Thüringen waren keine Kommunisten mehr an der Regierung beteiligt, und in Berlin war die SPD aus der Reichsregierung ausgeschieden, die man nun kaum mehr als «marxistisch» brandmarken konnte.

Aus der Perspektive des Münchner Triumvirats konnte nur «der Norden» die verfahrene Situation auflösen. Deshalb wurden die Kontakte intensiviert. Major Vogts reiste zu Gesprächen über das geplante Direktorium nach München, und der stellvertretende Vorsitzende des Stahlhelms, Düsterberg, erklärte später, Lossow habe ihm am 6. November mitgeteilt, dass Herr von Kahr nun «bereit sei, an leitender Stelle in dieses Reichsdirektorium einzutreten, und zwar unter folgenden Bedingungen: 1. Es müssen die geeigneten Männer für die Regierung gefunden sein mit dem nötigen Rückhalt hinter sich und bereit, die Ämter zu übernehmen. 2. Es muss ein feststehendes, einheitlich gebildetes Programm vorliegen. 3. Es muss Gewähr dafür vorhanden sein, dass keine Uneinigkeit in die Reichswehr hineingetragen wird, und dass nicht etwa Teile der Reichswehr gegen andere Teile der Reichswehr mit Waffengewalt vorgehen.»[77] Düsterberg sagte Lossow und Seißer zu, dass er «nunmehr nach Berlin fahre, dort mit den in Betracht kommenden Persönlichkeiten verhandeln und mit diesen am 9. oder 10. November zu einer entscheidenden Besprechung nach München kommen werde.»[78]

Am Abend des 6. November konnte das Münchner Triumvirat noch hoffen: Wenn in Berlin zügig gehandelt wurde, dann konnte man wohl die vaterländischen Verbände so lange hinhalten, dass am Ende die Planungen des Triumvirats aufgingen. Eben darum bat Kahr kurzfristig Kommerzienrat Zentz darum, für den 8. November abends zu einer Veranstaltung in den Bürgerbräukeller einzuladen, bei der er, Kahr, sprechen wolle. Wie sehr Kahr, Lossow und Seißer sich allerdings unter Druck fühlten, zeigt eine Äußerung, die Lossow am 8. November in einer Unterredung mit Graf Helldorf machte: «Herr von Lossow war sehr ärgerlich über die Untätigkeit im Norden. Er äußerte, wenn man dort nicht mehr Entschlusskraft aufbringe, verdiene man nichts anderes, als eine Besetzung durch die Franzosen.»[79] Im Prozess bestätigte Lossow, am 8. November auch gesagt zu haben: «Wenn in Berlin lauter Eunuchen und Kastraten sind, die zu feige sind, einen Entschluss zu fassen, dann kann Deutschland von Bayern allein auch nicht gerettet werden».[80]

Hitler kannte weder den Brief Seeckts an Kahr, noch war er im Detail über den Verlauf von Seißers Gesprächen in Berlin informiert. Er durchschaute also die Beweggründe nicht, die zum Sinneswandel des Triumvirats geführt hatten, und ging vielleicht tatsächlich davon aus, dass den dreien im entscheidenden Moment schlicht der Mut zum Absprung abhandengekommen war. Dass Lossow zuletzt erklärte, nur marschieren zu wollen, wenn eine Wahrscheinlichkeit von 51 Prozent für das Gelingen eines Putsches gegeben sei, hatte ihn in dieser Auffassung bestärkt. Er habe ihnen nur helfen wollen, den entscheidenden Schritt zu tun, hat er immer wieder als Motiv für sein eigenes Auftreten am Abend des 8. November angegeben.

Sicher spielte aber auch die prekäre finanzielle Situation des Kampfbundes und der NSDAP eine Rolle. Man konnte die eigenen Leute kaum mehr bei der Stange halten, wenn man nicht wenigstens in der Lage war, ihnen eine Aufwandsentschädigung zukommen zu lassen. Und nicht zuletzt musste Hitler befürchten, völlig an den Rand gedrängt zu werden, wenn er jetzt nicht handelte. Er war inzwischen der uneingeschränkte Führer der NSDAP und sein Selbstbewusstsein hatte sich in den vorangegangenen Monaten entsprechend entwickelt. Bevor er Gefahr lief, bei der Errichtung der nationalen Diktatur nur in der zweiten oder dritten Reihe beteiligt zu werden, wollte er aufs Ganze gehen.

Noch am Abend des 6. November entschloss er sich nach Beratung mit Max Erwin von Scheubner-Richter und Theodor von der Pfordten, mit den bewaffneten Kräften des Kampfbundes die Initialzündung zum Putsch zu geben, «selbst die Führung in die Hand zu nehmen, und sich der Mitwirkung der Inhaber der Staatsgewalt zu versichern»,[81] also das Triumvirat mit ins Boot zu holen.

Die grundsätzliche Entscheidung war am Abend des 6. November gefallen. Bei einer Besprechung am Vormittag des 7. November mit Kriebel, Scheubner-Richter, SA-Chef Göring und dem Führer von Oberland, Friedrich Weber, ging es um das Wann und Wie. Kriebel schlug vor, die Verbände des Kampfbundes für Samstag, den 10. November, zu einer großen Nachtübung aufzubieten, am Morgen des nächsten Tages mit Marschmusik in München einzurücken, die Regierung Knilling zu stürzen, ihre Mitglieder aus den Betten heraus zu verhaften und das Triumvirat unter Druck zu setzen, damit Kahr, Lossow und Seißer die für sie vorgesehenen Ämter übernahmen.[82] Dieser Plan konnte sich nicht durchsetzen. Man fürchtete zu viel Aufsehen und war auch nicht sicher, ob man tatsächlich alle Regierungsmitglieder würde verhaften können. Von Hitler selbst kam dann die Idee, die Versammlung im Bürgerbräukeller am 8. November für den Putsch zu nutzen. Angesichts der kursierenden Gerüchte, dass Kahr mit dieser Rede eine neue Ära einleiten oder die Wiedererrichtung der Monarchie proklamieren werde, wollte Hitler nicht abwarten, bis Kahr seine Rede gehalten hatte. Und außerdem – vielleicht noch wichtiger – bot die Versammlung im Bürgerbräukeller «die einmalige Chance, fast alle politischen und militärischen Persönlichkeiten Bayerns, die er für die Aktion brauchte, in einem Saal beisammen zu haben.»[83] Es war allerdings keinesfalls selbstverständlich, dass die Runde sich für Hitlers Vorschlag entschied. Es muss im Gegenteil eine intensive Debatte stattgefunden haben. Erst «nach langem Hin und Her», so wird berichtet, einigte man sich darauf, ihm zu folgen.[84]

Weber wurde beauftragt, Ludendorff um die Vermittlung einer Unterredung zwischen Hitler und Kahr noch vor dessen Rede im Bürgerbräukeller zu bitten. Kahr ließ jedoch verlauten, er wolle Hitler am 8. November weder tagsüber noch abends nach der Versammlung im Bürgerbräukeller treffen.

Weber beorderte die Führer der Münchner Bataillone von Oberland und mehrere auswärtige Kreisführer am 7. November, 18 Uhr, in den Rheinischen Hof. Er übergab ihnen Alarmbefehle in verschlossenem Umschlag mit der Weisung, diese erst am 8. November um 20.30 Uhr zu öffnen. Die Alarmbefehle lauteten: «In München ist soeben die nationale Diktatur Kahr-Hitler-Ludendorff-Lossow ausgerufen worden. Sie haben möglichst bald mit den Ihnen zur Verfügung stehenden Leuten nach München zu kommen und sich beim Oberstltn. Kriebel zu melden.»[85]

Offensichtlich spürte auch die Gegenseite, dass etwas im Anmarsch war. Denn der Deutsche Republikanische Reichsbund verbreitete am selben Tag einen «Alarmruf», mit dem er «in dieser Stunde drohendster Gefahr» alle Mitglieder, die Angehörigen der angeschlossenen Verbände und alle demokratischen Republikaner aufforderte, «sich für den Einsatz mit Leib und Leben» bereitzuhalten. «Für deutsche Einheit und deutsche Freiheit! Rettet die Republik und ihr rettet das Reich und seine bessere Zukunft.»[86]

In ihrem Abendblatt vom 8. November 1923 kommentierte die *Frankfurter Zeitung*, in Deutschland mache sich jetzt «die äußerste Reaktion» bereit, die Macht zu ergreifen, «mit Gewalt oder, lieber noch, unter dem Schein der Legalität». Sie wolle die Reichswehr unter ihren Befehl bringen, «die Verwaltung und mit ihr die ganze Beamtenschaft zu ihrer Verfügung haben.» Auch alle anderen Machtpositionen verlange sie für sich und fordere, «dass auch in Preußen die Große Koalition beseitigt und eine homogene Rechtsregierung an ihre Stelle gesetzt wird.» Die *Frankfurter Zeitung* war sich sicher: «Unbeschränkte, diktatorische Machtvollkommenheit für die Reaktion: das ist das Ziel».[87]

Als dieser Kommentar verbreitet wurde, trafen in München bereits die Honoratioren und Würdenträger Bayerns im Bürgerbräukeller zusammen, um ihren Generalstaatskommissar zu hören.

10

«Soeben ist die nationale Revolution ausgebrochen» – Bürgerbräukeller, 8. November 1923

Während die ersten Schneeflocken des kommenden Winters auf München herabrieselten,[1] machte sich, was in der bayerischen Landeshauptstadt Rang und Namen hatte, auf den Weg in den Bürgerbräukeller. Der 8. November 1923 versprach ein denkwürdiger Tag zu werden. Ministerpräsident Eugen von Knilling und mehrere seiner Minister waren da. Der Landeskommandant der VII. (bayerischen) Reichswehrdivision, Generalleutnant Otto von Lossow, war ebenso gekommen wie Landespolizeichef Oberst Hans Ritter von Seißer. Auch der Kabinettschef des früheren Kronprinzen Rupprecht von Bayern fehlte nicht. Die Spitzen der bayerischen und der Münchner Behörden, der Wirtschaft, der vaterländischen Verbände und Vereinigungen saßen im Saal. Auch sonst war viel Prominenz vertreten, oder was sich dafür hielt. Alles in allem waren mehr als 2000 Menschen gekommen, um den bayerischen Generalstaatskommissar Gustav Ritter von Kahr zu hören, der an diesem Abend um 20 Uhr eine große, zukunftsweisende Rede halten wollte.[2]

Recht kurzfristig hatte der Tabakkaufmann Eugen Zentz in den Bürgerbräukeller eingeladen, der Leiter des «Heimatdienstes Bayern», einer der bekanntesten bürgerlichen Nationalen und führendes Mitglied der «Vereinigung der vaterländischen Verbände in Bayern» (VVVB). Aber hinter der Veranstaltung steckte in Wahrheit Kahr selbst. Vier Tage zuvor hatte er Zentz ersucht, in das renommierte Lokal zu bitten.[3] Der Bürgerbräukeller war keine der gewöhnlichen Münchner Bierhallen, sondern eine in den führenden Kreisen Münchens angesehene Adresse. Genau der richtige Ort also, um eine programmatische Rede zu halten,

Wartende vor dem Bürgerbräukeller am 8. November 1923. Was Rang und Namen hat, will dabei sein, wenn Generalstaatskommissar Kahr sein Programm für die nationale Wiedergeburt Deutschlands verkündet.

von der Kahr annahm, dass sie Spuren in Bayern und in Deutschland hinterlassen würde.

Seit Kahr in Bayern mit diktatorischer Machtfülle herrschte, hatte er die Konflikte mit der Reichsregierung so bedingungslos auf die Spitze getrieben, dass inzwischen jedermann fragte, wohin der Generalstaatskommissar das Land steuern wollte. Wollte er den Bruch mit Berlin? Wollte er ein selbständiges Bayern, vielleicht die Wiederherstellung der Monarchie mit dem ehemaligen Kronprinzen Rupprecht als neuem König? Oder wollte er doch den «Marsch auf Berlin» ankündigen, von dem in letzter Zeit so viel geredet wurde? Von den geheimen Vorbereitungen zur Errichtung eines nationalen Direktoriums oder einer Diktatur ahnte kaum einer etwas, auch nicht vom bereits im Gang befindlichen Aufmarsch bewaffneter Verbände im Norden Bayerns.

Kahrs Rede vom 8. November 1923 hatte den Titel «Vom Volk zur Nation». Sie wurde bereits vorab an die Presse gegeben, damit sie in den Morgenausgaben am 9. November abgedruckt werden konnte. Kahr schrieb ihr große Bedeutung zu. Das unterstreicht auch der Termin, der symbolträchtig genau zwischen den fünften Jahrestag der Münchner

Revolution am 7. November und den Jahrestag der Revolution in Berlin am 9. November 1918 gelegt worden war. Alle Welt in Bayern erwartete jedenfalls, dass der Generalstaatskommissar sein Programm für die Zukunft Bayerns und des Deutschen Reiches vorlegen würde. Man wollte diesen großen Moment persönlich miterleben.[4]

Bereits um 19.15 Uhr war der Saal überfüllt. Viele Besucher drängten sich auch in den Gängen. Nur noch wenige Prominente wurden eingelassen.[5] Pünktlich um 20 Uhr begrüßte Zentz und ritt in seiner Ansprache gleich heftige Attacken gegen die Reichsregierung in Berlin.[6] Dann trat Kahr ans Rednerpult. Adolf Hitler hatte ihn gebeten, nicht mit seinem Vortrag zu beginnen, bevor er da sei, aber Kahr fing wie vorgesehen um 20.15 Uhr an und meinte nur lapidar, für Herrn Hitler werde sich schon noch ein Platz im Raum finden.[7]

Kahr sprach in seinem «Manifest an die deutsche Nation» davon, dass der Kampf gegen den Marxismus der wesentliche Punkt eines Programms für die deutsche Zukunft sein müsse – mit «Marxismus» meinte er vor allem die Sozialdemokratie. Die breiten Massen, so Kahr, müssten für die «nationale Staatsgemeinschaft» wiedergewonnen werden. Es gelte, «die Ausstrahlung des Marxismus in die bürgerlichen Schichten zu vernichten». Nur so sei die Einheit der Nation zu erreichen, die allein den baldigen Wiederaufstieg des Deutschen Reiches bewerkstelligen könne.[8] In dem Moment, in dem Kahr ausführte: «In der Zeitaufgabe der Schaffung eines neuen Menschen liegt die sittliche Berechtigung der Diktatur, denn sie bietet die einzige Möglichkeit, die Grundlage des neuen Geschlechts freier Deutscher zu schaffen», wurden die Saaltüren aufgestoßen, ein schweres Maschinengewehr wurde rasselnd hereingeschoben und durch die aufgeschreckte Menge drängte sich ein Stoßtrupp Bewaffneter, voran Hitler.[9] Um Eindruck zu machen, hatte er sich von seinem Leibwächter Ulrich Graf eigens seine wichtigste Kriegsauszeichnung, das Eiserne Kreuz 1. Klasse, an die Brust heften lassen.[10]

Hitler hielt eine Pistole in der einen, einen Bierkrug in der anderen Hand. Er schmetterte den Bierkrug krachend auf den Boden und brüllte in den Saal: «Soeben ist die nationale Revolution ausgebrochen!»[11] An verschiedenen Stellen des Saals zogen nun Hitlers Kampfbundleute, die als angebliche Zuhörer dort gesessen hatten, Pistolen und Handgranaten aus den Taschen. Es ging drunter und drüber, Hitler blieb im Gedränge stecken, obwohl er sich mit Fäusten und Ellbogen Platz zu schaffen versuchte. Schließlich stieg er auf einen Stuhl, brüllte «Ruhe!» und gab dem Begleiter zu seiner Rechten ein Zeichen. «Ein Schuss krachte, man sah das Loch, dass die Kugel in die Saaldecke riss.»[12] Fast schlagartig wurde es still. Während seine Männer sich vor den politischen Entscheidungsträgern im Saal aufbauten, verkündete Hitler noch einmal den Beginn der nationalen Revolution. Seine Stimme überschlug sich fast vor Erregung, als er drohte, der Saal sei von 600 Schwerbewaffneten umstellt, wenn nicht gleich Ruhe eintrete, lasse er ein Maschinengewehr auf die Galerie bringen. Reichswehr und Landespolizei, erklärte er, rückten bereits unter der Hakenkreuzfahne heran. Die bayerische Regierung sei abgesetzt, eine provisorische Reichsregierung werde gebildet. Dann forderte Hitler Generalstaatskommissar Kahr, Landeskommandant Lossow und Landespolizeichef Seißer auf, mit ihm in ein Nebenzimmer zu kommen: «Ich garantiere für Ihre Sicherheit.»[13]

Inzwischen war es Viertel vor Neun. Nachdem sich Hitler, Kahr, Lossow und Seißer gemeinsam mit einigen Begleitern ins Nebenzimmer begeben hatten, führte ein bewaffnetes Kommando den bayerischen Ministerpräsidenten Knilling, die anwesenden Minister und einige weitere Regierungsmitglieder aus dem Saal und nahm sie in «Schutzhaft». Alle Ein- und Ausgänge waren von Bewaffneten besetzt, niemand konnte den Saal verlassen. Wer es dennoch versuchte, wurde mit körperlicher Gewalt daran gehindert. Schnell wurde die Stimmung immer gereizter. Keiner wusste so recht, was hier vor sich ging. Hermann Göring trat jetzt ans Rednerpult, den viele der Anwesenden kannten, ein populärer Jagdflieger, der im Krieg mit dem «Pour le Mérite» ausgezeichnet worden war. Er war im November 1922 zur NSDAP gestoßen und von Hitler gleich im Januar 1923 zum Kommandeur der «Sturmabteilung» (SA) gemacht worden.

Göring versuchte zu beruhigen. Die nationale Revolution richte sich in keiner Form gegen Kahr, auch nicht gegen die bayerische Reichswehr oder die Landespolizei, sondern «ausschließlich gegen die Berliner Judenregierung». Der Pressebericht vermerkte an dieser Stelle «Stürmische Zustimmung». Göring endete mit einem Hoch auf die neue Reichsregierung, danach stimmte man gemeinsam das Deutschlandlied an.

Im Nebenzimmer spielte sich währenddessen eine theaterreife Szene ab. Einerseits baute Hitler auch dort eine Drohkulisse auf. Bewaffnete besetzten Tür und Fenster. «Niemand verlässt lebend das Zimmer ohne meine Erlaubnis!» Andererseits entschuldigte er sich bei den drei Männern förmlich für seine Aktion. Er habe vollendete Tatsachen schaffen müssen, um ihnen die Übernahme der Ämter zu erleichtern, die er ihnen zugedacht habe. Er erläuterte sein Programm. Die Reichsregierung und die bayerische Regierung seien abgesetzt. Kahr werde Landesverweser in Bayern. Unter ihm werde der ehemalige Münchner Polizeipräsident Erich Pöhner Ministerpräsident mit diktatorischen Vollmachten. Die Reichsregierung führe er selbst, das Kommando über die nationale Armee übernehme General Erich Ludendorff, Lossow werde Reichswehrminister, Seißer Reichspolizeiminister.

Hitler fuhr dann mit der Pistole fuchtelnd fort: «Ich weiß, dass den Herren das schwerfällt. Der Schritt muss aber gemacht werden, man muss es den Herren erleichtern, den Absprung zu finden. Jeder hat den Platz einzunehmen, auf den er gestellt wird; tut er das nicht, so hat er keine Daseinsberechtigung. Sie müssen mit mir kämpfen, mit mir siegen oder mit mir sterben. Wenn die Sache schief geht: Vier Schuss habe ich in meiner Pistole, drei für meine Mitarbeiter, wenn sie mich verlassen, die letzte Kugel für mich.» Dabei machte er eine Bewegung mit der Pistole gegen seinen Kopf.

Kahr gab sich gelassen: «Sie können mich festnehmen, können mich totschießen lassen, Sie können mich selber totschießen. Sterben oder Nichtsterben ist bedeutungslos.» Seißer warf Hitler vor, er habe sein Versprechen gebrochen, keinen Putsch zu machen. Hitler dazu: «Ja, das habe ich getan, aber im Interesse des Vaterlandes. Verzeihen Sie mir!» Lossow fragte, wie Ludendorff zur Sache stehe. «Ludendorff ist bereitgestellt und wird gleich geholt werden.»[14]

Die ganze Szene dauerte nur wenige Minuten. Hitler und seine Begleiter ließen deutlich erkennen, dass sie entschlossen waren, ihren Willen auch mit Waffengewalt durchzusetzen. Kahr, Lossow und Seißer wurden gehindert, miteinander zu sprechen. Doch «irgendeine zustimmende Erklärung erhielt Hitler in dieser Zeit von keinem der Herren.»[15] Nachdem all seine Überredungsversuche nicht zum Ziel geführt hatten, setzte Hitler nun alles auf die Karte, die er in der Hinterhand behalten hatte: Ludendorff. Er entschied sich, auf den «großen Kriegshelden und Feldherrn» zu warten, von dessen Autorität er sich entscheidende Wirkung erhoffte.

Hitler ging in den Saal zurück – allein. Er war kaum zehn Minuten im Nebenzimmer gewesen. Er trat wieder ans Pult, sprach über die «größte Schandtat», die vor fünf Jahren «unser unglückliches armes Volk in dieses maßlose Elend gestürzt» habe. Heute, nach fünf Jahren, müsse der Tag sein, an dem sie beendet werde. «Die Regierung der Novemberverbrecher in Berlin wird für abgesetzt erklärt. (Bravo) Ebert wird für abgesetzt erklärt. Eine deutsche nationale Regierung wird in Bayern hier in München heute noch ernannt. Es wird sofort gebildet: eine deutsche nationale Armee. (Bravo)» Er schlage vor, General Ludendorff solle die Leitung dieser Armee übernehmen, General von Lossow solle deutscher Reichswehrminister werden, Oberst von Seißer deutscher Reichspolizeiminister, er selbst übernehme bis auf Weiteres die Leitung der nationalen Regierung. Aufgabe dieser Regierung sei es, «den Vormarsch anzutreten in das Sündenbabel Berlin, das deutsche Volk zu retten.»[16] Kahr, Lossow und Seißer falle der Entschluss schwer, berichtete Hitler dem Publikum. Nach seiner direkten Frage, ob er den drei Männern sagen dürfe, dass der Saal mit dieser «Lösung der deutschen Frage» einverstanden sei, vermerkte der Bericht des *Rosenheimer Anzeigers*: «Zurufe: Jawohl, stürmische Heilrufe, Rufe Heil Hitler!»[17]

Der Historiker Karl Alexander von Müller war unter den Zuhörern. Er nannte Hitlers Auftritt «ein rednerisches Meisterstück, das jedem Schauspieler Ehre gemacht hätte». Erregung und Unruhe im Saal seien völlig verschwunden, als Hitler völlig ruhig und ohne jedes Pathos zu sprechen begonnen habe. «Ich kann mich nicht erinnern, je in meinem Leben einen solchen Umschwung der Massenstimmung in wenigen Minuten erlebt zu haben. Sicher gab es noch viele, die nicht bekehrt waren, aber die Stimmung der Mehrheit hatte völlig umgeschlagen. Hitler hatte sie mit einigen Sätzen umgedreht, wie man einen Handschuh umdreht. Es hatte fast etwas von einem Hokuspokus, von einer Zauberei. Laute Zustimmung brauste auf, kein Widerspruch mehr zu hören. Jetzt erst sagte er in tiefem Ernst, wie mit Rührung in der Stimme: ‹Draußen sind die Herren Kahr, Lossow, Seißer, sie ringen schwer mit dem Entschluss.

Kann ich ihnen sagen, dass Sie hinter ihnen stehen werden?› ‹Ja! Ja!› scholl es sturmartig anschwellend von allen Seiten. ‹In einem freien Deutschland›, rief er leidenschaftlich über die Menge, ‹ist auch Platz für ein selbständiges Bayern! Das kann ich Ihnen sagen: Entweder beginnt heute Nacht die deutsche Revolution oder wir sind alle morgen früh tot!›»[18]

Völlig euphorisiert ging Hitler ins Nebenzimmer zurück und erklärte dort gegenüber Kahr, man werde ihn vor Begeisterung auf die Schultern heben, wenn er mitmache. Dann traf Ludendorff ein, angeblich «höchst erbittert über Hitlers eigenmächtiges Handeln».[19] In Wahrheit war Ludendorff in den Putschplan eingeweiht, aber mit Rücksicht auf das Ehrenwort, das er Landespolizeichef Seißer erst kürzlich gegeben hatte, nicht in den Bürgerbräukeller gegangen.[20] Nun zeigte er sich gegenüber Kahr, Lossow und Seißer zwar überrascht, aber zugleich entschlossen, die Chance zu nutzen, die sich auftat. «Der Schritt ist getan, es handelt sich um das Vaterland und die große nationale völkische Sache, und ich kann Ihnen nur raten, gehen Sie mit uns, tun Sie das gleiche.» Jovial und aufmunternd wandte er sich direkt dem Landeskommandanten zu: «Na, Lossow, jetzt machen wirs.»[21]

Generalleutnant Otto von Lossow war der erste, der umschwenkte. «Ew. (Euer – WN) Exzellenz Wunsch ist mir Befehl.» Ein kräftiger Händedruck besiegelte das Versprechen. Landespolizeichef Oberst Ritter von Seißer war der zweite, der dem legendären Feldherrn des Krieges die Hand reichte und vorbehaltlos sein Einverständnis erklärte.[22] Kahr zögerte lange, erklärte, er könne nicht mitmachen: «Ich bin Monarchist, ich bin hier der Vertreter des Königs und ohne Einwilligung des Königs könnte ich so etwas gar nicht machen.» Der ehemalige Münchner Polizeichef Ernst Pöhner, der zu den Putschisten um Hitler gehörte, schien auf solche Argumente nur gewartet zu haben: «Euer Exzellenz, das ist ja ganz mein Standpunkt. Auf diesem Boden haben wir doch immer zusammengearbeitet, weil wir beide Monarchisten sind, weil wir beide alte königliche Beamte sind. Gerade als solche haben wir die Pflicht, jetzt, wo es sich darum handelt, die Revolution zu bekämpfen, hier glatt Farbe zu bekennen.»[23] Nun schaltete sich auch Hitler ein. «Jawohl, Euer Exzellenz, gerade am Königtum, das in so schamloser Weise dem Verbrechen von 1918 zum Opfer gefallen ist, gerade am Königtum gilt es, noch ein schweres Unrecht, das geschehen ist, gutzumachen».[24] Schließlich schlug auch Kahr ein: «Meine Herren, wir sind doch schließlich alle Monarchisten. Ich bin hier der Vertreter des Königs. Ich bin bereit, die Leitung der Geschicke Bayerns als Statthalter der Monarchie zu übernehmen.»[25]

Hitler drängte darauf, diese Erklärung im Saal abzugeben. Kahr sträubte sich dagegen, gab aber schließlich nach. Gemeinsam gingen Hitler, Kahr, Lossow, Seißer, Ludendorff und Pöhner in den großen Saal zurück und wurden mit begeistertem Jubel empfangen. Hitler verkündete die Neubildung der Regierung und die Bereitschaft der Herren, die ihnen angebotenen Ämter anzunehmen. Dann trat einer nach dem anderen vor. «Unter Todesstille ergriff auf dem Podium Kahr als erster, unaufgefordert, das Wort», berichtet Karl Alexander von Müller. «Er war weder erregt noch bleich, sondern sah ernst und ruhig aus wie immer, fast maskenhaft unbewegt, nur im Blick ein tief schwermütiger Ausdruck. ‹In des Vaterlandes höchster Not übernehme ich die Leitung der Staatsgeschäfte als Statthalter der Monarchie› – hier unterbrach ihn langer, tosender Beifall, es war der lauteste am ganzen Abend, ich schaute unwillkürlich auf Hitler, aber seine Miene blieb unverändert –, ‹der Monarchie, die heute vor fünf Jahren so schmählich zerschlagen wurde. Ich tue dies schweren Herzens und, wie ich hoffe, zum Segen unserer bayerischen Heimat und unseres lieben deutschen Vaterlandes.› (Brausende Zustimmung der Versammlung.)»[26]

Die Männer auf dem Podium waren sich einig, und sie wurden getragen vom begeisterten Publikum im Saal. «Hitler trat vor und drückte ihm die Hand, mit einem Ausdruck, den ich mir später im Geist oft wieder aufrief, weil er so unwahrscheinlich war: es war ein Ausdruck leuchtender, wie es aussah fast kindlicher, völlig offener Freude, als ob er selig wäre, dass es ihm geglückt war, Kahr zu bewegen mitzutun. Er hielt dessen Hand lang in der seinigen fest, so dass das Bild der beiden Männer auf dem Podium sich allen Anwesenden im Saal deutlich einprägen musste, wie eine Art Rütlischwur vor versammeltem Volk.»[27]

Ludendorff sprach vom «Wendepunkt in unserer Geschichte» und erklärte: «Ergriffen von der Größe des Augenblicks und überrascht stelle ich mich kraft eigenen Rechtes der deutschen Nationalregierung zur Verfügung. Es wird mein Bestreben sein, der alten schwarz-weiß-roten Kokarde die Ehre wiederzugeben, die ihr die Revolution genommen hat. Es geht heute um das Ganze.»[28] Auch Lossow legte ein Bekenntnis zu den Farben des Kaiserreichs ab und wünschte, dass die neue Armee «unsere Flagge schwarz-weiß-rot überall mit Stolz tragen wird.»[29] Ähnlich äußerte sich Seißer.

Der gemeinsame Auftritt auf dem Podium wurde vom Publikum als «sehr ergreifender Akt» erlebt.[30] Der Universitätsprofessor und Geheime Rat Michael Doeberl hob später vor allem hervor, dass Kahr und Pöhner sich bemerkenswert lange in die Augen gesehen hätten. Das sei «etwas ganz Ungewöhnliches» gewesen, «nach den Erklärungen der Herren, da war eigentlich in der ganzen Versammlung ein Enthusiasmus, wie ich ihn selten erlebt habe.»[31]

Hitlers Schlussansprache endete gegen 22 Uhr mit pseudoreligiöser Inbrunst: «Ich will jetzt erfüllen, was ich mir heute vor fünf Jahren als blinder Krüppel im Lazarett gelobte: nicht zu ruhen und zu rasten, bis die Novemberverbrecher zu Boden geworfen sind, bis auf den Trümmern des heutigen kummervollen Deutschlands ein Volk wieder auferstanden sein wird, ein Deutschland der Macht und der Größe, der Freiheit und Herrlichkeit. Amen!» Danach sang die Versammlung «tief ergriffen» das Deutschlandlied – wobei offenbar der Großteil der Versammelten «vor Rührung nicht mitsingen» konnte.[32]

Während Kahr bereits Pöhner beauftragte, sich nach einem geeigneten Polizeipräsidenten umzusehen,[33] beglückwünschten eine Reihe von Bekannten Karl Alexander von Müller dazu, dass er «als Historiker diese historische Stunde erlebt» habe. Ihm selbst kam es wie verhängnisvoller Wahnsinn vor, «von München aus Berlin erobern und die europäische Politik aus den Angeln heben zu wollen.» Was wird sein, erwiderte er ihnen, «wenn morgen ein französisches Ultimatum da ist, wenn Frankreich und die Tschechoslowakei die Mainlinie besetzen? Was werden dann die tun, die jetzt jubeln?» Er verließ den Saal nach eigener Aussage «bedrückt».[34]

Müller war mit seiner gedämpften Stimmung eine große Ausnahme – und auch er formulierte keine grundsätzlichen Bedenken gegen den Putsch, sondern fragte sich nur, wie wohl das Ausland darauf reagieren würde. Kein Zweifel: Am Abend des 8. November 1923 schien in Erfüllung zu gehen, wovon viele in Bayern zu dieser Zeit träumten.

Der parlamentarischen Demokratie weinte keiner eine Träne nach. Die Errichtung einer nationalen Diktatur wurde ebenso bejubelt wie der geplante Marsch nach Berlin.

11

Hängepartie mit tödlichem Ausgang – Vom Bürgerbräukeller zur Feldherrnhalle

Wer am 8. November den spektakulären Abend im Münchner Bürgerbräukeller erlebt hatte, der vergaß ihn wohl zeitlebens nicht. Der eindrucksvolle «Rütli-Schwur», den Kahr, Lossow, Seißer, Ludendorff und Hitler auf offener Bühne vollzogen hatten, wirkte emotional ebenso nach wie die stürmische Begeisterung, mit der das Publikum die Verständigung der Herren gefeiert hatte – vom Singen des Deutschlandliedes ganz zu schweigen, das als krönender Abschluss nicht wenige zu Tränen gerührt hatte. Die Versammlung löste sich nur langsam auf. Man hatte sich auf dem Weg nach draußen noch viel zu sagen.

Den Ministerpräsidenten geleitete Hitler «mit wohlgesetzten Entschuldigungsreden» selbst vor die Tür, aber Knilling durfte sich ebenso wenig auf den Heimweg machen wie seine Minister. Gemeinsam mit dem Polizeipräsidenten und dem Kabinettschef des früheren Kronprinzen wurden die Männer von Rudolf Heß, dem Führer der SA-Studentenkompanie, in die Villa des Verlegers Lehmann gebracht und dort festgesetzt. Hitler und seine Mitverschwörer gingen erneut ins Nebenzimmer, wo Hitler ein weiteres Mal förmlich um Verzeihung für sein Vorgehen bat. Während Kahr und Pöhner als «Statthalter der Monarchie» bzw. neuer bayerischer Ministerpräsident über Personalfragen zu sprechen begannen und sich bereits verständigten, dass Frick Polizeipräsident werden sollte, während Ludendorff und Lossow sich mit der Benachrichtigung der Reichswehrverbände und mit Organisationsfragen der Nationalarmee beschäftigten, machten Hitler und der Führer des Bundes Oberland, Dr. Weber, sich auf den Weg, um Probleme zu klären, die sich in zwei Kasernen ergeben hatten. Das Triumvirat blieb in der Obhut von Ludendorff zurück.

In der Pionierkaserne war es zu Schwierigkeiten gekommen, als ein Bataillon von Oberland, das dort seit dem späten Nachmittag ausgebildet wurde, nach 20.30 Uhr versucht hatte, die Waffenkammer zu übernehmen. Auch in der Kaserne des I. Bataillons des Infanterieregiments 19 war ein ähnlicher Handstreich versucht worden und ebenfalls gescheitert. In beiden Fällen kam es nicht zu Kampfhandlungen, Reichswehr- und Kampfbundeinheiten standen sich gegenüber und warteten ab. Daran etwas zu ändern, gelang auch Hitler und Weber nicht.

Als Hitler gegen 23 Uhr in den Bürgerbräukeller zurückkehrte, stellte er entsetzt fest, dass Ludendorff das Triumvirat gegen 22.30 Uhr hatte gehen lassen, weil im Moment nichts Dringendes mehr angelegen habe. Ludendorff verbat sich in barschem Ton «jeden Zweifel an dem Ehrenwort eines deutschen Offiziers.»[1]

Die Übernahme der Waffenkammern in den Kasernen war von der Kampfbundführung geplant worden, weil man selbst über viel zu wenige Waffen verfügte. Der von Hitler sehr kurzfristig festgelegte Termin der Aktion verursachte enorme Probleme. Die Verbände hatten kaum Zeit gehabt, Handfeuerwaffen und Maschinengewehre aus geheimen Lagern von außerhalb nach München zu schaffen. Auch die Mobilisierung der Einheiten aus entfernteren Städten und den Regionen des Landes konnte kaum rechtzeitig gelingen. Erst am nächsten Morgen war mit nennenswerter Verstärkung zu rechnen. Das war auch dem Ziel geschuldet, die geplante Aktion absolut geheim zu halten – was im Übrigen natürlich nicht erreicht wurde: Gerüchte waren schnell in Umlauf gekommen, aber sie wurden nicht ernst genommen. Es hatte in den vorangegangenen Monaten schon viel zu viele «absolut zuverlässige» Nachrichten über einen unmittelbar bevorstehenden Putsch Hitlers gegeben, und nie war etwas geschehen. Den Unterführern der Kampfbundverbände – auch den auswärtigen – war jedenfalls aus Gründen der Geheimhaltung lediglich befohlen worden, ihre Mannschaften an vorher bestimmten Orten für den Abend des 8. November zu sammeln. Sie hatten nicht erfahren, zu welchem Zweck, sondern bekamen verschlossene Umschläge ausgehändigt mit der Auflage, sie erst um 20.30 Uhr zu öffnen.

So hatte Hauptmann Röhm den Auftrag bekommen, zu einem Kameradschaftsabend seiner Reichskriegsflagge in den Löwenbräukeller zu laden. Nationalsozialistische Sturmtrupps, Oberlandverbände und der Kampfbund München waren gekommen. Alles in allem versammelten sich während Hitlers Auftritt im Bürgerbräukeller rund 1800 Mann im Löwenbräukeller, etwa ein Drittel in Uniform. Um 21 Uhr kam die erhoffte Nachricht über die Ereignisse im Bürgerbräukeller. «Die Bekanntgabe löste unendlichen Jubel aus. Die Menschen sprangen von den Stühlen auf und umarmten sich, viele weinten vor Freude und Rührung. Die Soldaten der Reichswehr rissen ihre gelben Kokarden von den Mützen. Die allgemeine Begeisterung war so laut, dass die Musik kaum mehr durch den Saal dringen konnte. Endlich!»[2]

Röhm hatte rechtzeitig Waffen aus einem der ländlichen Geheimlager herbeischaffen lassen. Auf seinen Befehl übernahmen die Einheiten nun diese Waffen von einem LKW, traten auf dem Stiglmaierplatz an und setzten sich in Richtung Bürgerbräukeller in Marsch. Auf dem Wege dorthin überbrachte ein Kraftradfahrer Röhm den Befehl, mit den Mannschaften der Reichskriegsflagge zum Wehrkreiskommando zu marschieren und dort eine Ehrenkompanie für den neuen Reichswehrminister Lossow abzustellen, der bald erscheinen werde. NSDAP und Oberland marschierten weiter zum Bürgerbräukeller. «Beim Wehrkreiskommando hätten die Posten beinahe das Feuer auf Röhms Truppe eröffnet». Als Röhm ihnen erklärte, dass Lossow auf ihrer Seite stehe, ließen sie ihn jedoch gewähren. Zweifel hatte offenbar keiner der Posten. «Röhm ließ neben den Reichswehrposten seine eigenen aufziehen und richtete sich in Lossows Vorzimmer eine Befehlsstelle ein. Alles war ruhig.»[3]

Diese Besetzung des Wehrkreiskommandos war der einzige nennenswerte «militärische» Erfolg der Putschisten. Einheiten von Oberland waren in der Pionierkaserne gescheitert und konnten danach auch nicht wie vorgesehen den Hauptbahnhof besetzen, womit verhindert werden sollte, dass Juden und Republikaner die Stadt verließen. Sehr viel mehr war zunächst gar nicht vorgesehen, und auch das Motiv für die Besetzung des Hauptbahnhofs macht deutlich, wie wenig die Aktivitäten der Putschisten von strategischen Überlegungen geprägt waren. Es gab keinen durchdachten Plan für die Besetzung von Schlüsselinsti-

Stacheldrahtverhau als Straßensperre vor dem Wehrkreiskommando. Vierter v. l. mit Fahne ist Heinrich Himmler. Die Besetzung des ehemaligen Kriegsministeriums durch Hauptmann Ernst Röhms «Reichskriegsflagge» ist der einzige nennenswerte Erfolg der Putschisten. Hitler setzt alles darauf, das bayerische Triumvirat zum Mitmachen zu bewegen. Er weiß genau: Gegen Landespolizei und Reichswehr kann er nicht erfolgreich sein.

tutionen wie Kasernen von Reichswehr und Polizei, von Verkehrs- und Kommunikationszentren sowie Pressehäusern. Die gesamte Aktion war völlig improvisiert und dilettantisch vorbereitet – wenn man unterstellt, dass die Putschisten damit rechneten, sich gegen Reichswehr und Landespolizei behaupten zu müssen.

Wenn man aber annimmt, dass Hitler die Lektion des 1. Mai 1923 gelernt hatte, fällt das Urteil etwas anders aus. Hitler wusste nur zu gut, dass ein Putsch bereits in München zum Scheitern verurteilt war, wenn er nicht die Unterstützung von Landespolizei und Reichswehr fand, und er hatte – ganz Spieler – alles auf eine Karte gesetzt. Gelang es ihm, Kahr, Lossow und Seißer zu gewinnen, dann war der Putsch erfolgreich, gelang ihm das nicht, war er gescheitert – und daran hätte auch die sorgsam geplante und rechtzeitig durchgeführte Besetzung von Schlüsselinstitutionen nichts ändern können. Erst als Gerüchte über Widerstand der Reichswehr kursierten, gab es halbherzige und schnell scheiternde Versuche, das Generalstaatskommissariat in der Maximilianstraße in die Hand zu bekommen. Auf bewaffnete Auseinandersetzungen ließ man es aber auch dort nicht ankommen. Es war noch immer ein Putsch, bei dem nicht geschossen wurde.

Schon vor 9 Uhr am Abend war der diensthabende Beamte im Generalstaatskommissariat, Baron v. Freyberg, über seltsame Vorgänge im Bürgerbräukeller informiert worden und hatte daraufhin die in solchen Fällen vorgesehenen Maßnahmen eingeleitet.[4] Er setzte die Landespolizei in Kenntnis und alarmierte gemeinsam mit Polizeimajor von Imhoff auch die Reichswehr. General Danner, der Münchner Stadtkommandant, übernahm, wie in solchen Fällen vorgesehen, den Oberbefehl und ordnete im Benehmen mit Major von Imhoff die Alarmierung und Besetzung der nach der Alarmordnung befohlenen Punkte an, ohne recht zu wissen, was überhaupt los war. Noch vor Mitternacht rückten Reichswehrtruppen aus Nürnberg nach München aus. Auch sie wussten nichts Näheres über die Vorgänge in München.[5] Danner verständigte den Artillerieführer der VII. Division, Generalmajor v. Kress, und den Infanterieführer, Generalmajor Ritter v. Ruith, und beide machten sich sofort auf den Weg in die Stadtkommandantur, so dass dort alle drei Lossow direkt unterstellten Generale versammelt waren.

Lossow traf nach offizieller Darstellung um 22.45 Uhr in der Stadtkommandantur ein. Er hatte sich auf direktem Weg vom Bürgerbräukeller dorthin fahren lassen. Schon im Hausflur der Kommandantur kamen Lossow die Generale Kress und Ruith entgegen, die eben im Begriff waren, sich in die Kaserne des Infanterieregiments 19 zu begeben. Ruith meldete Lossow, «dass die Truppen des Standortes bereits gegen die Hitlerbewegung alarmiert seien.» Im Dienstzimmer der Kommandantur im ersten Stock war Danner mit einigen Offizieren versammelt. «General von Danner empfing den Befehlshaber mit der für die Einstellung aller Herren charakteristischen Frage: ‹Exzellenz, dies war doch alles nur Bluff?› Oberstleutnant v. Sauer meldete sodann die von der Stadtkommandantur getroffenen Maßnahmen (Alarmierung des Standorts München, telefonische Anweisung an II/19 Augsburg, sofort nach München zu fahren, Landsberg und Kempten auch nach München zu rufen und die übrigen Standorte zu verständigen). (…) Mit den bereits getroffenen Maßnahmen erklärte sich der Befehlshaber durchaus einverstanden.»[6]

Gewisse Ergänzungen dieser offiziellen Darstellung, die das Wehrkreiskommando nach dem 9. November zusammenstellte, sind notwendig. General Danner sagte im Hitlerprozess unter Eid aus, sie seien sich zunächst völlig im Unklaren gewesen. «Nun sehe ich, wie ich da hereinkam, unseren Befehlshaber vor mir und da sagte ich ganz unwillkürlich zu ihm: Was war das für ein Bluff?, weil ich denken musste, er ist in Haft.» Lossow sei «außerordentlich zornig und erregt» gewesen. Er, Danner, habe immer wieder nebenan ans Telefon gehen müssen. «Mein Eindruck war der, dass v. Lossow einen inneren starken Zorn gehabt hat, dass ihm das passiert sei, dass er da, ich weiß nicht, in eine Falle gelockt worden sei, die Worte kann ich nicht sagen, aber der Sinn war so.»[7]

Ein Augenzeuge berichtete, dass Lossow von den drei anderen Generalen in der Stadtkommandantur zur Seite genommen worden sei. Die Besprechung der vier Männer habe etwa eine halbe Stunde gedauert. Dann habe Lossow den anwesenden Offizieren erklärt, er sei von Hitler mit der Pistole bedroht worden und habe seine Zusage nur unter Zwang gegeben. Er fühle sich daher nicht an sie gebunden. «Er habe nicht den Wunsch, Hitler zu folgen, und verdamme den Putsch von Grund auf, gegen den er mit allen ihm zur Verfügung stehenden Mitteln vorgehen werde.»[8]

Landespolizei-Hauptmann Hans Bergen wurde im Hitlerprozess gefragt, «ob er der Auffassung gewesen sei, dass General v. Lossow bei seiner Rückkehr in die Stadtkommandantur noch ernsthaft mitzumachen gewillt gewesen sei.» Er sagte unter Eid aus, «Nein, diese Überzeugung hatte ich nicht.» Er habe allerdings den Eindruck gehabt, erklärte Bergen weiter, «dass General von Lossow vollkommen zerfahren war und nicht wusste momentan, was zu machen ist.»[9] Bergen sagte auch aus, General Danner habe sich später am Abend des 8. November im privaten Gespräch auf dem Weg von der Stadtkommandantur zur Türkenkaserne recht verständnislos über Lossows Verhalten im Bürgerbräukeller geäußert. Er habe von einem «traurigen Mannsbild» gesprochen und gemeint, «da hätte man doch nein sagen müssen.»[10]

Wie auch immer die Abläufe in der Stadtkommandantur am Abend des 8. November waren: Die drei Generäle Danner, Ruith und Kress waren am 19. Oktober gegen die Inpflichtnahme der VII. Division durch Bayern gewesen, weil sie die Einheit des Reiches gefährdet sahen. Es war kaum denkbar, dass die drei sich auf Befehl Lossows an diesem Putsch beteiligt hätten, und es war im Grunde auch ausgeschlossen, dass Danner auf Anordnung Lossows seine eigenen bereits getroffenen Befehle zurückgenommen hätte. Auf die Frage, was geschehen wäre, wenn sich Lossow nicht mit ihnen gemeinsam gegen die Putschisten gestellt hätte, erklärte Danner im Hitlerprozess: «Ich glaube, dass wir auf unserem ursprünglichen Entschluss stehengeblieben wären.»[11] Genau betrachtet hatte Lossow also am Abend des 8. November nur die Wahl, die Befehle Danners mitzutragen oder sich von General Ruith, der vom Reichswehrminister bereits als sein Nachfolger bestellt war, in Gewahrsam nehmen zu lassen.

Oberst Seißer hatte zeitgleich mit Lossow den Bürgerbräukeller verlassen. Nach offizieller Darstellung folgte er in seinem Wagen direkt dem Lossows. Es gab aber keinerlei Verständigung zwischen den beiden Männern, und es ist auch in keinem Bericht davon die Rede, dass Seißer gemeinsam mit Lossow in die Stadtkommandantur gekommen sei. Das ist erstaunlich. Die Männer des Triumvirats haben im Nachhinein erklärt, sie hätten im Bürgerbräukeller nur zum Schein Komödie gespielt, um so schnell wie möglich ihre Freiheit wiederzuerlangen und Gegenmaßnahmen gegen den Putsch einleiten zu können. Kann man sich unter diesen Umständen vorstellen, dass Lossow und Seißer in ihren Wagen hintereinander herfahren, ohne über Maßnahmen zu sprechen, die sie jetzt schleunigst gegen den Putsch ergreifen wollten? Hätten der Landeskommandant und der Chef der Landespolizei sich nicht zumindest gemeinsam in die Stadtkommandantur begeben müssen, um Maßnahmen gegen den Putsch einzuleiten? Stattdessen fuhr Seißer direkt in die Türkenkaserne, rief von dort nach Aussage von Hauptmann Schweinle seine Frau an, teilte ihr freudig mit, «er sei soeben Reichspolizeiminister geworden» und nahm «Glückwünsche von seiner Frau entgegen».[12]

Auch Kahr unternahm zunächst keinen Versuch, sich mit Lossow und Seißer über Maßnahmen gegen den Putsch zu verständigen. Er kehrte gegen 22.30 Uhr ins Generalstaatskommissariat in der Maximilianstraße zurück, das wie immer von der Landespolizei gesichert wurde.

Dort begab er sich nicht etwa sofort in seine Diensträume, um Maßnahmen anzuordnen oder sich zumindest auf den aktuellen Stand bringen zu lassen, sondern suchte zunächst seine Wohnung auf. Kahr führte einige Gespräche, bevor sich kurz nach 23.00 Uhr der eben zum «Ministerpräsident» gemachte Pöhner und der neue «Polizeipräsident» Frick in Kahrs Diensträumen meldeten. Kahr ließ sie etwa eine halbe Stunde warten, weil er noch ein längeres Telefonat führte. Danach begrüßte er die Herren «aufs herzlichste und war recht aufgeräumt». Kahr teilte ihnen mit, «dass er durch einen Funkspruch den sämtlichen Behörden den Regierungswechsel bekannt gemacht habe». Er sprach davon, dass Hitler die Verständigung der Bevölkerung übernommen habe, und bat Pöhner am nächsten Morgen zu kommen, um mit ihm die weiteren Fragen, insbesondere die Regierungsbildung zu besprechen. «Der Abschied war gleich herzlich wie der Empfang».[13] Kahr bestritt im Hitlerprozess «den freundschaftlichen Ton der Unterhaltung» nicht.

Kahr verhinderte am späten Abend des 8. November nicht, dass Pöhner um Mitternacht als «Ministerpräsident» die Vertreter der Presse empfing, «um durch sie die Öffentlichkeit zu beeinflussen.»[14] Erst in den späteren Stunden der Nacht versuchte Kahr abzuwenden, dass die Münchner Zeitungen mit Berichten über die Versammlung im Bürgerbräukeller erschienen. «Aber er hat nicht, wie doch unbedingt zu erwarten wäre, sofort die Presse angewiesen, im Sinne der Aufrechterhaltung der Staatsordnung, der Autorität der bestehenden Regierung, die Öffentlichkeit zu unterrichten.»[15] Nachweislich nahm Kahr die Glückwünsche des italienischen Konsuls zu seinem neuen Amt als Statthalter der Monarchie entgegen.[16]

Das Telefongespräch, das Kahr um 23 Uhr führte, war auf Initiative des bayerischen Kultusministers Dr. Franz Matt zustande gekommen. Nachdem Matt gehört hatte, dass der Ministerpräsident und einige andere Mitglieder der bayerischen Staatsregierung im Bürgerbräukeller festgenommen worden waren, war er sofort aktiv geworden. Er war nun als stellvertretender Ministerpräsident der ranghöchste Vertreter des legalen Staatsapparats. In seiner Wohnung versammelten sich Beamte und Abgeordnete der Bayerischen Volkspartei und berieten die Lage. Durch seinen Anruf bei Kahr wollte Matt sich Klarheit über dessen Haltung zum Putsch verschaffen. Kahr gab ihm einen kurzen Bericht über die Vorfälle, den Matt mit der Bemerkung quittierte: «Das sind schöne Zustände.»[17]

Später gab Matt zu Protokoll, Kahr habe am Telefon «wortkarg gewirkt und durchblicken lassen, nicht über alles frei sprechen zu können». Er habe Kahr gefragt, «was denn nunmehr beabsichtigt sei. Darauf erwiderte er mir, Pöhner solle morgen eine neue bayerische Regierung bilden, worauf ich ironisch bemerkte, dazu wünsche ich ihm viel Glück. Auf meine weitere Frage, was man denn noch vorhabe, erklärte mir Kahr, die Leute seien absolut darauf versessen, nach Berlin zu marschieren.» Auf die launige Bemerkung Matts gegenüber seinem persönlichen Freund Kahr, ob die neue Regierung denn schon den Weißwurstpreis festgesetzt habe, habe der geantwortet, dass dies nun eine der schwersten Aufgaben sein werde. Matt tendierte nach dem Gespräch zu der Meinung, «Kahr stehe auf Seiten des Umsturzes.»[18] Kahr erklärte im Hitlerprozess, er habe Matt nur durch eine «besondere Betonung» seiner Stimme vermittelt, dass er nicht auf Hitlers Seite sei, ansonsten seine Ausführungen mit dem Hinweis versehen, dass er mehr am Telefon nicht sagen könne.[19]

Matt formulierte nach dem Telefonat einen Aufruf gegen den Putsch, in dem er versuchte, antipreußische Ressentiments gegen die Putschisten zu instrumentalisieren. Der Aufruf forderte Beamtenschaft, Polizei und das bayerische Kontingent der Reichswehr auf, ihrer verfassungsmäßigen Regierung treu zu bleiben. «Wer dem entgegenhandelt, wird als Hochverräter behandelt. Die Regierung erwartet, dass das bayerische Volk in Stadt und Land dem Preußen Ludendorff und seinem Anhang, der es unternommen hat, unser bayrisches und deutsches Volk in namenloses Unglück zu führen, die Gefolgschaft verweigert.»[20] Der Aufruf wurde am nächsten Morgen in München angeschlagen. Noch in der Nacht entschied Matt, mit dem Rumpfkabinett nach Regensburg zu gehen und von dort den weiteren Widerstand zu organisieren. Im Ständigen Ausschuss des Landtags erklärte Matt am 6. Dezember 1923, dass er um 3 Uhr morgens noch nicht wusste, dass sich Kahr in München gegen den Putsch gestellt habe.

Kapitänleutnant Eberhard Kautter, Führer von Wiking und engster Mitarbeiter von Kapitän Ehrhardt, hörte etwa um 22 Uhr Putschgerüchte. Er rief im Generalstaatskommissariat an, wo man ihm die Gerüchte bestätigte. Kautter begab sich sofort dorthin und erfuhr, dass Kahr, Lossow und Seißer in der Gewalt Hitlers seien. Nachdem Kahr dann erschienen war, konnte Kautter etwa 10 Minuten mit ihm sprechen. Kahr sei sehr aufgebracht gewesen, weil er gezwungen worden war mitzumachen, und habe sich bitter über Pöhner beschwert, von Verrat der Polizei gesprochen. Aus seinem Verhalten sei hervorgegangen, dass er dem Unternehmen «mindestens passiv, wenn nicht ablehnend, gegenüberstand». Kautter bemühte sich, Kahr umzustimmen: «Eine Aktion Hitler-Ludendorff allein hat eine zu schwache Basis. Sie führt unrettbar schon in Bayern zum Bürgerkrieg. Der Name Kahr hat in Bayern und im Reiche eine derartige Zugkraft, dass er das Gelingen der nationalen Erhebung verbürgt. Euer Exzellenz müssen sich im nationalen Interesse an die Spitze der Bewegung stellen, sonst entsteht größtes Unheil und Bürgerkrieg unter den Nationalen.»[21]

Nach eigener Aussage ordnete Kautter in der Nacht vom 8. zum 9. November aus dem Generalstaatskommissariat im Auftrag Kahrs die Mobilmachung der bayerischen Gruppen der Brigade Ehrhardt und des Blücherbundes an. Die Mobilmachung «war in keiner Weise gegen Hitler und Ludendorff gerichtet», schrieb Kautter in einem Brief am 12. November, im Gegenteil: Sie «war eine Voraussetzung für das Gelingen des vorzeitig und unfertig eingeleiteten Unternehmens Hitler-Ludendorff überhaupt.»[22] Dem Generalstaatskommissar schlug Kautter vor, eine Proklamation mit folgendem Inhalt zu veröffentlichen: «1. Ich habe als Statthalter die Regierung in Bayern übernommen, 2. die Verfassung von Weimar ist aufgehoben, 3. Bayern hält nach wie vor zum Reich.» Die Entscheidung über diesen Vorschlag sei lange verzögert worden. Erst um 8 Uhr morgens habe er die lakonische Mitteilung erhalten: «Kahr lehnt Hitlerputsch ab.»[23]

Kurz nach Mitternacht traf Seißer nach eigener Darstellung im Generalstaatskommissariat ein, wo Kahr gerade in seine Wohnung gegangen war, «um eine Tasse Tee zu trinken. Ich ließ ihm mitteilen, er möchte gleich heraufkommen. Nach einiger Zeit kam er auch».[24] Kurz vor 1 Uhr entschied man, «die hier sehr exponierte Stellung aufzugeben» und in die Kaserne des Infanterieregiments 19 umzuziehen, wo inzwischen auch die Stadtkommandantur Quartier bezogen hatte. Die Kaserne ließ sich am besten gegen mögliche Angriffe der Putschisten sichern und

Proklamation

an das deutsche Volk!

Die Regierung der Novemberverbrecher in Berlin ist heute
für abgesetzt erklärt worden.

Eine provisorische deutsche
National-Regierung
ist gebildet worden.

Diese besteht aus
General Ludendorff, Adolf Hitler
General von Lossow, Oberst von Seisser

Proklamation der Putschisten, die in der Nacht vom 8. zum 9. November 1923 verbreitet wird.

verteidigen. Dieser Umzug spricht dafür, dass auch Kahr und Seißer jetzt begannen, sich umzuorientieren. Zumindest wollten sie sicherstellen, nicht noch einmal in die Gewalt Hitlers zu geraten.

Hitler formulierte nach seiner Rückkehr in den Bürgerbräukeller gegen 23 Uhr gemeinsam mit Ludendorff eine Proklamation, die gedruckt und in der Stadt angeschlagen wurde: «An das deutsche Volk! Die Regierung der Novemberverbrecher in Berlin ist heute für abgesetzt erklärt worden. Eine provisorische deutsche National-Regierung ist gebildet worden. Diese besteht aus General Ludendorff, Adolf Hitler, General v. Lossow, Oberst v. Seißer.»[25]

Zwei weitere Erlasse arbeiteten Pöhner und Frick aus. Sie werfen ein bezeichnendes Licht darauf, welche Vorstellungen die Putschisten von staatlicher Gewalt hatten. Der eine richtete sich gegen die «Novemberverbrecher» und lautete: «Die führenden Schufte des Verrats vom 9. November 1918 sind von heute ab als vogelfrei erklärt. Jeder Deutsche, welcher Ebert, Scheidemann, Oskar Cohn, Paul Levi, Theodor Wolff, Georg Bernhard und ihre Helfer und Helfershelfer ausfindig machen kann, hat die Pflicht, sie tot oder lebendig in die Hände der völkischen nationalen Regierung zu liefern.»[26] Der andere verkündete die Einrichtung eines «Nationaltribunals» und damit zugleich die Beseitigung des Rechtsstaats: «Zur Aburteilung derjenigen Verbrechen, die den Bestand des Volkes und des Staates zu gefährden geeignet sind, wird hiermit ein Nationaltribunal als oberster Gerichtshof gebildet. Die Rechtsprechung dieses Tribunals erstreckt sich auf schuldig oder nicht schuldig. Nicht schuldig gibt Freisprechung, schuldig den Tod. Die Urteile werden binnen 3 Stunden nach ihrer Aussprechung vollzogen. Revision findet nicht statt.»[27] Hätten die Putschisten sich durchgesetzt, wäre bereits am 9. November 1923 ein Terrorregime über Deutschland hereingebrochen.

Am späten Abend wurde von den Putschisten das Anwesen der Länderbank als Sitz für die «Nationalregierung» beschlagnahmt. Mit einer Verordnung wurden alle Geld- und Kreditinstitute unter Staatsaufsicht gestellt. Auf Befehl Görings drangen Kriminalbeamte und SA-Männer in das Verlagsgebäude der sozialdemokratischen *Münchener Post* ein und beschlagnahmten Akten. Der «Stoßtrupp Hitler» verwüstete die Redaktionsräume, beschädigte die Druckmaschinen und zerschlug, was ihm in den Weg kam. Von dort machten sich kurz nach Mitternacht Angehörige des Stoßtrupps auf den Weg zur Wohnung des SPD-Politikers und Chefredakteurs der Zeitung, Erhard Auer, um ihn zu verhaften. Sie drangen in die Wohnung ein, trafen aber nur Auers Frau und dessen Schwiegersohn an, den sie mitnahmen und in einem Raum im Bürgerbräukeller einsperrten. Dort befand sich bereits der Vorsitzende des Centralvereins jüdischer Bürger in München, Dr. Ludwig Wassermann, der an der Veranstaltung mit Kahr teilgenommen hatte und schon beim Verlassen des Saals identifiziert und festgenommen worden war.

In Berlin war die Nachricht von den Münchner Ereignissen erst am späten Abend angekommen. Reichskanzler Stresemann saß nach 23 Uhr bei einer Besprechung mit dem späteren Reichsbankpräsident Dr. Hjalmar Schacht im Berliner Hotel Continental, als er von einer gewöhnlich gut informierten Journalistin hörte, dass Hitler in München erfolgreich geputscht habe und sich anschicke, den Marsch auf Berlin anzutreten. «Finis Germaniae!» soll Stresemann ausgerufen haben,[28] aber kampflos wollte er das Ende Deutschlands nicht erwarten, sondern berief sofort eine Kabinettssitzung ein. Unter der Leitung des Reichspräsidenten kamen der Kanzler und seine Minister, der Chef der Heeresleitung, der preußische Ministerpräsident Otto Braun und der preußische Innenminister Carl Severing in der Reichskanzlei zusammen. Der Reichswehrführung war es nicht gelungen, Verbindung zur VII. Division in München aufzunehmen. Reichswehrminister Gessler hatte aber noch vor der Kabinettssitzung mit Parteifreunden in Nordbayern telefoniert und vom Nürnberger Oberbürgermeister gehört, der größte Teil der bayerischen Reichswehr stehe auf Seiten Hitlers. Später waren dann – von wem und warum ist nicht geklärt – die Verbindungen zwischen Berlin und Bayern unterbrochen worden. Man entschied trotz der unsicheren Lage, auf alle Fälle in Berlin zu bleiben.

Seeckt blieb auch in dieser Situation undurchsichtig und unberechenbar. Auf die Frage des preußischen Innenministers Severing, wie sich die Berliner Reichswehr verhalten werde, wenn die bayerische Reichswehrdivision bis nach Berlin vordränge, erwiderte Seeckt in der für ihn typischen kalten Art: «Reichswehr schießt nicht auf Reichswehr».[29] Der Sozialdemokrat Severing verließ daraufhin wütend die Sitzung, mobilisierte die Berliner Schutzpolizei und erteilte ihr den Befehl, das Regierungsviertel zu besetzen und zu schützen. Alle Wehrkreiskommandos wurden verständigt. Der Personen- und Frachtverkehr nach Bayern wurde ebenso unterbrochen wie alle finanziellen Transaktionen. Stresemann verfasste einen Aufruf an das deutsche Volk, der den Aufruf Hitlers für null und nichtig erklärte und jedem, der den Aufforderungen der Putschisten nachkommen sollte, ein Verfahren wegen Hoch- und Landesverrats androhte.

Reichspräsident Ebert übertrug mit Zustimmung des Kabinetts die «vollziehende Gewalt» dem Chef der Heeresleitung, General v. Seeckt, «welcher alle zur Sicherung des Reiches erforderlichen Maßnahmen zu treffen hat.» Unterzeichnet war die Verordnung vom Reichspräsidenten, dem Reichskanzler und dem Reichswehrminister, der bis dahin Inhaber der vollziehenden Gewalt gewesen war. Nach Gesslers Darstellung hatte er selbst die Übertragung auf Seeckt vorgeschlagen, damit der General bei notwendig werdenden militärischen Operationen «völlig unbehindert» sei. Der Reichspräsident sei darauf ohne Weiteres eingegangen: «Ich habe keinen Anlaß, dem General von Seeckt diesen Beweis meines Vertrauens zu versagen.»[30] Ebert übertrug Seeckt zugleich das Recht zur Ausübung der Vollmachten des Reichspräsidenten als Oberbefehlshaber der Reichswehr. Die Sitzung endete gegen 2 Uhr, die Ausnahmeverordnung wurde auf den 8. November zurückdatiert.

Seeckt verfügte jetzt über diktatorische Machtfülle. Offenbar sah Ebert darin den einzigen Weg, um die Reichswehr in eine geschlossene Frontstellung gegen die Putschisten zu bringen. Aber niemand konnte sicher sein, dass der Auftrag, gegen Hitlers Putsch vorzugehen, Seeckt davon abhalten würde, selbst zu putschen. «Die entscheidende Macht lag seit dem frühen Morgen des 9. November in den Händen eines Gegners der Republik.»[31] Gessler wies allerdings bereits in seinen Erinnerungen darauf hin, dass sich die Situation durch die Übertragung der vollziehenden Gewalt an Seeckt erheblich änderte. Jeder Angriff auf die Reichsgewalt sei nun zu einem Angriff auf Seeckts persönliche Autorität geworden. «Das hat Seeckt auch sofort verstanden. Deshalb war er auch in der Kabinettssitzung sehr einsilbig. Deshalb fühlte er sich ganz und gar nicht als Sieger, erst recht nicht als glücklicher Sieger.» Näher betrachtet war Seeckt sogar in einer noch unangenehmeren Lage: «Nun wurde er der verfassungsmäßige Schützer Stresemanns. So hatte er es nicht gemeint und nicht gewünscht.»[32]

In den ersten Nachtstunden des 9. November war die Lage für alle Beteiligten völlig unübersichtlich – in Berlin, aber ebenso in München. Hier wurde das Straßenbild in der Nacht vor allem von den Truppen des Kampfbundes und zahlreichen Hitleranhängern geprägt, die begeistert die «nationale Revolution» feierten. Um Mitternacht war die ganze Stadt noch in Bewegung. Auch kleine Einheiten der Landespolizei waren unterwegs, andere bewachten die wichtigsten Gebäude in der Innenstadt, aber der weitaus größte Teil der Landespolizei blieb in den Kasernen. Von der Reichswehr war kaum etwas zu bemerken. Nur vor den Kasernentoren waren Wachtposten an den Stacheldrahthindernissen zu sehen, die in den ersten Stunden des Putsches angelegt worden waren.[33]

Hitler und die führenden Männer des Kampfbunds waren um Mitternacht durchaus noch optimistisch – trotz der Schwierigkeiten, die sich bei den beiden Kasernen ergeben hatten. Aber in den Optimismus mischten sich offenbar bereits Zweifel. Nur so sind die späten Versuche zu erklären, doch noch strategisch wichtige Gebäude durch Einheiten des Kampfbunds zu sichern. All diese Versuche scheiterten an der freundlichen, aber zugleich beharrlichen Weigerung der Landespolizei, die Gebäude zu übergeben. Die Truppen der Landespolizei wandten sich mit dieser Weigerung gar nicht gegen die Putschisten, sondern erfüllten lediglich pflichtgemäß die Aufträge, die sie aufgrund der Alarmierung bekommen hatten. Und doch sorgten die Misserfolge gemeinsam mit nach und nach aufkommenden Gerüchten für zunehmende Verunsicherung bei den Kampfbundführern und ihren Männern.

Hitler und seine führenden Mitstreiter machten nach Mitternacht das Wehrkreiskommando zu ihrer Zentrale. Als Ludendorff dort von Drahtverhauen und Maschinengewehrstellungen erfuhr, die zum Schutz der Kasernen angelegt worden seien, war er irritiert und versuchte mehrmals Lossow zu erreichen, von dem er inzwischen wusste, dass er sich in der Kaserne des Infanterieregiments 19 aufhielt. Gegenüber Reichswehroffizieren, die zu Erkundungen unterwegs waren, versicherte Ludendorff wiederholt, er werde niemals die Reichswehr oder eine Kaserne angreifen. Einem Ordonnanzoffizier schärfte er mit aller Dringlichkeit ein, dass unbedingt so schnell wie möglich eine Unterredung zwischen ihm und Lossow stattfinden müsse. Ludendorff und Kriebel wollten als ehemalige Offiziere offenbar unter allen Umständen einen bewaffneten Zusammenstoß vermeiden. Lossow reagierte auf Ludendorffs Drängen nicht, sondern mied jeden Kontakt mit dem ehemaligen Generalquartiermeister, dem er sich mit seinem Wort als Offizier und per Handschlag auf der Bühne im Bürgerbräukeller angeschlossen hatte. Zwei Ordonnanzoffiziere, die Kriebel in zeitlichem Abstand zu Lossow, Kahr und Seißer in die Kaserne schickte, wurden dort verhaftet, nachdem man ihnen erklärt hatte, mit Rebellen werde nicht verhandelt. Ludendorff vermutete lange Zeit, Lossow werde selbst in der Kaserne festgehalten und daran gehindert, sich mit ihm in Verbindung zu setzen. An ein Umschwenken Lossows, einen «Wortbruch», konnte und mochte er nicht glauben.[34] Andere begannen langsam zu ahnen, dass das Triumvirat die Seiten gewechselt haben könnte.

Erst um 2.50 Uhr konnte man klarer sehen. So lange dauerte es, bis die

Heeresfunkstelle München einen eindeutigen Funkspruch absetzte: «Generalstaatskommissar v. Kahr, General v. Lossow, Oberst v. Seißer lehnen Hitler-Putsch ab. Mit Waffengewalt erpresste Stellungnahme in Bürgerbräukeller-Versammlung ungültig. Vorsicht gegen Missbrauch obiger Namen geboten.»[35] Danach dauerte es noch eine weitere Stunde, bevor Oberregierungsrat Freyberg im Auftrag Kahrs versuchte, den stellvertretenden Ministerpräsidenten Matt zu erreichen. Dass das Triumvirat so lange zögerte, eine klare Stellungnahme abzugeben, oder so lange brauchte, um eine Entscheidung zu treffen, ist Gegenstand vielfältiger Spekulationen geworden und hat auch im Prozess eine Rolle gespielt. Es lässt sich schwer mit der Aussage des Triumvirats vereinbaren, man habe im Bürgerbräukeller vom ersten Moment an nur Theater gespielt.

Im Lauf der Nacht gelang es dem Bayreuther Bataillonskommandeur, Oberstleutnant Ritter von Mittelberger, über das Wehrkreiskommando IV in Dresden Verbindung mit dem Gruppenamt in Berlin aufzunehmen und mitzuteilen, dass zumindest die nordbayerische Reichswehr treu zu Seeckt und dem Reich stehe. Das führte in Berlin zu einer gewissen Beruhigung, auch wenn am Vormittag des 9. November der Reichswehrführung nicht völlig klar zu sein schien, wie sich Lossow und die südbayerische Reichswehr orientieren würden.[36] Seeckt wandte sich am Morgen mit einem Erlass an die Reichswehr und erklärte, die Reichswehr werde unter seiner Führung «Eingriffe Unberufener in die Ordnung des Reiches und der Länder» mit Nachdruck zurückweisen, «von welcher Seite sie kommen mögen.» Seeckts Schlussappell deutete an, dass er die Reichswehr jetzt in der Rolle sah, die er ihr schon seit langem zugedacht hatte: «Deutsche Reichswehr! Auf dich sieht dein Volk mit Vertrauen! Gehe ihm auf deutschen Wegen voran!»[37]

Auch wenn der Funkspruch der Heeresfunkstelle München um 2.50 Uhr eindeutig war: Die Informationen kamen natürlich nur dort an, wo dieser Funkspruch empfangen werden konnte, und sicher nicht auf den Straßen Münchens. Bezeichnend für die überall herrschende Unsicherheit war ein Anruf des Chefredakteurs der *Münchner Neuesten Nachrichten*, Dr. Fritz Gerlich, in Pöhners Wohnung gegen 4 Uhr. Gerlich berichtete dem «neuen Ministerpräsidenten» sehr erregt, in der Redaktion sei eine Anordnung Kahrs angekommen, die bei Todesstrafe das Erscheinen der Morgenzeitungen verbiete. Von seiner Zeitung seien aber bereits 30 000 Exemplare ausgeliefert. Pöhner beruhigte den Chefredakteur, das Ganze könne nur ein Missverständnis sein. Erst als Gerlich 20 Minuten später noch einmal anrief und erklärte, ein Kollege von einem anderen Blatt habe die Weisung direkt vom Generalstaatskommissariat bekommen, schöpfte Pöhner Verdacht, hier könnte ein falsches Spiel gespielt werden. Er versuchte, den neuen Polizeipräsidenten Frick in der Polizeidirektion zu erreichen, erhielt von dort aber die Auskunft, Frick sei hier nicht zu finden. In Wahrheit war Frick um 3 Uhr auf Befehl Kahrs verhaftet worden. Pöhner zog sich gerade an, um der Sache persönlich auf den Grund zu gehen, als ein Wagen bei ihm vorfuhr, der ihn ins Wehrkreiskommando abholen sollte, ins «Hauptquartier» der Putschisten. Es gebe einige Unklarheiten und Unstimmigkeiten.[38]

Selbst die entscheidenden Akteure bewegten sich morgens nach 4 Uhr weiter im Nebel von Gerüchten und unbestätigten Aussagen. Noch viel mehr traf das für alle anderen Beteiligten zu. Der 1946 in Nürnberg hingerichtete Hans Frank berichtet in seinen Erinnerungen, wie er mit seinen «paar Mann» in der Nacht vor die Schwere-Reiter-Kaserne zog und dort zu hören bekam, die Reichswehr mache diesen Putsch des Herrn Hitler nicht mit. «Aufs schwerste beunruhigt» zogen die Männer daraufhin zur Marsfeldkaserne. «Dort verbrachte ich in einer unruhigen Gemeinschaft von etwa zweihundert ‹Männern der Revolution›, die in dem gleichen ‹malerischen› Freischärlergewande wie ich ungeordnet in den großen Parterreräumen standen, erregt plauderten und von Stunde zu Stunde ob des Ausbleibens weiterer Weisungen Hitlers oder Ludendorffs immer besorgter wurden, die Nachtstunden.» Das stundenlange Warten und die Ungewissheit zermürbten die Männer, die am Abend zuvor aufgebrochen waren, um irgendetwas «Großes» zu vollbringen. «Allgemein wussten wir plötzlich, allerdings ohne jede konkrete Nachricht, dass der Putsch fehlgeschlagen war. Ich selbst konnte auch in diesen Unterredungen mit den anderen nicht das geringste Genaue über den eigentlichen Sinn des ganzen Unternehmens oder gar über die zu erwartenden Pläne erfahren.» Morgens gegen fünf Uhr erreichte sie dann der Befehl, sie sollten, «so wie alle», zum Bürgerbräukeller kommen. Dort erlebte Frank «im Großen das gleiche Bild, wie das, was wir in der eben verlassenen Kaserne selbst erlebt hatten. Rauch, Nachtdunst, Müdigkeit lag über den vielen Hunderten, die da an

In der Nacht legt Hitler die Propaganda der NSDAP ganz in die Hände des Nürnberger Ortsgruppenleiters Julius Streicher. Der fanatische Antisemit und Volksschullehrer spricht am 9. November auf dem Marienplatz.

Tischen herumsaßen oder auf zusammengerückten Stühlen lagen.»[39] Jeder Mut hatte diese Männer verlassen, Trostlosigkeit machte sich breit.

Hitler selbst begann im Lauf der Nacht, die Nerven zu verlieren, und verließ unter dem Druck der unklaren Lage sogar das Spielfeld, das er beherrschte wie kein anderer: Er gab die Propaganda in die Hände eines anderen. In dieser Zeit, sagte Julius Streicher später beim Nürnberger Prozess aus, «als er von den meisten verlassen worden war, da erschien ich vor ihm und sagte ihm, man müsse jetzt doch die Öffentlichkeit aufklären, wenn der nächste Tag komme. Da schaute er mich mit großen Augen an und sagte: ‹Wollen Sie es machen?› Ich sagte, ‹ich mache es.›» Darauf nahm Hitler, enttäuscht und ratlos, ein Blatt Papier, schrieb «Streicher ist die gesamte Organisation übertragen» und gab es Streicher, der sich sofort daran machte, die Öffentlichkeit «aufzuklären».[40]

Hitler und Ludendorff standen zu diesem Zeitpunkt etwa 2500 Bewaffnete zur Verfügung. Am Morgen erwarteten sie zwar weitere Verstärkung, aber ihre Kräfte waren bei weitem zu schwach, um sich gegen

Reichswehr und Landespolizei zu behaupten. Am frühen Morgen trafen die beiden und ihr Gefolge wieder im Bürgerbräukeller ein. Inzwischen hatte Ludendorff aus zuverlässiger Quelle erfahren, dass Kahr, Lossow und Seißer sich nicht an ihr Wort vom Abend zuvor gebunden fühlten und gegen die Verbände des Kampfbundes vorgehen wollten. Damit war dem Putsch seine Grundlage entzogen, denn dessen unabdingbare Voraussetzung war von Anfang an gewesen, dass sich die bayerische Reichswehrdivision und die Landespolizei beteiligten. Selbst das Münchner SA-Oberkommando war angewiesen worden, «die von auswärts ankommenden Verbände in den Bürgerbräu *oder* an Reichswehr und Landespolizeidienststellen zu weisen».[41] Hitler hatte alles auf eine Karte gesetzt. Es gab keinen Plan für den Fall, dass das Triumvirat sich verweigern würde. Man verfügte zwar inzwischen über etwas mehr Waffen. Ein SA-Bataillon hatte sich im Franziskanerkloster am St. Anna-Platz rund 3300 Gewehre beschaffen können, die früher der Einwohnerwehr gehört hatten. Aber damit war gegen Landespolizei und Reichswehr nichts auszurichten.

In dieser Situation beschloss Hitler, sich «an die größte moralische Autorität in Bayern»[42] zu wenden. Um 7.30 Uhr beauftragte er den Leiter der Nachrichtenstelle des Kampfbundes, Leutnant Max Neunzert, so schnell wie möglich im Kraftwagen nach Berchtesgaden zu «Sr. Majestät dem König» zu fahren und ihn in Hitlers Namen zu bitten, zwischen Kahr und dem Kampfbund zu vermitteln, damit nicht «Nationale auf Nationale schießen» und «das größte nationale Unglück verhütet wird.»[43] Für Hitler war vollkommen klar, dass für die überwiegende Mehrzahl der Offiziere das Wort ihres «Königs» entscheidend war. Leutnant Neunzert musste allerdings feststellen, dass ein Auto nicht zur Verfügung stand, und so fuhr er mit dem Schnellzug nach Berchtesgaden.[44]

Morgens gegen 8 Uhr beschlagnahmte ein Stoßtrupp mit einer «i. A. Hitler» unterzeichneten Quittung bei der «Buchdruckerei und Verlagsanstalt Gebrüder Parcus» am Promenadeplatz und bei der «Druckerei Mühlthaler» in der Dachauer Straße 14 605 Billionen Mark in 20 Kisten. Das entsprach in diesen letzten Tagen der Inflation 28 000 Goldmark.[45] Sie wurden zum großen Teil sofort als «Sold» verteilt. Mitglieder des Bundes Oberland zogen am Morgen in den Stadtteil Bogenhausen und

Erst am Morgen des 9. November treffen auswärtige Verbände des Kampfbunds in München ein. Meist haben sie weder klare Befehle noch konkrete Ziele. Der Putsch ist bereits gescheitert, als sich Kahr, Lossow und Seißer im Verlauf der Nacht von ihm distanzieren.

in die Widenmayerstraße, verhafteten dort anhand von Adressbüchern und Türschildern wahllos und willkürlich knapp zwei Dutzend jüdische Bürger und brachten sie als Geiseln in den Bürgerbräukeller.

Am Vormittag des 9. November, berichteten am folgenden Tag die *Münchner Neuesten Nachrichten*, «fuhren Lastautos mit schwer bewaffneten Hitlerleuten durch die Straßen der Stadt. In besonders besuchten Straßen und auf öffentlichen Plätzen hielt vom Dache des Führersitzes eines solchen Autos herab Streicher-Nürnberg an die sich jeweils schnell ansammelnde Menge Ansprachen mit starkem antisemitischem Einschlag. Von der neuen nationalen Regierung werde man schnell Taten sehen. Juden und christliche Schieber hänge man an den Galgen. «Schwarz-rot-gold gibt es nicht mehr, wer es trägt, wird erschossen!»[46]

Seit 8 Uhr wurde an den Litfaßsäulen ein Aufruf des Generalstaatskommissars plakatiert, mit dem sich Kahr wie gewohnt wortgewaltig als starker Mann präsentierte: «Trug und Wortbruch ehrgeiziger Gesellen haben aus einer Kundgebung für Deutschlands nationales Wiedererwachen eine Szene widerwärtiger Vergewaltigung gemacht. Die mir, dem General Lossow und dem Obersten von Seißer mit vorgehaltener Pistole abgepressten Erklärungen sind null und nichtig. Ein Gelingen des sinn- und ziellosen Umsturzversuches hätte Deutschland samt Bayern in den Abgrund gestoßen. (...) Unbeirrt aber durch Unverstand und Tücke werde ich mein deutsches Ziel verfolgen: Unserem Vaterlande die innere Freiheit zu erringen.»[47]

Zugleich gab es weiterhin ernsthafte Versuche, Blutvergießen zu verhindern. Major Friedrich Haselmayr, Offizier in der VII. Reichswehrdivision, entschloss sich am Morgen des 9. November gemeinsam mit Hauptmann Fritz v. Kraußer die Initiative zu ergreifen und in den Bürgerbräukeller zu fahren. Kraußer hielt dazu am 15. November 1923 in einem Bericht fest: «Im Bürgerbräukeller angelangt wurden wir beide bereitwilligst zu General Ludendorff geführt.» Haselmayr sei sofort auf General Ludendorff zugegangen und habe erklärt, er habe die Absicht zu vermitteln. Kahr, Lossow und Seißer betrachteten ihre Zusagen vom gestrigen Abend als erzwungen und damit hinfällig. Darauf Ludendorff: «Meine Herren, gestern Abend hatte ich nicht diesen Eindruck.» Ludendorff beklagte sich darüber, dass er «bis jetzt (etwa 10 Uhr vorm.)» noch keine klare und eindeutige Mitteilung bekommen habe, dass Kahr, Lossow und Seißer sich gegen die Bewegung stellten. «Beim Hinausgehen mussten wir einen Saal berühren, der einem Heerlager glich. Er war voll von Uniformierten, darunter auch Reichswehroffiziere u. Unteroffiziere (Fähnriche?). Als diese uns sahen, wurden wir sofort umdrängt und mit Fragen bestürmt, was los sei, ob es wahr sei, dass die Reichswehr gegen Hitler marschiere u. nicht mit ihm, was sie in diesem Falle tun sollten usw.» Als Haselmayr kurz darauf versuchte, Lossow zu einer Verständigung mit Hitler zu bewegen, rief der «gleich im Ton höchster Erregung: ‹Nein, mit diesen Lumpen verhandle ich nicht! Das sind ja lauter Narren und Räuber. Gegen dieses Gesindel kann man nur mit Gewalt vorgehen.›»[48]

Die führenden Putschisten beratschlagten am Morgen des 9. November im Bürgerbräukeller stundenlang über die unterschiedlichsten Vorschläge und Ideen. Sie wussten um die großen Sympathien für die vaterländischen Verbände und die völkisch-nationalistische Bewegung innerhalb der Landespolizei und der Reichwehrdivision. Noch hatten sie die Hoffnung nicht ganz aufgegeben. Kriebel machte den Vorschlag, nach Rosenheim auszuweichen, wo Ehrhardt mit einem Teil seiner Männer stand,[49] und sich dort neu zu sammeln. Hitler und Ludendorff versprachen sich davon nichts. Hitler wollte lieber versuchen, mit massiver Propaganda die Bevölkerung zu gewinnen, sprach von 14 Massenveranstaltungen, die er für den Abend des 9. November ansetzen wolle. Dafür waren die Voraussetzungen nicht schlecht, denn ein großer Teil der Münchner stand dem Putsch positiv gegenüber. Vom Rathaus wehten die schwarz-weiß-rote und die Hakenkreuzfahne, die Presse hatte am Morgen ausführlich und wohlwollend über die Ereignisse im Bürgerbräukeller berichtet. Man gab noch nicht alles verloren, sondern richtete sich jetzt auf hartnäckige Verteidigung ein, wollte vor allem das Wehrkreiskommando halten, die Polizeidirektion dazugewinnen und das rechte Isarufer mit seinen steilen Hängen mit Artillerie und Maschinengewehren sichern.[50] Einfach aufzugeben, kam jedenfalls nicht in Frage.

Von Ludendorff kam dann, wie er in seinen Erinnerungen schreibt, die Idee, eine Art Propagandazug in die Münchner Innenstadt zu unternehmen: «Es gab für mich nur eine Möglichkeit, und das war: Friedlicher Zug durch die Stadt, um damit das Volk auf unsere Seite zu bringen.»[51] Hitler sprach zunächst dagegen, hoffte jede Minute auf eine Nachricht aus Berchtesgaden. Er warnte auch davor, dass geschossen werden könnte, fügte sich aber schließlich, als Ludendorff entschied zu marschieren, in der vagen Hoffnung, die begeistert jubelnde Münchner Bevölkerung könnte zu einem Umdenken in den unteren Offiziersrängen und bei den Mannschaften von Landespolizei und Reichswehr führen. Die Kampfbundführer sehnten ein Wunder herbei und wussten eigentlich recht genau, dass die Lage aussichtslos war. Aber es schien besser, irgendetwas zu tun, und sei es noch so sinnlos, als weiterhin im trüben Licht des Bürgerbräukellers zu hocken und sich mit Klagen und Debatten im Kreis zu drehen. In jedem Fall würde der Marsch in die Innenstadt – von der Feldherrnhalle war zunächst gar keine Rede – die Stimmung in der Truppe verbessern.

Gegen 11 Uhr drangen Mitglieder des Stoßtrupps Hitler ins Münchner Rathaus ein, verhafteten «unter erheblichem Beifall des Publikums» den sozialdemokratischen Bürgermeister Eduard Schmid und acht

Stadträte der Linksparteien, nahmen sie als Geiseln und brachten auch sie in den Bürgerbräukeller, wo sie gemeinsam mit den anderen bereits Inhaftierten in einem Raum zusammengepfercht wurden. «Zu ihnen kamen noch einzelne politische Gegner aus früheren Auseinandersetzungen, die man jetzt aus ihren Wohnungen holte und zum Teil übel misshandelte. Hier spielten also auch noch private Racheaktionen mit hinein.»[52]

Kurz vor Mittag nahmen dann die Kampfverbände der Putschisten vor dem Bürgerbräukeller Aufstellung. Die Männer sollten in zwei Kolonnen zu je vier Reihen nebeneinander marschieren, Oberland auf der einen und SA auf der anderen Seite, bei der SA an der Spitze der Stoßtrupp Hitler. Auf der breiteren Straße wurden die Achterreihen verdoppelt, so dass 16 Mann nebeneinander marschierten. Je ein Fahnenträger der beiden Bünde markierte die Spitze, dahinter die Führer, in der Mitte Ludendorff, rechts von ihm Weber, links Hitler. Es war ein beeindruckendes Bild, wie später die 16 Mann breite Kolonne die ganze Straße ausfüllte, aber unter militärischen Gesichtspunkten war die Aufstellung denkbar ungünstig, denn die dicht zusammengedrängten Kräfte ließen sich nicht beweglich einsetzen.[53] Vieles deutet in der Tat auf einen reinen Propagandamarsch hin, bei dem es um den äußeren Schein ging und nicht um militärische Schlagkraft, aber die Einheiten führten nicht nur Handfeuerwaffen mit, sondern am Ende des Zuges auch einige PKW mit Sanitätspersonal und einen LKW, auf den ein schweres Maschinengewehr montiert war.[54]

Etwa um dieselbe Zeit wurde Leutnant Neunzert bei «Sr. Majestät» vorgelassen. «Ihr habt eigentlich eine große Dummheit gemacht», begrüßte Rupprecht den Kurier, «aber nachdem die Sache nun schon so weit gediehen ist, lässt sich wohl nicht mehr viel ändern.» Er bot dem Leutnant Stuhl und Zigarre an, nahm Hitlers Botschaft entgegen und meinte, die Gefahr sei durchaus gegeben, dass aufeinander geschossen würde. Es wäre «das größte Unglück, das Bayern und Deutschland damit treffen könnte.» Er verlangte von Hitler, wenn er, Rupprecht, die Vermittlung übernehmen sollte, dass dieser sich bei Kahr entschuldigen müsse mit dem Hinweis, «dass er dem Druck der Massen nachgegeben habe und sich zu dieser Tat habe hinreißen lassen. Außerdem müsse er sich der legalen Macht unterstellen.»[55]

Ziel des ehemaligen Kronprinzen war es, zum Zustand zurückzukehren, wie er noch am Morgen des 6. November bestanden hatte, bevor der Kampfbund sich zum Losschlagen entschieden hatte. Fast eineinhalb Stunden dauerte die Unterredung in Berchtesgaden. Am Ende wies Rupprecht von Bayern den Leutnant an, er möge «unverzüglich nach München zurückfahren», Hitler informieren und dann «schleunigst den Generalstaatskommissar aufsuchen und ihm sagen, dass Schießen auf Nationale unter allen Umständen unterbleiben müsse und der Generalstaatskommissar alles aufbieten möchte, damit, falls Hitler auf den Vorschlag eingehe, ein Verfahren wegen Hochverrats gegen Hitler nicht anhängig gemacht werden sollte.» [56] Als sich der Leutnant mit diesem Auftrag in den Zug nach München setzte, war es bereits zu spät.

Um die Mittagszeit hatte sich die Kolonne der Putschisten vor dem Bürgerbräukeller in Bewegung gesetzt. Über der Stadt hingen dunkle Wolken, aus denen leichte Schauer von Schneeregen niedergingen, als der Zug mit seinen etwa 2000 Mann die Rosenheimer Straße abwärts Richtung Isar marschierte. Ludendorff «trug zwar anstelle seiner Soldatenuniform nur einen zerknitterten Zivilanzug, doch er wurde erkannt und verbreitete Respekt, ja sogar Ehrfurcht.»[57] Mit Gesang ging es zur Ludwigsbrücke, wo ein Posten der Landespolizei versuchte, den Zug aufzuhalten. Hier kam es zu einem ersten Zusammenstoß, über den der Leutnant der Landespolizei Landshut, Höfler, in seinem Bericht festhielt: «Auf das Kommando der Polizei ‹Laden› schrien die Nationalsozialisten: ‹Schießt nicht auf eure Kameraden›, gleichzeitig wurde ein Signal geblasen. Die Stoßtrupps der Nationalsozialisten stürzten auf meine Leute mit aufgepflanztem Seitengewehr und vorgehaltenen Pistolen und Gewehren, umringten sie und drängten sie von der Mitte der Brücke weg. Die Waffen wurden jedem einzelnen unter Bedrohung mit Pistolen, Gewehren usw. abgenommen. Verschiedene meiner Leute wurden mit Kolben geschlagen, bespuckt, ihnen die Mützen abgenommen, ebenso die Stahlhelme, sie wurden mit der Hand ins Gesicht geschlagen, auf den, der sich losriss, wurde ein Schuss abgegeben.»[58]

Die Sechzehnerreihen des Zuges nahmen fast die gesamte Straßenbreite ein und drückten Polizeikordons einfach weg. Diese Taktik hatten SA und andere Kampfverbände bei Straßenschlägereien und Saalschlachten mit ihren politischen Gegnern oft genug mit Erfolg ange-

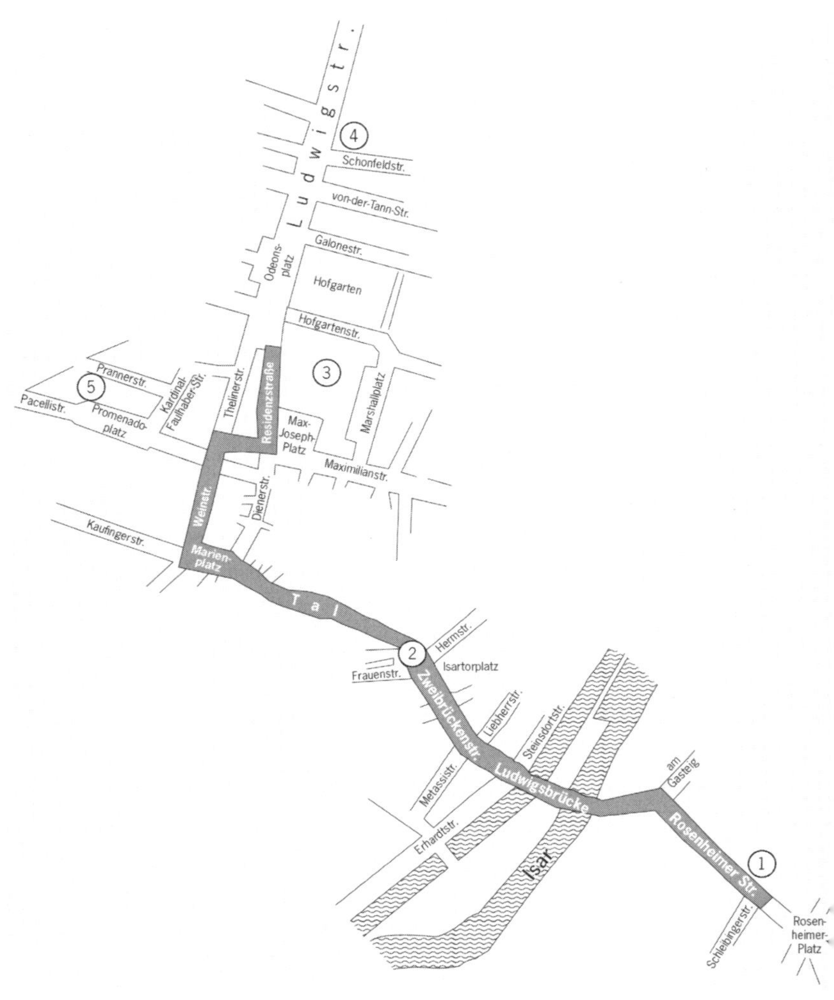

Die Marschroute der Putschisten vom Bürgerbräukeller zum Odeonsplatz
① Bürgerbräu ② Isartor ③ Residenz ④ Wehrkreiskommando ⑤ Promenadeplatz

wandt. Eingehakt marschierten die Reihen voran und sprengten Sperrgürtel scheinbar unaufhaltsam auf.

Von der Ludwigsbrücke ging es durch die beflaggten Straßen weiter zum Isartor, wo ein weiterer Polizeikordon ohne größere Zwischenfälle durchstoßen wurde. Der Zug wurde jubelnd begrüßt, «immer mehr

Zivilisten schlossen sich an, marschierten mit».[59] Weiter ging es, vaterländische Lieder singend, zum Marienplatz, ins Herz und Zentrum der Stadt. Vor dem Rathaus stand eine riesige Menschenmenge, Julius Streicher hielt eine kurze aufpeitschende Rede, auch hier Jubel, Begeisterung und «Heil»-Rufe. «Wir standen am Eck der Kaufingerstraße, als der angekündigte Zug durch den alten Rathausbogen heraufkam», beschrieb der Historiker Karl Alexander von Müller die Szene: «Voran fuhr langsam ein Personenauto, in dem zwei Bewaffnete mit Gewehren saßen; es behielt, bei uns angekommen, seine Richtung bei und fuhr geradeaus in die Kaufingerstraße weiter, während der Zug unmittelbar vor uns rechtsschwenkte und in die Weinstraße einbog. An der Spitze gingen Hitler und Ludendorff, in Zivil, unbewaffnet. Mein Gedächtnis hat allein Ludendorff festgehalten, mit einer Empfindung, die vielleicht nur Menschen meiner Generation noch verständlich ist – es war eine der tiefsten politischen Erschütterungen meines Lebens. Ludendorffs Art war der meinen zuwider, ich hatte nie eine persönliche Fühlung mit ihm. Aber da war nun der Feldherr des Weltkriegs, was immer man sagen mochte: einer der großen Generale des alten deutschen Heeres, der Planer und Sieger ruhmvoller Schlachten – da ging er, in einem verknitterten Zivilmantel, einen schäbigen weichen Hut auf dem Kopf, an der Spitze eines trostlos revoltierenden Haufens auf der Straße; denn was hinter ihm und Hitler daherkam, dicht in die begleitende Menge eingekeilt, trug zwar Gewehre auf der Schulter und schien etwas wie eine Marschkolonne vorstellen zu wollen, aber in Wirklichkeit hatte es den Charakter einer Horde, Rotten mit Helmen, mit Militärmützen, Zivilisten, ohne Ordnung durcheinandergewürfelt.»[60]

Die auf dem Marienplatz versammelten Menschen sangen vaterländische Lieder, bis ihnen die Stimme versagte. Die Putschisten wurden von der lebhaften Menge geradezu aufgesogen, zeitweise lösten sich die Konturen des Zuges fast auf. München, dachten nicht wenige auf dem Marienplatz, gehöre ihnen schon jetzt, und bald würde ihnen auch Berlin gehören.[61] Ursprünglich war geplant, vom Marienplatz wieder zurück zum Bürgerbräukeller zu marschieren. Aber dann war der Zug auf Ludendorffs Befehl nach Norden in Richtung Odeonsplatz abgebogen. Ihm kam plötzlich die Idee, so beschreibt er es in seinen Erinnerungen, «zum Wehrkreiskommando zu gelangen, uns dort mit unseren völkischen Freunden zu vereinigen, dann den Zug fortzusetzen oder zu neuen Entschließungen zu kommen, die unserer würdig waren.»[62]

Ganz so einfach und problemlos, wie es Ludendorff offenbar schien, war das aber nicht. Das Wehrkreiskommando war zwar zu diesem Zeitpunkt noch in der Hand Röhms und seiner Reichskriegsflagge, aber bereits von Einheiten der Reichswehr eingeschlossen. Und der Weg dorthin führte nicht nur an der Landespolizeiwache an der Residenz vorbei, sondern auch durch das Regierungsviertel um den Odeonsplatz und die Ludwigstraße. Man musste davon ausgehen, dass die Landespolizei dieses Viertel unter allen Umständen abriegeln würde.

Karl Alexander von Müller und sein Begleiter folgten dem Zug, «in einem Strom anderer Begleiter, in zunehmender Entfernung von der Spitze, in die Wein-, in die enge Perusastraße. Ehe wir noch an den Theaterplatz kamen, hörte man von der Feldherrnhalle her Schüsse fallen, es klang wie eine unregelmäßige Salve. Dann, während die Menschen ringsum schon zu flüchten begannen, Stille, darauf abermals vereinzelte Schüsse, wie es schien, auch aus der Theatinerstraße her. Dann war es aus. Ich ging langsam durch die Innenstadt zurück bis zur Elektrischen am Isartor, wo das alltägliche Leben weiterflutete wie sonst.»[63]

Der Zug war von der Perusastraße in die Residenzstraße eingebogen, die an der östlichen Seite der Feldherrnhalle vorbei auf den Odeonsplatz führt. Mit «O Deutschland hoch in Ehren» marschierten die Reihen die Residenzstraße hinauf. Auf der Höhe der Feldherrnhalle versperrte Landespolizei den schmalen Auslass auf den Odeonsplatz. «Da kommen's, Heil Hitler!» schrie ein Zuschauer. Dann fielen Schüsse. Wer zuerst geschossen hat, konnte nie geklärt werden, aber es kam zu einem wilden Schusswechsel, der etwa eine halbe Minute andauerte. Während die Putschisten erklärten, der erste Schuss sei aus den Reihen der Landespolizei gekommen, hielt Leutnant Michael Freiherr von Godin, der Teile der 2. Kompanie der Landespolizei führte, in seinem Bericht fest, sie seien bei ihrem Versuch, den Zug aufzuhalten «mit gefälltem Bajonett und entsichertem Gewehr und vorgehaltenen Pistolen» empfangen worden. «Meine Leute arbeiteten mit Kolben und Gummiknüppel. Ich persönlich hatte zu meiner Verteidigung, um nicht frühzeitig von meiner Pistole Gebrauch machen zu müssen, einen Karabiner genommen, parierte damit zwei mir vorgehaltene Bajonette und rannte die Betreffenden mit quer vorgehaltenem Karabiner über den Haufen. Plötzlich gab ein Hitlermann, der einen Schritt halblinks von mir stand, einen Pistolenschuss auf meinen Kopf ab. Der Schuss ging an meinem Kopf vorbei und tötete hinter mir Wachtmeister Hollweg. Für den Bruchteil einer Sekunde trat in meiner Stationsverstärkung Erstarrung ein. Noch bevor es mir möglich gewesen war, einen Befehl zu geben, gaben meine Leute Feuer, was die Wirkung einer Salve auslöste. Zu gleicher Zeit nahmen die Hitlertruppen das Feuer auf, und es entspann sich etwa 20 bis 30 Sekunden ein regelrechter Feuerkampf.»[64] Es war eine wilde und ziellose Schießerei, an der sich vermutlich auch ein auf dem Odeonsplatz postierter Panzerwagen der Reichswehr mit seinem Maschinengewehr beteiligte – die Reichswehr hat das später bestritten, die Polizei hat erklärt, der Panzerwagen habe in die Luft geschossen.[65]

18 Menschen wurden tödlich getroffen: vier Polizisten, 13 Putschisten und ein Neugieriger, den die Nazipropaganda später auch zu einem «Märtyrer der Bewegung» machte. Einer der Marschierer, Heinrich Wilhelm Trambauer, war als Fahnenträger unmittelbar hinter Hitler und Ludendorff marschiert. Er warf sich mitsamt seiner Hakenkreuzfahne blitzschnell auf den Boden und kam – flach auf den Boden gedrückt – ohne Verletzung davon. Das Blut erschossener Putschisten tränkte die Fahne, und Trambauer flüchtete mitsamt der blutbesudelten Fahne in ein nahegelegenes Wohnhaus, löste dort das blutige Tuch von Spitze und Stange, wickelte es um seinen Körper und kehrte nach Hause zurück. Dieses Tuch wurde später zur mythenumrankten «Blutfahne» gemacht.[66]

Unter den Toten war Max Erwin von Scheubner-Richter, der Geschäftsführer des Kampfbundes. Er war Arm in Arm mit Hitler in vorderster Linie marschiert, unmittelbar hinter den Standartenträgern. Der Journalist Heribert Prantl hat im November 2018 berichtet, sein Onkel Hans sei unter den Landespolizisten gewesen, die seinerzeit den Putsch beendeten. «Bei vielen Geburtstagsfeiern hat er davon erzählt: ‹I hob selsmals auf den Hitler angelegt, aber: I hob an ned dawischt, den Hund.› Onkel Hans war ein hünenhafter Kerl. Er verstand das so zu erzählen, dass es einen immer wieder schauderte – weil er, wie er einem zu verstehen gab, ein paar Sekunden lang, die Weltgeschichte hätte verändern können.»[67]

Hitler warf sich instinktiv auf das Straßenpflaster, als die ersten

Schüsse fielen, und wurde wohl auch vom fallenden Scheubner-Richter zu Boden gerissen, der noch bei ihm untergehakt war und im selben Augenblick mit einem Lungendurchschuss zusammenbrach. Hitler schlug mit solcher Wucht auf, dass er sich die linke Schulter auskugelte. Dass ihm nicht mehr passierte, verdankte er auch seinem Leibwächter Ulrich Graf, der sich vor Hitler warf und mit seinem Körper Kugeln und Splitter abfing. Schnell war Dr. Walter Schultze zur Stelle, der Chef der Ambulanz der Münchner SA. Er schob Hitler in seinen in der Nähe geparkten Wagen und fuhr mit hoher Geschwindigkeit davon.

Auch Graf überlebte, genoss den Ruf, Hitlers Lebensretter gewesen zu sein, und erhielt 1933 den «Blutorden» mit der Verleihungsnummer 21. Im *Völkische Beobachter* schilderte er 1934, dass er elf Jahre zuvor plötzlich geahnt hatte, «dass jetzt irgend etwas Schreckliches passieren würde» und sich mit einem Sprung vor Hitler gestellt hatte. «Da knatterte eine Gewehrsalve, ich spürte einen stechenden Schmerz und sank vor Adolf Hitler, der mich stützen wollte, und selbst mitgerissen wurde, zu Boden. Ich hatte einen schweren Lungen- und Bruststeckschuß, Schüsse durch beide Oberschenkel und einen Schuß in den rechten Arm vom Ellbogen bis zum Schulterblatt, überdies auch noch 11 Splitter erhalten».[68] Ulrich Graf schwebte lange zwischen Leben und Tod und erholte sich nur langsam von seinen Verwundungen. Als Hitler aus Landsberg entlassen wurde, stellte er sich wieder als «Begleiter» zur Verfügung, aber sein Gesundheitszustand ließ einen solchen Dienst nicht mehr zu.[69]

Göring wurde ebenfalls schwer verwundet. Er bekam eine Kugel in die Leistengegend ab und suchte auf allen Vieren Schutz im Einfahrtstor zur Residenz. Später schleppte ihn einer der Putschisten in ein nahegelegenes Wohnhaus, wo die Frau eines jüdischen Möbelhändlers ihm erste Hilfe leistete.[70]

Ludendorff bewies an der Feldherrnhalle Nervenstärke. Gemeinsam mit dem ihn begleitenden Major Streck vom SA-Oberkommando ging er aufrecht weiter, schritt einfach durch die polizeiliche Sperrkette, ohne auf das Chaos um sich herum zu achten, und erreichte den Odeonsplatz. Dort verhaftete ihn ein Polizeileutnant, der am 12. November in seinem Bericht festhielt: «Nach geraumer Zeit sah ich nun einen Zivilisten und einen Hitleroffizier, der an der Nase blutete, auf mich zukommen. Ich erkannte in dem Zivilisten General Ludendorff. Ich ging auf ihn zu und sagte ihm: ‹Exzellenz ich muss Sie in Schutzhaft nehmen›. L(udendorff) erklärte sich bereit mit den Worten: ‹Sie haben den Befehl hierzu und ich folge Ihnen›.»[71]

Die beiden jüngsten der getöteten Putschisten waren 19 Jahre alt, der Älteste war der 50-jährige Oberstlandesgerichtsrat Theodor von der Pfordten, Rat am Bayerischen Obersten Landgericht. Bei ihm fand man den ausformulieren Text einer neuen Verfassung, die an die Stelle der Weimarer Verfassung hätte treten sollen. Sie bedrohte jeden mit der Todesstrafe, der weiterhin an einem Parlament teilnahm, verfügte die Dienstenthebung jüdischer Beamter und führte Standgerichte mit der Befugnis ein, Todesstrafen zu verhängen.[72] Dieser Entwurf weist große Übereinstimmung mit dem Entwurf einer «Notverfassung» auf, der in den norddeutschen nationalkonservativen Kreisen um Justizrat Claß entstanden war. Es existierten enge Verbindungen zwischen diesen norddeutschen Kreisen und den völkisch-nationalistischen Verbänden in Bayern.

Nach den Schüssen herrschte an der Feldherrnhalle heilloses Chaos. Erregte Menschen beschimpften die Polizei. Weiter hinten im Zug hatte man in der engen Residenzstraße keinerlei Sicht auf das Geschehen und wusste nicht, welchen Kräften man gegenüberstand. Also flutete der Zug zurück, ließ sich entwaffnen oder löste sich in die Straßen der Münchner Innenstadt hinein auf. Zu ernsthaften Straßenkämpfen kam es nicht, aber das war ja auch nie das Ziel gewesen. Der Demonstrationszug in die Innenstadt war eine Propagandaaktion, nicht mehr und nicht weniger. Dass der Zug sich nach den Schüssen auflöste, war die zwingende Konsequenz dieser Zielsetzung. Aus Sicht der Marschierer war es schlicht und einfach vorbei.

Ein blutiges Nachspiel folgte im Wehrkreiskommando, das Hauptmann Röhm noch mit seiner Reichskriegsflagge besetzt hielt. Röhm erklärte, er werde nur auf ausdrücklichen Befehl Ludendorffs kapitulieren. Darauf wurden Vermittlungen aufgenommen und eine Waffenruhe verabredet. Aber es kam in der allgemeinen Anspannung und Nervosität dennoch zu einem Schusswechsel, bei dem ein Kampfbundmann und der im Hof stehende Leutnant a. D. Casella tödlich getroffen wurden. Als der in der Residenzwache festgesetzte Ludendorff erreicht wurde, erteilte er Röhm völlige Handlungsfreiheit, und der erklärte sich zur Übergabe des Wehrkreiskommandos «gegen Zusicherung ehrenvollen Abzugs» bereit. Die Fahne der Reichskriegsflagge trug dabei ein junger ehemaliger bayerischer Fahnenjunker, Sohn eines Münchner Gymnasialdirektors aus «gut katholischem Haus»: Heinrich Himmler. «Niemand wagte, den langen waffenlosen Zug aufzuhalten, als die Kameraden den toten Leutnant Casella auf den Schultern bis vor sein Elternhaus trugen. Dann löste sich auch diese Truppe auf. Allein ihr Führer, der den soldatischen Ehrenkodex gewahrt hatte, wurde verhaftet.»[73]

Die im Bürgerbräukeller festgehaltenen jüdischen Geiseln wurden bedroht und zum Teil geschlagen, bevor die Landespolizei sie befreite. Die Stadträte verschleppte ein SA-Kommando in einen Wald und drohte ihnen an, sie würden erschossen oder erhängt. Am Ende nahm man ihnen nur die zivilen Jacken und Mäntel ab und ließ sie im Wald zurück. In der Villa des Verlegers Lehmann wurden am Nachmittag noch immer Ministerpräsident Knilling, einige seiner Minister und andere hochrangige Repräsentanten des Freistaats festgehalten. Knapp vier Stunden nach dem Schusswechsel an der Feldherrnhalle fuhr Rudolf Heß mit den Ministern Schweyer und Wutzelhofer in einem Wagen weg. Nachdem man lange kreuz und quer durch die Gegend um Tölz gefahren war, ließ Heß die beiden Minister schließlich in Unterhaching an der Tegernseer-Landstraße stehen. Die Wache in der Villa Lehmann entfernte sich, als es dunkel wurde, so dass am Abend auch die letzten Gefangenen frei waren.

Der schwerverletzte Göring wurde zunächst in einer Münchner Privatklinik behandelt. Nach wenigen Tagen gelang es ihm, über die Grenze nach Tirol zu entkommen. Eine ganze Reihe weiterer Putschisten setzte sich ebenfalls nach Österreich ab, darunter Hermann Esser und Ernst Hanfstaengl. Heß versteckte sich zunächst in einer Münchner Privatwohnung, floh dann zu Verwandten nach Österreich und stellte sich nach der Verurteilung Hitlers im Mai 1924 den bayerischen Behörden. Gottfried Feder kam für einige Monate bei Freunden in der Tschechoslowakei unter. Pöhner und Frick waren bereits in der Nacht verhaftet worden, Röhm wurde nach der Kapitulation des Wehrkreiskommandos am Nachmittag des 9. November festgesetzt, Ludendorff auf sein Ehrenwort hin wieder entlassen.

Hitler gelangte noch am 9. November in Hanfstaengls Haus in Uffing südlich von München. Dort spürte ihn die Polizei am Abend des 11. November auf, und Polizeioberleutnant Rudolf Belleville verhaftete ihn. «Frau Hanfstaengl führte Oberleutnant Belleville wortlos vor eine Zimmertür,» beschreibt der Bericht des Regierungspräsidiums von Oberbayern die Szene, «blieb dann einen Augenblick stehen, Oberleutnant Belleville mit einem langen Blick ansehend, machte dann auf und sagte: ‹Bitte.› Im Zimmer stand in weißem Schlafanzuge Hitler, den Arm in einer Binde. ... Hitler starrte ihn ganz geistesabwesend an. Auf die Ankündigung, dass er gekommen sei, ihn zu verhaften, streckte Hitler ihm die Hand entgegen und erklärte, ihm zur Verfügung zu stehen. Er bat nur, ihn vor Anpöbelung zu schützen. (...) Mithilfe der Frau Hanfstaengl und des Oberleutnants Belleville wurde Hitler angekleidet und ihm auf seinen Wunsch das EK I angeheftet. Das Kommando räumte die Straße von Neugierigen und nach schwerem Abschied bestieg er den Lkw.»[74]

12

Neuer Anlauf oder Schadensbegrenzung? – Die Wochen danach

Die Stimmung war nach den Schüssen des 9. November eindeutig. «Die Bevölkerung Münchens scheint von den Nationalisten völlig gewonnen zu sein», berichtete der französische Gesandte Jean Pozzi nach Paris. «Herr von Kahr, der beliebteste Vertreter Bayerns ist von einem Tag auf den anderen der am meisten verachtete geworden.»[1] Der Historiker Karl Alexander von Müller machte sich am Samstag, 10. November, auf den Weg in die Akademie und erlebte «die Stadt aufgewühlter, als ich sie seit den Revolutionstagen 1918/19 je gesehen hatte. Große Menschentrupps, darunter viele Studenten, die mit lauten Schmährufen gegen den ‹Judas Kahr› und den ‹Verräter Lossow› durch die Straßen zogen, überall, wohin man kam, eine ratlose Verwirrung und Erbitterung.»[2] Noch tagelang waren immer wieder erregte Menschenmassen im Stadtzentrum zu sehen, die Kahr beschimpften und Hitler hochleben ließen. Der württembergische Gesandte Moser von Filseck berichtete am 10. November: «Im Inneren der Stadt war es heute mittag wieder recht unruhig, und ich sah Panzerwagen und berittene Polizeiwehr mit Lanzen anrücken in der Richtung auf den Odeonsplatz, wo eine große Ansammlung war.» Es sei nicht nur das «einem so wohl bekannte Stadtgesindel» wieder an die Oberfläche gekommen und ergreife überall Gelegenheit, um gegen Regierung, Polizei und Reichswehr zu demonstrieren – unter Parteinahme für die Nationalsozialisten. «Auch bei dem besseren Ständen angehörigen Straßenpublikum ist überall Parteinahme für Hitler und Ludendorff zu bemerken und Herr von Kahr hat in diesen Kreisen mit einem Schlag seine ganze Beliebtheit eingebüßt, er gilt als Verräter der guten Sache.»[3]

Noch tagelang kommt es nach den Schüssen an der Feldherrnhalle zu heftigen Protesten gegen Kahr. Vor allem demonstrierende Studenten ergreifen massiv Partei für Hitler und seine Mitstreiter. Am 10. November rücken auf dem Odeonsplatz Berittene der Landespolizei mit Lanzen gegen sie vor.

Zwei Tage später ergänzte er: «Am irrsinnigsten gebärdeten sich die Studenten, die gestern tüchtige Prügel von den Gummiknütteln der Polizei bezogen.»[4] Drei Fahnen wehten am 12. November auf der Universität: schwarz-weiß-rot, weiß-blau und schwarz. Die Studenten sangen das «Ehrhardtlied» mit dem Refrain «Hakenkreuz am Stahlhelm».[5] Ganz allgemein herrsche große Empörung über die «Doppelzüngigkeit» Kahrs und Lossows, berichtete Ernst Feder, der Korrespondent des *Berliner Tageblatts*: «Sie kam am schärfsten in den Kreisen der deutschvölkischen Studentenschaft zum Ausdruck. Die Münchner Studentenschaft fasst in erregter Versammlung den Beschluss, dass Kahr zurückzutreten habe. Ganz rechts stehende Hochschullehrer, die besänftigend eingreifen wollen, wie Direktor von Kraus und Geheimrat Sauerbruch, werden niedergeschrien und vom Rednerpult herunter gestoßen. Die Truppe wird mit Johlen und Pfeifen empfangen, beschimpft und bespien, so dass sie mit Gewehrkolben gegen die Demonstranten vorgehen muss. (...) Die Universität München wird bis auf weiteres geschlossen.»[6] Der *Mannheimer General-Anzeiger* kolportierte sogar, von Teilnehmern einer Studentenversammlung sei am 12. November die Forderung erhoben worden, ein Kommilitone müsse dazu bereit sein, «den als ‹Ehrenmitglied des Jesuitenordens› bezeichneten ‹wortbrüchigen› Kahr umzubringen, wie der Student Sand den Schriftsteller August v. Kotzebue 1819 umgebracht hat.»[7]

Hartnäckig hielt sich in diesen Tagen das Gerücht, der Münchner Kardinal Michael von Faulhaber habe in der Nacht vom 8. zum 9. November ganz wesentlich zu Kahrs Kurswechsel beigetragen. Laut Pozzi demonstrierten am 10. November mehrere tausend Studenten vor dem erzbischöflichen Palais und pfiffen den Kardinal aus. Das sei eine Sache «ohne Beispiel in der Geschichte» der Bayern, merkte der französische Geschäftsträger an, «die manchmal Minister, Favoriten und sogar Souveräne ausgepfiffen haben, niemals aber ihren Bischof.»[8]

Lediglich die *Münchner Neuesten Nachrichten* bezogen zunächst klar Position für Kahr und gegen Hitler, dem sie vorwarfen, er sei mit «besonderer Hinterlist» vorgegangen. Die Schlagzeile lautete «Adolf Hitlers Ehrenwortbruch», und der Artikel machte allein Hitler für die Schüsse an der Feldherrnhalle verantwortlich. Hitlers größtes Verbrechen sei es, dass «zur Freude der Feinde und Verräter» am 9. November «Bruder gegen Bruder, Väter gegen Söhne, der eine bei der Reichswehr, der andere bei den Hitlerverbänden, aufeinander schießen mussten, er hat es erreicht, dass auf beiden Seiten Leute ihr Blut gelassen haben, die zur Hoffnung unserer Zukunft gehörten.»[9]

Das war ganz nach dem Geschmack Kahrs, dessen Ziel es zunächst war, allein Hitler für die Ereignisse am 8./9. November verantwortlich zu machen und möglichst schnell seine eigenen Bestrebungen zur Errichtung einer Diktatur wieder aufzunehmen, so wie er sie bei der Besprechung mit den vaterländischen Verbänden am 6. November beschrieben hatte. Welche Rolle Seeckt nun spielen würde, der ja im Reich Inhaber der vollziehenden Gewalt mit diktatorischen Vollmachten geworden war, konnte Kahr nicht überblicken, aber er ließ keinen Zweifel daran, dass er selbst weiterhin als Generalstaatskommissar in Bayern die vollziehende Gewalt ausüben würde. Am 11. November veröffentlichte Kahr einen von Karl Alexander von Müller am selben Tag auf Wunsch Kahrs formulierten Aufruf, dessen erste Sätze sehr klar Kahrs Anspruch zum Ausdruck brachten: «In meiner Hand ruht die gesamte vollziehende Macht des bayerischen Staates, in welchem wir den Kern eines neuen ehrenvollen und gerechten deutschen Staatswesens aufrichten wollen. Auf meinem Haupt und auf meinem Herzen liegt die Verantwortung, nicht nur für mein bayerisches Heimatland, sondern auch für die großen deutschen Aufgaben dieser Stunde, eine schier übermenschliche Last.» Kahr hielt daran fest, von Bayern aus für Ordnung im Reich sorgen zu wollen, im marxistisch und jüdisch verseuchten Berlin eine vaterländisch-nationale Diktatur zu etablieren und die parlamentarische Republik zu beseitigen. «Alle Gegner hoffen heute, dass der nationale Gedanke über dem traurigen Streich dieser Tage zugrunde geht. Aber wir lassen ihn nicht zugrunde gehen. Wir lassen nicht von unserer Fahne schwarz-weiß-rot. Wir rufen Euch auf, Euch alle wieder um sie zu sammeln. Bayern in Deutschland voran!»[10]

Der Aufruf sollte «auf der Stelle» plakatiert werden, Seißer forderte, «nicht in 50, sondern in 50 000 Exemplaren». Am Montag, den 12. November, notierte Müller ernüchtert: «Der Kahrsche Aufruf ist endlich erschienen, wieder in den üblichen winzigen Plakaten, die wie Abortpapier wirken.»[11]

Am 10. November war der Ministerrat zu seiner ersten Sitzung nach den Ereignissen zusammengekommen. Dabei ging es auch um die Frage, wie sich die Regierung zu Generalstaatskommissar Kahr stelle, der jetzt «der unpopulärste Mann in München» sei. Die Minister der Bayerischen Volkspartei und der nicht parteigebundene Handelsminister Meinel hielten es für ganz unmöglich, dass Kahr weiter in seinem Amt bleibe. Andere äußerten Bedenken, weil es als Erfolg Hitlers verstanden werden könnte, wenn Kahr jetzt gehen müsse.[12] Ministerpräsident Knilling zeigte recht deutlich seine Verärgerung über Kahr. Völlig überrascht musste die Regierung dann aber zur Kenntnis nehmen, dass Kahr keinerlei Schuldbewusstsein an den Tag legte und gar nicht daran dachte, das Generalstaatskommissariat abzugeben. Dieselbe Haltung zeigten Lossow und Seißer. Das Triumvirat forderte im Gespräch mit dem Ministerpräsidenten und dem Justizminister, jetzt erst recht voll unterstützt und von jeder «parlamentarischen Einflussnahme» freigehalten zu werden.[13]

Die schlagkräftigsten der vaterländischen Verbände und Wehrvereine machten am 10. November ihre Haltung zum Generalstaatskommissar von der Erfüllung konkreter Forderungen abhängig. Sie erwarteten, wie sie Kahr schriftlich mitteilten, erstens eine sofortige Generalamnestie und die Zusammenführung sämtlicher vaterländischen Verbände «für den inneren und äußeren Freiheitskampf», zweitens den Kampf gegen den Marxismus durch die Auflösung der SPD und ein Verbot sämtlicher sozialistischer Zeitungen und drittens «die Aufhebung der Verfassung von Weimar für Bayern sowie die Zusage, nur eine Reichsdiktatur zu stützen, die sofort dieselben Maßnahmen für das Reich anordnet.»[14] Die Führung der Brigade Ehrhardt war überzeugt: «Wenn es uns nicht gelingt in diesen furchtbaren Zeiten die vollständige Einigung unter Zurückstellung aller früheren Gegensätze zu erzielen, ist die nationale Sache verloren.»[15]

Im Gespräch mit einem amerikanischen Journalisten bekräftigte Kapitän Ehrhardt kurz nach dem Putsch, die vaterländische Bewegung sei von drei lebendigen Kräften getragen: «Nationalismus, Aktivismus und Antisemitismus. Die Aktivisten strebten eine gewaltsame Änderung an. Er glaube, dass die augenblickliche Ernährungslage und verzweifelte Stimmung der Bevölkerung Hungerunruhen, Teuerungsdemonstrationen usw. auslösen würden, sei es von rechts oder von links und diese den Anlass (zum Losschlagen) geben würden. Wann dies der Fall sei, könne man nicht sagen.»[16]

Die Einigkeit der vaterländischen Bewegung war auch Rupprecht ein großes Anliegen. Das zeigte sich nicht nur in dem Interventionsversuch, den er am 9. November auf Ersuchen Hitlers unternahm. Nach den Schüssen an der Feldherrnhalle wandte sich der ehemalige Kronprinz mit einem Aufruf, der am 11. November veröffentlicht wurde, an die bayerische Bevölkerung. Rupprecht erklärte darin, dass das «starke deutsche Bayern» und das «neuerstehende» Deutschland «untrennlich» zusammengehörten. Neben diesem reichlich vergifteten Bekenntnis zum Reich, das eben nicht der Weimarer Republik galt, gab Rupprecht von Bayern seinem «besonderen Schmerze» Ausdruck: «Stehen nicht sie gegeneinander, die alle das gleiche hohe heilige Ziel erstreben? Nur die Wege, auf denen sie ihre Ideale zu erreichen hoffen, sind verschieden.» Konsequent forderte Rupprecht die Kontrahenten des 8. und 9. November auf: «Reicht euch über trennende Meinungsverschiedenheiten, über Irrtum und Schuld, über Verwirrung und anklagendes Blut hinüber von neuem die Hand. Steht wie ehedem in fester Manneszucht zusammen, die unser Ruhm und die Wurzel unserer Kraft war und der Quell der Erneuerung und der staatlichen Wiedergeburt sein wird.»[17]

Der ehemalige Wittelsbacher Kronprinz hatte noch lange nicht seinen Frieden mit der neuen Staatsform gemacht – genau wie der hohenzollernsche, dem ausgerechnet am 9. November 1923 von der Regierung Stresemann die Erlaubnis erteilt worden war, sein Exil in den Niederlanden zu verlassen und wieder deutschen Boden zu betreten.

Als der bayerische Ministerrat am 12. November wieder zusammenkam, erschien ihm die Befürchtung nicht abwegig, es könnte zu einem zweiten Putsch kommen, «diesmal von Kahr ausgelöst». Man kam überein, dass der Abgeordnete Fritz Schäffer im Namen der Bayerischen Volkspartei mit Kahr sprechen solle. Der Ministerrat und die hinter ihm stehenden Parteien gaben Schäffer dazu einen Fragenkatalog an die Hand. Man erwartete eine klare Stellungnahme des Triumvirats, ob Landespolizei und Reichswehr der legitimen Regierung «ebenso wie Kahr» zur Verfügung stünden. Schäffer sollte auch eine Erklärung einfordern, ob der öffentliche Aufruf Kahrs auf eine illegale Diktatur Kahrs abziele oder nicht. Außerdem sollte das Generalstaatskommissariat seine Bereitschaft erklären, in Zukunft auf Eingriffe in die alleinige außenpolitische Kompetenz des Ministerpräsidenten zu verzichten und sich in finanziellen und wirtschaftlichen Fragen zuverlässig mit den entsprechenden Ministerien ins Benehmen zu setzen.[18]

Offenbar waren sich der Ministerrat und die ihn tragenden Parteien inzwischen nicht mehr sicher, ob ihnen Kahr unter- oder übergeordnet war, aber sie wagten es vorerst nicht, gegen Kahr Stellung zu beziehen. «Die besonderen Verhältnisse in Bayern erfordern, dass der bayerische Ausnahmezustand unverändert fortbesteht und die gesamte vollziehende Gewalt in einer Hand zusammengefasst bleibt,» hieß es in einer Erklärung, die der Ministerrat am 13. November veröffentlichte. Darin forderte er die gesamte Bevölkerung auf, «die Staatsregierung mit dem Generalstaatskommissar in der Festigung der staatlichen Ordnung und in der Rettung des nationalen Gedankens zum Besten unseres deutschen und bayerischen Vaterlandes zu unterstützen.»[19]

In den ersten Tagen hatte sich Kahr wegen der aufgebrachten Stimmung, die in der Stadt herrschte, in den Schutz einer Kaserne begeben.

Moser berichtete am 16. November nach Stuttgart, dass er sich nun wieder im Generalstaatskommissariat aufhalte, «wo er allerdings unter starker Bewachung durch Polizeiwehr und hinter Stacheldraht haust. Seine Nerven sollen sich im Gegensatz zu denjenigen Herrn von Knillings schnell beruhigt haben, und er soll den Kopf bereits wieder sehr hoch tragen.»[20]

Wohl auch angesichts der Stimmung in der Stadt hatte die Berichterstattung der *Münchner Neuesten Nachrichten* bereits am 11. November erkennbar ihre Tonlage geändert. Jetzt war von einem «schwarzen Tag» in der Geschichte Münchens die Rede. «Dass Nationalgesinnte gegen Nationalgesinnte standen, blühende Menschenleben einer unseligen Verkettung von Umständen und neuen Wirrnissen zum Opfer fielen, zittert in den Herzen von Tausenden nach.»[21] Versöhnung und Zusammenführung der nationalkonservativen und der völkisch-nationalistischen Rechten war nun wieder angesagt. Von republikanischem Denken war in der bürgerlichen Presse Münchens nicht die geringste Spur zu erkennen. In einer Leserzuschrift, die von den *Münchner Neuesten Nachrichten* am 15. November veröffentlicht wurde, mahnte ein Jurist bereits an, «die Liquidation des verunglückten Hitlerunternehmens in großzügiger Weise vorzunehmen». Das erfordere «die höhere Staatsraison», «damit nicht die letzten Reste nationaler Werte endgültig vernichtet werden.»[22]

Am selben Tag erschien in dem Blatt der Nachruf auf den Rat am Obersten Landesgericht, Theodor von der Pfordten, der beim Putsch getötet worden war und den Entwurf einer rechtsextremen Verfassung bei sich gehabt hatte, die an die Stelle der Weimarer Verfassung treten sollte. Von der Pfordten sei ein «geistig und sittlich auf beherrschender Höhe stehender Mann» gewesen, war da zu lesen, er habe sein Wirken «dem wahren Rechte» geweiht, um dessen Erfassung und Durchsetzung er sich zeitlebens bemüht habe. «Von der Pfordten war ein echter deutscher Mann, voll glühender Liebe zum Vaterland.» Seine ganze Persönlichkeit habe er «in den Dienst der sittlichen Wiedererneuerung des deutschen Volkes» und der «politischen Wiederaufrichtung des Deutschen Reichs» gestellt.[23] Fast wortgleich lobte die amtliche «Chronik der Bayerischen Justizverwaltung» den Toten in einem Nachruf, der in der *Bayerischen Staatszeitung* abgedruckt wurde.

So klar Kahr in den ersten Tagen nach dem Putsch seine alte Machtposition beanspruchte und von den vaterländischen Verbänden erwartete, dass sie sich wieder geschlossen hinter ihn stellten, so unklar war allerdings das Ziel, dem all das dienen sollte. Offenbar konnte Kahr nicht recht ermessen, was es für das angestrebte nationale Direktorium bedeutete, dass nun General Seeckt Inhaber der vollziehenden Gewalt geworden war. Als Düsterberg, der zweite Vorsitzende des Bundes Stahlhelm, am 9. November zu ihm kam und ihm mitteilte, «dass die in Betracht kommenden Persönlichkeiten des Nordens am Samstag, den 10. November zu der gedachten entscheidenden Besprechung nach München kommen würden», winkte Kahr ab. Ihm sei es unmöglich, «eine leitende Stellung in der gedachten nationalen Reichsregierung einzunehmen. Sein Platz sei jetzt in Bayern.» Die geplante Besprechung fand nicht statt.[24]

Offenbar spielte Kahr in den folgenden Tagen sehr ernsthaft mit dem Gedanken, die bayerische Monarchie wieder aufzurichten und trieb dabei auch Missbrauch mit dem Namen des ehemaligen Kronprinzen. Der allerdings hatte sich schon zuvor «scharf gegen jedes Experiment mit der Monarchie ausgesprochen» und machte jetzt auch diesem Spuk schnell ein Ende.[25] Was aber konnte unter diesen Umständen Kahrs Ziel sein? Immerhin war er eine Woche nach dem Putsch noch immer der politisch mächtigste Mann in Bayern.

In Berlin hatte die demokratische und liberale Presse schon gleich nach dem Abend im Bürgerbräukeller vor allem auf Kahr gezeigt und sich mit Hitler und Ludendorff nur am Rande beschäftigt. Am deutlichsten nannte Georg Bernhard, der Chefredakteur der *Vossischen Zeitung*, in seinem Leitartikel am Abend des 9. November Ross und Reiter: «Herr von Kahr entpuppt sich, wenn man in die Tiefe der Ereignisse gräbt, als der wirklich Schuldige.» Kahr habe Hitler und Ludendorff vorgemacht, «was sie nachäfften». Er sei der erste gewesen, «der sich über die Schranken der Reichsverfassung hinweggesetzt hat. Er hat offenen Widerstand gegen die Reichsregierung gepredigt. Er ist der ‹starke Mann› gewesen, den die norddeutschen Hitler-Organisationen und mit ihnen die deutschnationale Presse ersehnt haben. Herr v. Kahr war der designierte Reichskanzler all dieser Kreise, dessen Ausrufung zu einem gegebenen Zeitpunkt erfolgen sollte, wenn sich nicht legal seine Ernennung durchsetzen ließ. Die den großdeutschen Zielen nachstrebenden Hitler und Ludendorff haben nur dem weißblauen Kahr zuvorkommen wollen. Das ist das Geheimnis des gestrigen Abends.» Bernhard wies sehr deutlich darauf hin, «dass es sich bei den Münchner Ereignissen nur um die verfrühte Teilexplosion eines über das ganze Land geplanten Aufruhrs handelte».[26]

Auch Ernst Feder kam in seinem Leitartikel im *Berliner Tageblatt* am Morgen des 10. November auf Kahr und Lossow zu sprechen. Kahr habe «die ihm zur Herstellung der Ordnung anvertraute Diktatur missbraucht». Seine Leistungen hätten sich «auf die Entwaffnung der sozialdemokratischen Sicherheitswehr sowie das Verbot der demokratischen und sozialistischen Presse beschränkt.»[27]

Die *Frankfurter Zeitung* warf in ihrem zweiten Morgenblatt vom 10. November vor allem die Frage auf, wer alles in den Putsch verstrickt sei: «In noch nicht 24 Stunden scheint die Revolte der Ludendorff und Hitler zusammengebrochen zu sein. (…) Aber ist das Spiel wirklich aus? Und welches Spiel ist in München gespielt worden? Welches Spiel Donnerstagabend im Bürgerbräukeller, welches am Freitagmorgen, da Kahr und Lossow wieder umschwenkten, welches am Freitagabend, da sie Ludendorff (…) in eine Art ‹Ehrenhaft› setzten und Hitler entkommen ließen? Fragezeichen über Fragezeichen erhebt sich hinter den Vorgängen dieser 24 Stunden».[28]

Erste Antworten versuchte Ernst Feder in der Abendausgabe des *Berliner Tageblatts* am 16. November in seinem Leitartikel «Bayern und Reich. Nach dem Putsch». Von einer Vergewaltigung des Triumvirats durch Hitler könne keine Rede sein. «Man war einig im Ziel, man stritt über das Tempo und über den Vorrang. Im Bürgerbräukeller wurde Kahr, der noch warten wollte, überrumpelt. Er gab nach. Nicht gezwungen. So wenig wie Lossow und Seißer. Lossow machte seine Entscheidung von Ludendorffs Zustimmung abhängig. ‹Euer Exzellenz Bitte ist mir Befehl.› Handschlag. Kahr ließ sich länger bitten. Ludendorff erzählt: ‹Von einer Bedrohung im Zimmer selbst sei keine Rede gewesen. Die Hitler-Leute hätten im Gegenteil mit bittend gefalteten Händen Kahr um einen entscheidenden Entschluss angefleht. Darauf habe Kahr zugestimmt und alle seien einig in freier Entschließung vor die Menge getreten.› Das war die berühmte ‹Vergewaltigung im Nebenraum›.»[29]

Feder berichtete auch über die Besprechung zwischen Kahr, Ludendorff, Lossow, Hitler und den Führern der vaterländischen Verbände am Nachmittag des 6. November und über die «Reichsdiktatur», die dabei vorbereitet worden sei. Den «Umschwung in der Nacht» zum 9. November schrieb Feder dem ehemaligen Kronprinzen Rupprecht zu, dem Kahr und die Offiziere der Reichswehr gehorcht hätten.[30] Solche Gerüchte machten damals in München allenthalben die Runde. Auch der französische Gesandte Pozzi hat sie als Tatsache nach Paris gemeldet, bis heute hat sich aber kein stichhaltiger Beleg dafür finden lassen.

Feders Resümee: «Wir wissen jetzt aus den Enthüllungen der verflossenen acht Tage (...), dass der Regiefehler Hitlers lediglich die Karten vorzeitig aufgedeckt hat, die die Hauptspieler nach wie vor in der Hand halten und zu benutzen gewillt sind.»[31] Eine Woche nach dem Putsch war keineswegs klar, ob von Bayern aus ein zweiter Versuch gestartet werden würde, eine nationale Diktatur in Berlin zu etablieren, oder ob man sich zum geordneten Rückzug mit bestmöglicher Schadensbegrenzung entscheiden würde.

Auch die zweite Variante wurde zu diesem Zeitpunkt bereits in Erwägung gezogen. Das zeigen die frühen Aktivitäten amtlicher Stellen, mit denen die Deutungshoheit über die Ereignisse des 8. und 9. November 1923 gewonnen werden sollte. Um widersprüchliche Aussagen der verschiedenen Beteiligten möglichst von vornherein zu vermeiden oder zu glätten, gab das Generalstaatskommissariat gemeinsam mit dem Wehrkreiskommando eine «Denkschrift» heraus, die als «amtliche Veröffentlichung» erschien und «entscheidend zur Bildung von Ansichten über den 8./9. November» beitrug.[32]

Nach Lossows Aussage im Prozess war die Motivation allerdings eine völlig andere. Verantwortlich sei eine riesenhafte Propaganda gewesen, die nach dem 8. und 9. November über Bayern hereingebrochen sei. Bayern sei, auch aus dem Ausland, «mit Flugblättern, mit Handzetteln, mit allen möglichen Sachen, mit Zeitungen, die nicht in Bayern gedruckt waren, aber nach Bayern hereingeschmuggelt wurden», überschwemmt worden. Dann «kam von auswärts, von den Truppenkommandeuren, von allen möglichen Leuten die Nachricht: ‹Ja, können wir denn um Gottes willen nicht die wahren Begebenheiten erfahren, um dieser Flut von falschen Nachrichten entgegentreten zu können?»»[33] Daraufhin habe man sich entschieden, die Denkschrift zu erstellen.

Die Denkschrift wurde mit den Vermerken «Vertraulich! Darf vom Empfänger nicht aus der Hand gegeben werden! Veröffentlichungen aus dem Inhalt nicht gestattet!» versehen.[34] Nur etwa 400 einzeln nummerierte Exemplare wurden gedruckt.[35] Auf die Frage, warum die Denkschrift mit diesen Vermerken versehen wurde, erklärte Lossow im Prozess: «Wenn ich hätte tun können, wie ich wollte, hätte ich die ganze Denkschrift, wie sie ist, sämtlichen Zeitungen gegeben. Man hat mir aber gesagt, das sei prozessual – das haben also die Herren Juristen gesagt – nicht zulässig».[36] Zumindest den Juristen war also klar, dass es sich beim Erstellen dieser Denkschrift um ein juristisch höchst problematisches Instrument zur Beeinflussung von Zeugen handelte. «Die ganze Aufmachung war von vornherein darauf abgestellt, den Prozess vorzubereiten, den Prozess zu beeinflussen, den Prozess vorwegzunehmen», erklärte Rechtsanwalt Roder am 4. März 1924 im Hitlerprozess.[37]

Beispielsweise sahen sich die Verfasser der Denkschrift erkennbar mit der Frage konfrontiert, wie denn Kahr, Lossow und Seißer sich darauf verständigt haben konnten, nur zum Schein auf Hitlers Ansinnen einzugehen. Eine Absprache im Nebenzimmer in Anwesenheit Hitlers und der Kampfbundführer war völlig unvorstellbar. Die Antwort in der Denkschrift lautete: «Während des beschämenden Hinausgeführtwerdens konnten sie sich noch durch Blicke und den kurzen Zuruf «Komödie spielen» verständigen, dass es für sie nur eine einzige Möglichkeit gab, die Entschluss- und Handlungsfreiheit wieder zu gewinnen, und dass sie, um unübersehbares Unglück von Bayern und Deutschland und auch von der Versammlung abzuwenden, solange zum Schein mitspielen müssten, bis sie die Freiheit wieder erlangt hätten.»[38] Das Stichwort «Komödie spielen» tauchte dann während des Prozesses immer wieder auf, von den Beteiligten wollte es mal der eine, mal der andere den anderen zugeflüstert oder zugerufen haben. Warum allerdings die Verhandlungen im Nebenzimmer so lange dauerten, warum erst Ludendorff auftreten musste, um Lossow und Seißer zu gewinnen, warum vor allem Kahr sich so lange zierte und dann auch noch seinen «König» und die Monarchie ins Spiel brachte, hat die Denkschrift nicht erklärt.

Die Zahl der Beispiele ließe sich fortsetzen. Die Denkschrift war nichts anderes als eine in Eile zusammengetragene Verteidigungsschrift des Triumvirats, mit der Leitlinien für die Deutung der Ereignisse vorgegeben werden sollten. Das zeigt sich auch an den Auslassungen und Lehrstellen. Die Denkschrift enthielt keinerlei Hinweise auf die Ausbildung der Wehrverbände durch die Reichswehr, auf Ehrhardt und den angeblichen Grenzschutz, auf die Besprechungen mit Kriebel, auf das geheime Projekt «Herbstübung 1923» und auf den Besuch Seißers in Berlin. Alles, was auf Zusammenarbeit zwischen dem Triumvirat und dem Kampfbund hätte hindeuten können, wurde verschwiegen. Stattdessen hob die Denkschrift stets darauf ab, dass Kahr, Lossow und Seißer Hitler vor Eigenmächtigkeiten gewarnt hätten, dass der sein Wort gegeben habe, nichts zu unternehmen, und diese Zusage gebrochen habe.

Schon in den ersten Tagen nach dem Putsch beschäftigte das anstehende Gerichtsverfahren die bayerische Politik und die Justiz des Reiches. Die Zuständigkeiten waren durch Artikel 13 des Republikschutzgesetzes vom 21. Juli 1922 eindeutig geregelt. Hochverrat fiel in den Bereich des Staatsgerichtshofs der Republik und war in Leipzig zu verhandeln. Bayern war jedoch nicht bereit, diese Zuständigkeit zu akzeptieren. Am liebsten hätte man in München auf einen Prozess ganz verzichtet. Rupprecht von Bayern hatte Kahr aus guten Gründen nahegelegt, eine Anklage Hitlers und der anderen Putschisten nach Möglichkeit zu unterbinden. Das amtliche Bayern hatte von einem pflichtgemäß durchgeführten Ermittlungsverfahren und einem ordentlichen Prozess nichts Positives zu erwarten, aber viel Negatives zu befürchten.

Ein Prozess war jedoch bei Berücksichtigung der gesamten politischen Umstände nicht zu vermeiden. Wie hätte man angesichts von 20 Toten und allem, was vorgefallen war, in Berlin verständlich machen wollen, dass – gegen Recht und Gesetz – nicht ermittelt, nicht angeklagt und nicht verurteilt werden sollte? Hätte eine solche Entscheidung nicht notwendigerweise den Konflikt zwischen Bayern und dem Reich so weit eskaliert, dass am Ende nur noch die Reichsexekution oder der Marsch nach Berlin als Möglichkeiten geblieben wären? Hätte sie nicht als so starkes Bekenntnis zu Hitler und der völkisch-nationalistischen Bewegung verstanden werden müssen, dass selbst einem General Seeckt nichts anderes übriggeblieben wäre, als die Reichsexekution gegen Bayern zu vollziehen?

So weit mochte man in München dann doch nicht gehen. Ein Prozess sollte also stattfinden, aber keineswegs in Leipzig, wo die Gefahr bestand, dass man zu intensiv schmutzige Wäsche aus Bayern zu waschen begann, wo Kahr, Lossow und Seißer möglicherweise «nicht nur als Zeugen aufzutreten hätten, sondern als Beschuldigte auf der Anklagebank landen könnten.»[39] Um dies zu verhindern, wurden hinter den Kulissen offenbar viele Hebel in Bewegung gesetzt. Das Reichsjustizministerium hatte in einem von Dr. Curt Joël unterzeichneten Schreiben vom 13. November an den Oberreichsanwalt die Zuständigkeit des Staatsgerichtshofs in Leipzig betont und um die Ausstellung von Haftbefehlen gebeten. Am 15. November führte diese politisch hoch brisante Frage bei einer ersten Besprechung im Justizministerium zu harten Diskussionen zwischen den Vertretern Bayerns und des Reiches. Die siebenseitige Niederschrift hält die beiderseitigen Argumente ausführlich fest. Bayern brachte vor, das Volksgericht München I sei in dieser Frage bereits tätig geworden, im Übrigen habe Kahr den Vollzug des Republikschutzgesetztes in Bayern sistiert. Dr. Joël blieb zwar bei seiner Rechtsauffassung und beharrte darauf, die Frage der «Überweisung» an das Münchner Volksgericht müsse als «ungemein wichtige politische Frage» vom Reichskabinett entschieden werden. «Mit unverkennbarer Ängstlichkeit» fügte er allerdings hinzu, über «die Untersuchungshandlungen des Oberreichsanwalts und des Ermittlungsrichters beim Staatsgerichtshof» solle nichts in die Öffentlichkeit gebracht werden.

Während die Vertreter der Reichsregierung sehr defensiv vorgingen und sich von vornherein in eine Position der Schwäche manövrierten, gab man sich in Bayern siegessicher und scheute auch nicht davor zurück, wieder einmal die Macht der Straße ins Spiel zu bringen. Am 14. November berichtete der württembergische Gesandte Moser über ein Gespräch mit Ministerpräsident Knilling: «Es sei für Kahr ebenso wie für die Regierung ganz unmöglich, diese Leute an einen politischen Gerichtshof, der zum Teil mit Sozialdemokraten besetzt sei, auszuliefern. Wenn er so etwas zuließe, so könnte er nicht in seiner Wohnung schlafen, sondern müsste sich wie Herr von Kahr in einer Kaserne verschanzen.»[40]

Am 17. November antwortete Oberreichsanwalt Ebermeyer auf das Schreiben des Reichsjustizministeriums: «Der Verweisung des … Verfahrens an das Volksgericht in München stehen durchgreifende Bedenken nicht entgegen.»[41] Offenbar wollte weder der Oberreichsanwalt sich engagieren noch die Reichsregierung in der Zuständigkeitsfrage einen weiteren Großkonflikt mit Bayern riskieren. Der bayerische Justizminister Franz Gürtner erklärte am 21. November in München gegenüber einem Vertreter der Reichsregierung, er sei «tatsächlich außerstande zuzulassen», dass der Hitlerprozess vor einem anderen als einem bayerischen Gericht stattfinde, «denn mit Ausnahme der Linken seien sämtliche Parteien, und zwar nicht etwa bloß die Anhänger Hitlers, der Auffassung, dass der Prozess nicht vor dem Staatsgerichtshofe stattfinden dürfe, sondern einem bayerischen Gericht vorbehalten bleiben müsse. Keine bayerische Regierung würde sich dieser Stimmung widersetzen können.»[42]

In Berlin spitzte sich zu diesem Zeitpunkt eine Regierungskrise zu, die sich fast zwangsläufig durch das Ausscheiden der SPD aus der Regierung Stresemann Anfang November ergeben hatte. Stresemann verfügte seither nicht mehr über eine Mehrheit im Parlament, und zugleich war das Ermächtigungsgesetz vom 13. Oktober automatisch mit dem Ausscheiden der Sozialdemokraten aus der Regierung außer Kraft getreten. Reichspräsident und Reichskanzler hofften, eine Verständigung mit Bayern erreichen zu können, bevor der Reichstag darauf bestand, wieder zusammenzutreten. Auf Drängen der SPD-Fraktion hatte der Ältestenrat beschlossen, das Parlament für den 20. November einzuberufen. Misstrauensanträge gegen Stresemann waren zu erwarten, und in der Tat musste der Kanzler am 23. November seinen Rücktritt einreichen. Am Tag zuvor aber gab Stresemann in einer herausragenden Rede einen Rückblick auf die politische Entwicklung und die Leistungen seiner Regierung seit der Aufgabe des passiven Widerstands und betonte dabei insbesondere die Währungsreform, die am 15. November mit der Einführung der Rentenmark konkret geworden war. Zugleich unterstrich er völlig zurecht, dass jetzt eine entscheidende Schwelle überschritten werde könne. «Wir sind jetzt erst eigentlich in die Liquidation des verlorenen Krieges eingetreten. Wir haben uns jahrelang über die Folgen des verlorenen Krieges getäuscht. (...) Nicht Restauration und nicht Gegenrevolution, sondern Evolution und Zusammenführung, das müssen die Grundgedanken der großen Richtlinien der Politik sein.»[43]

Es lag ganz auf der Linie dieser politischen Grundsätze, die auch für die neue Reichsregierung Gültigkeit behielten, dass man in der Frage, wo der Hitlerprozess stattfinden sollte, Bayern seinen Willen ließ. Die bestehenden Konflikte mit Bayern sollten auf dem Weg von Verhandlungen ausgeräumt werden. Zusätzliche aufzuwerfen hätte den Prozess der Verständigung und der Zusammenführung nur gestört. Welche Folgen das für den Hitlerprozess und weit darüber hinaus für die Weltgeschichte haben würde, konnte zu diesem Zeitpunkt niemand auch nur ahnen.

Selbstverständlich gab es auch eine Reihe von aktuellen drängenden Problemen, denen in den politischen Machtzentralen Berlins höhere Priorität eingeräumt wurde als der Zuständigkeit für den Prozess gegen Hitler und seine Mitverschwörer. Da galt es nicht nur eine neue Reichsregierung zu bilden, die sich wieder auf eine Mehrheit im Reichstag stützen konnte, sondern vor allem General Seeckt als Inhaber der vollziehenden Gewalt so einzuhegen, dass er seine Machtposition nicht zur Errichtung einer mehr oder weniger verschleierten Militärdiktatur nutzte. Nach wie vor stand auch die Idee eines «Direktoriums» im Raum, das unabhängig vom Reichstag mit diktatorischer Gewalt regieren sollte. Niemand konnte vorhersagen, wie das Experiment enden würde, das in der Nacht vom 8. zum 9. November mit der Übertragung der vollziehenden Gewalt auf den Chef der Heeresleitung begonnen hatte.

Der Reichskanzler hatte von Anfang an versucht, den General einzubinden und hatte ihn gebeten, «soweit es seine Zeit erlaubt», an den Sitzungen des Kabinetts teilzunehmen.[44] Seeckt hat das nur selten getan. Er machte zugleich von Anfang an deutlich, dass er die ihm übertragene Aufgabe, «alle zur Sicherheit des Reiches erforderlichen Maßnahmen zu treffen», in sehr umfassendem Sinn verstand. Schon in Seeckts erstem Aufruf war die Rede davon, dass er mit aller Energie «bei der Sicherung der Ernährung» mitwirken werde.[45] Es ging Seeckt nicht nur darum, dass «Ruhe und Ordnung in Deutschland herrschen, sondern dass seine Bewohner, in ihrer Existenz sichergestellt, wieder Vertrauen zur Zukunft fassen und seine Jugend in nationaler Begeisterung wieder zur Wehrhaftigkeit drängt».[46]

Der Inhaber der vollziehenden Gewalt fühlte sich zuständig für das Verbot radikaler Parteien und missliebiger Tageszeitungen sowie für die

Verhinderung von Streiks und Aussperrungen. Er verhängte Schutzhaft über mehr als 3500 Personen. Darüber hinaus plante er aber auch die Ausgabe von wertbeständigem Notgeld, machte sich an die Regulierung von Preisen und Bankkonditionen, die Sicherung der Ernährung, die Neuordnung der Erwerbslosenfürsorge und die Bekämpfung von Schlemmerei und Luxus. Seeckt dachte sogar an die Gründung einer eigenen Zeitung, die seine Politik unterstützen sollte.[47] Die deutschnationale Presse drängte, jetzt müsse mit der Diktatur «voller Ernst gemacht werden. Seeckt muss auch Reichskanzler werden, der Reichstag ausgeschaltet werden. Volle Verwirklichung der Diktatur in militärischer Hand ist notwendig.»[48]

Aber «selbstbewusste Ressortchefs» zeigten dem Inhaber der vollziehenden Gewalt mit der vollen Rückendeckung des Reichspräsidenten von Anfang an deutlich die Grenzen seiner Kompetenz auf.[49] Als Seeckt beispielsweise am 12. November, drei Tage bevor die Rentenmark offizielles Zahlungsmittel wurde, eine Verordnung über die Ausgabe wertbeständigen Notgeldes erließ, kam von Reichsfinanzminister Luther massiver Widerspruch. Luther beanstandete sowohl die mangelnde fachliche Qualifikation des Generals als auch seine nicht gegebene Zuständigkeit als Inhabers der vollziehenden Gewalt.[50] In der Auseinandersetzung mit Luther musste Seeckt zusagen, dass er es «bei nur einigermaßen normalen Umständen» nicht als seine Aufgabe ansehen werde, «sich um wirtschaftliche oder finanzielle Dinge zu kümmern», und im Notfall werde er «nur im Einvernehmen mit dem zuständigen Minister» vorgehen.[51]

Auch im Hinblick auf seine territoriale Zuständigkeit wurden dem General recht schnell Grenzen aufgezeigt. Für die besetzten Gebiete habe er keinerlei Zuständigkeit, erklärten ihm übereinstimmend der Reichsminister für die besetzten Gebiete und die alliierte Rheinlandkommission. Die «wahrscheinlich schmerzlichste Beschränkung seiner groß gedachten Vollmachten» erfuhr Seeckt aber, als er versuchte, das Land Sachsen wieder stärker unter militärische Kontrolle zu bringen. Am 13. November teilte er dem Reichskanzler mit, er habe die Absicht, den sächsischen Innenminister Liebmann «vom Amte zu suspendieren», und handelte sich damit einen unmissverständlichen Widerspruch des Reichspräsidenten ein. Eigenhändig notierte Ebert auf

Seeckts Schreiben: «Eine solche Maßnahme ist nach den von mir Herrn General v. Seeckt übertragenen Vollmachten unmöglich; ein Eingriff in die Hoheitsrechte der Länder kann daraus nicht abgeleitet werden.»[52] Mit dieser Klarstellung waren wohl auch «weitreichende Pläne der militärischen Führung» erledigt, «bei denen die Herrschaft über Sachsen eine Schlüsselrolle gespielt zu haben scheint.»[53]

Ebert bestand in längeren Auseinandersetzungen mit Seeckt darauf, dass bestehende Gesetze und Verordnungen vom Militärbefehlshaber weder aufgehoben noch geändert werden könnten. Er machte Seeckt auch deutlich, dass die Übertragung der vollziehenden Gewalt an den Militärbefehlshaber zwar die Verwaltungstätigkeit der Reichs- und Landesregierungen einschränke, aber in keiner Weise ihre Funktionen als Inhaber der staatlichen Hoheit und als verantwortliche Gestalter der Politik, weshalb auch die Regierungsgewalt im eigentlichen Sinne Seeckts Kompetenz entzogen sei.[54]

Mitten in den Auseinandersetzungen um seine Kompetenzen schrieb Seeckt am 18. November an seine Schwester: «Ich habe die mir zugefallene, in einer Stunde der Angst geborene Macht in etwas weiterem Sinn aufgefasst, als sie gemeint war, um zu versuchen, trotz aller Schwierigkeiten, etwas Gutes in Gang zu bringen und zu zeigen, dass man heute noch mit einem einheitlichen Willen, hinter dem der Rest von Macht steht, etwas leisten kann.» Er habe alle gegen sich, die am «Bestand der Dinge» interessiert seien und ihren Einfluss gefährdet sehen, «alle Parteien des Reichstages, weil sie fürchten, dass ihre Herrlichkeit zu Ende geht, und auch das Ausland, das eine einigende Hand fürchte. «Und doch sehe ich keinen anderen Weg ins Freie als den einer gewissen Diktatorschaft. Ich würde es begrüßen, wenn sich ein Mann dazu findet. Mich gelüstet es nicht nach der eigenen Herrschaft, aber nach dem Ziel. Man wird versuchen, noch einmal meiner Lösung zu entgehen, die doch kommen muss und dann unter noch schwereren Kämpfen kommen wird.»[55]

Am 22. November, dem Tag vor Stresemanns Rücktritt, folgte ein Brief Seeckts an seine Frau: «Ich komme eben vom Reichspräsidenten, der auch schon am neuen Kabinett arbeitet. Wir kamen nicht friedlich auseinander, und wer weiß, ob Du mich bei Deiner Rückkehr nicht am Ende als Arbeitslosen vorfindest. Ich bin ihm zu mächtig geworden; das ist sicher, und er möchte mich rechtzeitig abfangen, nicht eben beseitigen, aber unterdrücken. Nun – das muss man denn einmal sehen ...»[56]

Die Auseinandersetzungen zogen sich noch einige Zeit hin, und die Aktivitäten der Militärbefehlshaber in diesen Monaten können wohl «eher mit dem nach freiem moralischem Ermessen vorgehenden Polizeiregiment des Ancien Regime verglichen werden (...) als mit der Praxis des an die Verhältnismäßigkeit der Mittel gebundenen und auf die Abwehr unmittelbar drohender Gefahren beschränkten Rechtsstaates.»[57] Die Militärs stießen bei ihren Maßnahmen sowohl im Reich als auch in den Ländern nicht selten auf Widerstand der zivilen Exekutive und der Legislative. Oft genug kamen sie auch an die Grenzen ihrer fachlichen Qualifikation. Gleichzeitig griff die Währungsreform, und es zeigten sich erste wirtschaftliche und soziale Erfolge. Der Druck, den militärischen Ausnahmezustand aufzuheben, nahm immer mehr zu. Der Reichspräsident überließ es dem Chef der Heeresleitung, ihm mit Schreiben vom 13. Februar 1924 mitzuteilen, dass «die Staatsautorität» nun so gefestigt sei, «dass die unter dem Ausnahmezustand eingeleitete Sanierung unseres Staats- und Wirtschaftslebens auch ohne ihn weitergeführt werden kann.»[58] Seeckt schlug vor, den Ausnahmezustand zum 1. März zu beenden, und Ebert hob ihn entsprechend per Verordnung vom 28. Februar auf. Die Exekutive lag nun wieder in den Händen der Reichsregierung und der Länderregierungen.

Alle bei Kahr und in den vaterländischen Verbänden auch nach dem 9. November 1923 noch vorhandenen Hoffnungen, eine nationale Diktatur erzwingen zu können, waren inzwischen wie Seifenblasen zerplatzt. Wenn Seeckt nicht bereit war, sich offen gegen den Reichspräsidenten zu stellen und einen Bürgerkrieg zu riskieren, dann war auch mit den bayerischen Wehrverbänden, der bayerischen Landespolizei und der bayerischen Reichswehrdivision nichts auszurichten. Das bedeutete allerdings nicht, dass nun in München die Weichen unwiderruflich in Richtung Verständigung gestellt worden wären. Noch wurde in der Bayerischen Volkspartei um den richtigen Kurs gerungen. Einerseits hielt der Vorsitzende der Reichstagsfraktion, Prälat Johann Leicht, am 23. November 1923 eine Rede im Reichstag, in der er sich von Antisemitismus und Gewalt distanzierte, in der er Fehlentwicklungen in den vaterländischen Verbänden kritisierte und auch von einer «Massenpsychose» sprach, die sich in den bayerischen Vorgängen gezeigt habe, einer Massenpsychose, die abzulehnen sei.[59] Andererseits waren weder Kahr noch die Regierung Knilling willens, «gegen die völkischen Umtriebe in Bayern vorzugehen».[60]

Schon bald nach dem Putsch besann sich der bayerische Ministerrat wieder darauf, die Weimarer Verfassung in Frage zu stellen und mehr Rechte für Bayern einzufordern. Es ging um die Steuerhoheit Bayerns, aber auch um das Militär- und das Verkehrswesen, die in die Obhut Bayerns zurückgeholt werden sollten. Nach den Vorstellungen des Ministerrats sollte die Reichsbahn schlicht in zwei Sondervermögen aufgeteilt werden, nämlich eine bayerische und eine deutsche Reichsbahn. Für die Reichspost forderte die Regierung zumindest ein Miteigentum des Freistaates. Nur recht oberflächlich wurden die angestrebten Privilegien für Bayern als föderalistische Forderungen kaschiert.

Am 28. Dezember verabschiedete der Ministerrat eine Denkschrift der bayerischen Staatsregierung zur Revision der Weimarer Reichsverfassung, die im Januar 1924 der Reichsregierung übergeben wurde und Grundlage von Verhandlungen zwischen Bayern und dem Reich war. Ministerpräsident Knilling ging scheinbar mit ungebrochenem Selbstbewusstsein in diese Gespräche, ohne auch nur einen der verfassungswidrigen Zustände zu bereinigen, die in Bayern nach wie vor herrschten. Nach wie vor galt der Ausnahmezustand, den seine Regierung am 26. September verkündet hatte, nach wie vor war Generalstaatskommissar Kahr im Amt, nach wie vor amtierte General Lossow als bayerischer Landeskommandant.

Knilling musste allerdings die Erfahrung machen, dass sowohl die Möglichkeit als auch die Bereitschaft der Reichsregierung begrenzt war, Bayerns Wünsche zu erfüllen. Am Ende blieb es «bei einigen unwesentlichen Ergänzungen der Reichsverfassung». Bei seiner Sitzung am 2. Februar 1924 kam der bayerische Ministerrat überein, dass man mit diesem dürftigen Ergebnis besser nicht in die Öffentlichkeit gehen sollte.[61] Auch alle Ideen Knillings, wenigstens im eigenen Land eine gewisse Abkehr vom parlamentarischen System einzuleiten, scheiterten schon in Ansätzen, obwohl es innerhalb der Bayerischen Volkspartei durchaus einige Sympathien dafür gab. Spätestens Anfang Februar war Knilling wohl klar, dass seine Tage als bayerischer Ministerpräsident gezählt waren. Es ging jetzt darum, die Beziehungen mit dem Reich dauerhaft etwas konfliktärmer zu gestalten, und dazu war eine gewisse Neuorientierung der bayerischen Politik unumgänglich.

Im Hinblick auf den anstehenden Prozess gegen Hitler und Genossen war vor allem Schadensbegrenzung angesagt. Je geräuschloser dieses Kapitel der bayerischen Geschichte liquidiert werden konnte, desto besser. Je weniger über die Verstrickungen und Verwicklungen höchster Amtsträger zutage kam, desto eher blieb die bayerische Staatsautorität gewahrt. Akut war am dringlichsten, Kahr und Lossow aus ihren Ämtern zu entfernen, noch bevor am 26. Februar der Hitlerprozess vor dem Volksgericht München I begann. Der Ministerrat beschäftigte sich in seiner Sitzung am 9. Februar mit der Frage, wie man wohl Kahr zum Rücktritt bewegen könne – offenbar ohne Erfolg. Fünf Tage danach entschied der Landtag, den Ausnahmezustand aufzuheben, und entzog damit dem Amt des Generalstaatskommissars die Grundlage. Es dauerte weitere drei Tage, bis Kahr seine Vollmachten als Generalstaatskommissar zurückgab, nicht ohne seine Amtsführung noch einmal ausführlich zu beschreiben und zu rechtfertigen. Um ihm und sich selbst einen völligen Gesichtsverlust zu ersparen, ernannte die Landesregierung Kahr zum Präsidenten des Bayerischen Verwaltungsgerichtshofs. Zur Bereinigung des Falles Lossow verhandelte Staatsminister Matt in Berlin und berichtete darüber am 16. Februar. Am folgenden Tag unterrichtete er Lossow, und der bot daraufhin seinen Rücktritt an. Als der Ministerrat am 18. Februar wieder zusammentrat, stellte er befriedigt fest, dass jetzt erreicht war, was er seit dem 10. November angestrebt hatte.[62]

Eines allerdings bereitete dem Kabinett erhebliches Kopfzerbrechen und hatte schon die Sitzung des Ministerrats am 9. Februar so vollständig dominiert, dass der Rücktritt Kahrs fast zur Nebensache geworden war: Anfang Februar hatte Karl Rothenbücher, Professor des Staatsrechts an der Universität München, eine Schrift mit dem Titel *Der Fall Kahr* veröffentlicht. Am 6. Februar wurde diese Schrift erstmals bei einer Referentenbesprechung im Generalstaatskommissariat erwähnt. Am folgenden Tag war ihr Inhalt bei einer Besprechung «allgemein bekannt». Ein Aktenvermerk des Staatsministeriums des Äußeren vom folgenden Tag hält fest, welche Strategie die versammelten Herren wählen wollten, um die Broschüre zu beschlagnahmen, ohne dass ein Verdacht auf das Generalstaatskommissariat fallen sollte, in eigener Sache zu handeln. Einverständnis bestand darüber, «dass eine stillschweigende Hinnahme der Broschüre durch den Staat mit einer schweren Einbuße des Ansehens der Staatsautorität verbunden sei.» Weil das Justizministerium nach Prüfung keine Handhabe sah, ordnete am Ende doch das Generalstaatskommissariat die Beschlagnahme an.[63]

Der Landtag beschäftigte sich in seiner Sitzung am 8. Februar mit der Beschlagnahmung, und der Abgeordnete Dr. Müller (DDP) nannte es «für unsere innerpolitischen Verhältnisse in Bayern so charakteristisch», dass «der Mann, der in dieser Broschüre allein beleidigt sein kann, (...) nunmehr die Staatsanwaltschaft, eine Behörde, für seine eigene Person vorgeschoben» habe.[64] Es kam im Verlauf zu tumultartigen Szenen, und die Sitzung wurde für mehr als eine Stunde unterbrochen.

Innenminister Schweyer berichtete am folgenden Tag im Ministerrat über die schwierige Suche nach einer Begründung für die Beschlagnahmung. Man habe «Verächtlichmachung von Staatseinrichtungen» erwogen, weil in der Broschüre behauptet werde, «dass die Staatsanwaltschaft aus dem Rechte fremden Gründen die Anklage gegen den Generalstaatskommissar von Kahr nicht erhoben habe»[65] – Rothenbücher wies in der Broschüre darauf hin, dass Kahr nach wie vor als Generalstaatskommissar amtiere und dem ihm unterstellten Staatsanwalt Anweisungen erteilen könne. Der Oberstaatsanwalt habe aber befürchtet, berichtete Schweyer, damit werde man nicht durchkommen. Daraufhin sei die Polizeidirektion aufgefordert worden, die Schrift «vorläufig zu beschlagnahmen, der Generalstaatskommissar werde sie unter allen Umständen decken».[66] Zahlreiche Minister äußerten während der Sitzung am 9. Februar größte Bedenken gegen die Beschlagnahmung, weil sie strafrechtlich nicht gedeckt sei. Der Ministerrat empfahl dem Generalstaatskommissar, «dass er das Verbot von sich aus zurücknehmen solle.»[67] Professor Rothenbücher hatte offenbar eine Bombe mit enormer Sprengkraft verfasst und in der Reihe «Recht und Staat» im Verlag von J. C. B. Mohr in Tübingen veröffentlicht.

Dabei hatte Rothenbücher «nur» die veröffentlichten Aussagen Kahrs genauer unter die Lupe genommen und auf ihren Wahrheitsgehalt geprüft. Er legte dar, dass nach seiner Überzeugung der Verdacht bestehe, dass Kahr gemeinsam mit Hitler habe Verfassungsbruch verüben wollen, «und nur sehr langsam, vielleicht später als Lossow, sich entschlossen hat, hievon abzustehen.»[68] Kahr habe sich niemals grundsätzlich von den Zielen distanziert, die Hitler und Ludendorff anstrebten, auch nie von der Notwendigkeit der Gewaltanwendung, sondern «lediglich Zweckmäßigkeitsbedenken, ‹Opportunitätsbedenken› gegen das Unternehmen Hitlers und Ludendorff» vorgebracht.[69] Die Übereinstimmung zwischen den Vertretern der «Staatsautorität» und den Empörern sei so groß gewesen, «dass die Revolutionäre vertrauensvoll die Vertreter der Staatsautorität von ihren geplanten Schritten in Kenntnis setzen können. Und die Vertreter der Staatsautorität fordern lediglich, dass die anderen nicht ohne sie losschlagen. Dem entspricht es auch, dass Kahr in seinen Erklärungen und durch die Presse das Verhalten Hitlers und Ludendorffs niemals als einen Verfassungsbruch, sondern lediglich als einen Disziplinbruch bezeichnet hat.»[70]

Ausführlich beschäftigte Rothenbücher sich mit der Frage, was im Nebenzimmer des Bürgerbräukellers geschehen war und wie ernst es Kahr war, als er sich danach auf offener Bühne dem Unternehmen anschloss. Neben vielen anderen Indizien brachte ihn vor allem Kahrs – ohne Not eingebrachte – eigene Idee, «die Statthalterschaft für die Monarchie» übernehmen zu wollen, zu der Überzeugung, dass Kahr «nunmehr aufrichtig und ernsthaft mittat», nachdem er sich lange gesperrt hatte. «Nun war er ganz dabei. Hatte er doch die Aussicht, neben der so genannten nationalen Revolution dem Ziel, das er sich eigentlich für Bayern gesteckt hatte, einen Schritt näher zu kommen, nämlich der Wiederherstellung des Königtums. Dass dies sein Ziel sei, hat er selbst oft genug öffentlich bekundet».[71] Gerade weil Kahr ernsthaft die Wiederherstellung des Königtums anstrebte, sei es völlig unglaubhaft, dass er jene Erklärung im Bürgerbräukeller nur zum Schein abgegeben habe, um aus der Klemme zu kommen. «Wollte er nur ‹Komödie spielen›, nur ‹irgend etwas›, ‹möglichst wenig Verbindliches› sagen, so griff er sicher nicht dazu, die Sache ‹seines Königs› mit dem verwerflichen und aussichtslosen Putsch eines Abenteurers zu verbinden. Wenn Kahr wirklich das Schiff, dessen Anker Hitler eigenmächtig gelöst hatte, nicht ernsthaft besteigen wollte, so ist es ganz unwahrscheinlich, dass er es mit dem Gute seines Königs belud.»[72]

Kahr gehörte beim Prozess, der am 26. Februar 1924 um 8.30 Uhr vor dem Volksgericht München I beginnen sollte, nicht zu den Angeklagten, sondern wurde lediglich als Zeuge geladen. Aber einige Ungereimtheiten, die Professor Rothenbücher präzise benannte, deuteten bereits darauf hin, dass München einige interessante Wochen erwarten konnte. Zumal Hitler schon früh klar war, vor welche grundsätzlichen Probleme sich die bayerischen Amtsträger mit dem Prozess gestellt sahen, und er seine Verteidiger gewiss entsprechend instruierte. Er sei zwar ein grundsätzlicher Gegner des Staatsgerichtshofs zum Schutze der Republik, hatte er am 13. Dezember bei seiner Vernehmung durch den II. Staatsanwalt Hans Ehard in Landsberg erklärt, wohin er nach seiner Verhaftung gebracht worden war. «In meinem jetzt gegebenen Falle aber halte ich das Volksgericht zur Aburteilung für ungeeignet, für befangen und für vollkommen unobjektiv. Ich halte den Staatsgerichtshof in diesem Falle für viel objektiver. Ich bin insbesondere davon überzeugt, dass das bayerische Volksgericht nicht den Mut finden wird, die notwendigen Folgerungen aus dem Verhandlungsergebnis zu ziehen, dass aber der Staatsgerichtshof nicht davor zurückschrecken würde, das zu tun. In Leipzig würden verschiedene Herren den Gerichtssaal vielleicht noch als Zeugen betreten, verlassen würden sie ihn sicher als Gefangene. In München geschieht es natürlich nicht: denn es darf ja hier nicht geschehen.»[73]

13

Vom «edelsten selbstlosen Willen geleitet» – Der Prozess gegen Hitler und Genossen

«Das Interesse, das sich in der ganzen Welt für den Hitlerprozess zeigt, steht wohl einzig da», war zum Auftakt am 26. Februar in der Presse zu lesen. Nicht weniger als 300 Pressekarten seien verlangt worden. Schon im Vorfeld seien «wieder besondere polizeiliche und militärische Maßnahmen getroffen worden, die eine Art Belagerungszustand in einem bestimmten Stadtviertel darstellen.»[1] Aus Sicherheitsgründen fand der Prozess nicht im Justizpalast, sondern in der Infanterieschule an der Blutenburgstraße statt. Die Landespolizei hatte das Gelände weiträumig abgesperrt und mit Stacheldrahtsperren sowie spanischen Reitern gesichert. Die Sicherheitskräfte waren gegen alles gewappnet, auch gegen Angriffe oder Befreiungsaktionen paramilitärischer Art. Beteiligte und Zuhörer wurden streng kontrolliert.

Am 26. Februar 1924 um 8.52 Uhr eröffnete der Vorsitzende, Landgerichtsdirektor Georg Neithardt, an diesem ersten Verhandlungstag die Sitzung. Neben Neithardt gehörten dem Gericht ein weiterer Jurist, Landgerichtsrat August Leyendecker sowie drei Laienrichter, Leonhard Beck, Christian Zimmermann und Philipp Herrmann, als Beisitzer an. Neithardt war im September 1919 zum Vorsitzenden des Volksgerichts München I berufen worden und hatte sich bereits im Verfahren gegen den Eisner-Mörder Anton Graf von Arco auf Valley einen Ruf als extrem nationalistisch orientierter Richter erarbeitet.[2] Noch bevor die Untersuchung durch die Staatsanwaltschaft abgeschlossen war, konferierten «gewisse Verteidiger» sehr häufig mit Neithardt. Oberstaatsanwalt Hans Aull befürchtete, dass sich Neithardt durch diese Besprechungen bereits «ein abwegiges Urteil» gebildet haben könnte, noch bevor er die Akten

Blick in den zum Gerichtssaal gemachten Raum der Infanterieschule am ersten Tag des Hitler-Prozesses. Vor der Richterbank links im Bild die Angeklagten, rechts die Verteidiger.

habe studieren können. Der an der Untersuchung beteiligte Staatsanwalt Martin Dresse berichtete später, dass deshalb auf Veranlassung Aulls noch im Jahr 1923 im Justizministerium eine Besprechung darüber stattfand, wer den Vorsitz in dem großen Hitlerprozess führen sollte. Es seien dabei durchaus andere Namen genannt worden, «vor allem der damalige Landgerichtspräsident Stadlmeier in Aschaffenburg, der Vorsitzender in einem der größten Hochverratsprozesse im Jahr 1919 war», aber Aull habe sich nicht durchsetzen können.[3]

Wie recht Oberstaatsanwalt Aull mit seinen Befürchtungen hatte, zeigte sich am Umgang Neithardts mit Ludendorff. Der Vorsitzende hatte angeblich vor Prozessbeginn gesagt, Ludendorff sei «noch das einzige Plus», das Deutschland besitze.[4] «Neidhardt ersetzte ein ungünstiges Protokoll von Ludendorffs erstem Verhör durch eines, aus dem hervorging, dass er von den Putschvorbereitungen nichts gewusst hatte.»[5]

Dresse berichtete auch, er sei einmal vor dem Beginn des Prozesses vom Ersten Staatsanwalt Stenglein ausdrücklich beauftragt worden, Neithardt wegen Befangenheit abzulehnen, weil der durch zu viele Besprechungen vor der Verhandlung in seiner Ansicht schon stark festgelegt gewesen sei. «Zur Einreichung des Antrages kam es nicht, weil, wie mir Stenglein sagte, das Justizministerium dagegen war.»[6] So blieb es also bei Neithardt, und der konnte als Vorsitzender auch die Laienrichter zur Hauptverhandlung auswählen. Bei den von ihm Ausgesuchten handelte es sich um sogenannte «Berufsschöffen», also um Männer, die in großen Prozessen häufig eingesetzt wurden und «als stark rechts eingestellt bekannt waren.»[7]

Vor Gericht standen in diesem Verfahren 10 Männer (mit den in der Anklageschrift vermerkten Berufsbezeichnungen): Adolf Hitler (Schriftsteller), Erich Ludendorff (General d. Inf. a. D.), Ernst Pöhner (Rat am Obersten Landesgericht), Hermann Kriebel (Oberstleutnant a. D.), Wilhelm Frick (Oberamtmann bei der Polizeidirektion in München), Dr. Friedrich Weber (Tierarzt), Ernst Röhm (Hauptmann a. D.), Wilhelm Brückner (Oberleutnant der Reserve a. D.), Robert Wagner (Leutnant) und Heinz Pernet (Oberleutnant a. D. und Bankbeamter). Die Anklageschrift schilderte für jeden Angeklagten dessen spezielle Beteiligung am Hochverratsverbrechen. Sie beschränkte sich nahezu vollständig auf das Geschehen am 8. und 9. November. Hitler wurde in der Anklageschrift als «die Seele des ganzen Unternehmens» bezeichnet.[8]

Man hatte schon recht früh beschlossen, außer denjenigen, die sich Verbrechen hatten zuschulden kommen lassen, nur die prominentesten Führer vor Gericht zu stellen. Insgesamt wurden vier Verfahren durchgeführt. Das erste und wichtigste war das Verfahren gegen Hitler und Genossen. Ein zweiter Prozess fand später gegen Mitglieder des Stoßtrupps Hitler wegen des Angriffs auf die *Münchener Post* statt, ein dritter gegen mehrere Putschisten, die bei den amtlichen Druckereien Banknoten beschlagnahmt hatten, und ein vierter gegen die für den Waffendiebstahl im St. Anna-Kloster Verantwortlichen.[9]

Gleich nach der Verlesung der Anklageschrift beantragte der Erste Staatsanwalt Stenglein, die Öffentlichkeit auszuschließen, weil im Verfahren von der Verteidigung Dinge zur Sprache gebracht werden sollten, «deren Erörterung in öffentlicher Verhandlung schwere Gefahren für den Staat, namentlich in außenpolitischer Beziehung, herbeiführen würde. Diese Gefahren müssen im vaterländischen Interesse unter allen

Angeklagte und ihre Verteidiger beim Hitler-Prozess. Von links nach rechts: Georg Götz (Verteidiger Fricks), Otto Gademann (Verteidiger Kriebels), Justizrat Heinrich Bauer (Verteidiger Pernets), Justizrat Karl Kohl (Verteidiger Brückners), Walther Hemmeter (Verteidiger Pöhners und Wagners), Alfred Holl (Verteidiger Webers), Friedrich Weber (Führer des Bundes Oberland), Hellmuth Mayer (Verteidiger Webers), Oberstleutnant a. D. Hermann Kriebel (militärischer Führer des Kampfbundes), Lorenz Roder (Verteidiger Hitlers, Pöhners und Fricks), Justizrat Christoph Schramm (Verteidiger Röhms), General a. D. Erich Ludendorff, Justizrat Willibald von Zezschwitz (Verteidiger Ludendorffs), Adolf Hitler, Walter Luetgebrune (Verteidiger Ludendorffs), Hauptmann Ernst Röhm, Oberleutnant d. Res. a. D. Wilhelm Brückner, Oberleutnant Heinz Pernet (Stiefsohn Ludendorffs), Oberamtmann der Münchner Polizeidirektion Wilhelm Frick, unbekannter Mann mit Mütze hinter Frick, Leutnant Robert Wagner, Referendar Horst Kohl, Rechtsanwalt Karl Schramm.

Umständen vermieden werden.»[10] Stenglein scheiterte mit diesem Antrag am massiven Widerstand der Angeklagten und der Verteidigung, aber immer wieder schloss Neithardt im Lauf der Verhandlungen die Öffentlichkeit aus, insbesondere wenn es um Fragen ging, bei denen die geheime und illegale Aufrüstung der Reichswehr berührt wurde.

Kennzeichnend für Neithardts Prozessführung war, dass er auf «Führung» im Wesentlichen verzichtete. Sein Hauptziel war es, wie er kurz nach Abschluss des Prozesses in einer Rechtfertigungsschrift formulierte, «um die Vernehmung der drei Herren von Kahr, von Lossow und von Seißer herumzukommen, denn bei der Gereiztheit der Stimmung der sämtlichen Beteiligten versprach die Vernehmung eine unerträgliche und das Staatsansehen schädigende Szene zu werden.»[11] Die Strategie, die Neithardt wählte, um dieses Ziel zu erreichen, erwies sich allerdings als denkbar ungeeignet. Der Vorsitzende gab den Angeklagten Gelegenheit zu grenzenloser Selbstdarstellung ihres Werdegangs, ihrer Motive und Zielsetzungen.

Allein Hitlers Verteidigungsrede am ersten Prozesstag dauerte über dreieinhalb Stunden. Er übernahm gleich zu Beginn des Prozesses die volle Verantwortung für das gesamte Geschehen, lehnte es aber ab, sich des Hochverrats für schuldig zu bekennen, «denn es gibt keinen Hochverrat gegen die Landesverräter von 1918.» Außerdem hob er darauf ab, dass es nicht nur um die Tat am 8. und 9. November gehen könne, wenn von Hochverrat die Rede sei, sondern um die ganze Gesinnung und das ganze Handeln in den Monaten zuvor. «Wenn ich wirklich Hochverrat getrieben haben sollte, so muss ich mich wundern, dass die, die damals das gleiche mit mir trieben, nicht an meiner Seite sitzen. (…) ich meine die Herren von Berchem, von Aufseß, Kahr, Lossow und Seißer und die andern alle. Dass der Herr Staatsanwalt gegen diese Herren nicht Anklage erhoben hat, muss ein Irrtum sein. (…) Solange diese Herren nicht neben mir sind, lehne ich die Schuld am Hochverrat ab.»[12]

Damit waren die Grundlinien der Verteidigung und letztlich des gesamten Prozesses beschrieben. Die Angeklagten standen zu ihren Taten und warfen zugleich Kahr, Lossow und Seißer vor, diese Taten in ihrem Wesenskern gemeinsam mit ihnen geplant und vorbereitet zu haben. Über weite Strecken ging es im Prozess um die Ziele, die Haltung und die Taten von Kahr, Lossow und Seißer. Das Triumvirat saß insgeheim mit auf der Anklagebank, auch wenn die Staatsanwaltschaft es dort nie sehen wollte und das Ermittlungsverfahren gegen die drei Herren später einstellte. Wenn der Vorsitzende die Hoffnung gehabt haben sollte, Wohlverhalten der Angeklagten dadurch erreichen zu können, dass er ihnen unbegrenzt Raum für Propagandareden im Gerichtssaal ließ, dann wurde er bereits am ersten Tag eines Besseren belehrt. Angesichts des späteren Urteils und der Urteilsbegründung ist es aber durchaus auch denkbar, dass Neithardt Hitler und den Mitangeklagten aus persönlicher Überzeugung Gelegenheit gab, den Gerichtssaal zur Bühne für ihre politische Agitation zu machen. Der *Bayerische Kurier*, das Organ der BVP, sprach zurecht von einem Prozess, «der von einer Gerichtsverhandlung oft nur den Namen trug und im Inhaltlichen einer völkischen Agitationsversammlung glich».[13] Der württembergische Gesandte Moser berichtete am 2. März nach Stuttgart, man habe im Allgemeinen den Eindruck, «dass die Sympathien des Vorsitzenden auf Seiten der Angeklagten sind. (…) Er gestattet den Angeklagten lange vorbereitete Volks- und Propagandareden zu halten, anstatt sie durch Fragen zu den für die Beurteilung der Straftat wesentlichen Äußerungen zu verlassen.»[14] Am 13. März ergänzte er, man werde «den Eindruck nicht los, dass, nachdem die bayerische Politik kläglichen Schiffbruch gelitten hat, nun auch die bayerische Rechtspflege versagt und sich ihrer Aufgabe keineswegs gewachsen zeigt.»[15]

Ursprünglich waren für die Hauptverhandlung nur wenige Tage angesetzt. Die Angeklagten und ihre insgesamt elf Verteidiger schafften es aufgrund der Prozessführung Neithardts daraus 25 Verhandlungstage zu machen – und das bei in der Sache geständigen Angeklagten! Von einem geordneten Strafverfahren im Sinne der Strafprozessordnung konnte beim Hitlerprozess keine Rede sein. Am 27. Februar, dem zweiten Tag, waren Weber und Pöhner an der Reihe, am dritten und am Vormittag des vierten Tages folgte Kriebel, danach Ludendorff. Röhm war am 1. März dran, und so ging es weiter, wobei nun immer wieder auch Zeugen vernommen wurden. Der Verteidigung ging es erkennbar darum, all das auf den Tisch zu bringen, was in der Anklageschrift tunlichst nicht erwähnt wurde, um Kahr, Lossow und Seißer nicht zu belasten. Sie wollte aufzeigen, dass die drei Männer wochenlang gemeinsam mit dem Kampfbund darauf hingearbeitet hatten, die Reichsregierung zu stürzen und in Berlin eine nationale Diktatur zu errichten. Sie wollte belegen, dass sie sich im Bürgerbräukeller nach anfänglichem Druck am Ende doch aus freien Stücken und überzeugt dem Unternehmen Hitlers und Ludendorffs angeschlossen hatten – und keineswegs nur «scheinbar». Und sie wollte nachweisen, dass das Triumvirat nach dem Verlassen des Bürgerbräukellers keineswegs «ungesäumt die notwendigen Maßnahmen zur Niederschlagung des Putsches» getroffen hatte, wie das in der Anklageschrift behauptet wurde.[16]

Kurz vor Beginn der Verhandlungen hatte der französische Geschäftsträger in München noch vermutet, «dass der Prozess, wenn er stattfindet nicht die erwarteten Sensationen bringt, da ein jeder daran interessiert ist, Skandale zu ersticken.»[17] Nach den ersten Verhandlungstagen machte sich dann jedoch in den demokratischen Parteien Entsetzen über das breit, was im Prozess zutage kam. Am 5. März 1924 erklärte der Zentrumsabgeordnete Ludwig Kaas im Reichstag: «Wenn man in den Prozessberichten liest, was für unmögliche Pläne dort erörtert worden sind, wenn man liest, wie die schwarz-weiße-rote Fahne nach Berlin getragen werden sollte, und wie man nach dem Sturze der «Judenregierung» Stresemann – es war mir noch nicht bekannt, dass er auch dazu gehört – beabsichtigte, die schwarz-weiß-rote Fahne über den Rhein zu tragen, (...) dann kann man nur mit äußerster Sorge in die Zukunft schauen. Wenn (...) es diesen Kreisen gelingt, das Ruder des Deutschen Reiches in die Faust zu bekommen und den Wahnsinnskurs zu steuern, der ihnen als Forderung völkischen und nationalen Denkens vorschwebt, dann Gnade Gott dem deutschen Volke!»[18]

Noch deutlicher wurde in derselben Sitzung der Sozialdemokrat Rudolf Breitscheid. «Auf der Anklagebank in München sitzt nur ein Teil von denen, die wirklich angeklagt werden müssten.» Breitscheid nannte Kahr, «von dem doch feststeht, dass er um diese Pläne der anderen gewusst hat, dass er bereit war, mit gewissen Modifikationen diese Pläne zu den seinigen zu machen». Breitscheid zeigte auf die bayerische Regierung: «Hat die Reichsregierung sich jemals ernsthaftem Zweifel darüber hingeben können, dass mit Wissen der Regierungsstellen in Bayern derartige Pläne gegen das Reich geschmiedet worden sind?»[19] Und er wies auf die bevorzugte Behandlung von Bayern hin: «Nach Thüringen, nach Sachsen hat man Reichskommissare geschickt. Wo war der Reichskommissar, den man nach Bayern geschickt hat? (...) Ausnahmezustand gegen die Arbeiterregierungen, gegen die Länder, in denen Arbeiterregierungen saßen, Bereitwilligkeit, mit sich handeln zu lassen, Bereitwilligkeit beide Augen zuzudrücken einem Lande gegenüber, von dem die größte Gefahr drohte».[20]

Obwohl viele der erschütterndsten Enthüllungen unter Ausschluss der Öffentlichkeit stattfanden, drohte der Prozess zum Desaster für den Freistaat zu werden. Pozzi berichtete am 13. März nach Paris: «Dank der Nachsicht des Gerichtspräsidenten konnten die Angeklagten in ihren großen Reden kühn die Taktik verfolgen, die Mitschuld der bayerischen Autoritäten am Putsch zu Tage zu fördern.»[21]

Das wurde besonders deutlich, als Kahr am 11. und 12. März als Zeuge vernommen wurde. Der ehemalige Generalstaatskommissar las vorbereitete Erklärungen vom Blatt ab und wurde vom Vorsitzenden mehrfach ermahnt, dies zu unterlassen. Kahr bestand – so gut es eben ging – darauf, lediglich über das unmittelbare Geschehen am 8. und 9. November Auskunft geben zu dürfen, antwortete ausweichend und berief sich häufig auf das «Amtsgeheimnis» oder konnte sich nicht erinnern. Auch vor Lügen schreckte er nicht zurück, wenn er annehmen konnte, dass sie ihm nicht nachzuweisen waren. Der aus Berlin angereiste französische Botschafter Margerie berichtete am 17. März vom Prozess nach Paris, die Zeugenaussage Kahrs habe «den Eindruck eines absoluten Mangels an Ehrlichkeit und an politischem Geist vermittelt. Es zeigte sich, dass der ehemalige Generalstaatskommissar ernstlich das Projekt eines Marsches nach Berlin ins Auge gefasst hat. ... Wie es auch sei, Herr von Kahr hat den Eindruck erweckt, eine zweifelhafte und wenig sympathische Rolle gespielt zu haben.»[22]

Dem Kreuzverhör durch die Verteidiger und die Angeklagten – auch das ließ der Vorsitzende Richter zu – war Kahr in keiner Phase seines Auftritts gewachsen. So befragte beispielsweise Rechtsanwalt Roder ihn am 11. März zur entscheidenden Nacht vom 8. zum 9. November: «Warum haben Exzellenz von 10 bis 3 Uhr, das sind 5 Stunden, es nicht für notwendig gefunden, die Minister zu verständigen»? Kahr: «Die Minister sind verständigt worden sobald als möglich.» Roder: «Fünf Stunden ist aber etwas lang. Warum haben sie so lange gebraucht, sie zu verständigen, insbesondere darüber, dass Exzellenz nur gezwungen Komödie gespielt haben?» Kahr: «Das war nicht so einfach. Ich hatte mit anderen Dingen zu tun».[23]

Verteidiger Schramm wollte von Kahr wissen, woher er für sich oder für das bayerische Staatsministerium die Befugnis abgeleitet habe, «einen bayerischen Zivilgouverneur und Zivilkommissär für Thüringen und Sachsen zu bestimmen. Denn es war doch eine Reichsaktion». Kahr: «Ich habe ausdrücklich erklärt, dass die Bestellung nicht nur von mir ausgeht, sondern dass das eine Sache des Gesamtministeriums sei, natürlich im Benehmen mit der Reichsleitung.» Verteidiger Hemmeter wollte daraufhin wissen: «Glaubt Kahr, dass der Reichspräsident oder Reichswehrminister die Bestätigung des Vorschlags, Pöhner nach Thüringen und Sachsen als Zivilgouverneur oder Zivilkommissar zu setzen, jemals erteilt hätte?» Kahr: «Das kann ich nicht sagen.»[24] Auf ähnliche Szenen stößt man in den stenografischen Niederschriften des Hitlerprozesses auf vielen Seiten.

Der Vorsitzende konfrontierte Kahr mit den Aussagen Pöhners und Fricks, er, Kahr, habe am späten Abend des 8. November auf einen Zettel geschrieben: «Die Leitung der Staatsgeschäfte habe ich als Statthalter übernommen.» Er habe auch seine Zustimmung erteilt, dies den Pressevertretern mitzuteilen, die um Mitternacht in die Polizeidirektion geladen waren. Kahr: «Ich kann mich dunkel erinnern, dass von einer Pressebesprechung die Rede war.» Auf Nachfrage des Vorsitzenden, ob die Angaben richtig seien: «Ich kann mich an den Wortlaut nicht erinnern, aber ich will sie nicht bestreiten.»[25]

Auf ähnliche Weise verliefen auch die Auftritte des Generals von Lossow am 10. und am 14. März und die von Oberst von Seißer am 12. und am 13. März. Lossow hatte am 18. Februar sein Rücktrittsgesuch eingereicht. Ihm war nicht gestattet worden, zum Prozess seine Uniform zu tragen. Er geriet mächtig unter Druck, als er beschreiben sollte, was er unter dem «anormalen» Weg zu einer Regierungsänderung in Berlin verstehe, wenn nicht einen Putsch. Als er danach gefragt wurde, von welchen Männern die Idee eines Direktoriums stamme, das ohne Einfluss des Parlaments regieren sollte, und mit wem er verhandelt habe, lehnte Lossow die Beantwortung der Frage ab, und das Gericht fasste den förmlichen Beschluss, sie nicht zuzulassen. Als Hitler Lossow im weiteren Verlauf der Sitzung vorwarf, er habe sein Wort gebrochen, wurde er für diese «persönliche Beleidigung» und «grobe Ungehörigkeit» vom Vorsitzenden gerügt. Lossow nahm den Vorfall zum Anlass, den Gerichtssaal nach der Mittagsunterbrechung nicht mehr zu betreten. Bis zum Ende des Prozesses ignorierte er sämtliche Aufforderungen, vor Gericht zu erscheinen, und bezahlte die dafür verhängten Ordnungsstrafen.

Das Triumvirat wurde nicht nur während seiner eigenen Auftritte bloßgestellt, seine Glaubwürdigkeit wurde auch durch eine Reihe unbeteiligter Zeugen erschüttert. So erklärte beispielsweise Universitätsprofessor Geheimer Rat Michael Doeberl, wie schon erwähnt, niemand sei es in den Sinn gekommen, dass im Bürgerbräukeller Komödie gespielt worden sein könnte. Dass Kahr Pöhner sehr lange in die Augen gesehen habe, «sei ihm sogar sehr aufgefallen. In einer solchen Situation hat das so lange gedauert, dass es etwas ganz Ungewöhnliches war. Das hat namentlich auf mich einen sehr starken Eindruck geübt.» Anfangs sei «das Vorkommnis» als Überfall gedeutet worden, und es habe zuerst große Unruhe geherrscht. «Aber später, nach den Erklärungen der Herren, da war eigentlich in der ganzen Versammlung ein Enthusiasmus, wie ich ihn selten erlebt habe.» Auch der Kaufmann Hans Helmuth bestätigte, dass es «ein sehr ergreifender Akt» gewesen sei. Er könne beschwören, dass Hitler die Pistole nicht auf Kahr gerichtet, sondern sie vor ihm gesenkt habe. Hitler und Kahr hätten sich später lange in die Augen gesehen. «Das war für mich insofern bedeutungsvoll, als ich mir gesagt habe, dass sich die Herren jetzt vollständig ehrlich gegenüberstehen.»[26]

Für das Triumvirat war der Hitlerprozess ein Fiasko. Der Vorsitzende Richter Neithardt lehnte dafür allerdings jede Verantwortung ab. In seiner neunseitigen Stellungnahme vom April 1924 schrieb er: Dass die Herren von Kahr, von Lossow und von Seißer «unter die Räder kamen, war vorauszusehen und nicht zu vermeiden. (…) Die schweren Angriffe auf die Herren von Kahr, von Lossow und von Seißer, sowie sonstige Bloßstellungen erforderten, dass man auch die Angegriffenen zu Wort kommen ließ. So blieb denn der Öffentlichkeit das klägliche Schauspiel der Vernehmung des Herrn von Kahr nicht erspart. Trotz aller Bemühungen der Prozessleitung, den Zeugen von Kahr zu schützen und zu unterstützen, konnte der niederschmetternde Eindruck, den die Vernehmung machte, nicht verwischt werden.»[27]

Noch niederschmetternder dürfte für alle demokratisch gesinnten Prozessbeobachter die republikfeindliche Atmosphäre gewesen sein, die im Gerichtssaal von der ersten bis zur letzten Minute herrschte. Nicht nur die Angeklagten und ihre Verteidiger, sondern auch die meisten Zeugen hielten mit ihrer grundsätzlichen Ablehnung der demokratischen Ordnung und der Weimarer Verfassung nicht hinter dem Berg. Bei aller Auseinandersetzung über den Putsch und seine Vorbereitung herrschte im Saal grundsätzliches Einverständnis darüber, dass die Republik beseitigt und durch eine nationale Diktatur ersetzt werden müsste.

Ohne vom Vorsitzenden unterbrochen oder gar gerügt zu werden, konnten die Verteidiger ihrem Hass auf die Novemberrevolution und die Demokratie freien Lauf lassen. Verteidiger Dr. Holl sprach im Hinblick auf die Novemberrevolution von «einem verfluchten Staatsstreich ausländischen Gesindels».[28] Rechtsanwalt Hellmuth Mayer, der Verteidiger Webers, war 1919 Mitglied im Freikorps Epp gewesen. Er erklärte, dass diese Revolution «getragen wurde durch Deserteure, Fahnenflüchtige und Gesindel aller Sorten» und «nichts anderes war als Meineid und Hochverrat.» Er nannte die Weimarer Verfassung ein Instrument, «das den Machthabern der Revolution die Fortdauer ihrer Macht verbürgte» und bestritt ihre Gültigkeit für Bayern.[29]

Rechtsanwalt Dr. Hemmeter, der Führer in Ehrhardts Bund Wiking war und selbst im März 1920 an der Beseitigung der Regierung Hoffmann in Bayern mitgewirkt hatte, nannte die Novemberrevolution ein «Verbrechen», mit dem eine Zeit tiefsten Elends begonnen habe. «Nach außen hin ein sklavisches Winseln und Betteln um die Huld eines unerbittlichen sadistischen Feindes, nach innen ein wirtschaftlicher und sittlicher Verfall, wie er bis dorthin bei unserem Volke nicht für möglich gehalten worden wäre.»[30] Hemmeter empörte sich auch: «Wohin sind wir gekommen, wenn wir in einem deutschen Gerichtssaal nicht mehr sagen dürfen, dass wir Frankreich hassen».[31]

Justizrat Dr. Christoph Schramm, Rechtsanwalt in München und Vorstandsmitglied der Anwaltskammer, sprach vom ehemaligen Kronprinzen Rupprecht als «Seiner Majestät dem König».[32] Er behauptete, schon Schmerzen zu empfinden, wenn Monarchie und Republik in einem Satz genannt würden. «Die deutsche Republik, die nur durch Verrat und Meineid einer geringen Menge undeutschen Gesindels entstanden ist, kann sich unmöglich darauf berufen, dass sie rechtlich entstanden ist. Sie kann keinen Rechtschutz für sich in Anspruch nehmen.»[33]

Dr. Walter Luetgebrune, Rechtsanwalt in Göttingen, seit 1919 Verteidiger in zahllosen Prozessen von Angeklagten der extremen politischen Rechten, zitierte den Berliner Strafrechtler Bornhak: «Es muss weiterhin festgehalten werden, dass Gegenstand des Rechtschutzes durch die Strafbestimmungen über den Hochverrat nicht die auf den Hochverrat der Revolution aufgebaute Weimarer Verfassung, sondern nur die auf gesetzmäßigem Wege zustandegekommene alte Reichsverfassung ist.»[34]

Die elf aufgebotenen Rechtsanwälte waren nicht nur Verteidiger der Angeklagten, sondern Gesinnungsgenossen. Sie standen zur völkisch-nationalistischen Sache. Karl Kohl, Rechtsanwalt und Justizrat in München, legte in seinem Schlussplädoyer geradezu ein Bekenntnis ab, als er erklärte, «dass die deutsche Frage nicht gelöst wird durch Parlamentsbeschlüsse, durch Parlamentsreden und Mehrheitsbeschlüsse, sondern wie einst unter Bismarck, durch Blut und Eisen. Zur Lösung der deutschen Frage bedarf es deutscher Führer. Und diese Führer – das ist der völkische Trost – hat uns Gott gegeben. Heil Ludendorff! Heil Hitler!»[35] In den Augen Kohls war Hitler neben Ludendorff «ein zweiter Siegfried des neuen Deutschlands, der Mann, der den marxistischen Drachen erschlägt, der den deutschen Arbeiter von der marxistischen Syphilis befreit und ihn vom internationalen Schwätzer zum deutschen Staatsbürger wandelt. Diesen Mann hat Gott uns Deutschen gegeben, um uns zu erlösen aus den Klauen der roten und goldenen Internationale.» Auch solche Exzesse ließ der Vorsitzende ungerügt und unkommentiert.[36]

Hitler war der unangefochtene Star des Prozesses. 25 Tage machte er den Gerichtssaal zu seiner Bühne, zog alle Register seiner propagandistischen Fähigkeiten und inszenierte sich in seinem Schlusswort gar als Ankläger: «Ich klage an Ebert, Scheidemann und Genossen des Landesverrats und des Hochverrats vom Jahre 1918, ich klage sie an, ein 70-Millionen-Volk vernichtet zu haben». Der Vorsitzende sah sich lediglich bemüßigt, milde zu rügen: «Herr Hitler, es geht zu weit, daß Sie hier im Sitzungssaal Ebert, Scheidemann und Genossen des Hochverrats und des Landesverrats bezichtigen.»[37]

Ohne Zweifel genoss Hitler die Sympathie des Vorsitzenden Richters, aber auch der Erste Staatsanwalt Stenglein fand in seinem Plädoyer am 21. März 1924 wohlwollende Formulierungen für Hitler und sein politisches Programm: «Aus einfachen Verhältnissen hervorgegangen, hat Hitler im großen Kriege als tapferer Soldat seine deutsche Gesinnung bewiesen. Erfüllt von echter, glühender Begeisterung für ein großes deutsches Vaterland hat er nach dem Kriege aus kleinsten Anfängen in mühsamer Arbeit eine große Partei, die national-sozialistische Arbeiterpartei, geschaffen, wobei die Bekämpfung des internationalen Marxismus und Judentums, die Abrechnung mit den Novemberverbrechern, wie er die Urheber der Novemberrevolution von 1918 nennt, und die Ausbreitung des nationalen deutschen Gedankens in allen Volkskreisen, insbesondere auch in der Arbeiterschaft, die wesentlichen Programmpunkte waren.» Über Hitlers Parteipolitik habe er nicht zu urteilen, erklärte Stenglein, «sein ehrliches Streben aber, in einem unterdrückten und entwaffneten Volke den Glauben an die deutsche Sache wieder zu erwecken, bleibt unter allen Umständen ein Verdienst. Er hat hier, unterstützt durch seine einzigartige Rednergabe, Bedeutendes geleistet.» Hitler dürfe geglaubt werden, so Stenglein weiter, «dass schnöder Eigennutz ihm ferne lag.» Der Erste Staatsanwalt kam zu dem Ergebnis: «Als Mensch können wir Hitler unsere Achtung nicht versagen.»[38]

Stenglein forderte 8 Jahre Festungshaft für Hitler wegen Hochverrats. Im Hinblick auf Ludendorff plädierte Stenglein auf Beihilfe zum Hochverrat, beantragte eine Festungshaftstrafe von 2 Jahren und erklärte: «Der Schwere der Tat mit ihren furchtbaren Folgen steht gegenüber die selbstlose Hingabe Ludendorffs an die völkische Sache, der er sein Leben geweiht hat, die Reinheit seines Wollens und die Dankesschuld des deutschen Volkes gegenüber seinem großen Feldherrn.»[39] Für die acht Mitangeklagten beantragte die Staatsanwaltschaft Festungshaftstrafen zwischen 6 Jahren und 1 Jahr und 3 Monaten.[40]

Die Urteilsverkündung fand am Dienstag, 1. April 1924, 10 Uhr unter besonders strengen Sicherheitsvorkehrungen statt. Ein starkes Aufgebot von Landespolizei und berittenen Schutzleuten sperrte die durch Stacheldraht gesicherten Zugänge zum Gerichtsgebäude noch in weiterer Entfernung ab. Der Andrang zum Gerichtsgebäude war außergewöhnlich. Eine große Zahl von Besuchern war mit Blumen gekommen, die aber nicht in den Saal gebracht werden durften, sondern im Wachzimmer abgegeben werden mussten.[41]

Ludendorff war wie die meisten der Angeklagten in Uniform erschienen und hatte alle Orden angelegt. Hitler trug einen Zivilanzug und hatte das Eiserne Kreuz 1. Klasse angesteckt. Hitler, Weber, Kriebel und Pöhner wurden jeweils wegen Hochverrats zu fünf Jahren Festungshaft verurteilt – das war die Mindeststrafe, die das Gesetz für Hochverrat vorsah. Darüber hinaus stellte das Gericht ihnen nach der Verbüßung von sechs Monaten Festungshaft die Aussetzung der Strafe zur Bewährung in Aussicht.

Brückner, Röhm, Pernet, Wagner und Frick wurden jeweils wegen Beihilfe zum Hochverrat zu einem Jahr und drei Monaten Festungshaft verurteilt. Diese fünf Männer konnten den Gerichtssaal als freie Männer verlassen. Ihnen wurde für den Strafrest mit sofortiger Wirksamkeit Bewährungsfrist bis 1. April 1928 bewilligt. Ludendorff wurde freigesprochen.[42]

Das Gericht billigte den Angeklagten zu, dass sie «bei ihrem Tun von rein vaterländischem Geiste und dem edelsten selbstlosen Willen geleitet waren. Alle Angeklagten, die in die Verhältnisse genauen Einblick hatten – und die übrigen ließen sich von den Mitangeklagten als ihren Führern und völkischen Vertrauensmännern leiten – glaubten nach bestem Wissen und Gewissen, dass sie zur Rettung des Vaterlandes handeln müssten und dass sie dasselbe täten, was kurz zuvor noch die Absicht der leitenden bayerischen Männer gewesen war. Das rechtfertigt ihr Vorhaben nicht, aber es gibt den Schlüssel zum Verständnis ihres Tuns. Seit Monaten, ja Jahren waren sie darauf eingestellt, dass der Hochverrat von 1918 durch eine befreiende Tat wieder wettgemacht werden müsste.»[43]

Die vom Gesetz zwingend vorgeschriebene Ausweisung Hitlers aus dem Deutschen Reich lehnte das Gericht ab. In der Urteilsbegründung hieß es: «Hitler ist Deutschösterreicher. Er betrachtet sich als Deutschen. Auf einen Mann, der so deutsch denkt und fühlt wie Hitler, der freiwillig viereinhalb Jahre lang im deutschen Heere Kriegsdienste geleistet, der sich durch hervorragende Tapferkeit vor dem Feinde hohe Kriegsauszeichnungen erworben hat, verwundet und sonst an der Gesundheit beschädigt und vom Militär in die Kontrolle des Bezirkskommandos München I entlassen worden ist, kann nach Auffassung des Gerichts die Vorschrift des § 9 Abs. II des Republikschutzgesetzes ihrem Sinn und ihre Zweckbestimmung nach keine Anwendung finden.»[44]

Gegen das Urteil gab es keinerlei Rechtsmittel, es wurde nach Artikel 20 des Gesetzes über die Einsetzung von Volksgerichten bei inneren Unruhen vom 20. Juli 1919 sofort rechtskräftig.[45]

Die Zuhörer im Gerichtssaal und das Münchner Publikum, das sich wochenlang mit dem sensationellen Prozess befasst hatte, begrüßten die Verurteilung Hitlers, die praktisch ein Freispruch war, mit frenetischem Jubel. Der Jurist und Publizist Otto Gritschneder hatte noch Jahrzehnte später «die lebhaften Freudenausbrüche» im Ohr, die damals auf den Straßen Münchens, in den Bäckereien und Milchläden zu hören waren – auch wenn er als Zehnjähriger nichts von der Sache verstanden habe. «Hitler bekam beim Verlassen des Gerichtssaals Blumen und lautstarke Zurufe, in den folgenden Wochen erreichten die Justizbehörden Hunderte von Briefen, in denen die sofortige Freilassung des ‹tapferen Patrioten› Hitler verlangt wurde.»[46]

Nach dem Ende des Prozesses konnte sich Ludendorffs PKW nach dessen eigener Schilderung kaum «durch die mir huldigenden Menschenmassen bewegen und kam ‹stark ramponiert› vor meinem Hause in der Heilmannstraße an. Eine Abordnung von Oberland und andere Deutsche hatten sich sozusagen als Ehrenwache aufgestellt. Abends wurde mir ein Fackelzug gebracht.»[47]

Kahrs Stern war dagegen durch den Prozess noch weiter gesunken, das gesamte Triumvirat wurde verachtet und verspottet. Immer wieder, erinnerte sich Gritschneder, war der Vers zu hören:

«Kahr, Lossow, Seißer
sind drei Hosenscheißer.
Was um 10 Uhr sagt der Kahr,
ist um 11 Uhr nicht mehr wahr.» [48]

Auch die auflagenstärkste Münchner Zeitung, die *Münchner Neuesten Nachrichten*, begrüßte die Urteile und bekannte mit einem Leitartikel ihres Chefredakteurs, Dr. Fritz Gerlich, ganz offen, dass auch sie zu den Feinden der Republik gehörte: «Wir machen kein Hehl daraus, dass unsere menschlichen Sympathien auf Seiten der Angeklagten in diesem Prozess und nicht auf Seite der Novemberverbrecher vom Jahre 1918 stehen. Es ist auch juristisch richtig, einen Unterschied zwischen den Männern vom November 1918 und den Männern vom November 1923 zu machen. Die Männer vom November 1918 sind Landesverräter».[49] Die *Frankfurter Zeitung* sah dagegen im Urteil «eine Farce» und eine «Verhöhnung des deutschen Volkes».[50]

Zeitgenössische Juristen außerhalb Bayerns kritisierten das Urteil massiv, beispielsweise der bekannte Strafrechtsprofessor Alexander Graf zu Dohna. Dohna übte Kritik am Strafmaß, an der in Aussicht gestellten Bewährung und an der unterbliebenen Ausweisung Hitlers, bei der das Gesetz dem richterlichen Ermessen keinen Spielraum lasse: «Das ist nicht mehr Justiz, das ist Willkür.»[51]

Vor allem Otto Gritschneder hat sich als Jurist und Publizist jahrelang mit dem Hitlerprozess beschäftigt und das Verfahren umfassender Kritik unterzogen. Nach seiner Analyse war es ein grober Fehler, dass wichtige Teile des Sachverhalts im Verfahren gar keine Rolle spielten. Die vier erschossenen Polizisten, die Geiselnahmen, der Raub von Banknoten sowie die Zerstörung der Räume der *Münchener Post* hätten zwingend Bestandteil der Anklage sein müssen. «All diese Delikte erfüllen einen eigenen Tatbestand, sie gehen nicht sozusagen im Verbrechen des Hochverrats auf.»[52] Was das Strafmaß angeht, erinnerte Gritschneder daran, dass die bayerischen Volksgerichte bis zu ihrer Auflösung im Mai 1924 immerhin zwanzig Todesurteile gefällt haben. «Als angemessene Strafe konnte daher bei gerechter Würdigung dieses blutigen Staatsstreichs in einem Staat, dessen Gesetze diese Strafe zulassen, nur die Todesstrafe ausgesprochen werden, wie sie zum Beispiel am 5. Juni 1919 vom Standgericht gegen den Führer der Münchner Kommunisten und Vorsitzenden des Vollzugsrates der Zweiten Räterepublik Eugen Leviné verhängt und vollstreckt worden war.»[53]

Die nicht erfolgte Ausweisung Hitlers nannte Gritschneder «die augenfälligste Rechtsbeugung», er sieht aber auch in der in Aussicht gestellten Bewährung eine Rechtsbeugung. «Hitler hatte nämlich bereits im September 1921 eine Versammlung des Bayernbundes im Löwenbräukeller mit Gewalt schon vor ihrem Beginn sprengen lassen und wurde deshalb im Januar 1922 wegen Landfriedensbruchs zu drei Monaten Gefängnis verurteilt. Hiervon musste er lediglich einen Monat absitzen; der Rest wurde mit einer Bewährungsfrist bis 1926 ausgesetzt. Noch innerhalb dieser Bewährungsfrist hat Hitler nun jenen gewaltsamen Hochverrat vom November 1923 begangen. Wer während der Bewährungsfrist rückfällig wird, kann keine Bewährungsfrist mehr bekommen, er muss dazu die bisher bedingt ausgesetzte Strafe nachsitzen. Davon ist im Urteil mit keinem Wort die Rede!»[54]

Nicht nur juristisch, auch politisch waren der Prozess und das Urteil vom 1. April 1924 ein folgenreicher Skandal. Schon bei der Vorbereitung für den Prozess hatte Hitler die depressive Stimmung abgeschüttelt, die ihn nach dem 9. November 1923 befallen hatte. Zu Beginn seiner Untersuchungshaft hatte er die Aussage verweigert, war resigniert gewesen und hatte sich sogar mit Selbstmordabsichten getragen. Bei Verhandlungsbeginn hatte er Mutlosigkeit und Verzweiflung hinter sich gelassen. Der Prozessverlauf bot ihm dann die Gelegenheit, seine Fähigkeiten als Propagandaredner optimal zu nutzen. Er rechtfertigte seine Rolle beim Putsch nicht nur, sondern überhöhte und verherrlichte sie. Von Oberland und Reichskriegsflagge wurde nicht mehr gesprochen, nur noch von Hitler und der NSDAP. Auch Ludendorff begann er zu überflügeln. Hitler hatte sich während des Prozesses als unangefochtener «Führer» präsentiert und wurde von der Öffentlichkeit jetzt auch immer stärker als solcher wahrgenommen. Während des Prozesses entstand die Legende vom «Hitlerputsch», in der alle anderen Beteiligten ganz beiseitegeschoben oder auf Zwergenmaß reduziert wurden.

Aus der bayerischen Lokalgröße Adolf Hitler machten der Prozess und die intensive wochenlange Berichterstattung für einige Zeit einen Politiker, der die Schlagzeilen in ganz Deutschland beherrschte. Hitlers Namen hatten die meisten nun schon mal gehört. Mit der öffentlichen Aufmerksamkeit war nach dem 1. April 1924 allerdings Schluss. Hitler saß in Landsberg ein, und die NSDAP war verboten. Die Hakenkreuze waren schon nach dem gescheiterten Putsch aus der Öffentlichkeit verschwunden, die Sturmtrupps verbreiteten keinen Schrecken mehr, «und der Name Adolf Hitler fiel beinahe in Vergessenheit zurück», hielt Stefan Zweig später fest. «Niemand dachte mehr an ihn als einen möglichen Machtfaktor.»[55] Es war allerdings eine trügerische Ruhe. Das skandalös milde Urteil und der gesamte Verlauf des Prozesses hatten die Voraussetzungen für ein politisches Comeback Hitlers geschaffen, die helfenden Hände in München sorgten dafür, dass es tatsächlich dazu kam. Der Prozess vor dem Volksgericht München I war aus heutiger Sicht eines der folgenreichsten Strafverfahren der deutschen Geschichte.

14

Helfende Hände – Zweite Chance für den Hochverräter

Am Sonntag nach der Urteilsverkündung im Hitlerprozess fanden in Bayern Wahlen zum Landtag statt. Anstelle der seit dem 9. November 1923 verbotenen NSDAP trat der «Völkische Block» bei diesen Wahlen an und wurde mit hauchdünnem Rückstand auf die SPD drittstärkste Kraft. Die Bayerische Volkspartei kam auf einen Stimmenanteil von 32,8 Prozent, die SPD auf 17,2, der Völkische Block auf 17,1 Prozent. Es folgten die Vereinigte Nationale Rechte mit 9,4 Prozent und die KPD mit 6,6 Prozent der Stimmen. Die bürgerlichen Demokraten waren mit 3,2 Prozent in Bayern nur noch eine Randerscheinung.

In der Landeshauptstadt München waren die Sympathien für die völkisch-nationalistische Bewegung noch deutlich ausgeprägter. Hier erreichte der Völkische Block 33 Prozent der Stimmen und damit einen höheren Stimmenanteil als Sozialdemokraten und Kommunisten zusammengenommen. Bei der Reichstagswahl am 4. Mai 1924 sah es ganz ähnlich aus. Jeder dritte Münchner wählte 1924 die Stellvertreterpartei der NSDAP. Hitler hatte viele gute Gründe, warum er am 2. August 1935 München den Ehrentitel «Hauptstadt der Bewegung» verlieh. Dies war einer davon.

Von der nationalsozialistischen Bewegung und ihren Organisationen war zur Jahresmitte allerdings kaum mehr etwas übriggeblieben. Die NSDAP und der *Völkische Beobachter* waren verboten, die bekannten Köpfe der Bewegung waren inhaftiert oder ins Ausland geflüchtet. Zu diesem Zeitpunkt erschien manchem die NSDAP als Krisenphänomen einer vergangenen Zeit, das sich nun überlebt hatte. Die deutsche Wirtschaft fasste nach und nach Fuß und auch in der Reparationsfrage gab es

Hitler während der Haft in Landsberg. Neben ihm von links nach rechts: Hitlers Chauffeur und Duzfreund Emil Maurice, Hermann Kriebel, Rudolf Heß und Friedrich Weber.

dank der vertrauensbildenden Politik Stresemanns, der nach seinem Sturz als Reichskanzler Außenminister geblieben war, erkennbare und entlastende Fortschritte. Die junge Republik begann sich zu stabilisieren. Die Zeit der blutigen Putsche und Revolten schien vorbei zu sein.

Politisch stand Hitler nach dem Prozess vor dem Nichts. Direkt aus dem Gerichtssaal war er zur Verbüßung seiner Festungshaftstrafe wieder nach Landsberg gebracht worden. «Festungshaft» war seinerzeit nicht nur die mildeste Form von gerichtlichem Freiheitsentzug, sondern auch eine ehrenhafte. Ein Festungshäftling brauchte keine Anstaltskleidung zu tragen und war von jeder Arbeit befreit. Er konnte seine Zeit nach eigenem Belieben gestalten. Möglich waren beispielsweise Spaziergänge, Gesellschaftsspiele, Gespräche mit anderen Festungshäftlingen, Lektüre, Schreibarbeiten, Sport und auch gemeinsame Mahlzeiten. Ein Festungshäftling konnte sich selbst verpflegen, Besuche empfangen und Briefe schreiben.

Hitler und die anderen verurteilten Putschisten schmückten ihre Zellen und Aufenthaltsräume unter stillschweigender Duldung der Gefängnisdirektion mit Hakenkreuzfahnen und anderen NS-Symbolen. «Der Nikotin- und Alkoholkonsum erinnerte eher an ein Lokal als an ein Gefängnis. Auch von der Möglichkeit der Selbstverpflegung wurde reichlich Gebrauch gemacht. Die Aufzeichnungen über Hitlers Haftkonto dokumentieren regelmäßig Abbuchungen zum Kauf von zusätzlichen Lebensmitteln.» Noch aus der Festungshaftanstalt heraus fragte Hitler bei der Daimler-Benz AG an, zu welchem Preis er «den 11/40 bzw. den 16/50 Wagen haben könnte» und ob er sofort lieferbar wäre.[1]

In den ersten Monaten seiner Haft empfing Hitler schier endlos Besucher. Insgesamt waren es während der 13 Monate in Landsberg 345 Personen an 524 Terminen, darunter auch Vertreter aus Politik und Wirtschaft.[2] Spitzenreiter war, was die gesamte Zeit der Festungshaft angeht, das Ehepaar Bechstein aus Berlin mit insgesamt 18 Stunden und 25 Minuten, was 11,6 Prozent der Besuchszeit ausmachte. Auf den Plätzen zwei und drei folgten Rechtsanwalt Roder mit 15 Stunden und 20 Minuten (9,7 Prozent der Besuchszeit) und General Ludendorff mit 13 Stunden und 55 Minuten (8,8 Prozent).[3] Hitlers Verehrer und vor allem seine Verehrerinnen überhäuften ihn mit Geschenken wie Blumen, Wein, Kuchen, Pralinen und Büchern. Die Präsente erreichten ein solches Ausmaß, dass weitere Zellen frei geräumt werden mussten, um sie unterzubringen. Anhänger und Sympathisanten schrieben ihm Berge von Briefen und Karten. Auch die Grundlagen für Hitlers «schriftstellerische» Tätigkeit wurden von seinen Freunden und Gönnerinnen prompt nach Landsberg geliefert: Schreibmaschinen, Schreibtisch und Schreibpapier – «jede Seite verziert mit einem Hakenkreuz».[4]

Schon früh trug sich Hitler mit dem Gedanken, schriftlich und ausführlich mit den Herren abzurechnen, von denen er sich verraten fühlte. Im Juni 1924 entwickelte er dann nach mehreren missglückten Anläufen ein völlig neues Konzept für sein geplantes Buch: Aus einer bloßen Abrechnungs- und Rechtfertigungsschrift sollte «ein umfassendes politisches Manifest im biografischen Gewand werden.»[5] Es ging Hitler jetzt nicht mehr nur um Rückblick, sondern auch um die Zukunft. Die NSDAP hatte bislang kein wirkliches Parteiprogramm gehabt. Das «25-Punkte-Programm» vom Februar 1920 war «nicht viel mehr als eine

Anfang Juni 1924 wirbt der Eher-Verlag mit einer vierseitigen Broschüre für das geplante große Werk Hitlers. Der Erscheinungstermin wird mehrmals verschoben. Dann stellt der Verlag die Werbung ein. Unter dem neuen Titel «Mein Kampf» erscheint der erste Band von Hitlers Buch schließlich am 18. Juli 1925.

dürftige Sammlung vager, zum Teil widersprüchlicher Forderungen».[6] Hitler hatte nun die Absicht, eine ausformulierte ideologische Grundlage für die nationalsozialistische Bewegung zu liefern.

Voraussetzung dafür waren Zeit und eine gewisse Ruhe. Deshalb teilte Hitler in einer öffentlichen Erklärung mit, «dass er die Führung der nat-soz. Bewegung niedergelegt hat und sich auf die Dauer seiner Haft jeder politischen Tätigkeit enthält.» Hitler bat auch darum, «von Besuchen in Landsberg künftig absehen zu wollen». Er leide unter einer «allgemeinen Arbeitsüberlastung». Erläuternd ergänzte der *Völkische Kurier*, der die Erklärung am 7. Juli veröffentlichte: «Herr Hitler schreibt zur Zeit an einem umfangreichen Buche und will sich so die dafür nötige freie Zeit sichern.»[7] Die Zäsur der Haft wurde zur Voraussetzung dafür, «dass Hitler all das, was er bisher erlebt, erdacht und gelesen hatte, in *Mein Kampf* systematisieren und zusammenfassen konnte.»[8] Die Arbeit an dem Werk dauerte allerdings weit länger, als Autor und Verlag veranschlagt hatten – man staunt darüber angesichts des Inhalts und der völlig chaotischen «literarischen» Form. Bereits im Juni 1924 legte der Eher-Verlag eine vierseitige Werbebroschüre mit einem ausführlichen Konzept des geplanten Buches auf und schaltete eine Zeitungsanzeige. «Weder mit dem Inhalt noch mit der Struktur des späteren ersten Bandes hat dieses Konzept viel gemeinsam».[9] Hitler war offensichtlich mit dem Vorhaben überfordert und konnte nichts liefern. Nach mehreren Ankündigungen und immer neuen Verschiebungen des Erscheinungstermins stellte der Verlag seine Mitteilungen ein. Entgegen der kursierenden Legende, er habe den Text diktiert, steht heute fest: «Hitler verfasste den Text tatsächlich allein, große Teile des Manuskripts tippte er selbst auf einer Schreibmaschine.»[10] Der erste Band von *Mein Kampf* kam schließlich am 18. Juli 1925 auf den Markt – ein Jahr später als ursprünglich geplant.[11] Hitler war zu diesem Zeitpunkt bereits mehr als ein halbes Jahr in Freiheit.

Das war keineswegs so selbstverständlich, wie das Urteil und der Bewährungsbeschluss des Volksgerichts vom 1. April 1924 auf den ersten Blick vermuten lassen. Die Staatsanwaltschaft legte gegen den Bewährungsbeschluss Beschwerde ein, «weil ihr die sofortige Bewilligung von Bewährungsfristen mit Rücksicht auf die Schwere der Straftaten nicht angezeigt schien und weil sie die Fassung des Beschlusses für unklar erachtete.» Diese Beschwerde wurde dem Volksgericht zur Stellungnahme zugeleitet. In einem Beschluss vom 22. April 1924 erklärte das Volksgericht München I daraufhin, es habe am 1. April «nicht sogleich eine endgültige Entscheidung über die Frage der Bewilligung von Bewährungsfristen treffen wollen». Es habe aber doch die Empfindung gehabt, dass fünf Jahre Festungshaft «eine zu schwere Sühne für die Tat seien». Deshalb habe das Volksgericht geglaubt, «dafür sorgen zu müssen, dass in sechs Monaten von Amts wegen und unter allen Umständen das dann zuständige Gericht sich über die Bewährungsfrist-Frage schlüssig zu machen habe.»[12]

In der Bewährungsfrage war folglich alles offen, und über sie war nach den üblichen Grundsätzen zu entscheiden, wie sie in Art. 14 der Gnadenbekanntmachung vom 5. März 1922 festgehalten waren. Bewährungsfristen konnten danach «nur Verurteilten bewilligt werden, die nach ihren persönlichen Verhältnissen und nach den Umständen der Tat besondere Berücksichtigung verdienen und die Erwartung rechtfertigen, dass sie sich auch ohne die ganze oder teilweise Vollstreckung der Strafe künftig wohlverhalten werden. Bei der Entscheidung ist besonders zu berücksichtigen, ob der Verurteilte sich nach Kräften bemüht hat, den durch die Tat entstandenen Schaden wiedergutzumachen.»[13]

Am 1. Oktober 1924 hatte Hitler die sechs Monate abgesessen, die der Gerichtsbeschluss vom 1. April als Mindesthaftzeit festgelegt hatte. Er und seine Anhänger rechneten fest mit der Entlassung zu diesem Termin.[14] Der stellvertretende Münchner Polizeipräsident Friedrich Tenner warnte allerdings am 23. September dringend vor einer vorzeitigen Entlassung Hitlers. Tenner führte aus, die Polizeidirektion habe schon in einem Bericht vom 8. Mai die Auffassung vertreten, dass Hitler seine Ziele nach der Entlassung weiterverfolgen werde und «eine ständige Gefahr für die innere und äußere Sicherheit des Staates bilden wird.» Der Neuaufbau der aufgelösten Kampfverbände sei bereits im Gang, und die wichtigsten Entscheidungen würden von den in Landsberg inhaftierten Führern Weber, Hitler und Kriebel gefasst. Hitler sei «mehr denn je die Seele der ganzen Bewegung». Er werde die völkische Bewegung wieder sammeln und ihr zu einem neuen Aufschwung verhelfen. «Ausschreitungen, wie sie noch in lebhafter Erinnerung sind, sind sicher zu erwarten.» Hitler werde auch den rücksichtslosen Kampf mit der Regierung wieder aufnehmen. «Bei dieser Sachlage», so Tenner weiter, «kann eine Entlassung mit Bewährungsfrist wohl nicht in Frage kommen. Sollte freilich wider Erwarten das Gericht Bewährungsfrist bewilligen, so ist es aus den angeführten Gründen unerlässlich, Hitler als die Seele der ganzen völkischen Bewegung auszuweisen, um so die unmittelbare Gefahr für den bayerischen Staat zu bannen.»[15]

Ebenfalls am 23. September warnte auch die Staatsanwaltschaft in einem mehrseitigen Schreiben vor einer vorzeitigen Entlassung Hitlers. Zuständig für die Bewährungsfrage war nach der Auflösung der Volksgerichte nun die III. Strafkammer beim Landgericht München I. Der Erste Staatsanwalt Stenglein beantragte, die Bewilligung einer Bewährungsfrist abzulehnen. «Von einer Abkehr von den staatsgefährlichen Absichten kann bei den Verurteilten keine Rede sein. Dass sich die Verurteilten sofort wieder in die politische Tätigkeit stürzen werden, ist unzweifelhaft; dass diese politische Tätigkeit keine Abkehr vom 8./9. November 1923 bringen wird, ist nach der Persönlichkeit der Verurteilten ebenso sicher.»[16]

Dennoch bewilligte das Landgericht München am 25. September Strafunterbrechung und eine Bewährungsfrist von vier Jahren. Gegen diesen Beschluss legte die Staatsanwaltschaft München am 29. September Beschwerde ein. Sie machte noch einmal auf geschmuggelte Schriftstücke und Aktivitäten zur Fortführung der verbotenen Verbände aufmerksam.[17] Völlig unbeeindruckt davon bewilligte am 6. Oktober 1924 auch das Bayerische Oberste Landesgericht die Bewährungsfrist für Hitler. Es verwies nun plötzlich auch auf die angeblich widersprüchliche Formulierung des Beschlusses des Volksgerichts vom 1. April 1924.[18] Mit bemerkenswerter Hartnäckigkeit wandte sich die Staatsanwaltschaft am 5. Dezember zu guter Letzt noch an den Generalstaatsanwalt beim Bayerischen Obersten Landgericht und bat um dessen Unterstützung, letztlich ohne Erfolg.

Die Bayerische Gerichtsbarkeit wollte Hitler offenbar unter allen Umständen so schnell wie möglich in Freiheit sehen. Der Direktor der Festungshaftanstalt Landsberg, Oberregierungsrat Otto Leybold, wurde ein weiteres Mal aufgefordert, die «gute Führung» Hitlers zu bestätigen, und Leybold schrieb am 12. Dezember, was von ihm erwartet wurde: Hitler sei «anspruchslos in seinen persönlichen Bedürfnissen, uneigennützig, höflich. Er hat einen geraden, offenen Charakter, unterdrückt gelegentlich auftretende üble Laune oder Verärgerung, achtet den pflichtgetreuen Beamten auch dann, wenn dieser ihm nicht zu Gefallen sein kann. Heimlichkeiten liegen ihm Ferne. Er hält bei sich und seinen Haftgenossen auf Ordnung und Anstand, ist ein Mann von guter Selbstzucht und Beherrschung, fügt sich ohne Widerspruch und ohne ausfällige Kritik auch in widrige Verhältnisse und ist in diesem Sinne ein gutes Vorbild für seine Haftgenossen. Politisch hat er sich während der Haftzeit mehr und mehr zurückgezogen, seit Monaten nach außenhin ganz und gar abgeschnürt. Er muss als politischer Idealist bezeichnet werden. Wenn er die Gelegenheit wahrnimmt, seinen Haftgenossen seine politischen Ziele zu erklären, tut er das mit Zurückhaltung, ohne Aufdringlichkeit, in einer die Gegensätzlichkeiten nach Möglichkeit ausgleichenden Form in guter Ausdrucksweise. Von der Festungshaftstrafe von 5 Jahren hat er nun 13 Monate verbüßt. Er ist nach seiner Führung im Strafvollzug der Bewilligung einer Bewährungsfrist in besonderem Maße würdig».[19] Am 19. Dezember 1924 verfügte das Oberste Landesgericht endgültig die vorzeitige Entlassung Hitlers.

Bei aller berechtigten Kritik am Urteil vom 1. April 1924 wäre es also ganz verfehlt, allein Georg Neithardt und das Volksgericht München I verantwortlich dafür zu machen, dass Hitler noch vor Weinachten 1924 wieder auf freiem Fuß war. Es hätte zahlreiche Gründe und vielfältige Möglichkeiten gegeben, ihn weiter in Haft zu halten. Es war nicht gewollt.

Auch im Hinblick auf eine Ausweisung Hitlers hatte das Volksgericht München I nicht so abschließend entschieden, wie das im Urteil vom 1. April 1924 scheinbar formuliert wurde. Hitler hätte trotz des Urteils auf dem Verwaltungsweg ausgewiesen werden können. Es gab in der Münchner Polizeidirektion Überlegungen, Hitler als Ausländer nach Österreich abzuschieben. Man wandte sich an den Magistrat von Linz, der das Heimatrecht Hitlers anerkannte und am 20. April mitteilte, «dass gegen die Übernahme Hitlers im Falle einer gesetzlich begründeten Ausweisung von der oberösterreichischen Landesregierung keine Einwände erhoben würden.» Die Münchner Polizeidirektion verständigte nun auch die österreichische Grenzstelle Passau, und so war Anfang Mai alles vorbereitet, um Hitler sofort nach seiner Entlassung von der bayerischen Polizei nach Österreich abschieben zu lassen.[20]

Im September erfuhr allerdings die Bundesregierung in Wien von diesem Vorhaben und schob entschieden einen Riegel vor. Sie fürchtete, dass Hitler in Österreich politisch aktiv werden könnte und wies die Landesregierung in Linz und alle Grenzbahnhöfe an, Hitler auf keinen Fall das Betreten Österreichs zu gestatten. «Der österreichische Bundeskanzler Dr. Ignaz Seipel bestritt das Heimatrecht Hitlers, indem er ausführte, dass Hitlers Dienst im deutschen Heer den Verlust seiner österreichischen Staatsbürgerschaft nach sich gezogen hätte.» Das bayerische Innenministerium wandte sich an das Bayerische Kriegsarchiv, um zu erfahren, «wie es zu Hitlers Aufnahme in das bayerische Heer gekommen sei und wie die rechtliche Lage bei dem Eintritt kriegsfreiwilliger Österreicher in das bayerische Heer gewesen wäre.» Man stellte fest, dass Hitler gar nicht hätte aufgenommen werden dürfen, sondern den österreichischen Grenzbehörden hätte übergeben werden müssen.[21]

Damit war auch die Möglichkeit einer Ausweisung nach Österreich fürs Erste erledigt. Um sie auch für die Zukunft nicht mehr fürchten zu müssen, bat Hitler mit Schreiben vom 7. April 1925 die Stadt Linz um «Entlassung aus der Österreichischen Staatsbürgerschaft».[22] Die österreichische Regierung genehmigte diese Entlassung mit erstaunlicher Geschwindigkeit bereits am 30. April. Österreich wollte mit diesem Sohn der Alpenrepublik nichts mehr zu tun haben – und das so schnell wie möglich.

Anders sah das in München aus, wo man ihm nach seiner Entlassung ein Comeback ermöglichte. Hitler machte sich sofort an die Neugründung der Partei, was natürlich voraussetzte, dass die bayerische Regierung das bestehende Verbot der NSDAP aufhob. Um das zu erreichen, ließ er den bayerischen Ministerpräsidenten Heinrich Held (BVP) um einen Termin bitten, und Held lehnte nicht etwa ab, sondern traf sich bereits am 4. Januar 1925 mit Hitler. Held war seit einem halben Jahr im Amt, nachdem Eugen von Knilling aufgrund der massiven Verluste der BVP bei den Landtagswahlen im Mai 1924 zurückgetreten war. Am 28. Juni 1924 war dann Heinrich Held, bis dahin Fraktionsvorsitzender der BVP, von einer Koalition aus BVP, DNVP, DVP und Bauernbund zum Ministerpräsidenten gewählt worden. Die Koalition reichte von der konservativen bürgerlichen Mitte bis weit nach Rechtsaußen, schloss aber den rechtsextremistischen Völkischen Block nicht mit ein. Die Regierung war durch die Wahl Helds dichter an das Parlament herangerückt, als das bei seinen Vorgängern Kahr, Lerchenfeld und

Knilling der Fall gewesen war, die alle drei den Typus des «Beamten-Ministerpräsidenten» verkörperten. Das konservative Lager in Bayern begann jetzt offenbar, sich ernsthafter auf die parlamentarische Demokratie einzulassen.

Im Gespräch mit Held gab sich Hitler reumütig und versprach, sich künftig im Rahmen der Legalität bewegen zu wollen. Er distanzierte sich klar von den Angriffen Ludendorffs gegen die katholische Kirche. Der Ministerpräsident erklärte, die bayerische Regierung werde Zustände, wie sie vor dem Putsch geherrscht hätten, «unter keinen Umständen dulden», sondern ihnen «mit allen Mitteln der Staatsautorität» entgegentreten. Offenbar gelang es Hitler, einen geläuterten Eindruck auf Held zu machen, denn der erklärte sich schließlich bereit, das Verbot der NSDAP und des *Völkischen Beobachters* aufzuheben. «Die Bestie ist gezähmt», soll er geäußert haben. «Jetzt kann man die Fesseln lockern.»[23]

Segensreich für Hitler war, dass der bayerische Justizminister auch im Kabinett Held immer noch Franz Gürtner hieß. Gürtner hatte seit seinem Amtsantritt im August 1922 seine schützende Hand über Hitler gehalten und sie ihm auch nach dem Putsch und während der Haftzeit nicht entzogen. Gürtner gehörte der Bayerischen Mittelpartei an, dem regionalen Ableger der DNVP, und hoffte noch immer darauf, den Nationalsozialisten ihren Extremismus austreiben und sie für die national-konservative Sache gewinnen zu können. Gürtner blieb bis 1932 Justizminister in Bayern und wechselte dann unter Reichskanzler Franz von Papen in gleicher Funktion in die Reichsregierung. Hitler sah keinerlei Anlass, Gürtner irgendwann abzulösen. Er blieb Justizminister bis zu seinem Tod am 29. Januar 1941 und war verantwortlich für die Pervertierung des deutschen Rechtssystems in diesen Jahren.

Gleich zu Jahresbeginn 1925 setzte Gürtner sich für die Wiederzulassung der NSDAP ein, und bereits Mitte Februar wurden die Verbote für die Partei und ihr Presseorgan aufgehoben. Am 26. Februar erschien der *Völkische Beobachter* erstmals wieder, und gleich am folgenden Tag hatte Hitler seinen ersten öffentlichen Auftritt. Demonstrativ hatte er den Bürgerbräukeller gewählt, den Ort des Putsches vom 8. November 1923. Schon Stunden vor Beginn war der Saal überfüllt, und seine Anhänger begrüßten Hitler frenetisch, als er endlich mit der üblichen Verspätung auftauchte. In seiner Rede machte er dort weiter, wo er im November 1923 aufgehört hatte. Mit seinen sattsam bekannten antisemitischen Hetztiraden peitschte er die Stimmung im Saal fast zwei Stunden auf. Erst dann, gegen Ende seiner Rede, kam Hitler auf das eigentliche Thema des Abends zu sprechen, die Neugründung der Partei. Er appellierte an alle die «im Herzen alte Nationalsozialisten geblieben» seien, die Streitaxt zu begraben und sich um ihn zu scharen. An seinem Führungsanspruch ließ er keinerlei Zweifel aufkommen. Die Veranstaltung endete mit einer «geschickt arrangierten Versöhnungsszene zwischen den verfeindeten Wortführern der NSDAP-Nachfolgeorganisationen», die sich auf dem Podium demonstrativ die Hände reichten. Noch am selben Abend «ließ Hitler sich mit Winifred Wagner, die er in den Bürgerbräukeller eingeladen hatte, in seinem neuen Mercedes nach Bayreuth chauffieren.»[24]

Hitlers erster öffentlicher Auftritt hatte ein Nachspiel. Ganz im Widerspruch zu seinen Beteuerungen, sich künftig im Bereich der Legalität zu bewegen, hatte Hitler in seiner Rede formuliert: «Entweder geht der Feind über unsere Leiche oder wir über die seine». Vor allem wegen dieser Äußerung verhängte die bayerische Regierung am 7. März ein Redeverbot über ihn. Preußen und die meisten anderen Länder schlossen sich diesem Verbot an.

Dieses Redeverbot hätte durchaus ein massiver Schlag gegen Hitler sein können, denn es nahm ihm seine stärkste Waffe, die Rede in Massenkundgebungen. Es erstreckte sich allerdings nicht auf geschlossene Veranstaltungen und Mitgliederversammlungen und bot deshalb Hitlers Gönnern die Chance, ihm hilfreich unter die Arme zu greifen. Besonders Elsa Bruckmann war dabei sehr aktiv, die Frau des Verlegers Hugo Bruckmann. Ihr Salon hatte vor 1914 einem breiten Kreis von namhaften Künstlern und Gelehrten Gelegenheit zum intellektuellen Austausch gegeben, sich aber nach 1918 zunehmend zum Treffpunkt völkisch-antisemitischer Autoren und Politiker entwickelt. Elsa Bruckmann hatte Hitler schon im Februar 1921 erstmals gehört, kam aber offenbar erst während seiner Haft in Landsberg in näheren Kontakt mit ihm. Ende Dezember 1924 betrat Hitler dann zum ersten Mal den Salon Bruckmann im Palais am Karolinenplatz Nr. 5. Nachdem das Redeverbot gegen ihn verhängt war, konnte Hitler häufig in diesem Salon vor ausgewählten Kreisen von 40 bis 60 Gästen sprechen, «meist einflussreichen Vertretern von Wirtschaft, Wissenschaft und Kultur».[25]

Das Redeverbot für Hitler galt in Bayern bis zum März 1927, Justizminister Gürtner setzte sich massiv für seine Aufhebung ein. Zwei Jahre lang war es durch Hitlers Sympathisanten und Gönner in den besten Kreisen Münchens systematisch unterlaufen worden. Sie halfen Hitler die Durststrecke der «goldenen Zwanziger Jahre» zu überstehen, in denen er mit seinen völkisch-nationalistischen Vorstellungen kaum Anklang beim Wahlvolk fand, auch nicht in Bayern. Der wirtschaftliche Aufschwung, die Stabilisierung der politischen Verhältnisse und durchaus auch die neue vielfältige Kultur der Weimarer Republik waren kein günstiger Nährboden für Demagogen und Ideologen wie ihn. Bei der Reichstagswahl am 20. Mai 1928 kam die NSDAP auf 2,6 Prozent der Stimmen. Bei der am selben Tag stattfindenden Wahl des Landtags in Bayern erreichte sie 6,1 Prozent und verlor damit zwei Drittel der Stimmen, die der Völkische Block vier Jahre zuvor erreicht hatte.

Aber die Partei und ihre Organisationen wurden durch ihre Gönner und Sympathisanten in den «besseren Kreisen» aufrechterhalten. Die Schlägertrupps der SA und der SS demonstrierten bald wieder bei jeder Gelegenheit in Uniform und gingen, besonders in Saalschlachten, rücksichtslos gegen ihre Gegner vor. Trotz der bescheidenen Wahlerfolge der NSDAP verschwanden die Uniformen ihrer Organisationen keineswegs vollständig aus dem Straßenbild. SA und SS standen bereit, als durch die Weltwirtschaftskrise die Karten ganz neu gemischt wurden. Bereits bei den Reichstagswahlen am 14. September 1930 erreichte die NSDAP 18,3 Prozent der Stimmen und wurde hinter der SPD zweitstärkste Partei. In Bayern blieb die BVP bei diesen Reichstagswahlen stärkste Partei, die NSDAP landete mit 17,9 Prozent der Stimmen hinter der SPD auf Rang 3.

Ohne die helfenden Hände in München und Bayern wäre dieser Aufstieg nicht denkbar gewesen. Nur durch ihre massive Unterstützung konnte Hitler das Fiasko des Putsches vom 8./9. November 1923 hinter sich lassen und die NSDAP in der großen Wirtschaftskrise ab 1929 zur führenden politischen Kraft in Deutschland werden.

15

Verhindern, verzögern, vertuschen – Bayerns politische Aufarbeitung des Putsches

Die maßgeblich von der BVP geprägte bayerische Politik hat durch vielfältige Versäumnisse zu Hitlers politischem Überleben beigetragen. Sie hat aber nicht bewusst und zielgerichtet auf seinen Aufstieg am Ende des Jahrzehnts hingearbeitet. Hitler war nach dem Putsch für sie als politischer Faktor erledigt, und man beschäftigte sich mit ihm allenfalls am Rande, nach Möglichkeit jedoch gar nicht. Vor allem der BVP, seit dem kalten Putsch im März 1920 dominierende Kraft im Land, war sehr daran gelegen, über die Ordnungszelle Bayern ein großes Tuch des Schweigens zu legen. Die wahnwitzigen Pläne, das angeblich jüdisch und marxistisch verseuchte Berlin von München aus zu «retten», sollten möglichst schnell und konsequent vergessen werden. An einer ernsthaften Aufarbeitung von politischen Fehlern und Irrwegen war die Partei nicht interessiert. Ihr Fraktionsvorsitzender Heinrich Held sprach zwar im Februar 1924 davon, Bayern sei im Jahr zuvor «eine Unordnungszelle ersten Ranges geworden»,[1] kam aber über eine pauschale und oberflächliche Distanzierung von der Politik Knillings und Kahrs nicht hinaus. Er hatte diese Politik ja als Fraktionschef der dominierenden Regierungspartei nicht nur hingenommen, sondern wesentlich mitgestaltet.

In der Sitzung des Bayerischen Landtags am 6. Februar 1924 versuchte Held die besondere Form der Revolution in Bayern dafür verantwortlich zu machen, dass sich die Dinge in Bayern ganz anders entwickelt hatten als in Württemberg, Baden, Hessen oder Preußen. Ein ausführliches Zitat aus dieser Rede ist aufschlussreich.

«Haben wir nicht in Bayern eine ganz besondere Art der Revolution durchgemacht, eine Revolution, so scheußlich, wie in keinem anderen Landesteile Deutschlands? Hat es sonstwo noch einen Eisner gegeben, der Bayern und das ganze Reich an die Entente verraten hat, dem allein vor allem zuzuschreiben ist, dass die Schuldlüge nicht verstummen will? Dem allein es zuzuschreiben ist, dass Poincaré bis zum heutigen Tage seine unverschämten Forderungen basieren kann auf der Alleinschuld Deutschlands. Das war der Herr Eisner und seine Spießgesellen, die diese Revolution in Bayern hervorgebracht haben, in dem Bayern, von dem anerkannt wird, dass es vor der Revolution und vor dem Kriege sicherlich mit zu den freiheitlichsten zu den – wenn Sie wollen – demokratischsten Ländern Deutschlands gehört hat. Vergessen Sie doch diese Tatsache nicht und vergessen Sie nicht die Wirkung dieser Tatsachen der Eisnerschen Revolution und was drum und dran hängt, auf das Volk, seine Nachwirkungen bis auf den heutigen Tag! Wenn sie heute wirklich in nationale Kreise kommen und es kommt die Rede darauf, so ist alles voll Empörung und Entrüstung über die Tat eines Eisner, namentlich über den schmählichen Verrat Deutschlands Frankreich gegenüber. (…) Nach Eisner, was haben wir dann erlebt? Die Gräuel und Scheußlichkeiten einer Räterepublik! Wir stehen doch heute noch alle unter dem Eindrucke der Erinnerung; wir denken mit Entsetzen an das, was damals bei uns war und wie es ähnlich heute von den Separatisten in der Pfalz getrieben wird. Glauben Sie, diese Dinge graben sich nicht tief in die Seele eines Volkes ein? Glauben Sie, sie haben nicht ihre Wirkungen fern und fern auf viele Jahrzehnte hinaus?»[2]

Die Ursachen für die politische Entwicklung Bayerns von 1920 bis 1924 sah der BVP-Fraktionsvorsitzende und spätere Ministerpräsident ausschließlich in der Revolution von 1918/19. Etwas tiefer gehende Analyse oder gar Selbstkritik lagen Held fern, kein Gedanke, dass auch andere Faktoren als der Verlauf der Revolution eine Rolle gespielt haben könnten. Die Geschichte dieser Verteidigungslinie der BVP reicht bis in die Geschichtsschreibung unserer Gegenwart. Bemerkenswert ist allerdings, dass es offenbar für den Zeitgenossen Held vor allem die Eisnersche Politik des «Landesverrats» war, die zu den Verwerfungen der bayerischen Nachkriegspolitik geführt hatte, während er auf die Räterepublik deutlich weniger scharf und in einem Atemzug mit den separatistischen Bestrebungen in der Pfalz zu sprechen kam. Heute wird dagegen Eisner in diesem Kontext kaum mehr erwähnt und stattdessen vor allem die Räterepublik verantwortlich gemacht.

Held ging am 6. Februar 1924 gar so weit, die Verteidigung der Republik gegen die von Bayern aus operierenden Mordorganisationen für die Politik Bayerns im Jahr 1923 verantwortlich zu machen: «Denken Sie an die Auswirkungen der Republikschutzgesetze, denken Sie an die systematische Zertrümmerung unserer Einwohnerwehren usw., dann müssen Sie doch begreifen, dass die Dinge nahezu gesetzmäßig so kommen mussten, wie sie vielfach in Bayern gekommen sind.»[3]

Noch im selben Monat hatte dann der Hitlerprozess begonnen, und vor Gericht war aufgrund der Verteidigungsstrategie einiges zur Sprache gekommen, was die Spitze der BVP gern geheim gehalten hätte. Wichtige Tatsachen und Verbindungen waren allerdings noch nicht öffentlich bekannt geworden, weil sie unter Ausschluss der Öffentlichkeit verhandelt worden waren. Oder sie lagen noch ganz im Dunkeln, weil Kahr, Lossow und Seißer nicht angeklagt waren und das Gericht Beweisaufnahmen, die in ihre Richtung gingen, in aller Regel ablehnte.

Das war vor allem einem jüngeren SPD-Abgeordneten ein Dorn im Auge, der im April 1924 erstmals in den bayerischen Landtag gewählt wurde. Noch bevor der neue Landtag zu seiner konstituierenden Sitzung in seinem damaligen Sitz in der Prannenstraße 16–23 zusammenkam, begann der 36-jährige Jurist Wilhelm Hoegner auf die Einsetzung eines Parlamentarischen Untersuchungsausschusses hinzuarbeiten. Das war in der jungen deutschen Demokratie ein noch völlig neues politisches Instrument, das die Rechte der Opposition im Parlament stärken sollte. Von Anfang an war es Hoegners Ziel, Hitlers Putsch im Kontext zu untersuchen und die rein politisch motivierte, sachlich völlig unangebrachte Begrenzung auf das Geschehen am 8. und 9. November, die für die Arbeit der Staatsanwaltschaft und den Prozess gegolten hatte, hinter sich zu lassen.

Schon früher, am 21. November 1923, hatte es einen ersten Antrag der SPD auf Einsetzung eines Untersuchungsausschusses gegeben. Gegen einen solchen Ausschuss war damals vorgebracht worden, er würde dem Hitlerprozess vorgreifen und die Richter beeinflussen. Das hat die SPD dazu bewogen, auf die Einsetzung zu verzichten.[4] Mit dem Ende des Hitlerprozesses waren solche Bedenken erledigt. Zusätzlich bestärkt wurde Hoegner vermutlich auch durch die Entscheidung der Staatsanwaltschaft München I vom 12. Mai 1924, das Ermittlungsverfahren gegen Kahr, Lossow und Seißer einzustellen, weil bei den Beschuldigten ein Vorsatz, sich an dem Putsch zu beteiligen, nicht erwiesen sei.

Bereits in der konstituierenden Sitzung am 3. Juni 1924 brachte die Fraktion der SPD den Antrag ein, einen Ausschuss einzurichten «Zur Untersuchung der Vorgänge am 1. Mai 1923 in München und der gegen Reichs- und Landesverfassung gerichteten Bestrebungen in Bayern, die in der Zeit vom 26. September bis 9. November 1923 aufgetreten sind». Nach § 52 Abs. 2 der Bayerischen Verfassung war für die Einsetzung eines Untersuchungsausschusses ein Antrag von mindestens einem Fünftel der Abgeordneten notwendig. Konkret betrug das Quorum im Juni 1924 26 Abgeordnete. Da die SPD lediglich über 23 Mandate verfügte, war sie auf die Unterstützung von Angehörigen anderer Fraktionen angewiesen.

Mit Schreiben vom 9. Juli 1924 an den Ministerpräsidenten, inzwischen Heinrich Held, erhoben die Vaterländischen Verbände Augsburgs «Einspruch gegen die von sozialdemokratischer Seite geforderte Schaffung eines Parlamentarischen Ausschusses zur Untersuchung der gegen Reichs- und Landesverfassung gerichteten Bestrebungen in Bayern während des vergangenen Jahres. Darüber ist bereits in aller Öffentlichkeit verhandelt worden; was jetzt noch erreicht werden kann, ist nur das schmachvolle Schauspiel, dass die Tragik des 9. November, die ihren Abschluss im Hitlerprozess gefunden hat, wieder hervorgezerrt wird, um sozialistischen Agitationsbedürfnissen neue Nahrung zu geben.»[5]

Wie strittig der Untersuchungsausschuss war, zeigte sich auch im zunächst zuständigen Verfassungsausschuss, wo sämtliche bürgerlichen Parteien seine Einsetzung ablehnten, besonders die weiß-blau und schwarz-weiß-rot orientierten. Ihre Blockadehaltung führte jedoch nicht zum Erfolg, denn der Völkische Block, die Ersatzorganisation der NSDAP, war am 31. Juli 1924 bereit, die Einsetzung des Untersuchungsausschusses mit zu beantragen, weil «in Richtung gegen Kahr, Lossow und Seißer» die notwendige Aufklärung noch nicht erfolgt sei – so der Abgeordnete Rudolf Buttmann vom Völkischen Block im Bayerischen Landtag.[6]

Hoegner führte in der Sitzung am 31. Juli die Fragen im Einzelnen auf, mit denen sich der Ausschuss nach den Vorstellungen der Sozialdemokraten zu beschäftigen hatte. Einige der Fragen bezogen sich auf die Vorfälle am 1. Mai 1923. Im Kern sollte hier geklärt werden, ob am 1. Mai ein Staatsstreich beabsichtigt war. Ganz im Mittelpunkt stand jedoch das Geschehen vom September bis November 1923. Das begann mit den Gründen für die Errichtung des Generalstaatskommissariats und angeblichen Plänen Kahrs, eine eigene Guldenwährung für Bayern zu schaffen. Eine ganze Reihe von Fragen beschäftigte sich mit der Rolle Ehrhardts in der Planung Kahrs. Hatte Kahr ihn nach Bayern gerufen? Hatte Kahr ein Staatskommissariat für Thüringen geplant? Was war mit den Ehrhardt-Truppen in Nordbayern beabsichtigt? Aus welchen Mitteln wurden sie bezahlt? Der Ausschuss sollte auch Licht in den Bruch Bayerns mit dem Reich im Oktober bringen: Wer hat verhindert, dass General Lossow seines Dienstes enthoben wurde, so wie das der Reichswehrminister verfügt hatte? Welche Minister waren mitverantwortlich für die Verpflichtung der Reichswehr auf Bayern? Wer war dafür verantwortlich, dass Haftbefehle des Reichsgerichts nicht vollstreckt wurden? Wer hat angeordnet, dass die bayerischen Steuern nicht nach Berlin abgeführt werden sollten?

Ganz zentral war die Frage zu klären: «War militärischer Marsch nach Berlin mit Staatsstreich von bayerischen Behörden geplant?» Und in diesem Zusammenhang: «Hat Kahr vor dem 8. November 1923 das Gesamtstaatsministerium darüber unterrichtet, dass im Reich auf normalem oder anormalem Weg eine Reichsdiktatur mit Kahr an der Spitze errichtet werden solle?» «Welchen Inhalt hatten die Verhandlungen des Herrn von Kahr mit Minoux, Tirpitz, Scheer, Kriebel über die Anwendung des anormalen Druckes?» «Hat Herr von Kahr durch Ehrhardt tatsächlich Gelder (20 000 Dollar) für den Marsch nach Berlin in Nürnberg sammeln lassen?»[7] «Welchem Zwecke diente und welchen Erfolg hatte die Reise des Herrn Seißer nach Berlin?» «Hat Herr von Kahr in der Nacht vom 8. auf 9. November 1923 Funkspruch an alle maßgebenden bayerischen Behörden erlassen, dass er in Bayern die Geschäfte als Statthalter der Monarchie übernommen habe?» Auch die Rolle des ehemaligen Kronprinzen Rupprecht unter dem Generalstaatskommissariat hielt Hoegner für dringend aufklärungsbedürftig. Ebenso die Frage, ob der Landtag unter dem Generalstaatskommissariat an der Ausübung seiner verfassungsmäßigen Rechte gehindert worden sei.[8]

Als Hoegner seine lange Liste mit Fragen und Themen mit der Bemerkung abschloss, «Dies ist der Fragenkomplex, den wir vorläufig geklärt wissen wollen», vermerkte das Protokoll zwar «Heiterkeit», aber vermutlich war den Abgeordneten der BVP und der Bayerischen Mittelpartei (BMP) nicht wirklich zum Lachen zumute. Hoegner meinte es erkennbar ernst mit Untersuchung und Aufklärung, und die bürgerlichen Parteien waren nicht in der Lage, die Einsetzung des Untersuchungsausschusses zu verhindern.

Der Fraktionsvorsitzende der deutschnationalen BMP, Hans Hilpert, meinte angesichts der langen Liste bereits zu erkennen, «zu welchem groben Unfuge sich dieser so genannte parlamentarische Untersuchungsausschuss auswachsen wird.» Es sei sehr bedauerlich, dass die Verfassung keine Handhabe gebe, um einen derartigen groben Unfug, der von einer verschwindenden Minderheit in Szene gesetzt werde, zu verhindern.[9]

Hoegner versuchte zu beschwichtigen und zu erläutern, worum es ihm im Kern ging: «Wie war es möglich, dass die berühmte ‹Ordnungszelle› Bayern nach den Worten des gegenwärtigen Herrn Ministerpräsidenten vom Februar 1924 zu einer ‹Unordnungszelle ersten Ranges› geworden ist? Das aufzuklären, daran hat auch die gesamte bayerische Öffentlichkeit, hat das bayerische Volk ein dringendes Interesse. Wir verlangen ferner, dass die gesamte Regierungstätigkeit des vermeintlichen Retters Bayerns, des Herren von Kahr, einer genauen Nachprüfung unterzogen wird. Wir wollen nicht den ganzen Hitlerprozess wieder aufnehmen, wir wollen lediglich die politischen Vorgänge, die im Hitlerprozess nicht aufgedeckt worden sind, klarstellen lassen. Es handelt sich für uns gar nicht darum, Dinge, die hinter verschlossenen Türen vor sich gegangen sind, in die breite Öffentlichkeit zu bringen. Wir sind selbstverständlich damit einverstanden, dass alle die Dinge, die geheim zu halten im Interesse der Staatssicherheit liegt, auch in diesem Untersuchungsausschusse vertraulich behandelt werden.»[10]

Am folgenden Tag wurden die Fragen und Themenkomplexe in der *Münchener Post* vollständig veröffentlicht, und an diesem 1. August 1924 wurden auch bereits die Mitglieder des Ausschusses auf Vorschlag der Fraktionen benannt. Die BVP als stärkste Fraktion des Landtags beanspruchte drei Sitze im Ausschuss, KPD und DDP waren nicht vertreten, die übrigen Fraktionen stellten jeweils ein Ausschussmitglied. Diese Aufteilung gab der größten Fraktion überproportionales Gewicht und entsprach ganz und gar nicht dem Grundgedanken, durch einen solchen Ausschuss die Rechte der Opposition zu stärken. Für die BVP rückten ihr stellvertretender Faktionsvorsitzender Georg Stang, der angesehene Nürnberger Rechtsanwalt Josef Graf von Pestalozza und der Münchner Kreisverbandsvorsitzende und Jurist Fritz Schäffer in den Ausschuss ein. Die BMP entsandte ihren Fraktionsvorsitzenden Hans Hilpert, ebenso der Bayerische Bauern- und Mittelstandsbund (BBMB) seinen Fraktionsvorsitzenden Anton Staedele. Der Völkische Block wurde durch den Oberlandesgerichtsrat und Landtagsvizepräsidenten Theodor Doerfler vertreten, die SPD durch Wilhelm Hoegner. Die hochkarätige Besetzung zeigt, dass die Regierungsparteien den Ausschuss zwar ablehnten, ihn aber zugleich für äußerst brisant hielten.

Nach seiner Einsetzung durch den Landtag am 1. August 1924 traf sich der Untersuchungsausschuss am 13. März 1925 zu seiner konstituierenden Sitzung. Dass man mehr als sieben Monate untätig blieb, ließ nichts Gutes erwarten. Georg Stang (BVP) wurde nun zum Vorsitzenden gewählt, Graf Pestalozza und Wilhelm Hoegner bestimmte man als ausschussinterne Berichterstatter. Das schien ein gutes Zeichen im Sinne der angestrebten Aufklärung zu sein, denn Pestalozza hatte die bayerische Justiz und ihren Umgang mit dem Hitlerputsch massiv kritisiert. Unter anderem hatte er vorgeschlagen, man solle die Aufschrift am Münchner Justizpalast «Justitia fundamentum regnorum» – Gerechtigkeit ist die Basis der Herrschaft – ersetzen durch die Inschrift aus Dantes *Göttlicher Komödie*: «Lasset, die ihr hier eintretet, alle Hoffnung fahren.»[11] In einer zweiten Sitzung verständigte sich der Ausschuss am 17. März darauf, dass die beiden Berichterstatter «unabhängig voneinander unter Heranziehung aller für das Ausschussthema relevanten Aktenbestände zwei Berichte zum gesamten Fragenkomplex für den Ausschuss erstellen sollten.»[12] So wollte man dem gesamten Ausschuss eine hinreichende Materialbasis für seine Tätigkeit verschaffen. Der Ausschuss verlangte nun zunächst «die Vorlage des gerichtlichen Materials von der Staatsanwaltschaft beziehungsweise von den in Betracht kommenden Behörden». Der Präsident des Bayerischen Landtags wandte sich mit Schreiben vom 18. März 1925 an die Regierung.[13]

Zu seiner nächsten Sitzung, der ersten ordentlichen Arbeitssitzung, trat der Untersuchungsausschuss am 5. Oktober 1927 zusammen, also erst nach mehr als zweieinhalb Jahren. Für intime Kenner der politischen Verhältnisse in Bayern war das keine Überraschung. Der württembergische Gesandte in München, Carl Moser von Filseck, berichtete bereits am 19. Juli 1924 nach Stuttgart, die Koalitionsparteien seien sich darüber einig, «dass dieser Ausschuss nicht in Tätigkeit treten darf und werden jeglichen Versuch einer solchen mit allen Kräften zu sabotieren suchen.»[14] Selbstverständlich wies der Ausschussvorsitzende, ein enger Vertrauter des Ministerpräsidenten, jede Verschleppungsabsicht strikt von sich. Das Justizministerium habe die einschlägigen Untersuchungs- und Strafakten immer wieder nur zeitweise entbehren können und jeweils wegen einzelner anstehender Verfahren wieder zurückfordern müssen.

Was Stang nicht erwähnte: Das Justizministerium weigerte sich beharrlich, den Berichterstattern die stenografischen Niederschriften des Hitlerprozesses vollständig und unzensiert zukommen zu lassen. Das Justizministerium hatte darüber hinaus am 11. Juli 1926 angeordnet, wenn ein Untersuchungsausschuss «um die Übersendung von Akten ersucht oder die Akten zur Einsichtnahme verlangt, ist mit größter Beschleunigung auf dem Dienstwege, wenn aber größere Eile geboten, unmittelbar, nötigenfalls fernmündlich oder telegrafisch dem Staatsministerium der Justiz zu berichten und dessen Entscheidung abzuwarten».[15] Alles in allem «ergibt sich ein relativ klares Bild systematischer und verfassungswidriger Behinderung und Verzögerung der Ermittlungstätigkeit des Untersuchungsausschusses durch das Justizministerium.»[16]

Der Justizminister hatte gute persönliche Gründe, so zu verfahren, denn es ging im Komplex 1. Mai 1923 auch um die Frage, ob Gürtner selbst – verfassungswidrig – in das Ermittlungsverfahren gegen Hitler eingegriffen hatte und im Hinblick auf diesen Eingriff den bayerischen Landtag belogen hatte.

Es waren aber keineswegs nur Gürtner und sein Ministerium, die es Hoegner schwer machten, an die notwendigen Unterlagen zu kommen. Die Landtagsverwaltung reichte Unterlagen nicht an ihn weiter, teilte ihm oft nicht einmal mit, wenn dort Unterlagen eingegangen waren. Monatelang blieben Akten im Frühjahr und Sommer 1925 beim Berichterstatter Graf Pestalozza liegen, ohne dass der Graf Zeit fand, sie durchzuarbeiten. Er gab allerdings in dieser Zeit dem Mitberichterstatter Hoegner auch keine Gelegenheit zur Einsichtnahme.

Im Frühjahr 1927 lagen Hoegner dann endlich die wesentlichen Akten vor, im Juli auch die stenografischen Niederschriften des Hitlerprozesses. Auf seinen Antrag beschloss der Bayerische Landtag am 21. Juli 1927, dass der Untersuchungsausschuss bereits ab 5. Oktober – also noch vor der Einberufung des Landtages nach dessen Sommerpause – Sitzungen abhalten konnte. Die Zeit drängte nun sehr, denn mit dem Ende der Legislaturperiode im April 1928 endete auch die Arbeit des Untersuchungsausschusses – völlig unabhängig davon, ob er überhaupt tätig geworden war.

Allgemein war erwartet worden, dass die Vertreter der Regierungskoalition im Ausschuss versuchen würden, auch noch die letzten Monate mit ihrer Verschleppungstaktik zu überbrücken. Was den Ausschlag für den Kurswechsel gab, ist nicht zweifelsfrei zu ermitteln. Mit Sicherheit war es nicht das ernsthafte Bestreben, Licht in die düsteren Angelegenheiten des Jahres 1923 zu bringen. Vielleicht hoffte die BVP auf Material, das Völkische und Nationalsozialisten belasten würde und sich im anstehenden Wahlkampf verwenden lassen könnte. Vielleicht kamen Held und die BVP-Spitze aber auch zu der Überzeugung, dass der Imageschaden für den Freistaat Bayern bei vollständiger Tatenlosigkeit des Untersuchungsausschusses größer sein würde als bei einer so kurzzeitigen Befassung mit den einschlägigen Themen, wie sie zwischen Oktober und April noch denkbar war. Aufgrund der Mehrheitsverhältnisse im Ausschuss schien man im Übrigen ja auch alles unter Kontrolle zu haben.

Wilhelm Hoegner bewältigte in den Sommermonaten ein gigantisches Arbeitspensum und verschaffte sich einen profunden Einblick in das bayerische Geschehen im Krisenjahr 1923. Der Untersuchungsausschuss trat am 5. Oktober 1927 zu seiner ersten ordentlichen Sitzung zusammen und traf sich innerhalb von drei Wochen zu weiteren neun Sitzungen. Thema war an diesen zehn Tagen ausschließlich der erste, weitaus kleinere und leichter zu überschauende Teil des Auftrags, der Aufmarsch der Kampfverbände am 1. Mai 1923 mit all seinen Begleitumständen.

Bereits in dieser ersten ordentlichen Sitzung berührte Pestalozza im

Rahmen seines Berichts den heikelsten Punkt dieses Komplexes, als er im Hinblick auf das gegen Hitler wegen des 1. Mai seinerzeit anhängige Gerichtsverfahren erklärte, «in den Münchener Gerichtsstuben» sei es «als eine bekannte Tatsache bezeichnet worden, dass Herr Minister Gürtner telefonisch durch Ministerialrat Dürr den Staatsanwalt angewiesen habe, dieses Verfahren einzustellen.»[17] Hoegner beantragte, dazu Zeugen zu vernehmen, aber dies «wurde von der Ausschussmehrheit zumeist abgelehnt.» Der frühere Innenminister Schweyer machte allerdings «bei seiner Vernehmung wichtige Aussagen gegen den Justizminister.» Schweyer war der Meinung, nach dem großen Landfriedensbruch vom 1. Mai 1923 hätte die Hitlerbewegung «von Staats wegen unterdrückt werden müssen. Dann wäre Bayern die Katastrophe vom November 1923 und die noch größere des Hitlerprozesses erspart geblieben.»[18]

Am Ende der umfangreichen Beschäftigung des Ausschusses mit diesem Komplex stand eine «eher milde politische Rüge des Untersuchungsausschusses am Verhalten Gürtners», die allerdings den *Bayerischen Kurier* zu einer scharfen Kritik am nach wie vor amtierenden deutschnationalen Justizminister veranlasste. Dies sorgte in der amtierenden Regierungskoalition für Konflikte und auch für Druck auf den Ausschuss, sich eindeutig zu positionieren. «Wenn der Ausschuss die Verfassung für verletzt halte,» forderte und drohte Hilbert, der Vertreter der deutschnationalen BMP im Ausschuss, «müsse das Parlament die Ministeranklage erheben.»[19]

Das hätte zweifellos das Ende der Regierungskoalition bedeutet und auch innerhalb der BVP die ohnehin heftigen Flügelkämpfe noch verstärkt. Also entschieden sich der Ausschussvorsitzende Stang (BVP) und das BVP-Mitglied Schäffer «den offensichtlichen Verfassungsverstoß Gürtners zu leugnen».[20] Damit war über den Einzelfall hinaus klargestellt, dass es der BVP im Ausschuss nicht wirklich um sachliche Aufklärung ging. Graf Pestalozza verzichtete, wohl auch unter erheblichem Druck seiner Parteifreunde,[21] für die weitere Arbeit des Ausschusses auf «Abweichungen» von der Parteilinie und zog sich in eine Art innere Emigration zurück.

In einem Beleidigungsprozess erklärte Pestalozza am 20. April 1928 in München vor Gericht: «Als Berichterstatter habe ich im Ausschuss keine eigene Meinung sagen dürfen. Mir ist von meiner Partei verboten gewesen, um der Koalition willen im Ausschuss auch nur ein einziges Wort zu sagen.»[22]

In seiner 11. ordentlichen Sitzung begann der Ausschuss am 28. Oktober 1927 mit der Behandlung des zweiten Themenkomplexes. Pestalozza berichtete über seine Erkenntnisse aufgrund des Aktenstudiums, die sich im Hinblick auf eine Verwicklung von Kahr, Lossow und Seißer in das Putschgeschehen weitestgehend mit der von Anfang an von der BVP verfolgten Linie deckten. Die BVP-Spitze hatte endgültig entschieden, sich mit dem von ihr installierten «System von 1923» nicht kritisch auseinanderzusetzen, sondern an ihrer Vertuschungsstrategie festzuhalten, und sie hatte den Grafen auf Linie gebracht.

Fast fünf Wochen musste dann wegen einer Erkrankung Pestalozzas unterbrochen werden. In der 12. Sitzung am 1. Dezember begann Hoegner seinen Bericht über das zu untersuchende Geschehen des Herbstes 1923 und setzte ihn bis zum Ende der 16. Sitzung am 19. Dezember fort. Offenbar war er inzwischen zu der Überzeugung gekommen, dass es aufgrund der politischen Gemengelage aussichtslos war, innerhalb des Ausschusses zu einvernehmlichen Feststellungen zu kommen, und er nutzte nun zumindest die Gelegenheit, seine Erkenntnisse in den öffentlichen Sitzungen des Ausschusses darzulegen. Adressaten waren wohl nicht mehr nur seine Ausschusskollegen, sondern auch die Pressevertreter im Saal. Allerdings wurde auch im Untersuchungsausschuss die Öffentlichkeit immer wieder ausgeschlossen, wenn es um Fragen mit außenpolitischer Brisanz ging, also beispielsweise die Ausbildung der Wehrverbände durch die Reichswehr.

Zu seiner 17. Sitzung trat der Ausschuss nach fast dreimonatiger Unterbrechung erst am 13. März 1928 zusammen. Gleich zu Beginn kam es zu einer heftigen Kontroverse, weil der sozialdemokratische Reichstagsabgeordnete Alwin Saenger im Reichstag erklärt hatte, die Arbeit des Untersuchungsausschusses sei verschleppt worden. Das wollte der Ausschussvorsitzende keinesfalls auf sich und seiner Partei sitzen lassen. Die Auseinandersetzung darüber wurde auch zu Beginn der 18. Sitzung fortgeführt. Danach forderte der Vorsitzende ein schnelles Ende des Ausschusses. Hoegner stellte noch einige Anträge zur weiteren Beweiserhebung und zur Einvernahme von Zeugen, die allesamt abgelehnt wurden. Weitere Ermittlungstätigkeit wurde generell abgelehnt.

Pestalozza und Hoegner trugen ihre jeweiligen Feststellungsanträge vor. Ohne weitere Aussprache wurde über die Feststellungsanträge Punkt für Punkt abgestimmt. Die Anträge Hoegners wurden alle mehrheitlich abgelehnt. Danach stimmte man über die Feststellungsanträge Pestalozzas ab, und sie wurden bis auf geringfügige Änderungen als Feststellungen der Ausschussmehrheit verabschiedet. Im Unterschied zur Ausarbeitung der Feststellungen des Untersuchungsausschusses zum Komplex 1. Mai 1923 wurde nun «in keiner Weise der Versuch unternommen, Kompromissanträge unter Einbeziehung von Wilhelm Hoegner zu finden.»[23]

Die Feststellungen der Ausschussmehrheit lauteten:

«1. Die Frage, ob durch Schaffung einer eigenen Währung die Geldverhältnisse in Bayern stabilisiert werden könnten, wurde im Generalstaatskommissariat erwogen, aber als dem Reichsgedanken abträglich und undurchführbar erkannt.
2. Die Aufstellung von Truppen in Nordbayern bezweckte nach den Absichten der bayerischen Behörden lediglich den polizeilichen Grenzschutz gegenüber dem zu erwartenden Übergreifen von Aufständen in Thüringen.
3. Dass im Oktober 1923 ein Bruch mit dem Reiche beabsichtigt war, lässt sich nicht feststellen.
4. Ein Beweis dafür, dass seitens bayerischer Behörden ein militärischer Marsch nach Berlin geplant war, hat sich nicht ergeben.
5. Bezüglich einer Beteiligung der Herren von Kahr, von Lossow und von Seißer an den hochverräterischen Plänen Hitlers liegen gerichtliche bzw. staatsanwaltschaftliche Feststellungen vor. Der Untersuchungsausschuss glaubt, zu deren Nachprüfungen nicht berufen zu sein. (…)
6. Wie bereits durch den Gerichtsvorsitzenden festgestellt wurde, stand Kronprinz Rupprecht zu den hochverräterischen Vorgängen in keiner Beziehung.»[24]

Im bereits erwähnten Beleidigungsprozess erklärte der Berichterstatter Pestalozza am 20. April 1928 in München vor Gericht: Der Vertreter der deutschnationalen BMP, «Dr. Hilpert hat den Ausschuss derartig terrorisiert, dass überhaupt kein richtiger Beschluss gefasst werden konnte. In diesem Untersuchungsausschuss ist mit dem Recht Schabernack gespielt worden.»[25]

Im Licht dieser «Abwicklung» des Untersuchungsausschusses kann der Umgang der Regierungsparteien mit dessen Ergebnissen und Feststellungen kaum überraschen. Zunächst sollte wohl eine Auseinandersetzung des Plenums mit dem Bericht und dessen Veröffentlichung als Landtagsdrucksache vor den anstehenden Wahlen ganz verhindert werden. Erst eine Interpellation der SPD-Fraktion veranlasste das Präsidium des Landtags, den Bericht des Untersuchungsausschusses auf die Tagesordnung der letzten Sitzung des Landtags am Freitag, 27. April 1928, zu setzen.[26]

Hoegner nutzte die Sitzung zu einer zweistündigen Rede, in der er den Umgang der Regierungsfraktionen mit dem Untersuchungsausschuss und der «Wahrheit» anprangerte. «Die Wahrheit hätte der herrschenden Regierungsmehrheit einfach nicht in ihren politischen Kram gepasst; deshalb durfte sie nicht ausgesprochen werden. Aber die Wahrheit ist doch an den Tag gekommen, wenigstens zum Teil, und sie wird bestehen, wenn gewisse Feststellungen des Ausschusses nur noch die Bedeutung einer geschichtlichen Groteske, der seltsamen Verzerrungen in einem Spiegelkabinett haben werden.»[27]

Hoegner trug seine wichtigsten Feststellungen im Plenum vor und warf zentrale Fragen auf, die bislang nicht abschließend beantwortet oder gewürdigt waren. Es ging um Ehrhardt und den «Grenzschutz» an der Bayerischen Nordgrenze. Es ging um die Aussagen verschiedener Beteiligter im Oktober 1923, Kahr habe erklärt, er werde «marschieren und gewisse Fragen wie Bismarck lösen». Es ging um Lossows Befehl zur Verdreifachung der VII. Reichswehrdivision durch Mitglieder der Wehrverbände. Es ging um die «Herbstübung 1923», die Vorbereitung des militärischen Aufmarschs, der eine «nationale» Regierung in Berlin erzwingen sollte. Es ging um die Zusammenarbeit mit rechtsextremen Putschisten im Norden Deutschlands. Es ging um die Frage, was das Gesamtstaatsministerium und die Spitzen der Regierungsparteien von alledem wussten. Und es ging um die Frage, ob der ehemalige Kronprinz Rupprecht in die Pläne verwickelt war.

Hoegner betonte, dass manches noch nicht vollständig aufgeklärt sei. «Zur vollen Aufdeckung der Wahrheit hätte der Schleier, der über den Vorgängen des Jahres 1923 lag, noch stärker gelüftet werden müssen. Der Inhalt der von dem Ausschuss allein beigezogenen Gerichtsakten und die Aussagen der wenigen vernommenen Zeugen reichen zu einem abschließenden Urteil über viele Vorgänge des Jahres 1923 nicht aus. Ich habe im Ausschusse wiederholt weitere Beweiserhebungen beantragt, bin aber nicht durchgedrungen.»[28]

Hoegner präsentierte dem Plenum sein Minderheitenvotum.[29] Er übte heftige Kritik am Hitlerprozess, sprach von einer «Justizkatastrophe» und griff die bayerische Justiz massiv an, weil sie die Strafe des Hochverräters Hitler zur Bewährung ausgesetzt hatte. Auch die Causa Gürtner brachte er zur Sprache, nannte das Verhalten der Justizverwaltung «eine objektive Verletzung der bayerischen Verfassung». Es war eine Generalabrechnung mit dem «System von 1923» und dessen Verschleierung, die bis ins Jahr 1928 reichte – und weit darüber hinaus.

Eine ausführliche Debatte über Hoegners Rede fand nicht statt. «Zur Raumersparnis» verzichtete die Landtagsverwaltung auch darauf, Hoegners ausführlichen Bericht aus dem Untersuchungsausschuss – er umfasst 1631 Schreibmaschinenseiten – in den Landtagsdrucksachen zu veröffentlichen. Er steht bislang lediglich als Schreibmaschinendurchschlag im Bayerischen Hauptstaatsarchiv zur Verfügung (MA 103 476), wird aber rechtzeitig zum 8./9. November 2023 online verfügbar gemacht werden. Da die grundlegenden, 19 Bände umfassenden Prozessakten des Volksgerichts München I nicht mehr existieren und auch die vier Aktenbände des bayerischen Justizministeriums im April 1945 gezielt verbrannt wurden,[30] ist der umfassende Bericht Hoegners im Hinblick auf Aussagen von Beschuldigten und Zeugen bei Vernehmungen durch die Staatsanwaltschaft eine Quelle von herausragender Bedeutung.

Auszüge aus Hoegners Bericht hat der Landesausschuss der SPD in Bayern 1928 in zwei Teilen mit 52 bzw. 205 Seiten unter dem Titel «Hitler und Kahr. Die bayerischen Napoleonsgrößen von 1923» veröffentlicht. «An eine politische Ausnützung der Enthüllungen dachte der Parteivorstand 1928 noch nicht», merkte Hoegner 1959 in seinen Erinnerungen an. «Man hielt Hitler für erledigt und was sollte schon aus Bayern Gutes kommen? War doch ein Redeverbot gegen Hitler ausgerechnet auf Antrag des Reichstagspräsidenten Loebe (SPD – WN) aufgehoben worden – aus Gründen der Demokratie. Als so harmlos sah man nach dem Hitlerputsch von 1923 den Nationalsozialismus an.»[31]

16

Heldenmythos, Blutfahne, Opfergang – Der gescheiterte Putsch in der NS-Propaganda

Die nationalsozialistische Legendenbildung um den Putsch hatte schon während des Hitlerprozesses begonnen, als Hitler sich selbst – ganz im Sinne der Anklage – zum Alleinverantwortlichen stilisierte und sich als ehrlichen und aufrechten Kämpfer für die nationale völkische Sache präsentierte. Ihm und der Verteidigung gelang es, Kahr, Lossow und Seißer als Verräter zu brandmarken, die Verantwortung für die Toten des 9. November ganz dem Triumvirat zuzuschieben und damit vollständig von eigenen Versäumnissen und Fehlentscheidungen abzulenken. Die Propagandaschlacht im Gerichtssaal hatte ganz eindeutig Hitler gewonnen. Das zeigte sich nicht nur im Urteil, sondern mehr noch in der Reaktion auf den Straßen.

Während seiner Haftzeit machte Hitler aus dem Debakel des 8. und 9. November eine «heroische Niederlage».[1] Den ersten Band von *Mein Kampf* widmete er den «Gefallenen des 9. November 1923», denen er «ein freiwilliges Selbstopfer für das Vaterland» zuschrieb.[2] Dieser Linie folgte die Propaganda der Partei vom Tag ihrer Neugründung an. Sie erfand und erzählte die große Geschichte von Helden, die im Kampf für das Vaterland ihr Leben geopfert hatten, die Geschichte eines schmählichen Verrats, den vorgeblich «nationale» Politiker am 9. November 1923 begangen hatten, die Geschichte einer neuen Weltanschauung und einer Volksbewegung, die sich unter «schweren Kämpfen, mit Schmerzen und nicht ohne eigene menschliche Schuld» nach oben ringt und sich nach und nach von allem ablöst, «was den Weg zur deutschen Freiheit nicht gehen will oder nicht gehen kann.» So charakterisierte der *Völkische Beobachter* zum zweiten Jahrestag des Putsches das Geschehen.

«Ehre, Freiheit, Vaterland! – Dem Gedenken der im Kampf um Deutschlands Wiedergeburt gefallenen Kameraden» – das waren die großen Überschriften auf der Titelseite am 8./9. November 1925. In einem Kasten mit Trauerflor mitten auf der Titelseite präsentierte das Zentralorgan der NSDAP in alphabetischer Reihenfolge die Namen der 16 «Gefallenen» des 9. November 1923 mit ihren Berufen und Geburtsdaten.[3] Auch auf das «Verbrechen» der Novemberrevolution ging das Blatt ein, allerdings erst auf seiner vierten Seite.

1926 erklärte Hitler den 9. November zum «Reichstrauertag» der NSDAP. Zum Jahrestag füllte ein großer Kasten mit Trauerrand fast die gesamte Titelseite des *Völkischen Beobachters:* «Wir gedenken der Toten». Ein markanter einleitender Text verknüpfte die beiden Novemberdaten der Jahre 1918 und 1923 ganz direkt: «Der 9. November, der Tag der Revolution, die im Jahre 1918 Deutschlands Größe brach, der Tag, der uns im Jahre 1923 die bittersten Stunden bescherte, als der edelste Freiheitswille deutschen Frontkämpfer- und Jugendgeistes in Blut und Elend zu Boden geschlagen wurde, dieser 9. November ist und wird uns immer der Tag innerer Einkehr und rückschauenden, ehrfurchtsvollen Gedenkens sein.»[4]

Die enorme Bedeutung des 9. November für das Selbstverständnis der Partei zeigte sich auch im Umfang der jährlichen Beschäftigung mit dem Thema. 1927 widmete der *Völkische Beobachter* ihm vier Seiten mit den Überschriften: «Der neunte Jahrestag der Novemberrevolte», «Die Börsenrevolte des Judentums», «Die neunjährige Selbstentlarvung von Demokratie und Marxismus», «Die Toten des 9. November», «Der Staat und der 9. November», «Der 9. November ein Deutscher Schicksalstag!»[5]

Die Propaganda begann bereits 1927 das Scheitern des «Marsches auf Berlin» zur notwendigen Voraussetzung für den zukünftigen Erfolg zu stilisieren. «Nichts ist für eine junge geschichtliche Bewegung, die eine große Sendung vor sich hat, gefährlicher als ein rascher und leichter Sieg, denn dieser führt eine solche Menge mittelmäßiger und minderwertiger Menschen in ihre Reihen, dass sie ihre idealen Ziele nicht mehr zu erreichen vermag.»[6] Dadurch wurde dem Sterben der «Blutzeugen» ein geradezu mythischer «Sinn» zugeschrieben. Symbolträchtig wurde die gerettete Fahne vom 9. November 1923 zur «Blutfahne» er-

Fahnen- und Standartenweihe auf dem Reichsparteitag 1934. Hitler berührt mit der Blutfahne» des Putsches neue Standarten. Dem Blut der «Märtyrer» des 9. November 1923 wird mythische Bedeutung zugeschrieben.

hoben. Neue Standarten der SS und andere Parteifahnen wurden durch Berührung mit dem Tuch der Blutfahne geweiht.

All das wurde von der weitaus überwiegenden Mehrheit der Bevölkerung vermutlich noch 1928 als irritierende Spinnerei einer kleinen, rechtsextremen Sekte betrachtet – wenn sie es überhaupt wahrnahm. Bei den Wahlen im Mai 1928 kam die NSDAP nur auf 2,6 Prozent der Stimmen. Und doch gingen genau von dieser Wahl entscheidende Impulse für die Zerstörung der Republik aus.

Aufgrund der massiven Verluste der Deutschnationalen, die fast ein Drittel ihrer Wählerschaft verloren und auf 14,2 Prozent abrutschten, kam es zu einer Radikalisierung der Partei. Der Pressezar Alfred Hugenberg wurde zum Parteivorsitzenden gewählt. Die DNVP gab alle Versuche auf, sich im Rahmen einer Bürgerblock-Politik mit der Republik zu versöhnen. Sie gehörte von nun an wieder zu den entschiedenen Gegnern der Demokratie und setzte auf eine Zusammenarbeit mit der NSDAP.

Die Weltwirtschaftskrise sorgte ab 1929 auch in Deutschland für wirtschaftlichen Niedergang, Arbeitslosigkeit und bittere soziale Not – ein idealer Nährboden für einen Demagogen vom Schlage Hitlers. Die letzte parlamentarische Regierung, eine Große Koalition aus SPD, DDP, Zentrum, BVP und DVP unter dem Sozialdemokraten Hermann Müller, scheiterte im März 1930 an einer Erhöhung der Beiträge zur Arbeitslosenversicherung. Nun begann sich zu rächen, dass mit Paul von Hindenburg seit 1925 ein Mann Reichspräsident war, der von parlamentarischer Demokratie wenig hielt. Hindenburg betrachtete diese Krise des Parlamentarismus als Chance und ernannte den Zentrumspolitiker Heinrich Brüning zum Reichskanzler, der von nun an mit Hilfe von Notverordnungen des Reichspräsidenten regierte. Hatte Ebert Notverordnungen nach Artikel 48 der Weimarer Verfassung zur Rettung der parlamentarischen Demokratie eingesetzt, führte Hindenburgs Politik zum Gegenteil. Bei der Reichstagswahl am 14. September 1930 wurde die NSDAP mit 18,3 Prozent zweitstärkste Partei hinter den Sozialdemokraten. Zugleich verloren die Parteien der Großen Koalition ihre Mehrheit im Parlament. Brünings Versuch, die große Wirtschaftskrise zur endgültigen Lösung der Reparationsfrage zu nutzen, verschärfte die soziale Notlage noch. Bei der Reichstagswahl am 31. Juli 1932 wurde die NSDAP mit 37,3 Prozent stärkste Partei.

Nun wurde jedoch die große Wirtschaftskrise langsam überwunden, und das führte bei der folgenden Reichstagswahl, die bereits am 6. November 1932 stattfand, zu einem deutlichen Rückgang der NSDAP-Stimmen. Die Partei verlor 4,2 Prozent. Bei den folgenden Kommunalwahlen beschleunigte sich der Trend. Es war alles andere als zwingend, dass Hindenburg am 30. Januar 1933 Hitler zum Reichskanzler ernannte. Die Weimarer Republik wurde zerstört durch die Intrigen im Lager der politischen Rechten und einen Reichspräsidenten, der mit allen Mitteln ein Ende der parlamentarischen Demokratie herbeiführen wollte. Ähnlich wie das Kahr 1923 vorgeschwebt hatte, gedachten auch Hindenburg und die ihn umgebenden konservativ-nationalen Kreise, sich Hitlers zu bedienen, um ihre eigene Agenda zu verwirklichen. Eine katastrophale Fehleinschätzung der eigenen Möglichkeiten und des Führers der NSDAP.

Hitlers Machtantritt bedeutete für die Legendenbildung und die Erinnerung an den 9. November 1923 eine klare Zäsur. Während zuvor öffentliche Kundgebungen aus diesem Anlass in München in aller Regel verboten wurden, weil man Unruhen fürchtete, stand nun einer ungehemmten Inszenierung der NS-Propaganda nichts mehr im Weg. Die Toten eines ziellosen Demonstrationszuges im Anschluss an einen dilettantischen und gescheiterten Putsch nahm die NS-Propaganda als willkommenes Geschenk, mit dessen Hilfe sie eine mythische Geschichte von Opfer, Auferstehung und Erfüllung erzählte, eine Geschichte, die großes pseudoreligiöses Potential hatte. Hitler kaperte den 9. November, an dem zuvor vor allem die Sozialdemokraten die Ausrufung der Republik gefeiert hatten, und machte ihn mit Hilfe der «Gefallenen der Bewegung» zum weihevollsten Tag im nationalsozialistischen Festtagskalender. Jahr für Jahr kamen die Führungskader der Partei und ihrer Gliederungen von nun an nach München, um die Inszenierung mitzuerleben. Das Münchner Treffen war der wichtigste Termin in ihrem Kalender.

Bereits am 12. März 1933, drei Tage nachdem die Nationalsozialisten auch in Bayern die Macht übernommen hatten, reiste Hitler nach München und legte auf den Stufen der Feldherrnhalle einen Kranz mit der Aufschrift «Und ihr habt doch gesiegt!» nieder.[7] Ende 1933 stiftete er den «Blutorden», das Ehrenzeichen vom 9. November 1923, das an alle Personen ausgegeben werden konnte, die beim Putsch aktiv eingesetzt oder in Alarmbereitschaft versetzt worden waren. Der Orden war äußerst prestigeträchtig und galt als höchste Auszeichnung der NSDAP.[8]

Im November 1933 wurde ein Bronzedenkmal in Form einer Tafel in der seitlichen Bogenöffnung der Feldherrnhalle zur Residenzstraße aufgestellt. Zentral waren darauf die Namen der insgesamt 16 Toten Putschisten aufgeführt, darüber die Widmung: «Am 9. Nov. 1923 fielen vor der Feldherrnhalle sowie im Hof des Kriegsministeriums folgende Männer im treuen Glauben an die Wiederauferstehung ihres Volkes». Auf seiner Rückseite trug das Denkmal die Inschrift «Und Ihr habt doch gesiegt!» Unterhalb des Denkmals brachte man – «ganz auf ‹Versöhnung› mit der Landespolizei abzielend – eine Gedenktafel mit den Namen der vier getöteten Landespolizisten von 1923 an.»[9]

Im November 1933 fanden die großen Münchner Feierlichkeiten

erstmals statt. Seit dem späten Abend des 7. November stand die «Geburtsstadt der Bewegung», so der *Völkische Beobachter*, «im Zeichen des größten Tages der nationalsozialistischen Freiheitsbewegung. Die Stadt ist, von den Vorstädten bis ins Stadtinnere hinein, ein einziger Wald von Fahnen und Transparenten.»[10] Ziel war in diesem ersten Jahr vor allem die Inszenierung der «wahren, großen Volksgemeinschaft», wie der Münchner Gauleiter Adolf Wagner in der offiziellen Programmbroschüre erläuterte. «Wir wollen endlich singen und sagen: Deutschland, Deutschland, über alles in der Welt! Das sei der Sinn des 9. November 1933. Und wenn dieser Sinn Gemeingut aller Deutschen wird, dann hat das Blutopfer der zwei Millionen Gefallenen im Weltkrieg, der Gefallenen an der Feldherrnhalle und jener SA-Kameraden, die in den letzten 10 Jahren ihr Leben gaben, seinen Zweck erfüllt.»[11]

Am 8. November übergaben die Freikorps ihre Fahnen an die SA und reihten sich symbolträchtig in die braunen Kolonnen ein. Am Abend traf Hitler im Bürgerbräukeller mit den «Alten Kämpfern» zusammen. Dieser «historische Appell im Bürgerbräukeller» fand von nun an jedes Jahr statt und war die exklusivste Veranstaltung der ritualisierten Münchner November-Feierlichkeiten. Etwa 3000 «Alte Kämpfer» nahmen regelmäßig teil, es gab kaum reservierte Tische, so dass der Eindruck einer kameradschaftlichen Versammlung erweckt wurde. «Im Biersaal hatte man ein Rednerpult an derjenigen Stelle aufgestellt, von der Hitler 1923 den Staatsstreich verkündet hatte. Die vermeintliche Einschussstelle von Hitlers Kugel in der Decke war durch ein goldfarbenes Hakenkreuz markiert.»[12]

Am Ablauf dieses Abends änderte sich bis 1943 kaum etwas. Ab 1940 fand der «historische Appell» allerdings im Löwenbräukeller statt, weil der Biersaal im Bürgerbräukeller beim Bombenattentat Georg Elsers 1939 schwer beschädigt worden war. Regelmäßiger Kern- und Höhepunkt des Abends war Hitlers Rede, in der jedes Jahr drei Elemente wiederkehrten: die Parteierzählung, die Deutung des 9. November 1923 und der aktuelle politische Bezug.

Ritueller Höhepunkt der gesamten Münchner Feierlichkeiten war am 9. November der Marsch der «Blutzeugen», der demselben Weg folgte, den der Demonstrationszug am 9. November 1923 vom Bürgerbräukeller zur Feldherrnhalle genommen hatte. Im Jahr 1933 weihte

Hitler im Anschluss an den Marsch das Denkmal an der Feldherrnhalle ein.[13] In seiner Rede rief er die Anfänge der Bewegung in Erinnerung. Sie hätten seinerzeit der Revolution des November 1918 «als Männer und politische Soldaten den Krieg angesagt, entschlossen, die Verantwortlichen des November zu stürzen, so oder so, und früher oder später zur Rechenschaft zu ziehen.»[14] Für die Nationalsozialisten war die Errichtung des «Dritten Reiches» ihre «Antwort auf die Novemberrevolution».[15]

Reichspropagandaminister Joseph Goebbels hatte bereits in seiner Rede zur Eröffnung der 10. Funkausstellung 1933 den Rundfunk als das neue Massenmedium des 20. Jahrhunderts bezeichnet.[16] Bei den Münchner Novemberfeierlichkeiten demonstrierte er nun, wie die Propaganda sich dieses neuen Mediums bedienen konnte. Die Übertragungen begannen am späten Abend des 8. November mit einer «historischen Nacht». Ab 11.30 Uhr am 9. November wurde dann zunächst eine Reportage vom «Marsch der Blutzeugen» gesendet. Es folgten die Verleihung der Ehrenbürgerwürde des Landes Bayern an den «Führer», dessen Rede und schließlich die Einweihung des Denkmals für die «Helden» des 9. November 1923. Gegen 15 Uhr endete die Direktübertragung. Um 19 Uhr folgte ein Hörspiel «Novembertage 1923».[17] Die Sendungen über die Münchner Feierlichkeiten wurden über alle Reichssender ausgestrahlt und waren in ganz Deutschland im Radio zu verfolgen.

Ein Deutungsmuster durchzog die Feierlichkeiten schon 1933 wie ein roter Faden: Das – völlig sinnlose – Sterben der Putschisten am 9. November 1923 wurde zum «Opfergang» stilisiert, der den 30. Januar 1933 erst möglich gemacht habe. Dieses «Opfer» sei Voraussetzung für den späteren Sieg gewesen. Rudolf Heß, der «Stellvertreter des Führers», formulierte auf der Titelseite des *Völkischen Beobachters*: «Am 9. November vor zehn Jahren forderte das Schicksal den Opfertod deutscher Kameraden. Niemand ahnte damals, dass ihr Tod der nationalsozialistischen Bewegung erst das Leben sicherte und dass die Stunde ihres Sterbens zutiefst der Beginn des Werdens war, aus dem fast zehn Jahre später das neue Reich geboren wurde.»[18] In der Rundfunk-Programmansage um 6.30 Uhr am 9. November hieß es: «Sie starben für uns. Aus ihrem Blute wuchs das Dritte Reich.»[19]

Bis in einzelne Formulierungen hinein folgte die Inszenierung der christlichen Liturgie. «Dem Reich Gottes, das durch Leiden, Tod und Auferstehung Christi den Menschen geöffnet wird, sollte das Dritte Reich, das durch Kampf, Tod und Sieg der Opfer des 9. November begründet wurde, entsprechen.»[20] Der Marsch zur Feldherrnhalle wurde in eine nationalsozialistische «Via Dolorosa» umgedeutet, die Machtübergabe an Hitler wurde zur nationalsozialistischen Variante des christlichen Osterfestes. Die «Blutfahne» von 1923 wurde als nationalsozialistische Reliquie nicht nur regelmäßig im Zug mitgeführt, sondern vielfach zur Fahnenweihe und bei Vereidigungen eingesetzt, die im Rahmen der Münchner Novemberfeierlichkeiten stattfanden.

Der Rückgriff auf zentrale Elemente der christlichen Liturgie stammte wohl vom Reichspropagandaleiter der NSDAP höchstpersönlich. Schon am 17. Oktober 1928 hatte Goebbels in seinem Tagebuch notiert: «Was ist uns heute das Christentum? Nationalsozialismus ist Religion. Es fehlt uns nur noch das religiöse Genie, das alte überlebte Formen sprengt und neue bildet. Der Ritus fehlt uns, Nationalsozialismus muss einmal Staatsreligion der Deutschen werden. Meine Partei ist meine Kirche».[21] Der Putsch von 1923 mit seinen «gefallenen Helden» bot sich wie kein anderes Ereignis der Parteigeschichte an, um einen nationalsozialistischen Ritus zu entfalten.

1934 würden die Novembertage «nicht im gleichen großen Stil wie vor einem Jahr begangen», kündigte der *Völkische Beobachter* am 9. November 1934 an,[22] schwieg sich aber über die Hintergründe aus. Ende Juni/Anfang Juli hatte Hitler die Führungsspitze der SA einschließlich ihres Stabschefs Ernst Röhm in einer «Nacht der langen Messer» ermorden lassen und sich bei der Gelegenheit auch vieler anderer ehemaliger Weggefährten und potentieller Gegner entledigt. Auch Gustav Ritter von Kahr gehörte zu den Ermordeten – Hitler hatte nicht vergessen. Als Folge der Mordaktion gab es im Verlauf des Jahres vier Attentatsversuche auf Hitler. Bei den Münchner Feierlichkeiten wurde deshalb der Marsch zur Feldherrnhalle am 9. November verkürzt, und er folgte einer Route, die von der traditionellen abwich. Hitler beschränkte sich auf eine einfache Kranzniederlegung, hielt nur eine sehr kurze Ansprache und verließ das Areal an der Feldherrnhalle danach sehr rasch.[23]

Im Jahr 1935 knüpfte die NS-Propaganda dann wieder an die Feier-

Am 9. November 1935 werden die Sarkophage mit den Gebeinen der toten Putschisten von der Feldherrnhalle in die Ehrentempel überführt, die eigens für sie auf dem Königsplatz gebaut worden sind. Hier sollen sie nun – in Hitlers Worten – «ewige Wache» halten.

lichkeiten von 1933 an, steigerte den Inszenierungsaufwand enorm und nahm eine einschneidende Veränderung vor, mit der die Symbolik der gesamten Veranstaltung noch deutlicher zum Ausdruck gebracht werden sollte. Der Marsch vom Bürgerbräukeller zur Feldherrnhalle wurde nun verlängert und führte in einem zweiten Akt bis zum Königsplatz, den man inzwischen in «Königlicher Platz» umbenannt hatte. Dort waren im Vorfeld zwei Ehrentempel für die Gebeine der 16 «Märtyrer» errichtet worden. Der Königliche Platz wurde als großer und zugleich sakraler Feierraum des Nationalsozialismus gestaltet.[24]

Die Überführung der Gebeine der «Blutzeugen», die zu Beginn schon geschildert wurde, machte die Feierlichkeiten zum einmaligen Ereignis. Zugleich aber wurde mit dem Veranstaltungsablauf des Jahres 1935 die Grundform der Feiern zum 9. November mit ihrer Anlehnung an die österliche Liturgie für die folgenden Jahre festgeschrieben: Dem Opfergang folgten Auferstehung und Siegesmarsch. Im Rahmen dieser Grundform wurden die Münchner Feierlichkeiten stets auch durch

Der Münchner Königsplatz am 9. November 1936. Der neu gestaltete Aufmarschplatz mit den Ehrentempeln für die «Märtyrer» des Hitlerputsches wird zum «Allerheiligsten» des Nationalsozialismus.

aktuelle politische Entwicklungen und Aktivitäten der Propaganda geprägt, beispielsweise 1936 durch die Wiedereinführung der Wehrpflicht und den Einmarsch ins entmilitarisierte Rheinland im Jahr zuvor, 1937 durch die Eröffnung der Propagandaschau «Der ewige Jude» im Deutschen Museum.

1938 feierte man sehr groß den «Anschluss» Österreichs, aber auch ein Jubiläum: Zum 15. Jahrestag des gescheiterten Putsches wurden Erinnerungspostkarten mit der Aufschrift «Und Ihr habt doch gesiegt» gedruckt und mit dem Sonderstempel «München, Hauptstadt der Bewegung, 9.11.1923–9.11.1938» versehen.[25] Gemeinsame Ehrenwachen demonstrierten den Schulterschluss zwischen SS und Wehrmacht: «Soldaten in Schwarz und Grau, Bewegung und Armee. Nichts kann beide trennen.»[26]

In nachhaltiger Erinnerung blieb bis heute ein ganz anderes Ereignis, das von den Münchner NSDAP-Feierlichkeiten seinen Ausgang nahm: ein landesweit von Partei und Staat organisierter Pogrom an den deutschen Juden, der als spontaner Racheakt des angeblich empörten Volkes getarnt wurde. Wollte man einen solchen reichsweit koordinierten Pogrom anordnen, ohne eindeutige Spuren zu hinterlassen, so boten dafür die Münchner Feierlichkeiten zum 9. November eine ideale Gelegenheit. Er konnte im Grunde nur ausgelöst werden beim «Kameradschaftsabend der Alten Garde», der jährlich am Abend des 9. November im Alten Münchner Rathaus stattfand. Bei diesem Empfang – und nur bei diesem Empfang – war traditionell das Führungspersonal der Partei und ihrer Gliederungen fast vollzählig versammelt und konnte von einem einzelnen Redner in Marsch gesetzt werden, ohne dass dazu ein förmlicher Befehl nötig war. So geschah es am 9. November 1938 durch Joseph Goebbels. Das Ergebnis waren brennende Synagogen, misshandelte und getötete jüdische Deutsche, geplünderte Geschäfte und zerstörte Wohnungen. Es war ein unvorstellbarer Rückfall in die Barbarei.

Auch im Krieg blieb der 9. November als «Gedenktag für die Gefallenen der Bewegung» der wichtigste Feiertag im nationalsozialistischen Kalender. Auf zentrale Elemente der sakralen Inszenierungen bei den Münchner Feiern musste das Regime aber nun verzichten. Der traditionelle Marsch zur Feldherrnhalle und zu den Ehrentempeln fand schon 1939 nicht mehr statt. Der «Stellvertreter des Führers» Rudolf Heß legte im Rahmen kurzer feierlicher Zeremonien um 12.30 Uhr an der Feldherrnhalle und um 13 Uhr an den Ehrentempeln auf dem Königlichen Platz Kränze des «Führers» nieder. An der Feldherrnhalle traten dazu der Gaumusikzug und Sturmabteilungen einiger Parteiorganisationen an, auf dem Königlichen Platz wohnten Parteiprominenz, Mitglieder der Reichsregierung, Repräsentanten der Wehrmacht und «Blutzeugen» des 9. November 1923 der Feier bei.[27] Noch wurde die Beflaggung der Häuser ausdrücklich angeordnet, so dass die Stadt erschien wie in Friedenszeiten.

Bereits ein Jahr später untersagte man jede Beflaggung der Häuser «wegen der Gefahr alliierter Luftangriffe».[28] Die britische Regierung plante tatsächlich, am 8. November 1940 die Feldherrnhalle noch vor Beginn der Zeremonien zu zerstören, aber der Versuch misslang.[29] Auch 1940 gab es weder einen Marsch zur Feldherrnhalle noch zur «Ewigen Wache», sondern nur Kranzniederlegungen. Zusätzlich wurde nun auf dem Münchner Nordfriedhof mit Ehrenformationen der Toten des Anschlags vom 8. November 1939 gedacht, des Bombenattentats von Georg Elser. Hitler selbst nahm an diesen Feierlichkeiten nicht teil. Wieder legte Heß die Kränze des «Führers» nieder und ehrte die «Blutzeugen der Bewegung».[30] Heß avancierte in den ersten beiden Kriegsjahren zur Hauptperson der Münchner Feierlichkeiten, bevor er am 10. Mai 1941 nach Schottland flog, um die britische Regierung zu einem Friedensschluss zu bewegen.

Am 9. November 1941 ein ganz ähnlicher Ablauf wie im Jahr zuvor. Auf dem Platz vor der Feldherrnhalle wurde der Toten von 1923 gedacht, auf dem Königlichen Platz an den Ehrentempeln marschierten die Männer des 9. November 1923 auf, «die Blutfahne an der Spitze.» Wieder wurde auf dem Nordfriedhof an die Opfer des 8. November 1939 erinnert, aber deutlich weniger aufwändig als im Jahr zuvor.[31] 1942 wurden die öffentlichen Zeremonien in München weiter eingeschränkt. 1943 reagierte man auf den zunehmenden Bombenkrieg, indem man den Königlichen Platz mit speziellen Tarnnetzen verhängte, «die von den ‹Ehrentempeln› bis zu den Propyläen reichten und aus der Luft das Bild von Gebäuden und Grünanlagen auf dem ‹Plattensee› vortäuschten.»[32] Kranzniederlegungen wurden jetzt in aller Eile und nur noch wenig zeremoniell vorgenommen.

Als einziges Element der Münchner Novemberfeierlichkeiten blieb der Abend des 8. November unverändert, die traditionelle Veranstaltung mit den «Alten Kämpfern». Erst im November 1944 wurde auf sie verzichtet. Ihr Kern war stets die Rede Hitlers, der sich im Kreis der «Alten Garde» gut aufgehoben fühlte. Die Marschierer von 1923 waren für ihn ein idealer Resonanzboden. Redner und Publikum befeuerten sich gegenseitig, und der Funke sprang immer wieder auch auf die über, die am Radio zuhörten. Goebbels ließ die Reden im Rundfunk übertragen.

Der Leitartikel des *Völkischen Beobachters* zum 9. November 1940 formulierte besonders deutlich, was die NS-Führung sich im Krieg vom Gedenken an den 9. November 1923 versprach: «Es führt eine große Brücke vom Sturmjahr 1923 zum Kriegsjahr 1940. Indem die Männer unserer Sturmabteilungen von damals zeigten, dass die Ideale, für die sie starben, wert genug waren, um für sie das Leben einzusetzen, schufen sie erst die Voraussetzungen für jenes neue Volk in Waffen, das heute in seiner Gesamtheit bereitsteht, die gleichen Ideale im gleichen Opfergeist zu verteidigen.»[33]

1941 wurde das Treffen kurzfristig auf den Nachmittag des 8. November verlegt, um eventuell drohenden Luftangriffen der Royal Air Force zu entgehen. Hitlers Ausführungen zur aktuellen politischen Lage standen vor allem im Zeichen des deutschen Überfalls auf die Sowjetunion am 22. Juni 1941. Seine Rede war eine einzige Ansammlung von Lügen, Verdrehungen, Beleidigungen, Hasstiraden und größenwahnsinniger Selbstüberschätzung. Im Verlauf kam Hitler auch auf «die allerblödesten Hoffnungen» zu sprechen, die Hoffnungen, «in Deutschland breche ein Aufstand, eine Revolution aus.» Die Leute, die hier eine Revolution machen könnten, stellte er fest, seien «gar nicht mehr da». Vor allem aber sei das ganze deutsche Volk heute in einer Bewegung organisiert, «die eifersüchtig darüber wacht, dass sich ein November 1918 niemals mehr wiederholt. (...) Niemals wird sich in Deutschland ein November 1918 wiederholen! Er kann sich gar nicht wiederholen. Alles ist denkbar, nur eines nicht: dass Deutschland jemals kapituliert!»[34] Der alte, ewige Kampf habe 1918 kein Ende gefunden. «Damals hat man uns um den Sieg betrogen, damals haben wir zwei Millionen Tote geopfert, über 7 ½ Millionen Verwundete gehabt und sind trotzdem durch den Wahnwitz einer inneren Revolution um den Sieg gebracht worden. Es war aber nur der Anfang, das erste Stück des Dramas, das zweite und der Schluss werden jetzt geschrieben, und wir werden diesmal nun das einholen, um was man uns damals betrogen hat.»[35] Goebbels notierte: «Die alten Marschierer vom 9. November bereiten dem Führer stürmische Ovationen.»[36]

Als Hitler am 7. November 1942 wieder nach München reiste, um am folgenden Tag seine traditionelle Rede zu halten, hatte der deutsche Herrschaftsbereich zwar seine größte Ausdehnung erreicht. Doch in der Sowjetunion wurde erbittert um Stalingrad gekämpft, und auch die aktuellen Nachrichten aus Nordafrika waren denkbar schlecht für das NS-Regime. Am 2. November hatten britische Panzer die deutsche Front durchbrochen, und Rommel hatte den Rückzug befohlen, noch bevor Hitlers strikter «Sieg-oder-Tod-Befehl» bei ihm eingetroffen war. Während der Bahnfahrt wurde Hitler nun auch noch gemeldet, dass Truppen der Alliierten in Algerien landeten. Damit griffen amerikanische Bodentruppen in die Kämpfe auf dem europäischen Kriegsschauplatz ein. Die Idee seines Außenministers Ribbentrop, Friedensfühler zu Stalin auszustrecken, lehnte Hitler kategorisch ab. «Ein Augenblick der Schwäche sei nicht der angemessene Zeitpunkt für Verhandlungen mit dem Feind.»[37]

Wenige Stunden vor dem Beginn des Treffens im Löwenbräukeller wurde die Meldung von der Landung der amerikanischen Truppen in Nordafrika im Rundfunk verbreitet, und sie rief nicht nur in der Bevölkerung Bedenken und Sorgen hervor, sondern beunruhigte auch die «Alten Kämpfer». Dass der Beginn von Hitlers Rede um eine Stunde auf 18 Uhr verschoben wurde, erhöhte die Nervosität noch. Die Parteiversammlung sei «elektrisiert», hielt Goebbels in seinem Tagebuch fest, «jetzt muss der Führer reden. Er zieht sich kurz zu einer Ausarbeitung seiner Rede zurück; sie wird sozusagen aus dem Stegreif entworfen.»[38]

Hitler kam auf die Landung in Algerien kaum zu sprechen und konzentrierte sich ganz auf die Eroberung und das Halten von Stalingrad. Er verstieg sich zu der Behauptung, er habe Stalingrad bis auf «ein paar ganz kleine Plätzchen» bereits erobert und machte aus der Stadt einen «gigantischen Umschlagplatz» der sowjetischen Kriegsindustrie, der endlich ausgeschaltet werden müsste. Mit dieser Rede verbaute Hitler sich selbst die letzte Möglichkeit, die deutschen Armeen vor dem Einbruch des Winters aus Stalingrad zurückzuziehen, die Frontlinie nach Westen zurückzunehmen und so weniger anfällig zu machen. Er wollte jedes Anzeichen von Schwäche vermeiden und setzte alles auf die vage Hoffnung, dass die sowjetische Verteidigung bald irgendwie zusammenbrechen würde.

In Anspielung auf den November 1918 erklärte er: «Das Deutschland von einst hat um drei Viertel 12 die Waffen niedergelegt – ich höre grundsätzlich erst 5 Minuten nach zwölf auf!»[39] Hinter ihm stehe «die deutsche Heimat» und «die ganze Nationalsozialistische Partei als eine verschworene Gemeinschaft». Das unterscheide die jetzige Zeit von der einstigen.[40] Hitler zog auch Parallelen zwischen dem 9. November 1923 und dem Winterfeldzug 1941/42. So wie der 9. November 1923 schließlich zum 30. Januar 1933 geführt habe, so gelte: «Der Sturm, der uns im vergangenen Winter nicht umgeworfen hat, der hat (...) uns nur stärker gemacht!»[41] Die bereits seit Jahren von der Propaganda verkündete «Logik», dass Niederlagen am Ende zum Sieg führten, wenn man nur willensstark, kompromisslos und fanatisch sei, war nun besonders gefordert. «Ich verlange von jedem Parteigenossen, dass er mit äußerstem Fanatismus genau so wie in der Kampfzeit der Träger des Glaubens an den Sieg und an den Erfolg ist.»[42]

Goebbels schwärmte im Tagebuch in den höchsten Tönen von dieser Rede Hitlers, für die ihm die «Alten Kämpfer» eine Ovation nach der anderen gebracht hätten. Die Berichte des SD belegen dagegen, dass Hitlerreden bei den meisten Deutschen jetzt «nur noch oberflächliche Wirkungen» auslösen konnten. Das galt nach dem Urteil von Ian Kershaw ganz besonders für die vom 8. November 1942. «Diese Rede zählte nicht zu Hitlers rhetorischen Glanzleistungen. Er war stets dann ein überzeugender Redner, wenn es ihm gelang, die Wirklichkeit auf eine für sein Publikum plausible Weise zurechtzubiegen. Aber jetzt klammerte er Tatsachen aus oder stellte sie auf den Kopf. Die Kluft zwischen Rhetorik und Realität war zu breit geworden.»[43]

Dieses Urteil lässt sich durchaus auch auf Hitlers Rede im Jahr 1943 beziehen, die letzte, die er an einem 8. November gehalten hat. Hitler gab sich kompromisslos und siegessicher. Wieder kam er auch auf den November 1918 zu sprechen und wiederholte fast wörtlich, was er bereits im Vorjahr erklärt hatte. Auch 1943 kannte Goebbels' Begeisterung keine Grenzen: «Bei seiner Rede befindet der Führer sich in bester Form. (…) In dieser Versammlung übt diese Rede eine ganz ungeahnte Faszination aus. Das ist schon deshalb gut, weil sie damit auch in der Rundfunkübertragung sehr tiefgehend wirken wird. (…) Ich bin sehr froh, dass der Führer nach so langer Zeit wieder einmal vor der Öffentlichkeit das Wort ergriffen hat. Es war auch die höchste Zeit. Bei dieser Rede handelte es sich sozusagen um das erlösende Wort.»[44] Wirkung zeigte die Hitler-Rede vom 8. November 1943 dem Bericht des SD zufolge vor allem unter fanatischen Nationalsozialisten. Ihre Stimmung besserte sich zeitweise. «Nur wenige andere Deutsche konnten in dem leeren Wust dieser Rede irgendeine Tröstung für all die Verluste und Entbehrungen durch den Krieg finden, von dem sie wussten, dass er in jeder Hinsicht verloren war.»[45]

Ein Jahr später, am 9. November 1944 standen amerikanische Truppen bereits seit zwei Monaten auf deutschem Boden. Im Osten näherte sich die Rote Armee bis auf 100 Kilometer dem Führerhauptquartier

Wolfsschanze in Ostpreußen. Hitler verließ es endgültig am 20. November 1944. Die NS-Führung konnte nur noch auf ein Wunder hoffen, zum Beispiel auf ein grundsätzliches Zerwürfnis zwischen den westlichen Alliierten und der Sowjetunion. Goebbels wünschte sich zwar möglichst bald eine Rede des «Führers», die er im Rundfunk übertragen lassen konnte, aber 1944 kam Hitler im November nicht nach München. Vermutlich war die Gefahr eines Bombenangriffs während der Rede zu groß.[46] Offiziell hieß es, die Arbeit im Hauptquartier lasse eine Fahrt nach München nicht zu.[47]

Hauptziel der Propaganda war es 1944, den Mythos des 9. November 1923 für den «Deutschen Volkssturm» zu nutzen, dessen Bildung im Oktober verkündet worden war. Deshalb sollte eine Vereidigung dieses letzten Aufgebots an wehrfähigen Männern zwischen 16 und 60 symbolträchtig im Rahmen der Feierlichkeiten für die «Gefallenen der Bewegung» stattfinden. Weil aber diese Vereidigungen stets nach Arbeitsende oder an Sonntagen durchgeführt wurden, fand die Novemberfeier erstmals nicht am 8./9. statt, sondern wurde auf den folgenden Sonntag, 12. November, verlegt. Offizielle Begründung waren «die Erfordernisse der totalen Kriegführung». So legten im Münchner Zirkusgebäude am Marsfeld «symbolisch für alle im Reich» – die drei jüngsten und die drei ältesten Volkssturmmänner jeder Kompanie den Eid auf die «Blutfahne» ab. Sie wurde bei dieser Gelegenheit das letzte Mal eingesetzt. Die Veranstaltung wurde im Rundfunk übertragen.[48]

Die Propaganda betonte jetzt, es habe sich bei den Gefallenen des 9. November 1923 um «deutsche Jedermänner»[49] gehandelt, und empfahl sie den Volkssturmmännern zur Nachahmung. Der *Völkische Beobachter* verglich den Volkssturm ganz unmittelbar mit den Männern von 1923: «Die Erhebung derer von 1923 war kein Parademarsch, und auch der Deutsche Volkssturm ist kein Gardekorps mit trainierten Körpern und glänzenden Uniformknöpfen. (…) Der heutige Massenaufmarsch der Volkssturmsoldaten, jene drei jüngsten und drei ältesten Volkssturmmänner jeder Kompanie, die bei der Vereidigung vor die geweihte Fahne treten, (…) erinnern schon äußerlich an das bunte und doch so entschlossene Bild derer von 1923.»[50] Die Umdeutung des gescheiterten Putsches zum Opfergang mit anschließender Auferstehung bot der Propaganda besonders in den Kriegszeiten vielfältige Möglichkeiten.

Am 8. Mai 1945 war auch dieses Kapitel beendet. In München standen noch eineinhalb Jahre die «Ehrentempel», an denen das Regime zehn Jahre lang am 9. November seine Propagandaspektakel um die «Gefallenen der Bewegung» inszeniert hatte, aber sie hatten nun endgültig ausgedient. Anfang 1947 wurden sie auf Weisung der US-Militärregierung gesprengt. Die Sockel blieben erhalten und entwickelten sich zu bewachsenen Biotopen, die unter Naturschutz stehen. In unmittelbarer Nähe entstand auf dem Gelände des im Krieg zerstörten «Braunen Hauses», der NSDAP-Parteizentrale von 1931 bis 1937, das NS-Dokumentationszentrum München, das 2015 eingeweiht wurde.

17

Vergessen oder erinnern? – Der Hitlerputsch heute

In unserer Erinnerungskultur spielt der Hitlerputsch seit vielen Jahrzehnten keine nennenswerte Rolle. Am 9. November wird jährlich an die Novemberpogrome von 1938 erinnert, oft an den Fall der Mauer 1989 und inzwischen auch wieder an die Novemberrevolution von 1918, den Beginn der ersten deutschen Demokratie, nicht aber an den Hitlerputsch von 1923. Schüler hören im Verlauf des Geschichtsunterrichts zumeist noch irgendwann das Stichwort, lernen den Hitlerputsch vielleicht als ersten Versuch einer Machtergreifung Hitlers kennen, erfahren möglicherweise sogar, dass sich Hitler nach dem gescheiterten Putsch dazu entschlossen hatte, auf dem legalen Weg zur Macht zu kommen, aber im Grunde scheint es so, als habe uns dieser gescheiterte Putsch heute nichts mehr zu sagen. Wäre es nicht sinnvoll, die Erinnerung an ihn langsam wegdämmern zu lassen, also dem natürlichen Prozess des Vergessens seinen Lauf zu lassen, der ja längst begonnen hat?

Ich meine: Nein. Je länger ich mich mit dem Geschehen beschäftigt habe, desto klarer und entschiedener wurde meine Haltung. Wir brauchen die Erinnerung an den November 1923. Wir brauchen sie allerdings unter Berücksichtigung der gesamten Komplexität des damaligen Geschehens, insbesondere seiner so konsequent vertuschten Bestandteile. Wichtig ist die Erinnerung insbesondere im Hinblick auf zwei Themenbereiche.

Der erste betrifft die Frage, wer in den Anfangsjahren der Weimarer Republik und namentlich im Jahr 1923 zu den Feinden der deutschen Demokratie gehörte. Hinter dem, was wir sehr verkürzend und auch etwas irreführend als Hitlerputsch bezeichnen, lag der großangelegte

Versuch, die parlamentarische Demokratie in Deutschland zu beseitigen und durch eine rechtsgerichtete Diktatur zu ersetzen. Hitler und seine NSDAP spielten bei dem geplanten Staatsstreich eine eher untergeordnete Rolle. Die eigentliche Gefahr ging von anderen Kräften aus. Auf Reichsebene waren das große Teile der Reichswehr und insbesondere deren Führung. Es waren die vielfältigen Organisationen der konservativ-nationalen und nationalistischen Rechten, etwa der Alldeutsche Verband, der Stahlhelm oder der Bund Wiking. Auch gewichtige Repräsentanten der Industrie gehörten zu diesen Kräften. Parteipolitisch wurden sie vor allem durch die Deutschnationale Volkspartei repräsentiert, aber auch der rechte Flügel der Deutschen Volkspartei war im Krisenjahr 1923 anfällig für die Idee, das Parlament auszuschalten und die dem Reichstag verantwortliche Regierung durch ein machtvolles »Direktorium» zu ersetzen.

Dem Freistaat Bayern kam im Hinblick auf den geplanten Umsturz besondere Bedeutung zu. Hier arbeiteten führende Vertreter der Staatsregierung und der bewaffneten Macht ganz unverhohlen auf die Errichtung einer nationalen Diktatur in Berlin hin. Beteiligt waren die Bayerische Mittelpartei, die bayerische Schwester der DNVP, Teile der Bayerischen Volkspartei sowie die vaterländischen Verbände einschließlich der völkisch-nationalistischen Wehrverbände, zu denen auch Hitlers NSDAP und SA gehörten. Der bayerische Generalstaatskommissar Kahr sah seine Hauptaufgabe darin, die gesamten vaterländischen Kräfte in Bayern zu einer Einheitsfront gegen die Republik zusammenzufassen.

Nach monatelangen Vorbereitungen und Annäherungen waren die wesentlichen Akteure Anfang November so weit übereingekommen, dass der große Schlag nur noch eine Frage der Zeit war. Kahr sollte in führender Position in ein stramm rechtsorientiertes «Direktorium» in Berlin eintreten. Das Ende der parlamentarischen Demokratie in Deutschland schien besiegelt. Hitlers Vorpreschen am 8. November veränderte allerdings die Gesamtkonstellation gravierend und trug wesentlich dazu bei, dass es zum Staatsstreich dann doch nicht mehr kam. Der Chef der Heeresleitung war zwar ab dem 9. November Inhaber der vollziehenden Gewalt mit diktatorischen Vollmachten, aber gezügelt durch den Reichspräsidenten und unter Rahmenbedingungen, die keineswegs dem entsprachen, was die Rechte sich unter einer nationalen Diktatur vorgestellt hatte.

Die Umsturzplanungen des Herbstes 1923 führen uns besonders eindrucksvoll vor Augen, wie zahlreich und mächtig die Feinde der Demokratie auf Seiten der politischen Rechten waren. Sie zeigen uns beispielhaft, dass es nicht nur die vielzitierten «Extremisten von links und rechts» waren, die der Republik schon nach fünf Jahren den Garaus machen wollten, sondern auch brave Bauern, Bürger, Polizeibeamte, Richter, Staatsanwälte und Amtsträger in der Verwaltung. Halb Bayern wollte im November 1923, dass der Marsch nach Berlin angetreten wird. Das Schicksal der Republik hing tatsächlich an einem seidenen Faden.

Mit Hitler und seiner NSDAP hatte die existenzielle Bedrohung der Demokratie wenig zu tun. Die Nationalsozialisten waren zu dieser Zeit viel zu schwach um eine ernsthafte Gefahr darzustellen. Dasselbe gilt für die Kommunisten. Sie planten zwar für den Herbst 1923 eine «Revolution», daran besteht kein Zweifel, aber es zeigte sich schon im Vorfeld, dass ihre Beurteilung der politischen und sozialen Lage in Deutschland realitätsfern war. Sie standen allein, und ihre Möglichkeiten waren äußerst begrenzt. Deshalb wurde der Plan aufgegeben. Nur aufgrund einer Nachrichtenpanne kam es in Hamburg dennoch zu einem Aufstand, der aber keine Resonanz in der Arbeiterschaft fand und schnell niedergeschlagen wurde. Die proletarischen Hundertschaften in Sachsen und Thüringen erwiesen sich als propagandistisch aufgeblasener Popanz, der vor allem dazu diente, die Aktivitäten der Reichswehrführung zu rechtfertigen. Ein genauer Blick auf die Diktaturbestrebungen des Herbstes 1923 zeigt deshalb auch exemplarisch, wie wenig die gängige Formel, die Extremisten von links und rechts hätten die Republik zerstört, der Wirklichkeit gerecht wird.

Die Nationalsozialisten waren 1923 nicht die gefährlichsten Gegner der Demokratie, und entgegen aller Nazi-Mythologie führt kein direkter Weg vom 9. November 1923 zum 30. Januar 1933. Vielmehr begann die Weimarer Republik von 1924 bis zum Beginn der gewaltigen Wirtschaftskrise im Herbst 1929 trotz großer Probleme und Auseinandersetzungen ihr demokratisches und soziales Potential zu entfalten. Die Geschichte der ersten deutschen Demokratie lässt sich nicht auf einen reinen Abwehrkampf gegen die an die Macht drängenden Nationalsozialisten reduzieren. Das würde auch der Mitverantwortung konservativ-nationaler und nationalistischer Kreise für ihre Zerstörung nicht gerecht werden.

Der zweite Themenkomplex, für den die Beschäftigung mit dem Hitlerputsch wichtig ist, betrifft Entstehung und Aufstieg der nationalsozialistischen Bewegung. Der Hitlerputsch gibt uns Einblicke in die Frühphase dieser Bewegung, in der es noch ein Leichtes gewesen wäre, sie dauerhaft zu unterdrücken. Warum das nicht geschehen ist, gehört zu den wichtigsten Fragen der Geschichte.

Will man sie beantworten, muss man wohl mit der bayerischen Reichswehrdivision, der bayerischen Einwohnerwehr und den vaterländischen Verbänden beginnen, in denen eine militante Republikfeindlichkeit vorherrschte, die schnell zum dominierenden Klima auch in Landespolizei, Justiz und ganz generell in den staatlichen Institutionen wurde. In diesem Klima und durch dieses Milieu wurde Hitler sozialisiert. Erst in München wurde er zu dem «Nationalsozialisten», als den wir ihn kennen. In konservativen und nationalen Kreisen Bayerns machte sich unter Ministerpräsident Kahr schon seit 1920 die Vorstellung breit, der Freistaat sei die «Ordnungszelle», aus der heraus das «jüdisch und marxistisch verseuchte» Berlin wieder auf nationalen Kurs gebracht werden müsse. Hitler konnte in München nur groß werden, weil er von angesehenen Gönnern unterstützt wurde und mächtige Repräsentanten der bayerischen Staatsgewalt ihre schützende Hand über ihn hielten. Als die bayerische Regierung und ihr Generalstaatskommissar Kahr im September 1923 auf scharfen Konfrontationskurs zur Reichsregierung in Berlin gingen, versuchten sie, Hitler und seine Bewegung vor ihren Karren zu spannen. Der Versuch endete am 9. November in einem Fiasko für die bayerische Politik – aber nicht für Hitler.

Hitler konnte sich – Hochverrat hin, Hochverrat her – auf die Unterstützung einflussreicher Münchner Familien verlassen, und bei der folgenden Landtagswahl entfiel auf die NSDAP-Ersatzpartei «Völkischer Block» ein Drittel der in München abgegebenen Stimmen. Durchaus nicht ohne Grund verlieh Hitler am 2. August 1935 der Stadt München den Ehrentitel «Hauptstadt der Bewegung». Auch der deutschnationale Justizminister Gürtner hielt weiter seine schützende Hand über Hitler. Die bayerische Politik setzte alle Hebel in Bewegung, um die eigene Verstrickung in das Putsch-Geschehen zu vertuschen. Das verschaffte Hitler zu allem Überfluss auch noch das Image des aufrechten und offenen Hochverräters – im Gegensatz zum verlogenen Verhalten derjenigen, die alles daransetzten, ihren Kopf aus der Schlinge zu ziehen. Der Hitlerprozess wurde zum zweiten Desaster für Kahr und seine Mitstreiter. Die bayerische Justiz ging bis zur Rechtsbeugung, um Hitler ein Comeback zu ermöglichen. Auch nach dem Prozess hätte es vielfältige Möglichkeiten gegeben, weitere politische Aktivitäten Hitlers zu verhindern. Es war nicht gewollt.

Weil man sich in Bayern beharrlich weigerte, den eigenen Anteil staatlicher Institutionen und ihrer Repräsentanten an den Bestrebungen zur Errichtung einer nationalen Diktatur selbstkritisch aufzuarbeiten, wurde Hitlers kometenhafter Aufstieg in der großen Krise ab 1929 überhaupt erst denkbar. Weil sie aus dem Fehlschlag von 1923 nichts gelernt hatten, konnten die konservativ-nationalen und die nationalistischen Kreise einen zweiten Versuch unternehmen, Hitler vor ihren Karren zu spannen. Nachdem der erste Versuch in einem Debakel geendet hatte, führte der zweite in eine weltpolitische Katastrophe.

Natürlich wusste niemand beim Hitlerprozess und bei Hitlers Entlassung aus Landsberg, wie verheerend die Geschichte für Deutschland und die Welt enden würde. Aber wir sollten wenigstens im Nachhinein die gewaltigen politischen Fehler der Zwanzigerjahre analysieren und Lehren aus ihnen ziehen.

Geschichte wiederholt sich nicht, aber die Geschichte der Weimarer Republik und des Hitlerputsches führt uns vor Augen, wie verletzlich Demokratien sind. Einmal errungen, muss Demokratie verteidigt werden, wenn sie Bestand haben soll. Sie war 1923 nicht nur gefährdet durch Extremisten von rechts und links, sondern auch durch Amtsträger, die regionale Sonderrechte erzwingen wollten, durch Antisemiten und ein universitäres Milieu, das sich zu der Behauptung verstieg, die parlamentarische Demokratie sei dem deutschen Wesen fremd. Sie war gefährdet durch Politiker, die die großen Krisen des Jahres 1923 vor allem als Chance sahen, um demokratische Grundsätze auszuhebeln und schließlich ein diktatorisches Regime zu etablieren. Die Erfahrungen mit den bayerischen Bestrebungen in den Jahren 1920 bis 1923 sprechen dafür, den vielschichtigen Gefährdungen frühzeitig und energisch entgegenzutreten. Zögerlichkeit bei der Verteidigung der Demokratie vergrößert nur die Gefahren.

Unter dem Gesichtspunkt der Demokratiesicherung hat man seinerzeit dem Treiben der Einwohnerwehren und der «vaterländischen» Verbände viel zu lange tatenlos zugesehen. Viel zu lange hat man illegale Waffenlager und die Militarisierung eines erheblichen Teils der Bevölkerung akzeptiert. Das geschah, weil außen- und militärpolitischen Erwägungen Vorrang eingeräumt wurde vor der Sicherung und Erhaltung des demokratischen Staatswesens. Vielleicht ist auch dies eine der wichtigen Lehren: An erster Stelle muss – unangefochten – die Bewahrung der Demokratie und ihrer als unveränderbar festgeschriebenen Grundsätze stehen.

Viel zu lange hat man auch die bayerische Staatsregierung auf ihrem Kurs gegen Berlin, gegen den «Sozialismus», gegen die Demokratie gewähren lassen. Um wenigstens im Nachhinein ein klares Zeichen zu setzen, wäre es aus demokratischer Perspektive unerlässlich gewesen, auf der Zuständigkeit des Staatsgerichtshofs in Leipzig für den Hochverratsprozess gegen Hitler und Genossen zu bestehen, statt der bayerischen Kungelei vor dem Münchner Volksgericht I Tür und Tor zu öffnen. Die nachgiebige Haltung der demokratischen Institutionen hatte katastrophale Folgen für Deutschland und die Welt. In Leipzig wäre anders ermittelt, in Leipzig wären andere Urteile gesprochen worden. Gewaltenteilung und die Unabhängigkeit der Justiz gehören zu den elementaren Grundlagen einer freiheitlichen Demokratie. Die «Stimmung» in Bayern darf nicht ausschlaggebend dafür sein, ob diesen Grundsätzen Geltung verschafft wird. Das gilt heute in vergleichbarer Weise auch für andere Staaten der EU, wenn sie Teil der demokratischen europäischen Völkerfamilie sein wollen.

Wir dürfen nicht akzeptieren, dass Kernbestandteile der freiheitlichen demokratischen Grundordnung auch nur vorübergehend oder in bestimmten Räumen außer Kraft gesetzt werden. Das muss für das politische Handeln staatlicher Akteure ebenso gelten wie für das Handeln von Gruppen und Einzelpersonen. Ein geheimes Terrornetzwerk wie die Organisation Consul hätte mit aller Härte bekämpft, paramilitärische Verbände wie Hitlers SA oder der Bund Oberland hätten wirksam verboten werden müssen. Es darf, um die Verbindung zur Gegenwart herzustellen, keinen Raum für einen «Nationalsozialistischen Untergrund» geben, ebenso wenig einen Weiler, in dem selbsternannte «Reichsbürger» die Grundlagen unserer demokratischen Ordnung mit Füßen treten. Die Meinungsfreiheit für Verschwörungstheoretiker und selbsternannte «Querdenker» muss dort ihre Grenze finden, wo sie die freiheitliche demokratische Grundordnung untergräbt und gefährdet. Keinesfalls sollte es zum übergeordneten Ziel werden, eine angebliche «Spaltung der Gesellschaft» zu überwinden. Zwischen Demokraten und den Gegnern der Demokratie kann es keinen Kompromiss auf halber Strecke geben. Der demokratische Rechtsstaat muss sich – deutlich unterhalb der Schwelle des Parteiverbots – als wehrhafte Demokratie verstehen.

Die historischen Erfahrungen im Kontext des Hitlerputsches deuten auch darauf hin, dass der Grundsatz der Verhältnismäßigkeit bei der Verteidigung der demokratischen Grundordnung nur bedingt angewandt werden kann. Es war ganz offensichtlich ein gewaltiger politischer Fehler, das Redeverbot für Hitler 1927 aufzuheben und diesem erklärten Feind der Demokratie wieder die Bühne zur Verfügung zu stellen, die er für seinen Angriff auf die Republik brauchte. Von Hitler und seiner Bewegung ging 1927 keine akute Gefahr aus. Zwei Jahre später hatte sich das bereits grundlegend geändert. Weitere zwei Jahre später dominierte er das politische Geschehen. Wir sollten Feinden der Demokratie kein Podium lassen, auf dem sie ihre Propaganda verbreiten können, mögen sie im Moment noch so ungefährlich erscheinen. In wirtschaftlichen Krisenzeiten sind extreme Wählerwanderungen denkbar. Diese Lehre der späten Weimarer Republik hat bis heute ihre Gültigkeit nicht verloren. Andere europäische Länder wie Italien und Frankreich sind von diesem Phänomen zurzeit stärker betroffen als Deutschland, aber auch wir können nicht sicher sein.

Vor allem aber gilt es, eine Lehre des Jahres 1923 und der späten Jahre der Weimarer Republik zu bedenken: Zeiten extremer wirtschaftlicher Krisen und sozialer Verwerfungen können nicht nur zu Wählerwanderungen, sondern zu eruptiven politischen Veränderungen führen. Wenn in solchen Zeiten charismatische Führerpersönlichkeiten mit diktatorischen Neigungen als «Retter in der Not» bereitstehen, ist die Demokratie in höchstem Maß gefährdet. Es bleibt deshalb ein zentrales Element der

Demokratiesicherung, massive wirtschaftliche Erschütterungen durch kluge, langfristig orientierte Politik zu vermeiden und die Folgen wirtschaftlicher Krisen gegebenenfalls sozial abzufedern. Der liberale Rechtsstaat muss auch Sozialstaat sein, wenn die Demokratie bewahrt werden soll.

Neben allen Hinweisen auf Gefährdungen und Bedrohungen der Demokratie vermittelt die Beschäftigung mit dem Hitlerputsch und den Diktaturbestrebungen im Herbst 1923 aber auch eine tröstliche, vielleicht sogar hoffnungsfrohe Erkenntnis: Demokratien können eine schier unglaubliche Widerstandsfähigkeit entwickeln. Selbst in scheinbar aussichtsloser Lage ist ihre Bewahrung und Sicherung möglich – wenn die Demokraten entschieden und klug handeln. Am Ende des Horrorjahrs 1923 war die Weimarer Republik gefestigter als je zuvor, die Demokratie war gerettet und begann, ihr politisches, soziales und kulturelles Potential zu entfalten.

Dank

Zum Gelingen dieses Buches haben viele beigetragen. Danken möchte ich insbesondere den Mitarbeitern des Bayerischen Hauptstaatsarchivs, namentlich Dr. Julia Oberst, Dr. Thomas Paringer und Reinhard Kirner, die mein Vorhaben tatkräftig unterstützt haben. Mein besonderer Dank gilt Sir Ian Kershaw, Prof. Dr. Eberhard Kolb und Manfred Heinfeldner, denen ich wichtige Hinweise und Anregungen zum Manuskript verdanke. Mein Lektor Dr. Sebastian Ullrich hat mit großer Kompetenz das Endprodukt maßgeblich mitgeprägt. Auf den klugen Rat und die engagierte Vertretung meines Agenten Prof. Dr. Ernst Piper konnte ich stets bauen. Ohne das sichere Fundament meiner Familie wäre auch dieses Buch nie entstanden.

Anmerkungen

1 Einleitung

1 Hofmann, Hanns Hubert: Der Hitlerputsch, 1961.
2 Deuerlein, Ernst: Einleitung, 1962.
3 Gordon jr., Harold J.: Hitlerputsch 1923, 1978.
4 Weber, Reinhard: Zur Quelle, 1997, S. XIII.
5 Hitler und Kahr, 2 Bde., 1928.
6 Ähnlich die Schlussfolgerungen bei: Winkler, Heinrich August: Weimar, 1993, S. 235.

2 Auf der Suche nach Orientierung – Hitlers Anfänge in München

1 Joachimsthaler, Anton: Hitlers Weg begann in München, 2000, S. 28.
2 Large, David Clay: Hitlers München, 1998, S. 74.
3 Ebenda, S. 77.
4 Riecker, Joachim: Hitlers 9. November, 2009, S. 11.
5 Joachimsthaler, Anton: Hitlers Weg begann in München, 2000, S. 105.
6 Riecker, Joachim: Hitlers 9. November, 2009, S. 12.
7 Wolff, Theodor: Der Erfolg der Revolution. In: Berliner Tageblatt, Nr. 576, 10.11.1918, S. 1.
8 Vgl. Ritter, Gerhard A.; Miller, Susanne (Hg.): Die deutsche Revolution 1918–1919, 1975, S. 103 f.
9 Vgl. Grau, Bernhard: Kurt Eisner, 2001, S. 343 ff.
10 Hofmann, Hanns Hubert: Der Hitlerputsch, 1961, S. 38.
11 An die Bevölkerung Münchens. Zit. nach: Münchner Neueste Nachrichten, 8.11.1918, S. 1.
12 Mann, Thomas: Tagebücher 1918–1921, 1979, S. 66.
13 Zit. nach: Large, David Clay: Hitlers München, 1998, S. 105 f.
14 Ebenda, S. 27.
15 Ebenda, S. 109–111.
16 Riecker, Joachim: Hitlers 9. November, 2009, S. 42 f.
17 Vgl. Niess, Wolfgang: Die Revolution von 1918/19 in der deutschen Geschichtsschreibung, 2013, S. 34 f.
18 Gustav Landauer. Zit. nach: Riecker, Joachim: Hitlers 9. November, 2009, S. 44.
19 Large, David Clay: Hitlers München, 1998, S. 133.
20 Riecker, Joachim: Hitlers 9. November, 2009, S. 44.

21 Vgl. Niess, Wolfgang: Die Revolution von 1918/19, 2017, S. 377.
22 Mann, Thomas: Tagebücher 1918–1921, 1979, S. 157.
23 Zit. nach: Riecker, Joachim: Hitlers 9. November, 2009, S. 44.
24 Zit. nach: Large, David Clay: Hitlers München, 1998, S. 139.
25 Rieker, Joachim: Hitlers 9. November, 2009, S. 8.
26 Ebenda, S. 45 f.
27 Münchener Post, Nr. 57, 24./25.3.1923, S. 3. Zit. nach: Joachimsthaler, Anton: Hitlers Weg begann in München, 2000, S. 199 f.
28 Thoss, Bruno: Der Ludendorff-Kreis 1919–1923, 1977, S. 55.
29 Joachimsthaler, Anton: Hitlers Weg begann in München, 2000, S. 187.
30 Large, David Clay: Hitlers München, 1998, S. 173.
31 Berliner Tageblatt, Nr. 510, 29.10.1930, und Auszug aus einem Lebenslauf Hitlers in der Sammlung Rhese des BayHStA, München (Sammlungen). Zit. nach: Joachimsthaler, Anton: Hitlers Weg begann in München, 2000, S. 203.
32 Large, David Clay: Hitlers München, 1998, S. 203.

3 Making of «Hitler» – Vom Schulungsredner der Reichswehr zum Nationalsozialisten

1 Vgl. Niess, Wolfgang: Die Revolution von 1918/19, 2017, S. 388 ff.
2 Joachimsthaler, Anton: Hitlers Weg begann in München, 2000, S. 219.
3 Brief Karl Mayrs an Wilhelm Kaiser, 7. Juli 1919. BayHStA Abt. IV, RWGrKd04. Zit. nach: Weber, Thomas: Wie Adolf Hitler zum Nazi wurde, Berlin 2016, S. 148.
4 Large, David Clay: Hitlers München, 1998, S. 166.
5 «I was Hitler's Boss», By former officer of the Reichswehr. In: Current History, November 1941, Vol 1, S. 193. Zit. nach: Joachimsthaler, Anton: Hitlers Weg begann in München, 2000, S. 184.
6 Grundlegend dazu: Plöckinger, Othmar: Unter Soldaten und Agitatoren, 2013.
7 Joachimsthaler, Anton: Hitlers Weg begann in München, 2000, S. 229.
8 Large, David Clay: Hitlers München, 1998, S. 166.
9 Joachimsthaler, Anton: Hitlers Weg begann in München, 2000, S. 243.
10 Thoss, Bruno: Der Ludendorff-Kreis 1919–1923, 1977, S. 88.
11 Deuerlein, Ernst: Einleitung, 1962, S. 26 f.
12 Gordon jr., Harold J.: Hitlerputsch 1923, 1978, S. 116.
13 Hofmann, Hanns Hubert: Der Hitlerputsch, 1961, S. 41.
14 Müller, Karl Alexander v.: Im Wandel einer Welt, 1966, S. 136.
15 Benz, Wolfgang: Einleitung, 1971, S. 10 f.
16 Hitler, Adolf: Sämtliche Aufzeichnungen 1905–1924, 1980, S. 88–90. Auch im Internet zugänglich unter: https://ghdi.ghi-dc.org/sub_document.cfm?document_id=3909&language=german.
17 Joachimsthaler, Anton: Hitlers Weg begann in München, 2000, S. 256.
18 Vgl. Riecker, Joachim: Hitlers 9. November, 2009, S. 63.
19 Kershaw, Ian: Hitler. Bd. 1, 1998, S. 170.
20 Large, David Clay: Hitlers München, 1998, S. 169.

21 Drexler, Anton: Mein politisches Erwachen, 1919.
22 Koch, Hans-Jörg: Der 9. November in der deutschen Geschichte, 1998, S. 56.
23 Zit. nach: Kershaw, Ian: Hitler. Bd. 1, 1998, S. 173.
24 Large, David Clay: Hitlers München, 1998, S. 174.
25 Thoss, Bruno: Der Ludendorff-Kreis 1919–1923, 1977, S. 100 f.
26 Large, David Clay: Hitlers München, 1998, S. 165.
27 Hofmann, Hanns Hubert: Der Hitlerputsch, 1961, S. 43.
28 Vgl. Niess, Wolfgang: Die Revolution von 1918/19, 2017, S. 403 f.
29 Benz, Wolfgang (Hg.): Politik in Bayern 1919–1933, 1971, S. 49.
30 Zit. nach: ebenda, S. 48.
31 Ebenda, S. 49 f.

4 «Brodelnder Hexenkessel» – Der Kapp-Putsch, München und Hitler

1 Joachimsthaler, Anton: Hitlers Weg begann in München, 2000, S. 262.
2 Vgl. Riecker, Joachim: Hitlers 9. November, 2009, S. 90.
3 Joachimsthaler, Anton: Hitlers Weg begann in München, 2000, S. 267.
4 Vgl. Niess, Wolfgang: Die Revolution von 1918/19, 2017, S. 421–430.
5 Vgl. Ebenda, S. 427 f.
6 Vgl. ebenda, S. 429–431.
7 Vgl. Wette, Wolfram: Gustav Noske, 1987, S. 655 ff.
8 Large, David Clay: Hitlers München, 1998, S. 179 f.
9 Kolb, Eberhard: Die Weimarer Republik, 2002, S. 38.
10 Hofmann, Hanns Hubert: Der Hitlerputsch, 1961, S. 45.
11 Deuerlein, Ernst: Einleitung, 1962, S. 35.
12 Müller, Karl Alexander v.: Im Wandel einer Welt, 1966, S. 138.
13 Hofmann, Hanns Hubert: Der Hitlerputsch, 1961, S. 47 f.
14 Large, David Clay: Hitlers München, 1998, S. 182 f.
15 Hofmann, Hanns Hubert: Der Hitlerputsch, 1961, S. 48.
16 Large, David Clay: Hitlers München, 1998, S. 183.
17 Joachimsthaler, Anton: Hitlers Weg begann in München, 2000, S. 278.
18 Ullrich, Volker: Adolf Hitler, Bd. 1, 2013, S. 124 f.
19 Hanfstaengl, Ernst: Zwischen Weißem und Braunem Haus, 1970, S. 50.
20 Joachimsthaler, Anton: Hitlers Weg begann in München, 2000, S. 280.
21 Ullrich, Volker: Adolf Hitler, Bd. 1, 2013, S. 125.
22 Piper, Ernst: Alfred Rosenberg, 2005, S. 57 ff.
23 Ullrich, Volker: Adolf Hitler, Bd. 1, 2013, S. 126.
24 Large, David Clay: Hitlers München, 1998, S. 202.
25 Ullrich, Volker: Adolf Hitler, Bd. 1, 2013, S. 127.
26 Werner, Lothar: Der Alldeutsche Verband, 1935, 79 f.
27 Thoss, Bruno: Der Ludendorff-Kreis 1919–1923, 1977, S. 84.
28 Large, David Clay: Hitlers München, 1998, S. 28.
29 Zit. nach: Hitler und Kahr, Bd. 1, 1928, S. 3.
30 Hitler, Adolf: Mein Kampf, Bd. 1, 1938, S. 403.
31 Picker, Henry: Hitlers Tischgespräche, 2003, S. 223.

32 Ullrich, Volker: Adolf Hitler, Bd. 1, 2013, S. 116–119.
33 Münchener Post, Nr. 188, 14./15.8.1920. Zit. nach: Phelps, Reginald H.: Hitlers «grundlegende» Rede über den Antisemitismus, 1968, S. 400.
34 Frank, Hans: Im Angesicht des Galgens, 1953, 39 f.
35 Kershaw, Ian: Hitler. Bd. 1, 1998, S. 177 f.
36 Hanfstaengl, Ernst: Zwischen Weißem und Braunem Haus, 1970, S. 86 f.
37 Toland, John: Adolf Hitler, 1977, S. 151.
38 Hanfstaengl, Ernst: Zwischen Weißem und Braunem Haus, 1970, S. 38–39.
39 Joachimsthaler, Anton: Hitlers Weg begann in München, 2000, S. 271 f.
40 Ebenda, S. 282.
41 Hofmann, Hanns Hubert: Der Hitlerputsch, 1961, S. 56.

5 Erste Machtergreifung – Hitler und die NSDAP

1 Hitler, Adolf: Sämtliche Aufzeichnungen 1905–1924, 1980, S. 436–438.
2 Kershaw, Ian: Hitler. Bd. 1, 1998, S. 213.
3 Deuerlein, Ernst: Einleitung, 1962, S. 40.
4 Hitler, Adolf: Mein Kampf, Bd. 1, 1938, S. 369.
5 Hitler, Adolf: Sämtliche Aufzeichnungen 1905–1924, 1980, S. 370 f.
6 Kolb, Eberhard: Die Weimarer Republik, 2002, S. 46.
7 Ebenda, S. 47.
8 Ebenda, S. 46 f
9 Thoss, Bruno: Der Ludendorff-Kreis 1919–1923, 1977, S. 160 f.
10 Kolb, Eberhard: Die Weimarer Republik, 2002, S. 47.
11 Thoss, Bruno: Der Ludendorff-Kreis 1919–1923, 1977, S. 156.
12 Hoegner, Wilhelm: Die verratene Republik, 1958, S. 102.
13 Benz, Wolfgang (Hg.): Politik in Bayern 1919–1933, 1971, S. 77 f.
14 Hoegner, Wilhelm: Die verratene Republik, 1958, S. 109.
15 Thoss, Bruno: Der Ludendorff-Kreis 1919–1923, 1977, S. 174.
16 Large, David Clay: Hitlers München, 1998, S. 186.
17 Deuerlein, Ernst: Einleitung, 1962, S. 36.
18 Benz, Wolfgang (Hg.): Politik in Bayern 1919–1933, 1971, S. 85.
19 Benz, Wolfgang: Einleitung, 1971, S. 12.
20 Hoegner, Wilhelm: Die verratene Republik, 1958, S. 90.
21 Sabrow, Martin: Der Rathenaumord und die deutsche Gegenrevolution, 2022, S. 49.
22 Benz, Wolfgang (Hg.): Politik in Bayern 1919–1933, 1971, S. 82.
23 Hoegner, Wilhelm: Die verratene Republik, 1958, S. 91 f.
24 Hofmann, Hanns Hubert: Der Hitlerputsch, 1961, S. 51.
25 Thoss, Bruno: Der Ludendorff-Kreis 1919–1923, 1977, S. 167.
26 Müller, Karl Alexander v.: Im Wandel einer Welt, 1966, S. 138.
27 Thoss, Bruno: Der Ludendorff-Kreis 1919–1923, 1977, S. 222.
28 Large, David Clay: Hitlers München, 1998, S. 187.
29 Kershaw, Ian: Hitler. Bd. 1, 1998, S. 247.
30 Thoss, Bruno: Der Ludendorff-Kreis 1919–1923, 1977, S. 176.

31 Ullrich, Volker: Adolf Hitler, Bd. 1, 2013, S. 134.
32 Ebenda.
33 Deuerlein, Ernst: Einleitung, 1962, S. 41.
34 Hoegner, Wilhelm: Die verratene Republik, 1958, S. 110.
35 Ebenda, S. 111.

6 «Ordnungszelle» Bayern – Der Traum vom «Marsch auf Berlin»

1 Large, David Clay: Hitlers München, 1998, S. 104.
2 Hofmann, Hanns Hubert: Der Hitlerputsch, 1961, S. 62.
3 Ebenda, S. 63.
4 Ebenda, S. 64.
5 Zit. nach: Niederschriften über die Sitzungen des Ausschusses zur Untersuchung … 11. Sitzung, 28.10.1927. S. 5 f. BayHStA, Abt. II Landtag 14 855.
6 Large, David Clay: Hitlers München, 1998, S. 200.
7 Ullrich, Volker: Adolf Hitler, Bd. 1, 2013, S. 137.
8 Large, David Clay: Hitlers München, 1998, S. 195.
9 Hanfstaengl, Ernst: Zwischen Weißem und Braunem Haus, 1970, S. 40.
10 Ebenda, S. 36.
11 Ebenda, S. 41.
12 Ullrich, Volker: Adolf Hitler, Bd. 1, 2013, S. 142.
13 Müller, Karl Alexander v.: Im Wandel einer Welt, 1966, S. 129.
14 Large, David Clay: Hitlers München, 1998, S. 194.
15 Ebenda.
16 Ullrich, Volker: Adolf Hitler, Bd. 1, 2013, S. 140.
17 Vgl. dazu: Hüetlin, Thomas: Berlin, 24. Juni 1922. Der Rathenaumord und der Beginn des rechten Terrors in Deutschland, 2022; Sabrow, Martin: Der Rathenaumord und die deutsche Gegenrevolution, 2022.
18 Sabrow, Martin: Der Rathenaumord und die deutsche Gegenrevolution, 2022, S. 88.
19 Benz, Wolfgang (Hg.): Politik in Bayern 1919–1933, 1971, S. 97 f.
20 Deuerlein, Ernst: Einleitung, 1962, S. 42.
21 Hoegner, Wilhelm: Die verratene Republik, 1958, S. 97.
22 Zit. nach: Die Weimarer Republik. Das kritische Jahr 1923, 1961, S. 352 f.
23 Benz, Wolfgang (Hg.): Politik in Bayern 1919–1933, 1971, S. 102.
24 Zit. nach: Die Weimarer Republik. Das kritische Jahr 1923, 1961, S. 358.
25 Benz, Wolfgang (Hg.): Politik in Bayern 1919–1933, 1971, S. 103
26 Benz, Wolfgang: Einleitung, 1971, S. 20.
27 Zit. nach: Die Weimarer Republik. Das kritische Jahr 1923, 1961, S. 361.
28 Hoegner, Wilhelm: Der politische Radikalismus in Deutschland 1919–1933, 1966, S. 66.
29 Benz, Wolfgang (Hg.): Politik in Bayern 1919–1933, 1971, S. 103.
30 Hoegner, Wilhelm: Der politische Radikalismus in Deutschland 1919–1933, 1966, S. 66 f.
31 Hitler, Adolf: Sämtliche Aufzeichnungen 1905–1924, 1980, S. 679–681.

32 Historisches Lexikon Bayerns. Online verfügbar unter: https://www.histori sches-lexikon-bayerns.de/Lexikon/Bund_%22Bayern_und_Reich%22, _1921–1935)
33 Zit. nach: Benz, Wolfgang (Hg.): Politik in Bayern 1919–1933, 1971, S. 109.
34 Zit. nach: ebenda, S. 110.
35 Zit. nach: ebenda, S. 112.
36 Seeds an Earl of Balfour am 13.6.1922. Zit. nach: Large, David Clay: Hitlers München, 1998, S. 188.
37 Hoegner, Wilhelm: Der politische Radikalismus in Deutschland 1919–1933, 1966, S. 42.
38 Hofmann, Hanns Hubert: Der Hitlerputsch, 1961, S. 72.
39 Kolb, Eberhard: Gustav Stresemann, 2003, S. 73.
40 Hitler, Adolf: Sämtliche Aufzeichnungen 1905–1924, 1980, S. 690–692, hier 692.
41 Joachimsthaler, Anton: Hitlers Weg begann in München, 2000, S. 300.
42 Ebenda, S. 302 f.
43 Maser, Werner: Die Frühgeschichte der NSDAP, 1965, S. 356.
44 Herbst, Ludolf: Hitlers Charisma, 2010, S. 139.
45 Joachimsthaler, Anton: Hitlers Weg begann in München, 2000, S. 270.
46 Hofmann, Hanns Hubert: Der Hitlerputsch, 1961, S. 69.
47 Hoegner, Wilhelm: Die verratene Republik, 1958, S. 115.
48 Zit. nach: Benz, Wolfgang (Hg.): Politik in Bayern 1919–1933, 1971, S. 113 f.
49 Large, David Clay: Hitlers München, 1998, S. 209 f.
50 Benz, Wolfgang: Einleitung, 1971, S. 13.
51 Bay. Landtag, SP 1920–22, 148. Sitzung, 16. 11. 1922, Sten. Berichte, Bd. 7, S. 78. Online verfügbar unter: https://geschichte.digitale-sammlungen.de/landtag1919/seite/bsb00008683_00124)
52 Thoss, Bruno: Der Ludendorff-Kreis 1919–1923, 1977, S. 81.
53 Kershaw, Ian: Hitler. Bd. 1, 1998, S. 159.
54 Rabenau, Friedrich v.: Seeckt, 1940, S. 342.
55 Zit. nach: ebenda, S. 341 f.
56 Zit. nach: Benz, Wolfgang (Hg.): Politik in Bayern 1919–1933, 1971, S. 108.
57 Rabenau, Friedrich v.: Seeckt, 1940, S. 344.
58 Thoss, Bruno: Der Ludendorff-Kreis 1919–1923, 1977, S. 267.
59 Historisches Lexikon Bayerns. Online verfügbar unter: https://www.historisches-lexikon-bayerns.de/Lexikon/Vereinigung_vaterländischer_Verbände_in_Bayern_(VVVB),_1922–1927.

7 Taumelnd am Abgrund – Das Horrorjahr 1923

1 Hitler, Adolf: Sämtliche Aufzeichnungen 1905–1924, 1980, S. 781–786.
2 Ullrich, Volker: Adolf Hitler, Bd. 1, 2013, S. 154.
3 Hallgarten, George W. F.: Hitler, Reichswehr und Industrie, 1955, S. 29.
4 Zit. nach: Hürten, Heinz (Hg.): Das Krisenjahr 1923, 1980, S. 53.
5 Hallgarten, George W. F.: Hitler, Reichswehr und Industrie, 1955, S. 25.
6 Ebenda, S. 20.

7 Zit. nach: ebenda, S. 25 f.
8 Lieber-Memorandum. Zit. nach: ebenda, S. 26.
9 Handakt Hitlerputsch, BayHStA, Abt. IV Kriegsarchiv, HS 2775.
10 Gruchmann, Lothar: Der Weg zum Hitler-Putsch, 1997, S. Lf.
11 Large, David Clay: Hitlers München, 1998, S. 212.
12 Ullrich, Volker: Adolf Hitler, Bd. 1, 2013, S. 157.
13 Deuerlein, Ernst: Einleitung, 1962, S. 54.
14 Zit. nach: Benz, Wolfgang (Hg.): Politik in Bayern 1919–1933, 1971, S. 120 f.
15 Röhm, Ernst: Die Geschichte eines Hochverräters, 1928, S. 158.
16 München-Augsburger Abendzeitung, Nr. 133, 17.5.1923. Zit. nach: Deuerlein, Ernst: Einleitung, 1962, S. 59.
17 Thoss, Bruno: Der Ludendorff-Kreis 1919–1923, 1977, S. 270.
18 Röhm, Ernst: Die Geschichte eines Hochverräters, 1928, S. 175.
19 Zit. nach: Deuerlein, Ernst: Einleitung, 1962, S. 60.
20 Zit. nach: Gruchmann, Lothar: Der Weg zum Hitler-Putsch, 1997, S. LII.
21 Ebenda, S. LIII.
22 Deuerlein, Ernst: Einleitung, 1962, S. 56.
23 Gruchmann, Lothar: Der Weg zum Hitler-Putsch, 1997, S. LIIIf.
24 Vgl. Gruchmann, Lothar: Hitlers Denkschrift an die bayerische Justiz, 1991, S. 305–328.
25 Endres, Theodor v.: Aufzeichnungen über den Hitlerputsch, 1941, S. 10. BayHStA, Abt. IV Kriegsarchiv, HS 925.
26 Ebenda, S. 18.
27 Thoss, Bruno: Der Ludendorff-Kreis 1919–1923, 1977, S. 308.
28 Endres, Theodor v.: Aufzeichnungen über den Hitlerputsch, 1941, S. 12. BayHStA, Abt. IV Kriegsarchiv, HS 925.
29 Zit. nach: Die Weimarer Republik. Das kritische Jahr 1923, 1961, S. 428.
30 Hitler und Kahr, Bd. 2, 1928, S. 3 f.
31 Kershaw, Ian: Hitler. Bd. 1, 1998, S. 251.
32 Zit. nach: Ullrich, Volker: Adolf Hitler, Bd. 1, 2013, S. 160.
33 Kolb, Eberhard: Die Weimarer Republik, 2002, S. 44 f.
34 Müller, Karl Alexander v.: Im Wandel einer Welt, 1966, S. 139 f.
35 Hallgarten, George W. F.: Hitler, Reichswehr und Industrie, 1955, S. 12 f.
36 Winkler, Heinrich August: Von der Revolution zur Stabilisierung, 1984, S. 574.
37 Vgl. ebenda, S. 622–624.
38 Rudolph, Karsten: Die sächsische Sozialdemokratie vom Kaiserreich zur Republik, 1995, S. 345.
39 Die Weimarer Republik. Das kritische Jahr 1923, 1961, S. 471.
40 Pohl, Karl Heinrich: Die Zerstörung des «linksrepublikanischen Projektes» in Sachsen, 2006, S. 449.
41 Hofmann, Hanns Hubert: Der Hitlerputsch, 1961, S. 82.
42 Zit. nach: Hürten, Heinz (Hg.): Das Krisenjahr 1923, 1980, S. 26.
43 Rudolph, Karsten: Die sächsische Sozialdemokratie vom Kaiserreich zur Republik, 1995, S. 358.
44 Kershaw, Ian: Hitler. Bd. 1, 1998, S. 242.
45 Zit. nach: Ullrich, Volker: Adolf Hitler, Bd. 1, 2013, S. 155.

46 Gruchmann, Lothar: Der Weg zum Hitler-Putsch, 1997, S. LIV.
47 Maser, Werner: Der Sturm auf die Republik, 1981, S. 414.
48 Mommsen, Hans: Adolf Hitler und der 9. November 1923, 1994, S. 36.
49 Zit. nach: Ullrich, Volker: Adolf Hitler, Bd. 1, 2013, S. 147.
50 Zit nach: ebenda, S. 145.
51 Herz, Rudolf: Hoffmann & Hitler, 1994, 99 f.
52 Hofmann, Hanns Hubert: Der Hitlerputsch, 1961, S. 67.
53 Ludendorff, Erich: Auf dem Weg zur Feldherrnhalle, 1937, S. 51.
54 Kolb, Eberhard: Gustav Stresemann, 2003, S. 82 f.
55 Zit. nach: Kolb, Eberhard: Gustav Stresemann, 2003, S. 76.
56 Zit. nach: Die Weimarer Republik. Das kritische Jahr 1923, 1961, S. 175.
57 Zit. nach: Rabenau, Friedrich v.: Seeckt, 1940, S. 341 f.
58 Kolb, Eberhard: Die Weimarer Republik, 2002, S. 42.
59 Schulze, Hagen: Weimar, 1982, S. 115.
60 Rabenau, Friedrich v.: Seeckt, 1940, S. 345.
61 Zit. nach: Hallgarten, George W. F.: Hitler, Reichswehr und Industrie, 1955, S. 23 f.
62 Zit. nach: Hürten, Heinz (Hg.): Das Krisenjahr 1923, 1980, S. 9.
63 Zit. nach: ebenda, S. 10.
64 Zit. nach: Deuerlein, Ernst (Hg.): Der Hitler-Putsch, 1962, S. 170.
65 Zit. nach: Röhm, Ernst: Die Geschichte eines Hochverräters, 1928, S. 192.
66 Zit. nach: Kershaw, Ian: Hitler. Bd. 1, 1998, S. 253.
67 Zit. nach: Benz, Wolfgang (Hg.): Politik in Bayern 1919–1933, 1971, S. 124.
68 Zit. nach: ebenda, S. 122 f.
69 Zit. nach: ebenda, S. 123.
70 Zit. nach: Der Hitler-Prozess 1924. Wortlaut der Hauptverhandlung, Bd. 1, 1997, 74 f.
71 Zit. nach: Benz, Wolfgang (Hg.): Politik in Bayern 1919–1933, 1971, S. 128 f.
72 Zit. nach: ebenda, S. 129.
73 Ebenda, S. 130 f.
74 Gessler, Otto: Reichswehrpolitik in der Weimarer Zeit, 1958, S. 255.
75 Zit. nach: Die Weimarer Republik. Das kritische Jahr 1923, 1961, S. 388.
76 Zit. nach: Niederschriften über die Sitzungen des Ausschusses zur Untersuchung … 13. Sitzung, 6.12.1927. S. 25. BayHStA, Abt. II, Landtag 14 855.
77 Deuerlein, Ernst: Einleitung, 1962, S. 67.
78 Deutsche Allgemeine Zeitung, Nr. 413/414, 8.9.1923. Zit. nach: Wulf, Peter: Hugo Stinnes, 1979, S. 437.
79 Zit. nach: Hallgarten, George W. F.: Hitler, Reichswehr und Industrie, 1955, S. 67.
80 Kolb, Eberhard: Gustav Stresemann, 2003, S. 83.
81 Stresemann, Gustav: Vermächtnis, 1932, S. 108 f.
82 Ebenda, S. 114.
83 Ebenda, S. 135.
84 Zit. nach: Möllers, Heiner: Reichswehrminister Otto Geßler, 1998, S. XIX.
85 Zit. nach: Hofmann, Hanns Hubert: Der Hitlerputsch, 1961, S. 84.
86 Zit. nach: Hürten, Heinz (Hg.): Das Krisenjahr 1923, 1980, S. 70.
87 Rabenau, Friedrich v.: Seeckt, 1940, S. 345 f.
88 Hofmann, Hanns Hubert: Der Hitlerputsch, 1961, S. 86.

89 Ebenda, S. 87.
90 Vgl. Meier-Welcker, Hans: Seeckt, 1967, S. 374 f.
91 Zit. nach: ebenda.
92 Zit. nach: Rabenau, Friedrich v.: Seeckt, 1940, S. 338.

8 «Treuhänderin des deutschen Volkes» – Bayerns offener Verfassungsbruch

1 Protokoll der 10. Sitzung des Bundesausschusses des ADGB, 16.10.2023. Zit. nach: Winkler, Heinrich August: Von der Revolution zur Stabilisierung, 1984, S. 647.
2 Zit. nach: Gruchmann, Lothar: Der Weg zum Hitler-Putsch, 1997, S. LVI.
3 Benz, Wolfgang (Hg.): Politik in Bayern 1919–1933, 1971, S. 131.
4 Denkschrift «Der Putsch am 8. November 1923», S. 3. BayHStA, Abt. IV Kriegsarchiv, HS 2401.
5 Deuerlein, Ernst: Einleitung, 1962, S. 71.
6 Der Hitler-Prozess 1924. Wortlaut der Hauptverhandlung, Bd. 4, 1999, S. 1232.
7 Müller, Karl Alexander v.: Im Wandel einer Welt, 1966, S. 155.
8 Ebenda.
9 Stresemann, Gustav: Vermächtnis, 1932, S. 132.
10 Lieber, Aktenauszüge 1923. Zit. nach: Meier-Welcker, Hans: Seeckt, 1967, S. 376.
11 Schreiben Remmeles an Stresemann vom 28.9.1923. Zit. nach: Hürten, Heinz: Reichswehr und Ausnahmezustand, 1977, S. 34 f.
12 Mühlhausen, Walter: Friedrich Ebert, 2006, S. 650.
13 Stresemann, Gustav: Vermächtnis, 1932, S. 132.
14 Zit. nach: Deuerlein, Ernst: Einleitung, 1962, S. 71.
15 Zit. nach: Röhm, Ernst: Die Geschichte eines Hochverräters, 1928, S. 197.
16 Zit. nach: Hitler und Kahr. Bd. 2, 1928, S. 22.
17 Gruchmann, Lothar: Der Weg zum Hitler-Putsch, 1997, S. LXIIf.
18 Zit. nach: Niederschriften über die Sitzungen des Ausschusses zur Untersuchung … 13. Sitzung, 6.12.1927. S. 31 f. BayHStA, Abt. II, Landtag 14 855.
19 Zit. nach: ebenda, S. 32.
20 Zit. nach: Hitler und Kahr. Bd. 2, 1924, S. 182.
21 Niederschriften über die Sitzungen des Ausschusses zur Untersuchung … 11. Sitzung, 28.10.1927, S. 44. BayHStA, Abt. II, Landtag 14 855.
22 Zit. nach: Der Hitler-Prozess 1924. Wortlaut der Hauptverhandlung, Bd. 3, 1998, S. 921.
23 Zit. nach: Deuerlein, Ernst: Einleitung, 1962, S. 77.
24 Zit. nach: Hitler und Kahr. Bd. 2, 1924, S. 21.
25 Zit. nach: Hitler und Kahr. Bd. 2, 1924, S. 22.
26 Deuerlein, Ernst: Einleitung, 1962, S. 77 f.
27 Zit. nach: Niederschriften über die Sitzungen des Ausschusses zur Untersuchung … 13. Sitzung, 6.12.1927. S. 27. BayHStA, Abt. II, Landtag 14 855.
28 Benz, Wolfgang (Hg.): Politik in Bayern 1919–1933, 1971, S. 134.
29 Gessler, Otto: Reichswehrpolitik in der Weimarer Zeit, 1958, S. 264.
30 Kolb, Eberhard: Gustav Stresemann, 2003, S. 83.

31 Stresemann, Gustav: Vermächtnis, 1932, S. 143.
32 Völkischer Beobachter, Nr. 199 v. 27.9.1923. Zit. nach: Gordon jr., Harold J.: Hitlerputsch 1923, 1978, S. 233.
33 Schreiben Kahrs an Lossow vom 4.10.1923. Zit. nach: Deuerlein, Ernst (Hg.): Der Hitler-Putsch, 1962, S. 194 f.
34 Winkler, Heinrich August: Von der Revolution zur Stabilisierung, 1984, S. 616.
35 Zit. nach: Deuerlein, Ernst: Einleitung, 1962, S. 79.
36 Zit. nach: Stresemann, Gustav: Vermächtnis, 1932, S. 145 f.
37 Zit. nach: Guske, Claus: Das politische Denken des Generals von Seeckt, 1971, S. 232 f.
38 Zit. nach: Stresemann, Gustav: Vermächtnis, 1932, S. 145 f.
39 Kolb, Eberhard: Gustav Stresemann, 2003, S. 86.
40 Zit. nach: Die Kabinette Stresemann I u. II., 1978, S. 491.
41 Zit. nach: ebenda, S. 491 f.
42 Möllers, Heiner: Reichswehrminister Otto Geßler, 1998, S. 273.
43 Winkler, Heinrich August: Von der Revolution zur Stabilisierung, 1984, S. 618.
44 Zit. nach: Guske, Claus: Das politische Denken des Generals von Seeckt, 1971, S. 254 f.
45 Zit. nach: ebenda, S. 259.
46 Zit. nach: Rabenau, Friedrich v.: Seeckt, 1940, S. 360.
47 Zit. nach: Winkler, Heinrich August: Von der Revolution zur Stabilisierung, 1984, S. 618.
48 Zit. nach: Guske, Claus: Das politische Denken des Generals von Seeckt, 1971, S. 233 f.
49 Röhm, Ernst: Die Geschichte eines Hochverräters, 1928, S. 207.
50 Zit. nach: Hitler und Kahr, Bd. 2, 1928, S. 46 f.
51 Zit. nach: ebenda, S. 47.
52 Zit. nach: ebenda.
53 Zit. nach: Gruchmann, Lothar: Der Hitlerprozess 1924, Bd. 3, 1998, S. 1005.
54 Zit. nach: Hofmann, Hanns Hubert: Der Hitlerputsch, 1961, S. 107.
55 Ebenda, S. 108.
56 Deuerlein, Ernst: Einleitung, 1962, S. 81 f.
57 Zit. nach: Deuerlein, Ernst (Hg.): Der Hitler-Putsch, 1962, S. 238.
58 Zit. nach: Deuerlein, Ernst: Einleitung, 1962, S. 83 f.
59 Vgl. Vogelsang, Thilo: Die Reichswehr in Bayern und der Münchner Putsch 1923, 1957, S. 91–101.
60 Deuerlein, Ernst: Einleitung, 1962, S. 88.
61 Zit. nach: Hitler und Kahr, Bd. 2, 1928, S. 37.
62 Zit. nach: ebenda, S. 38.
63 Zit. nach: Schulthess' Europäischer Geschichtskalender 1923, 1928, S. 198.
64 Zit. nach: Guske, Claus: Das politische Denken des Generals von Seeckt, 1971, S. 236.
65 Fluglatt «Zur Aufklärung!» über die Rede von Aufseß am 20.10.2023. BayHStA, Abt. IV Kriegsarchiv, Bund Bayern und Reich 11.
66 Hitler und Kahr, Bd. 2, 1928, S. 37.
67 Zit. nach: ebenda, S. 38.

68 Berliner Tageblatt, Nr. 494, 20.10.1923, S. 1.
69 Zit. nach: Hitler und Kahr, Bd. 2, 1928, S. 38.
70 Schulze, Hagen: Weimar, 1982, S. 266.

9 «Herbstübung 1923» – Aufmarsch für die Diktatur

1 Hürten, Heinz: Einleitung, 1980, S. XVI.
2 Zit. nach: Bayerlein, Bernhard H. u. a. (Hg.): Deutscher Oktober 1923, 2003, S. 212.
3 Zit. nach: «Die Welt erobern». In: DER SPIEGEL, 30.10.1995. Online verfügbar unter https://www.spiegel.de/spiegel/print/d-9224698.html.
4 Zit. nach: Mühlhausen, Walter: Friedrich Ebert, 2006, S. 653.
5 Verschärfung des Konflikts in Sachsen. In: Vorwärts, Nr. 487, 18.10.1923. Zit. nach: Winkler, Heinrich August: Von der Revolution zur Stabilisierung, 1984, S. 650 f.
6 Mühlhausen, Walter: Friedrich Ebert, 2006, S. 653 f.
7 Zit. nach: Winkler, Heinrich August: Von der Revolution zur Stabilisierung, 1984, S. 652.
8 Thalheimer, A(ugust): 1923: Eine verpaßte Revolution? 1931, S. 26.
9 Hitler, Adolf: Sämtliche Aufzeichnungen 1905–1924, 1980, S. 1043.
10 Deuerlein, Ernst: Einleitung, 1962, S. 86.
11 Zit. nach: ebenda.
12 Vgl. Deuerlein, Ernst (Hg.): Der Hitler-Putsch, 1962, S. 257 f.
13 Zit. nach: Hitler und Kahr, Bd. 2, 1928, S. 67.
14 Zit. nach: ebenda, S. 55–60, hier 55.
15 Zit. nach: ebenda, S. 60.
16 Zit. nach: Die Weimarer Republik. Das kritische Jahr 1923, 1961, S. 397.
17 Zit. nach: ebenda, S. 399.
18 Zit. nach: Hürten, Heinz (Hg.): Das Krisenjahr 1923, 1980, S. 103.
19 Hofmann, Hanns Hubert: Der Hitlerputsch, 1961, S. 119. Röhm, Ernst: Die Geschichte eines Hochverräters, 1928, S. 227.
20 Zit. nach: Hitler und Kahr, Bd. 2, 1928, S. 113 f.
21 Pommerin, Reiner: Die Ausweisung von «Ostjuden» aus Bayern 1923, 1986, S. 315.
22 Ebenda, S. 316.
23 Zit. nach: Deuerlein, Ernst (Hg.): Der Hitler-Putsch, 1962, S. 282–284.
24 Hürten, Heinz (Hg.): Das Krisenjahr 1923, 1980, S. XVI.
25 Ebenda.
26 Ebenda, S. XXV.
27 Zit. nach: Die Kabinette Stresemann I u. II., 1978, S. 861 f.
28 Zit. nach: Mühlhausen, Walter: Friedrich Ebert, 2006, S. 661 f.
29 Winkler, Heinrich August: Von der Revolution zur Stabilisierung, 1984, S. 657.
30 Vossische Zeitung, Nr. 512, 29.10.1923. Zit nach: Mühlhausen, Walter: Friedrich Ebert, 2006, S. 674.
31 Benz, Wolfgang (Hg.): Politik in Bayern 1919–1933, 1971, S. 140.
32 Vgl. Stresemann, Gustav: Vermächtnis, 1932, S. 191 f.

33 Zit. nach: Hürten, Heinz (Hg.): Das Krisenjahr 1923, 1980, S. 117 f.
34 Zit. nach: Die Kabinette Stresemann I und II, 1978, S. 938.
35 Zit. nach: ebenda, S. 946.
36 Zit. nach: Der Hitler-Prozess 1924. Wortlaut der Hauptverhandlung, Bd. 4, 1999, S. 1301.
37 Hitler, Adolf: Sämtliche Aufzeichnungen 1905–1924, 1980, S. 1050.
38 Zit. nach: Benz, Wolfgang (Hg.): Politik in Bayern 1919–1933, 1971, S. 140.
39 Zit. nach: Die Weimarer Republik. Das kritische Jahr 1923, 1961, S. 401 f.
40 Zit. nach: Phelps, Reginald H.: Aus den Groener-Dokumenten, III. Bayern und Reich, 1950, S. 744.
41 Hoegner, Wilhelm: Der politische Radikalismus in Deutschland 1919–1933, 1966, S. 93.
42 Zit. nach: Hitler und Kahr, Bd. 2, 1928, S. 114 f.
43 Seisser, Oberst v.: Maschinenschriftlicher Bericht über Besprechungen in Berlin am 3.11.23. BayHStA, Abt. II, MA 104 221. (Gedruckt zugänglich in: Deuerlein, Ernst (Hg.): Der Hitler-Putsch, 1962, S. 301–304.)
44 Ebenda.
45 Ebenda.
46 Ebenda.
47 Zit. nach: Hitler und Kahr, Bd. 2, 1928, S. 88.
48 Hofmann, Hanns Hubert: Der Hitlerputsch, 1961, S. 134.
49 Zit. nach: Hitler und Kahr, Bd. 2, 1928, S. 88.
50 Zit. nach: Niederschriften über die Sitzungen des Ausschusses zur Untersuchung …, 12. Sitzung, 1.12.1927, S. 48. BayHStA, Abt. II, Landtag 14 855.
51 Lieber, Aktenauszüge 1923. Zit. nach: Meier-Welcker, Hans: Seeckt, 1967, S. 396.
52 Zit. nach: Gessler, Otto: Reichswehrpolitik in der Weimarer Zeit, 1958, S. 299.
53 Vgl. Guske, Claus: Das politische Denken des Generals von Seeckt, 1971, S. 242 f.
54 Vgl. Rabenau, Friedrich v.: Seeckt, 1940, S. 368.
55 Rabenau, Friedrich v.: Seeckt, 1940, S. 366. (Nach der Erinnerung des teilnehmenden Generals von Tschischwitz).
56 Zit. nach: Guske, Claus: Das politische Denken des Generals von Seeckt, 1971, S. 249.
57 Zit. nach: Die Kabinette Stresemann I und II, 1978, S. 1216 f.
58 Zit. nach: Münchner Neueste Nachrichten, Nr. 79, 20.3.1924.
59 Zit. nach: Guske, Claus: Das politische Denken des Generals von Seeckt, 1971, S. 239.
60 Zit. nach: ebenda, S. 238.
61 Aufzeichnung Ehlers' vom 10.11.1923. Zit. nach: Meier-Welcker, Hans: Seeckt, 1967, S. 401 f.
62 Meier-Welcker, Hans: Seeckt, 1967, S. 403.
63 Zit. nach: Hofmann, Hanns Hubert: Der Hitlerputsch, 1961, S. 130 f.
64 Zit. nach: Münchner Zeitung, Nr. 306, 6.11.1923, S. 1.
65 Zit. nach: Hallgarten, George W. F.: Hitler, Reichswehr und Industrie, 1955, S. 70.
66 Zit. nach: Asmuss, Burkhard: Republik ohne Chance? 1994, S. 515.
67 Zit. nach: ebenda, S. 515 f.
68 Zit. nach: ebenda, S. 526 f.

69 Zit. nach: ebenda, S. 471.
70 «Der Stahlhelmbund für nationale Diktatur». In: Münchner Neueste Nachrichten, Nr. 301, 6.11.1923, S. 1.
71 Zit. nach: Gruchmann, Lothar: Der Weg zum Hitler-Putsch, 1997, S. LXIf.
72 Zit. nach: Niederschriften über die Sitzungen des Ausschusses zur Untersuchung … 13. Sitzung, 6.12.1927. S. 65. BayHStA, Abt. II, Landtag 14 855.
73 Zit. nach: Hitler und Kahr, Bd. 2, 1928, S. 79.
74 Hofmann, Hanns Hubert: Der Hitlerputsch, 1961, S. 132 f.
75 Röhm, Ernst: Die Geschichte eines Hochverräters, 1928, S. 208.
76 Zit. nach: Hitler und Kahr, Bd. 2, 1928, S. 111.
77 Zit. nach: Niederschriften über die Sitzungen des Ausschusses zur Untersuchung … 17. Sitzung, 13.3.1928, S. 17. BayHStA, Abt. II, Landtag 14 855.
78 Zit. nach: ebenda, S. 18.
79 Zit. nach: Niederschriften über die Sitzungen des Ausschusses zur Untersuchung … 12. Sitzung, 1.12.1927, S. 23. BayHStA, Abt. II, Landtag 14 855.
80 Zit nach: Gruchmann, Lothar u. a. (Hg.): Der Hitler-Prozess 1924. Bd. 3, 1998, S. 1005.
81 Gruchmann, Lothar: Der Weg zum Hitler-Putsch, 1997, S. LXIV.
82 Ebenda.
83 Gruchmann, Lothar: Der Weg zum Hitler-Putsch, 1997, S. LXIVf.
84 Franz-Willing, Georg: Putsch und Verbotszeit der Hitlerbewegung, 1977, S. 66.
85 Zit. nach: Franz-Willing, Georg: Putsch und Verbotszeit der Hitlerbewegung, 1977, S. 69.
86 «Alarmruf des Deutschen Republikanischen Reichsbunds». In: Berliner Tageblatt, Nr. 524, 7.11.1923, S. 2.
87 Zit. nach: Asmuss, Burkhard: Republik ohne Chance? 1994, S. 516 f.

10 «Soeben ist die nationale Revolution ausgebrochen» – Bürgerbräukeller, 8. November 1923

1 Röhm, Ernst: Die Geschichte eines Hochverräters, 1928, S. 209.
2 Hofmann, Hanns Hubert: Der Hitlerputsch, 1961, S. 158.
3 Franz-Willing, Georg: Putsch und Verbotszeit der Hitlerbewegung, 1977, S. 67 f.
4 Gordon jr., Harold J.: Hitlerputsch 1923, 1978, S. 255.
5 Ebenda.
6 Hitler und Kahr, Bd. 2, 1928, S. 140.
7 Hofmann, Hanns Hubert: Der Hitlerputsch, 1961, S. 158.
8 Kahr, Gustav v.: Vom Volk zur Nation! In: Münchner Neueste Nachrichten, Ausgabe 304, 9.11.1923, S. 5.
9 Hofmann, Hanns Hubert: Der Hitlerputsch, 1961, S. 158.
10 Franz-Willing, Georg: Putsch und Verbotszeit der Hitlerbewegung, 1977, S. 78.
11 Zit. nach: Hitler und Kahr, Bd. 2, 1928, S. 140.
12 Müller, Karl Alexander v.: Im Wandel einer Welt, 1966, S. 161.
13 Hofmann, Hanns Hubert: Der Hitlerputsch, 1961, S. 162.
14 Nach der Anklageschrift der Staatsanwaltschaft vom 8. Januar 1924. Zit. nach: Gritschneder, Otto: Bewährungsfrist für den Terroristen Adolf H., 1990, S. 16.

15 Nach der Anklageschrift der Staatsanwaltschaft vom 8. Januar 1924. Zit. nach: ebenda, S. 16 f.
16 Zit. nach: Die nationale Reichsdiktatur in München aufgerichtet. In: Rosenheimer Anzeiger, Nr. 259, 9.11.1923, S. 1.
17 Ebenda.
18 Müller, Karl Alexander v.: Im Wandel einer Welt, 1966, S. 162 f.
19 Hofmann, Hanns Hubert: Der Hitlerputsch, 1961, S. 165.
20 Hoegner, Wilhelm: Der politische Radikalismus in Deutschland 1919–1933, 1966, S. 100.
21 Zit. nach: Hofmann, Hanns Hubert: Der Hitlerputsch, 1961, S. 166.
22 Ebenda, S. 165.
23 Ebenda, S. 167.
24 Zit. nach: Der Hitler-Prozess 1924. Wortlaut der Hauptverhandlung, Bd. 3, 1998, S. 803.
25 Zit. nach: Hofmann, Hanns Hubert: Der Hitlerputsch, 1961, S. 167.
26 Müller, Karl Alexander v.: Im Wandel einer Welt, 1966, S. 164. Schulthess' Europäischer Geschichtskalender 1923, 1928, S. 213.
27 Müller, Karl Alexander v.: Im Wandel einer Welt, 1966, S. 164.
28 Gritschneder, Otto: Bewährungsfrist für den Terroristen Adolf H., 1990, S. 17 f.
29 Gritschneder, Otto: Der Hitler-Prozeß und sein Richter Georg Neithardt, 2001, S. 24.
30 Der Kaufmann Hans Helmuth im Hitlerprozess. Zit. nach: Der Hitler-Prozess 1924. Wortlaut der Hauptverhandlung, Bd. 3, 1998, S. 1061.
31 Zit. nach: Der Hitler-Prozess 1924. Wortlaut der Hauptverhandlung, Bd. 3, 1998, S. 1059 f.
32 Hofmann, Hanns Hubert: Der Hitlerputsch, 1961, S. 168.
33 Der Hitler-Prozess 1924. Wortlaut der Hauptverhandlung, Bd. 4, 1999, S. 1429 f.
34 Müller, Karl Alexander v.: Im Wandel einer Welt, 1966, S. 165 f.

11 Hängepartie mit tödlichem Ausgang – Vom Bürgerbräukeller zur Feldherrnhalle

1 Hofmann, Hanns Hubert: Der Hitlerputsch, 1961, S. 169.
2 Röhm, Ernst: Die Geschichte eines Hochverräters, 1928, S. 211.
3 Gordon, Harold J.: Die Reichswehr und die Weimarer Republik, 1959, S. 241.
4 Denkschrift «Der Putsch am 8. November 1923», 1923, S. 9. BayHStA, Abt. IV Kriegsarchiv, HS 2401.
5 Hinterberger, Hans: Die bayerischen «Beamtenministerpräsidenten» 1920–1924, 2018, S. 478.
6 Denkschrift «Der Putsch am 8. November 1923». Zit. nach: Hitler und Kahr, Bd. 2, 1928, S. 157 f.
7 Der Hitler-Prozess 1924. Wortlaut der Hauptverhandlung, Bd. 3, 1998, S. 1103 f.
8 Gordon jr., Harold J.: Hitlerputsch 1923, 1978, S. 285.
9 Zit. nach: Der Hitler-Prozess 1924. Wortlaut der Hauptverhandlung, Bd. 3, 1998, S. 1067 f.
10 Zit. nach: ebenda, S. 1068 f.

11 Zit. nach: ebenda, S. 1107.
12 Zit. nach: ebenda, S. 1039.
13 Erklärung des Rechtsbeistands von Pöhner und Frick. Zit. nach: Rothenbücher, Karl: Der Fall Kahr, 1924, S. 24.
14 Rothenbücher, Karl: Der Fall Kahr, 1924, S. 25.
15 Ebenda.
16 Franz-Willing, Georg: Putsch und Verbotszeit der Hitlerbewegung, 1977, S. 92.
17 Zit. nach: Hofmann, Hanns Hubert: Der Hitlerputsch, 1961, S. 183.
18 Zit. nach: Hitler und Kahr, Bd. 2, 1928, S. 156 f.
19 Der Hitler-Prozess 1924. Wortlaut der Hauptverhandlung, Bd. 3, 1998, S. 798.
20 Zit. nach: Es bleibt bei Kahr! In: Rosenheimer Anzeiger, Nr. 260, 10./11.11.1923, S. 1.
21 Zit. nach: Franz-Willing, Georg: Putsch und Verbotszeit der Hitlerbewegung, 1977, S. 93.
22 Brief Kautters vom 12.11.1923. Zit. nach: Hitler und Kahr, Bd. 2, 1928, S. 155.
23 Zit. nach: ebenda.
24 Zit. nach: Der Hitler-Prozess 1924. Wortlaut der Hauptverhandlung, Bd. 3, 1998, S. 871.
25 Zit. nach: Hofmann, Hanns Hubert: Der Hitlerputsch, 1961, S. 186.
26 Zit. nach: ebenda.
27 Zit. nach: Hitler und Kahr, Bd. 2, 1928, S. 149.
28 Bernhard, Henry: Finis Germaniae!, 1947, S. 7.
29 Zit. nach: Severing, Carl: Mein Lebensweg, Bd. 1, 1950, S. 447.
30 Zit. nach: Gessler, Otto: Reichswehrpolitik in der Weimarer Zeit, 1958, S. 274.
31 Winkler, Heinrich August: Weimar 1918–1933, 1993, S. 235.
32 Gessler, Otto: Reichswehrpolitik in der Weimarer Zeit, 1958, S. 275.
33 Gordon jr., Harold J.: Hitlerputsch 1923, 1978, S. 279 f.
34 Hofmann, Hanns Hubert: Der Hitlerputsch, 1961, S. 187 ff.
35 Zit. nach: ebenda, S. 185 f.
36 Vogelsang, Thilo: Die Reichswehr in Bayern und der Münchner Putsch 1923, 1957, S. 99 f.
37 Zit. nach: Schulthess' Europäischer Geschichtskalender 1923, 1928, S. 214.
38 Hofmann, Hanns Hubert: Der Hitlerputsch, 1961, S. 192 f.
39 Frank, Hans: Im Angesicht des Galgens, 1953, S. 60 f.
40 Maser, Werner: Der Sturm auf die Republik, 1981, S. 453.
41 Hofmann, Hanns Hubert: Der Hitlerputsch, 1961, S. 193.
42 Ebenda, S. 201.
43 Zit. nach: Hitler und Kahr, Bd. 2, 1928, S. 186.
44 Ebenda, S. 185.
45 Gritschneder, Otto: Bewährungsfrist für den Terroristen Adolf H., 1990, S. 22.
46 Zit. nach: Asmuss, Burkhard: Republik ohne Chance? 1994, S. 481 f.
47 Zit. nach: Rothenbücher, Karl: Der Fall Kahr, 1924, S. 7 f.
48 Kraußer, Friedrich: Bericht vom 15.11.1923 über die Vorgänge am 9.11.1923. BayHStA, Abt. IV Kriegsarchiv, OP 65 134.
49 Müller, Karl Alexander v.: Im Wandel einer Welt, 1966, S. 179.
50 Hofmann, Hanns Hubert: Der Hitlerputsch, 1961, S. 196.

51 Ludendorff, Erich: Auf dem Weg zur Feldherrnhalle, 1937, S. 65.
52 Hofmann, Hanns Hubert: Der Hitlerputsch, 1961, S. 199.
53 Gordon jr., Harold J.: Hitlerputsch 1923, 1978, S. 317.
54 Hofmann, Hanns Hubert: Der Hitlerputsch, 1961, S. 206.
55 Zit. nach: Hitler und Kahr, Bd. 2, 1928, S. 186.
56 Ebenda.
57 Large, David Clay: Hitlers München, 1998, S. 237.
58 Zit. nach: Hitler und Kahr, Bd. 2, 1928, S. 170.
59 Hofmann, Hanns Hubert: Der Hitlerputsch, 1961, S. 208.
60 Müller, Karl Alexander v.: Im Wandel einer Welt, 1966, S. 166.
61 Large, David Clay: Hitlers München, 1998, S. 238.
62 Ludendorff, Erich: Auf dem Weg zur Feldherrnhalle, 1937, S. 67.
63 Müller, Karl Alexander v.: Im Wandel einer Welt, 1966, S. 167.
64 Zit. nach: Gordon jr., Harold J.: Hitlerputsch 1923, 1978, S. 322 f.
65 Hofmann, Hanns Hubert: Der Hitlerputsch, 1961, S. 211.
66 Siepmann, Christian: Hitler-Putsch. Der Versager und die Fahne, 2007. SPIEGEL Geschichte, 8.11.2007. Online verfügbar unter https://www.spiegel.de/geschichte/hitler-putsch-a-948822.html.2007.
67 Heribert Prantl: Als Onkel Hans auf Adolf Hitler schoss. Prantls Blick, 4. 11. 2018. Online verfügbar unter https://www.sueddeutsche.de/politik/-november-revolution-deutsch-1.4196282.2018.
68 Zit. nach: Völkischer Beobachter, Nr. 313, 9.11.1934. Nach: BayHStA, Abt. IV, Kriegsarchiv, Nachlass Kollmann 119.
69 Ebenda.
70 Large, David Clay: Hitlers München, 1998, S. 240.
71 Demmelmeyer: Verhaftung Ludendorffs, Bericht vom 12.11.1923. BayHStA, Abt. II, MA 104 221.
72 Der Text ist vollständig abgedruckt in: Hofmann, Hanns Hubert: Der Hitlerputsch, 1961, S. 284 ff.
73 Hofmann, Hanns Hubert: Der Hitlerputsch, 1961, S. 215 f.
74 Zit. nach: Gritschneder, Otto: Bewährungsfrist für den Terroristen Adolf H., 1990, S. 33 f.

12 Neuer Anlauf oder Schadensbegrenzung? – Die Wochen danach

1 Zit. nach: Hartmann, Peter Claus: Der Hitlerputsch (1923) im Urteil der französischen Gesandtschafts- und Botschaftsberichte, 1977, S. 467 f.
2 Müller, Karl Alexander v.: Im Wandel einer Welt, 1966, S. 168.
3 Benz, Wolfgang (Hg.): Politik in Bayern 1919–1933, 1971, S. 142.
4 Ebenda, S. 143.
5 Müller, Karl Alexander v.: Im Wandel einer Welt, 1966, S. 173.
6 Feder, Ernst: Bayern und Reich. Nach dem Putsch. In: Berliner Tageblatt, 16.11.1923, Abendausgabe. S. 1.
7 Mannheimer General-Anzeiger, 13.11.1923. Zit. nach: Maser, Werner: Der Sturm auf die Republik, 1981, S. 461 f.

8 Zit. nach: Hartmann, Peter Claus: Der Hitlerputsch (1923) im Urteil der französischen Gesandtschafts- und Botschaftsberichte, 1977, S. 467 f.
9 Münchner Neueste Nachrichten, 10.11.1923. Zit. nach: Asmuss, Burkhard: Republik ohne Chance? 1994, S. 479 f.
10 Zit. nach: Münchner Neueste Nachrichten, Nr. 307, 12.11.1923, S. 1.
11 Müller, Karl Alexander v.: Im Wandel einer Welt, 1966, S. 172.
12 Deuerlein, Ernst: Einleitung, 1962, S. 100 f.
13 Hinterberger, Hans: Die bayerischen «Beamtenministerpräsidenten» 1920–1924, 2018, S. 481.
14 Mitteilung der Brigade Ehrhardt an die Presse vom 15.11.1923. BayHStA, Abt. II, MA 104 221.
15 Ebenda.
16 Notiz über ein Interview Ehrhardts mit einem amerikanischen Journalisten «kurze Zeit nach dem Putsch». BayHStA, Abt. II, MA 104 221.
17 Zit. nach: Die Weimarer Republik. Das kritische Jahr 1923, 1961, S. 443.
18 Hinterberger, Hans: Die bayerischen «Beamtenministerpräsidenten» 1920–1924, 2018, S. 484.
19 Zit. nach: Schulthess' Europäischer Geschichtskalender 1923, 1928, S. 216.
20 Zit. nach: Benz, Wolfgang (Hg.): Politik in Bayern 1919–1933, 1971, S. 145.
21 «Nach dem Putsch». In: Münchner Neueste Nachrichten, Nr. 306, 11.11.1923, S. 4.
22 Zit. nach: Asmuss, Burkhard: Republik ohne Chance? 1994, S. 485.
23 Münchner Neueste Nachrichten, Nr. 310, 15.11.1923.
24 Zit. nach: Niederschriften über die Sitzungen des Ausschusses zur Untersuchung … 12. Sitzung, 1.12.1927, S. 19. BayHStA, Abt. II, Landtag 14 855.
25 Hofmann, Hanns Hubert: Der Hitlerputsch, 1961, S. 229–234.
26 Bernhard, Georg: Die Masken herunter. In: Vossische Zeitung, Nr. 532, 9.11.1923, S. 1 f, hier 1.
27 Feder, Ernst: Das Ende der Hanswurstiade. In: Berliner Tageblatt, 10.11.1923 Morgenausgabe, S. 1.
28 Zit. nach: Asmuss, Burkhard: Republik ohne Chance? 1994, S. 518.
29 Feder, Ernst: Bayern und Reich. Nach dem Putsch. In: Berliner Tageblatt, 16.11.1923, Abendausgabe, S. 1.
30 Ebenda.
31 Ebenda.
32 Deuerlein, Ernst: Einleitung, 1962, S. 108 f.
33 Zit. nach: Der Hitler-Prozess 1924. Wortlaut der Hauptverhandlung, Bd. 3, 1998, S. 1026.
34 Denkschrift «Der Putsch am 8. November 1923», 1923, S. 1. BayHStA, Abt. IV Kriegsarchiv, HS 2401.
35 Deuerlein, Ernst: Einleitung, 1962, S. 108.
36 Zit. nach: Der Hitler-Prozess 1924. Wortlaut der Hauptverhandlung, Bd. 3, 1998, S. 1026 f.
37 Zit. nach: Deuerlein, Ernst: Einleitung, 1962, S. 107 f.
38 Denkschrift «Der Putsch am 8. November 1923», 1923, S. 6. BayHStA, Abt. IV Kriegsarchiv, HS 2401.
39 Gritschneder, Otto: Bewährungsfrist für den Terroristen Adolf H., 1990, S. 50.

40 Zit. nach: Benz, Wolfgang (Hg.): Politik in Bayern 1919–1933, 1971, S. 144.
41 Gritschneder, Otto: Das mißbrauchte Volksgericht, 1997, S. XXVII.
42 Ebenda, S. XXXIV.
43 Zit. nach: Kolb, Eberhard: Gustav Stresemann, 2003, S. 92.
44 Meier-Welcker, Hans: Seeckt, 1967, S. 408.
45 Zit. nach: Guske, Claus: Das politische Denken des Generals von Seeckt, 1971, S. 250.
46 Befehl der Heeresleitung vom 4. November 1923. Zit. nach: Hürten, Heinz: Reichswehr und Ausnahmezustand, 1977, S. 38.
47 Hürten, Heinz: Reichswehr und Ausnahmezustand, 1977, S. 41.
48 Deutsche Zeitung, Nr. 506, 16.11.1923. Zit. nach: Franz-Willing, Georg: Putsch und Verbotszeit der Hitlerbewegung, 1977, S. 125.
49 Hürten, Heinz: Einleitung, 1980, S. XV.
50 Hürten Heinz (Hg.): Das Krisenjahr 1923, 1980, S. 128.
51 Zit. nach: Hürten, Heinz: Reichswehr und Ausnahmezustand, 1977, S. 38 f.
52 Zit. nach: ebenda, S. 39 f.
53 Ebenda, S. 40.
54 Ebenda.
55 Zit. nach: Guske, Claus: Das politische Denken des Generals von Seeckt, 1971, S. 251 f.
56 Zit. nach: ebenda, S. 252.
57 Hürten, Heinz: Reichswehr und Ausnahmezustand, 1977, S. 41.
58 Schreiben des Chefs der Heeresleitung, General v. Seeckt, vom 13.2.1924. Zit. nach: ebenda, S. 42.
59 Reichstagsprotokolle, 1920/24, Bd. 18, 393. Sitzung, 23.11.1923, S. 12 254. Online verfügbar unter: https://www.reichstagsprotokolle.de/Blatt2_w1_bsb00000045_00519.html.
60 Hinterberger, Hans: Die bayerischen «Beamtenministerpräsidenten» 1920–1924, 2018, S. 481.
61 Ebenda, S. 487 f.
62 Deuerlein, Ernst: Einleitung, 1962, S. 112.
63 Deuerlein, Ernst (Hg.):,Der Hitler-Putsch, 1962, S. 647 f.
64 Bay. Landtag, SP 1920–24, 219. Sitzung, 8.2.1924, Sten. Berichte, Bd. 9, S. 242 f. Online verfügbar unter: https://geschichte.digitale-sammlungen.de/landtag1919/seite/bsb00008685_00268.
65 Zit. nach: Deuerlein, Ernst (Hg.): Der Hitler-Putsch, 1962, S. 648.
66 Zit. nach: ebenda, S. 649.
67 Zit. nach: ebenda, S. 651.
68 Rothenbücher, Karl: Der Fall Kahr, 1924, S. 26.
69 Ebenda, S. 34.
70 Ebenda, S. 35 f.
71 Ebenda, S. 17 f.
72 Ebenda, S. 18.
73 Zit. nach: Gritschneder, Otto: Das mißbrauchte Volksgericht, 1997, S. XXX.

13 Vom «edelsten selbstlosen Willen geleitet» – Der Prozess gegen Hitler und Genossen

1 Rosenheimer Anzeiger, Nr. 48, 26.2.1924, S. 2.
2 Gritschneder, Otto: Bewährungsfrist für den Terroristen Adolf H., 1990, S. 63.
3 Zit. nach: Gritschneder, Otto: Der Hitler-Prozeß und sein Richter Georg Neithardt, 2001, S. 74.
4 Gordon jr., Harold J.: Hitlerputsch 1923, 1978, S. 428.
5 Kershaw, Ian: Hitler. Bd. 1, 1998, S. 272.
6 Zit. nach: Gritschneder, Otto: Der Hitler-Prozeß und sein Richter Georg Neithardt, 2001, S. 74.
7 Zit. nach: ebenda.
8 Der Hitler-Prozess 1924. Wortlaut der Hauptverhandlung, Bd. 1, 1997, S. 324.
9 Gordon jr., Harold J.: Hitlerputsch 1923, 1978, S. 423 f.
10 Der Hitler-Prozess 1924. Wortlaut der Hauptverhandlung, Bd. 1, 1997, S. 3.
11 Zit. nach: Hitler vor Gericht. Der Prozess nach dem Putsch 1923, 2009, S. 60.
12 Der Hitler-Prozess 1924. Wortlaut der Hauptverhandlung, Bd. 1, S. 61.
13 Zit. nach: Hartmann, Peter Claus: Der Hitlerputsch (1923) im Urteil der französischen Gesandtschafts- und Botschaftsberichte, 1977, S. 471.
14 Zit. nach: Benz, Wolfgang (Hg.): Politik in Bayern 1919–1933, 1971, S. 153.
15 Zit. nach: ebenda, S. 155.
16 Der Hitler-Prozess 1924. Wortlaut der Hauptverhandlung, Bd. 1, S. 313.
17 Zit. nach: Hartmann, Peter Claus: Der Hitlerputsch (1923) im Urteil der französischen Gesandtschafts- und Botschaftsberichte, 1977, S. 468 f.
18 Zit. nach: Die Weimarer Republik. Das kritische Jahr 1923, 1961, S. 455 ff.
19 Zit nach: ebenda, S. 453.
20 Zit. nach: ebenda, S. 454.
21 Zit. nach: Hartmann, Peter Claus: Der Hitlerputsch (1923) im Urteil der französischen Gesandtschafts- und Botschaftsberichte, 1977, S. 469.
22 Zit. nach: ebenda, S. 470.
23 Zit. nach: Der Hitler-Prozess 1924. Wortlaut der Hauptverhandlung, Bd. 3, 1998, S. 842.
24 Zit. nach: ebenda, S. 922–924.
25 Zit. nach: ebenda, S. 804.
26 Zit. nach: ebenda, S. 1059–1063.
27 Zit. nach: Gritschneder, Otto: Der Hitler-Prozeß und sein Richter Georg Neithardt, 2001, S. 64.
28 Zit. nach: Der Hitler-Prozess 1924. Wortlaut der Hauptverhandlung, Bd. 4, 1999, S. 1309.
29 Zit. nach: ebenda, S. 1338–1340.
30 Zit. nach: ebenda, S. 1378.
31 Zit. nach: ebenda, S. 1397.
32 Zit. nach: ebenda, S. 1428.
33 Zit. nach: ebenda, S. 1445.
34 Zit. nach: ebenda, S. 1509.

35 Zit. nach: ebenda, S. 1555.
36 Zit. nach: ebenda, S. 1556.
37 Zit. nach: ebenda, S. 1581.
38 Zit. nach: ebenda, S. 1232–1234.
39 Zit. nach: ebenda, S. 1236.
40 Zit. nach: Ebenda, S. 1248.
41 Ebenda, S. 1598.
42 Gritschneder, Otto: Bewährungsfrist für den Terroristen Adolf H., 1990, S. 70 f.
43 Ebenda, S. 92.
44 Ebenda, S. 94.
45 Ebenda, S. 49.
46 Gritschneder, Otto: Der Hitler-Prozeß und sein Richter Georg Neithardt, 2001, S. 55.
47 Ludendorff, Erich: Auf dem Weg zur Feldherrnhalle, 1937, S. 90.
48 Gritschneder, Otto: Bewährungsfrist für den Terroristen Adolf H., 1990, S. 94.
49 Zit. nach: Gritschneder, Otto: Der Hitler-Prozeß und sein Richter Georg Neithardt, 2001, S. 55 f.
50 Zit. nach: Historisches Lexikon Bayerns. Online verfügbar unter: https://www.historisches-lexikon-bayerns.de/Lexikon/Hitler-Ludendorff-Prozess,_1924#Durchf.C3.BChrung_des_Strafverfahrens_in_M.C3.BCnchen_oder_Leipzig
51 Zit. nach: Gritschneder, Otto: Der Hitler-Prozeß und sein Richter Georg Neithardt, 2001, S. 58.
52 Gritschneder, Otto: Bewährungsfrist für den Terroristen Adolf H., 1990, S. 52.
53 Ebenda, S. 55 f.
54 Ebenda, S. 58.
55 Stefan Zweig: Die Welt von gestern, 1942, S. 441. Zit. nach: Kershaw, Ian: Hitler. Bd. 1, 1998, S. 267.

14 Helfende Hände – Zweite Chance für den Hochverräter

1 Hitler Mein Kampf. Eine kritische Edition, 2016, S. 19.
2 Ebenda, S. 20.
3 Fleischmann, Peter: Hitler als Häftling in Landsberg am Lech 1923/24, 2015, S. 44.
4 Hitler Mein Kampf. Eine kritische Edition, 2016, S. 19.
5 Ebenda, S. 15.
6 Ebenda, S. 13.
7 Hitler, Adolf: Sämtliche Aufzeichnungen 1905–1924, 1980, S. 1241.
8 Hitler Mein Kampf. Eine kritische Edition, 2016, S. 20.
9 Plöckinger, Othmar: Geschichte eines Buches: Adolf Hitlers «Mein Kampf», 2006, S. 42.
10 Ebenda, S. 15.
11 Ebenda, S. 16.
12 (undatierte) Notiz des Volksgerichts München I, Staatsarchiv München, Staats-

anw 3099. Zit. nach: Gritschneder, Otto: Bewährungsfrist für den Terroristen Adolf H., 1990, S. 99 f.

13 Zit. nach: Gritschneder, Otto: Bewährungsfrist für den Terroristen Adolf H., 1990, S. 98.

14 Hitler Mein Kampf. Eine kritische Edition, 2016, S. 15.

15 Zit. nach: Gritschneder, Otto: Bewährungsfrist für den Terroristen Adolf H., 1990, S. 101 f.

16 Staatsarchiv München, Staatsanw 14 344. Zit. nach: Gritschneder, Otto: Bewährungsfrist für den Terroristen Adolf H., 1990, S. 105.

17 Gritschneder, Otto: Bewährungsfrist für den Terroristen Adolf H., 1990, S. 116 f.

18 Ebenda, S. 119.

19 Zit. nach: ebenda, S. 129 f.

20 Zit nach: Joachimsthaler, Anton: Hitlers Weg begann in München, 2000, S. 102.

21 Ebenda, S. 102 f.

22 Die Weimarer Republik. Das kritische Jahr 1923, 1961, S. 466.

23 Zit. nach: Ullrich, Volker: Adolf Hitler, Bd. 1, 2013, S. 213.

24 Ebenda, S. 214 f.

25 Vgl. ebenda, S. 142–144.

15 Verhindern, verzögern, vertuschen – Bayerns politische Aufarbeitung des Putsches

1 Schilling, Alexander: Der Untersuchungsausschuss des Bayerischen Landtags, 1999, S. 93.

2 Bay. Landtag, SP 1920–24, 217. Sitzung, 6.2.1924, Sten. Berichte, Bd. 9, S. 130 f. Online verfügbar unter: https://geschichte.digitale-sammlungen.de/landtag1919/seite/bsb00008685_00156.

3 Vgl. Bay. Landtag, SP 1920–24, 217. Sitzung, 6.2.1924, Sten. Berichte, Bd. 9, S. 132. Online verfügbar unter: https://geschichte.digitale-sammlungen.de/landtag1919/seite/bsb00008685_00158.

4 Bay. Landtag, SP 1924–28, 17. Sitzung, 31.7.1924, Sten. Berichte, Bd. 1, S. 442. Online verfügbar unter: https://geschichte.digitale-sammlungen.de/landtag1919/seite/bsb00008686_00480.

5 Schreiben der Vaterländischen Verbände Augsburgs vom 9. Juli 1924 an den Bayerischen Ministerpräsidenten, Heinrich Held. Bayer. HStA, Minn 71 771.

6 Bay. Landtag, SP 1924–28, 17. Sitzung, 31.7.1924, Sten. Berichte, Bd. 1, S. 442. Online verfügbar unter: https://geschichte.digitale-sammlungen.de/landtag1919/seite/bsb00008686_00480.

7 Bay. Landtag, SP 1924–28, 17. Sitzung, 31.7.1924, Sten. Berichte, Bd. 1, S. 443. Online verfügbar unter: https://geschichte.digitale-sammlungen.de/landtag1919/seite/bsb00008686_00481.

8 Bay. Landtag, SP 1924–28, 17. Sitzung, 31.7.1924, Sten. Berichte, Bd. 1, S. 444. Online verfügbar unter: https://geschichte.digitale-sammlungen.de/landtag1919/seite/bsb00008686_00482.

9 Bay. Landtag, SP 1924–28, 17. Sitzung, 31.7.1924, Sten. Berichte, Bd. 1, S. 444 f.

Online verfügbar unter: https://geschichte.digitale-sammlungen.de/landtag1919/seite/bsb00008686_00482.

10 Bay. Landtag, SP 1924–28, 17. Sitzung, 31.7.1924, Sten. Berichte, Bd. 1, S. 444. Online verfügbar unter: https://geschichte.digitale-sammlungen.de/landtag1919/seite/bsb00008686_00482.

11 Hoegner, Wilhelm: Der schwierige Außenseiter, 1959, S. 37.

12 Schilling, Alexander: Der Untersuchungsausschuss des Bayerischen Landtags, 1999, S. 39.

13 BayHStA, Abt. II, Minn 71 771.

14 Benz, Wolfgang (Hg.): Politik in Bayern 1919–1933, 1971, S. 162.

15 Zit. nach: Schilling, Alexander: Der Untersuchungsausschuss des Bayerischen Landtags, 1999, S. 65.

16 Ebenda.

17 Zit. nach: Schilling, Alexander: Der Untersuchungsausschuss des Bayerischen Landtags, 1999, S. 65.

18 Hoegner, Wilhelm: Der schwierige Außenseiter, 1959, S. 43.

19 Zit. nach: Schilling, Alexander: Der Untersuchungsausschuss des Bayerischen Landtags, 1999, S. 65.

20 Ebenda, S. 83.

21 Hoegner, Wilhelm: Der schwierige Außenseiter, 1959, S. 47.

22 Zit. nach: Ebenda.

23 Vgl. Schilling, Alexander: Der Untersuchungsausschuss des Bayerischen Landtags, 1999, S. 40–43.

24 Zit. nach: Hoegner, Wilhelm: Der schwierige Außenseiter, 1959, S. 44.

25 Zit. nach: ebenda, S. 47.

26 Münchener Post, 28./29.4.1928, S. 3. Nach: Schilling, Alexander: Der Untersuchungsausschuss des Bayerischen Landtags, 1999, S. 93.

27 Bay. Landtag, SP 1924–28, 212. Sitzung, 27.4.1928, Sten. Berichte, Bd. 9, S. 684. Online verfügbar unter: https://geschichte.digitale-sammlungen.de/landtag1919/seite/bsb00008694_00716.

28 Bay. Landtag, SP 1924–28, 212. Sitzung, 27.4.1928, Sten. Berichte, Bd. 9, S. 684. Online verfügbar unter: https://geschichte.digitale-sammlungen.de/landtag1919/seite/bsb00008694_00716.

29 Abgedruckt in: Die Weimarer Republik. Das kritische Jahr 1923, 1961, S. 466 ff.

30 Weber, Reinhard: Zur Quelle, 1997, S. XIII.

31 Hoegner, Wilhelm: Der schwierige Außenseiter, 1959, S. 48.

16 Heldenmythos, Blutfahne, Opfergang – Der gescheiterte Putsch in der NS-Propaganda

1 Mommsen, Hans: Adolf Hitler und der 9. November 1923, 1994, S. 34.

2 Behrenbeck, Sabine: Der Kult um die toten Helden, 1996, S. 99.

3 Ehre, Freiheit, Vaterland. In: Völkischer Beobachter, Nr. 189, 8./9.11.1925, S. 1.

4 Zwei schicksalsschwere Novembertage. In: Völkischer Beobachter, Nr. 259, 9.11.1926, S. 1.

5 Völkischer Beobachter, Nr. 258, 9.11.1927.

6 Der neunte Jahrestag der Novemberrevolte. In: ebenda, S. 1.
7 Pappert, Lars: Der Hitlerputsch und seine Mythologisierung, 2001, S. 105.
8 Ebenda, S. 110 f.
9 Ebenda, S. 106.
10 Völkischer Beobachter, Nr. 313, 9.11.1933, S. 1.
11 Zit. nach: Pappert, Lars: Der Hitlerputsch und seine Mythologisierung, 2001, S. 111.
12 Ebenda, S. 133.
13 Ebenda, S. 106.
14 Der Führer weiht das Mahnmal. In: Völkischer Beobachter, Nr. 314, 10.11.1933, S. 1.
15 Mommsen, Hans: Die verspielte Freiheit, 1989, S. 8.
16 Wessels, Wolfram: Der 9. November, «weihevollster Tag» im «Dritten Reich», 1984, S. 87.
17 Ebenda, S. 88 f.
18 Rudolf Heß: «Sie haben doch gesiegt!» In: Völkischer Beobachter, Nr. 313, 9.11.1933, S. 1.
19 Zit. nach: Wessels, Wolfram: Der 9. November, «weihevollster Tag» im «Dritten Reich», 1984, S. 91.
20 Ebenda, S. 90.
21 Goebbels, Joseph: Tagebücher 1924–1945, 1999, S. 327.
22 Völkischer Beobachter, Nr. 313, 9.11.1934, S. 1.
23 Pappert, Lars: Der Hitlerputsch und seine Mythologisierung, 2001, S. 112.
24 Ebenda, S. 146.
25 Koch, Hans Jörg: Der 9. November 1923, 2000, S. 46.
26 Völkischer Beobachter, Nr. 312, 8.11.1938, S. 1.
27 Kränze des Führers vor der Feldherrnhalle und der Ewigen Wache. In: Völkischer Beobachter, 10.11.1939, Nr. 314, S. 2.
28 Pappert, Lars: Der Hitlerputsch und seine Mythologisierung, 2001, S. 197.
29 Ebenda, S. 198.
30 Die Kriegsrede des Führers vor der Alten Garde. In: Völkischer Beobachter, 10.11.1940, Nr. 315, S. 1 f.
31 Die große Rede des Führers über den geschichtlichen Sinn dieses Krieges. In: Völkischer Beobachter, Nr. 314, 10.11.1941, S. 1.
32 Pappert, Lars: Der Hitlerputsch und seine Mythologisierung, 2001, S. 204.
33 Weiß, Wilhelm: Zum 9. November. In: Völkischer Beobachter, Nr. 314, 9.11.1940, S. 1.
34 Domarus, Max: Hitler. Reden und Proklamationen, 1965, S. 1777 f.
35 Ebenda, S. 1781.
36 Goebbels, Joseph: Tagebücher 1924–1945, 1999, S. 1702.
37 Kershaw, Ian: Hitler, Bd. 2, 2000, S. 708.
38 Goebbels, Joseph: Tagebücher 1924–1945, 1999, S. 1829.
39 Domarus, Max: Hitler. Reden und Proklamationen, 1965, S. 1933.
40 Ebenda, S. 1941.
41 Ebenda, S. 1940.
42 Ebenda, S. 1943.

43 Kershaw, Ian: Hitler, Bd. 2, 2000, S. 709.
44 Goebbels, Joseph: Tagebücher 1924–1945, 1999, S. 1963 f.
45 Kershaw, Ian: Hitler, Bd. 2, 2000, S. 787.
46 Ebenda, S. 961.
47 Domarus, Max: Hitler. Reden und Proklamationen, 1965, S. 2160.
48 Pappert, Lars: Der Hitlerputsch und seine Mythologisierung, 2001, S. 210 f.
49 Ebenda, S. 213.
50 Völkischer Beobachter, 12.11.1944, S. 1.

Literaturverzeichnis

Angaben zu Zeitungsartikeln sowie Internetdokumenten sind in den Endnoten vollständig wiedergegeben. Sie werden hier nicht zusätzlich aufgelistet.

Nicht gedruckte Quellen

BayHStA – Abt. II

MA 94 148: Ministerpräsident Knilling

MA 99 518: Ministerratsprotokolle, Kabinett von Knilling

MA 103 471: Umsturzbewegungen im Reich

MA 103 472, 103 473: Hitlerputsch, 1923–1925

MA 103 476: Untersuchungsausschuss des Bayerischen Landtags zum Hitlerputsch, Berichte 1928

MA 104 221: Handakt des Generalstaatskommissariats über die Vorgänge beim Hitlerputsch

MInn 71 663: Zeitungsausschnitte mit Kritik an den Urteilen im Hitlerprozess

MInn 71771, 71 772: Parlamentarische Untersuchung der Vorfälle am 1. Mai 1923 und der Vorgänge von September bis November 1923

MInn 73 694–73 699: Beendigung des Ruhrkampfs, Ausnahmezustand, Einsetzung des Generalstaatskommissars, Hitlerputsch, Hitler-Prozess

MInn 73 700: Kapitänleutnant Ehrhardt und Genossen, Organisation Consul. Zeitungsausschnitte

Landtag 13 253: Antrag der Abgeordneten Johannes Timm und Genossen zum Untersuchungsausschuss für den Ludendorff-Hitlerputsch, 1923

Landtag 14 854, 14 855: Niederschriften des Landtagsausschusses zur Untersuchung der Vorgänge vom 1. Mai 1923 und der gegen die Reichs- und Landesverfassung gerichteten Bestrebungen vom 26. September bis 9. November 1923, 1927–1928

MK 23 341: Handakten von Kultusminister Franz Matt – Staatssicherheit, Republikschutz, Verhältnis Bayerns zum Reich, 1920–1925

MArb 4474: Oberregierungsrat Freiherr von Aufseß

Generalstaatskommissar 98: Bund Wiking, 1923–1924

BayHStA – Abt. IV Kriegsarchiv

RWGrKdo4 14: November-Unruhen 1923

OP 65 134: Friedrich Ritter von Kraußer u. a. Bericht vom 15.11.1923

HS 925: Theodor von Endres – Aufzeichnungen über den Hitlerputsch 1923, 5.7.1941

HS 2401: Streit zwischen Kronprinz Rupprecht von Bayern und General

Ludendorff anlässlich des Hitlerputschs, Denkschrift «Der Putsch am 8. November 1923. Vorgeschichte und Verlauf.» (Mit dem Vermerk: «Vertraulich! Darf vom Empfänger nicht aus der Hand gegeben werden! Veröffentlichungen aus dem Inhalt nicht gestattet!» Hier: «Exemplar-Nummer 20.) (aus Nachlass Felix Graf Bothmer)

HS 2775: Handakt Hitlerputsch 1923 (aus Nachlass Archivdirektor Gerhard Böhm)

HS 2904: Aufzeichnungen über den Hitler-Putsch (aus Nachlass Günther Rüdel)

HS 3263: Papiere zum Hitlerputsch 1923 (aus Nachlass Friedrich Frhr. Kreß von Kressenstein)

HS 3388: Jobst von Lossow (Neffe des Otto v. L.) – Ausarbeitungen zur Person seines Onkels und zu dessen Rolle am 8./9. November 1923

NL Kollmann 119: Materialien des Oberstleutnant Kollmann zum Hitlerputsch

Bund Bayern und Reich 95: Militärische Oberleitung, Schriftwechsel zur aktuellen Lage, vertrauliche Denkschrift «Der Putsch am 8. November 1923. Vorgeschichte und Verlauf.»

Bund Bayern und Reich 116: Politische Prozesse, insb. Flugblatt zum Auftritt von Oberregierungsrat Aufseß am 20. Oktober 1923 sowie Gerichtsaussage des Bundesführers Pittinger zu den Vorkommnissen am 8./9. November 1923, 1923–1925

OP 73 930: Landespolizei-Personalakte des Polizeioberleutnants Gerhard von Prosch

OP 41 326: Landespolizei-Personalakte Wilhelm Starck

OP 61 186: Landespolizei-Personalakte Wilhelm Röder

BayHStA – Abt. V Nachlässe

NL Ehard Hans 95: Hitlerputsch und Hitlerprozess im Spiegel der Presse, 1923–1924

NL Hamm Eduard 74: Hitlerputsch und seine politische Vorgeschichte

NL Kahr Gustav (jun.) 33: Material zum sogenannten Hitlerputsch vom 9.11.1923

NL Lehmann Julius Friedrich 34: Materialsammlung und Korrespondenz zum Hitler-Putsch und zum Hitler-Prozess

NL Müller Karl Alexander 19/1 u. 19/2: Unterlagen Materialien und Presseberichte zum Hitler-Putsch, Entwurf v. Müllers zur Proklamation Kahrs vom 10.11.1923, vertrauliche Denkschrift «Der Putsch am 8. November 1923. Vorgeschichte und Verlauf.»

Gedruckte Quellen und Sekundärliteratur

Albrecht, Niels H. M.: Die Macht einer Verleumdungskampagne. Antidemokratische Agitationen der Presse und Justiz gegen die Weimarer Republik und ihren ersten Reichspräsidenten Friedrich Ebert vom «Badebild» bis zum Magdeburger Prozeß. Diss. Bremen 2002

Asmuss, Burkhard: Republik ohne Chance? Akzeptanz und Legitimation der Weimarer Republik in der deutschen Tagespresse zwischen 1918 und 1923. Berlin 1994

Assmann, Aleida: Der lange Schatten der Vergangenheit. Erinnerungskultur und Geschichtspolitik. München 2006

Auerbach, Hellmuth: Vom Trommler zum Führer. Hitler und das nationale Münchner Bürgertum. In: Mensing, Björn; Prinz, Friedrich (Hg.): Irrlicht im leuchtenden München? Der Nationalsozialismus in der «Hauptstadt der Bewegung». Regensburg 1991, S. 67–91

Ay, Karl-Ludwig: Die Entstehung einer Revolution. Die Volksstimmung in Bayern während des Ersten Weltkrieges. Berlin 1968

Ay, Karl-Ludwig: Von der Räterepublik zur Ordnungszelle Bayern. Die politischen Rahmenbedingungen für den Aufstieg Hitlers in München. In: Mensing, Björn; Prinz, Friedrich (Hg.): Irrlicht im leuchtenden München? Der Nationalsozialismus in der «Hauptstadt der Bewegung». Regensburg 1991, S. 9–26

Barth, Boris: Dolchstoßlegenden und politische Desintegration. Das Trauma der deutschen Niederlage im Ersten Weltkrieg 1914–1933. Düsseldorf 2003

Barth, Boris: Dolchstoßlegende und Novemberrevolution. In: Gallus, Alexander (Hg.): Die vergessene Revolution von 1918/19, 2010, S. 117–139

Bauer, Oberst Max: Konnten wir den Krieg vermeiden, gewinnen, abbrechen? Drei Fragen. Berlin 1919

Bauer, Oberst Max: Der große Krieg in Feld und Heimat. Erinnerungen und Betrachtungen. Tübingen 1921

Bayerlein, Bernhard H.; Babicenko, Leonid G.; Firsov, Fridrich I.; Vatlin, Aleksandr Ju. (Hg.): Deutscher Oktober 1923. Ein Revolutionsplan und sein Scheitern. Berlin 2003

Behrenbeck, Sabine: Der Kult um die toten Helden. Nationalsozialistische Mythen, Riten und Symbole 1923 bis 1945. Vierow 1996

Benz, Wolfgang (Hg.): Politik in Bayern 1919–1933. Berichte des württembergischen Gesandten Carl Moser von Filseck. Stuttgart 1971

Benz, Wolfgang: Einleitung. In: Ders. (Hg.): Politik in Bayern 1919–1933, 1971, S. 9–26

Benz, Wolfgang; Büttner, Ursula: Der Aufbruch in die Moderne. Das 20. Jahrhundert. Weimar – die überforderte Republik 1918–1919. (Gebhardt, Handbuch der deutschen Geschichte, 10., völlig neu bearbeitete Aufl., Bd. 18) Stuttgart 2010

Bernhard, Henry: Finis Germaniae. Stuttgart 1947

Beyer, Hans: Die Revolution in Bayern 1918/1919. 2., bearb. u. erw. Aufl. Berlin 1988

Bosl, Karl (Hg.): Bayern im Umbruch. Die Revolution von 1918, ihre Voraussetzungen, ihr Verlauf und ihre Folgen. München, Wien 1969

Bracher, Karl Dietrich: Die Auflösung der Weimarer Republik. Eine Studie zum Problem des Machtverfalls in der Demokratie. Stuttgart, Düsseldorf 1955

Bracher, Karl Dietrich; Funke, Manfred; Jacobsen, Hans-Adolf (Hg.): Die Weimarer Republik 1918–1933. Politik – Wirtschaft – Gesellschaft. Düsseldorf 1987

Bramke, Werner: Ungleiches im Vergleich: Revolution und Gegenrevolution in den deutschen Revolutionen von 1918/19 und 1989. In: Middell, Matthias (Hg.): Widerstände gegen Revolutionen 1789–1989, 1994, S. 263–279.

Bramke, Werner: Zeitgemäße Betrachtungen über eine unzeitgemäße Revolution. In: Kinner, Klaus (Hg.): Revolution – Reform – Parlamentarismus, 1999, S. 23–34

Bramke, Werner: Eine ungeliebte Revolution. Die deutsche Novemberrevolution von 1918/19 im Widerstreit von Zeitgenossen und Historikern. In: Plener, Ulla (Hg.): Die Novemberrevolution 1918/1919 in Deutschland, 2009, S. 11–40

Bramke, Werner: Zwei Revolutionen im November. In: Plener, Ulla (Hg.): Die Novemberrevolution 1918/1919 in Deutschland, 2009, S. 304–308

Braun, Otto: Von Weimar zu Hitler. 2. Aufl. New York 1940

Brenner, Michael: Der lange Schatten der Revolution. Juden und Antisemiten in Hitlers München 1918–1923. Berlin 2019

Bronnen, Arnolt: Roßbach. Berlin 1930

Büttner, Ursula: Weimar. Die überforderte Republik 1918–1933. Leistung und Versagen in Staat, Gesellschaft, Wirtschaft und Kultur. Stuttgart 2008

Carsten, Francis L.: Reichswehr und Politik 1918–1933. Köln, Berlin 1964

Conze, Eckart; Nicklas, Thomas (Hg.): Tage deutscher Geschichte. Von der Reformation bis zur Wiedervereinigung. München 2004

Conze, Eckart: Die große Illusion. Versailles 1919 und die Neuordnung der Welt. München 2018

Conze, Eckart: Ein schwieriger Gedenktag. Der 9. November in Geschichte und Erinnerung. In: Hessisches Jahrbuch für Landesgeschichte 69 (2019), S. 1–16

Deist, Wilhelm: Militär, Staat und Gesellschaft. Studien zur preußisch-deutschen Militärgeschichte. München 1991

Deuerlein, Ernst (Hg.): Der Hitler-Putsch. Bayerische Dokumente zum 8./9. November 1923. Stuttgart 1962

Deuerlein, Ernst: Einleitung. In: Ders. (Hg.): Der Hitler-Putsch, 1962, S. 9–125

Dittmann, Wilhelm: Erinnerungen. Bearbeitet und eingeleitet von Jürgen Rojan. 2 Bde. Frankfurt am Main, New York 1995

Domarus, Max: Hitler. Reden und Proklamationen 1932–1945. Bd. 2.1. München 1965

Dornberg, John: Hitlers Marsch zur Feldherrnhalle. München, 8. und 9. November 1923. München 1983

Dowe, Christopher: Matthias Erzberger. Ein Leben für die Demokratie. Stuttgart 2011

Dreier, Horst: Die deutsche Revolution 1918/19 als Festtag der Nation? Von der (Un-) Möglichkeit eines republikanischen Feiertages in der Weimarer Republik. In: Gröschner, Rolf; Reinhard, Wolfgang (Hg.): Tage der Revolution – Feste der Nation, 2010, S. 145–189

Drexler, Anton: Mein politisches Erwachen. Aus dem Tagebuch eines deutschen sozialistischen Arbeiters. München 1919

Dülffer, Jost; Krumeich, Gerd (Hg.): Der verlorene Frieden. Politik und Kriegskultur nach 1918. Essen 2002

Düwell, Franz-Josef (Hg.): Licht und Schatten. Der 9. November in der deutschen Geschichte und Rechtsgeschichte. Symposium der Arnold-Freymuth-Gesellschaft, Hamm, am 14. November 1999. Baden-Baden 2000

Eisner, Kurt: Die halbe Macht den Räten. Ausgewählte Aufsätze und Reden. Schmolze, Renate und Gerhard (Hg.). Köln 1969

Epstein, Klaus: Matthias Erzberger und das Dilemma der deutschen Demokratie. Frankfurt am Main, Berlin, Wien 1976

Erdmann, Karl Dietrich; Schulze, Hagen (Hg.): Weimar. Selbstpreisgabe einer Demokratie. Eine Bilanz heute. Kölner Kolloquium der Fritz Thyssen Stiftung Juni 1979. Düsseldorf 1980

Fenske, Hans: Konservatismus und Rechtsextremismus in Bayern nach 1918. Bad Homburg v. d. H., Berlin, Zürich 1969

Frank, Hans: Im Angesicht des Galgens. Deutung Hitlers und seiner Zeit auf Grund eigener Erlebnisse und Erkenntnisse. München-Gräfeling 1953

Franz-Willing, Georg: Putsch und Verbotszeit der Hitlerbewegung. November 1923–Februar 1925. Preußisch Oldendorf 1977

Friedrich Ebert als Reichspräsident (1919–1925). Konferenz der Friedrich-Ebert-Stiftung/Forum Berlin 28. Februar 2005 in Berlin. Berlin 2005

Funke, Hajo: Brandstifter. Deutschland zwischen Demokratie und völkischem Nationalismus. Göttingen 1993

Gallus, Alexander (Hg.): Die vergessene Revolution von 1918/19. Göttingen 2010

Gallus, Alexander: Die vergessene Revolution von 1918/19. Erinnerung und Deutung im Wandel. In: Ders. (Hg.): Die vergessene Revolution von 1918/19, 2010, S. 14–38

Gerwarth, Robert: Die größte aller Revolutionen. November 1918 und der Aufbruch in eine neue Zeit. München 2018

Gessler, Otto: Reichswehrpolitik in der Weimarer Zeit. Sendtner, Kurt (Hg.). Stuttgart 1958

Gietinger, Klaus: Der Konterrevolutionär. Waldemar Papst – eine deutsche Karriere. Hamburg 2009

Goebbels, Joseph: Tagebücher 1924–1945. 5 Bde., Reuth, Ralf Georg (Hg.). München, Zürich 1999

Görlitz, Walter; Quint, Herbert A.: Adolf Hitler. Eine Biographie. Stuttgart 1952

Gordon, Harold J.: Die Reichswehr und die Weimarer Republik 1919–1926. Frankfurt am Main 1959

Gordon jr., Harold J.: Hitlerputsch 1923. Machtkampf in Bayern 1923–1924. München 1978

Grau, Bernhard: Kurt Eisner. 1867–1919. Eine Biographie. München 2001

Gritschneder, Otto: Bewährungsfrist für den Terroristen Adolf H. Der Hitler-Putsch und die bayerische Justiz. München 1990

Gritschneder, Otto: Das mißbrauchte Volksgericht. In: Gruchmann, Lothar u. a. (Hg.): Der Hitlerprozess 1924. Bd. 1, 1997, S. XVII–XLI

Gritschneder, Otto: Der missglückte Hitler-Putsch-Prozess von 1924. In: Düwell, Franz-Josef (Hg.): Licht und Schatten, 2000, S. 47–57

Gritschneder, Otto: Der Hiter-Prozeß und sein Richter Georg Neithardt. Skandalurteil von 1924 ebnet Hitler den Weg. München 2001

Groener, Wilhelm: Lebenserinnerungen. Jugend, Generalstab, Weltkrieg. Göttingen 1957

Gröschner, Rolf; Reinhard, Wolfgang (Hg.): Tage der Revolution – Feste der Nation. Tübingen 2010

Gröschner, Rolf: Der 9. November als Feiertag einer Freiheitsrevolution. In: Ders. u. a. (Hg.): Tage der Revolution – Feste der Nation, 2010, S. 261–288

Groh, Dieter: Der Umsturz von 1918 im Erlebnis der Zeitgenossen. In: Schoeps, Hans-Joachim (Hg.): Zeitgeist im Wandel, 1968, S. 7–32

Gruchmann, Lothar: Hitlers Denkschrift an die bayerische Justiz vom 16. Mai 1923. Ein verloren geglaubtes Dokument. In: Vierteljahrshefte für Zeitgeschichte 39 (1991), S. 305–328

Gruchmann, Lothar; Weber Reinhard (Hg.): Der Hitlerprozess 1924. Wortlaut der Hauptverhandlung vor dem Volksgericht München I. 4 Bände, Bd. 1: 1.–4. Verhandlungstag. München 1997

Gruchmann, Lothar; Weber Reinhard (Hg.): Der Hitlerprozess 1924. Wortlaut der Hauptverhandlung vor dem Volksgericht München I. 4 Bände, Bd. 2: 5.–11. Verhandlungstag. München 1998

Gruchmann, Lothar; Weber Reinhard (Hg.): Der Hitlerprozess 1924. Wortlaut der Hauptverhandlung vor dem Volksgericht München I. 4 Bände, Bd. 3: 12.–18. Verhandlungstag. München 1998

Gruchmann, Lothar; Weber Reinhard (Hg.): Der Hitlerprozess 1924. Wortlaut der Hauptverhandlung vor dem Volksgericht München I. 4 Bände, Bd. 4: 19.–25. Verhandlungstag. München 1999

Gruchmann, Lothar: Der Weg zum Hitler-Putsch: Das Reich und Bayern im Krisenjahr 1923. In: Ders. u. a. (Hg.): Der Hitlerprozess 1924. Bd. 1, 1997, S. XLIII–LXV

Guske, Claus: Das politische Denken des Generals von Seeckt. Ein Beitrag zur Diskussion des Verhältnisses Seeckt – Reichswehr – Republik. Lübeck, Hamburg 1971

Gusy, Christoph (Hg.): Demokratisches Denken in der Weimarer Republik. Baden-Baden 2000

Gusy, Christoph (Hg.): Weimars lange Schatten. «Weimar» als Argument nach 1945. Baden-Baden 2003

Hallgarten, George W. F.: Hitler, Reichswehr und Industrie. Zur Geschichte der Jahre 1918–1933. 2. Aufl., Frankfurt am Main 1955

Hamann, Brigitte: Hitlers Wien. Lehrjahre eines Diktators. München 2005

Hanfstaengl, Ernst: Zwischen Weißem und Braunem Haus. Memoiren eines politischen Außenseiters. München 1970

Hartmann, Peter Claus: Der Hitlerputsch (1923) im Urteil der französischen Gesandtschafts- und Botschaftsberichte. In: Francia. Forschungen zur westeuropäischen Geschichte 5 (1977), S. 453–472

Heinemann, Ulrich: Die verdrängte Niederlage. Politische Öffentlichkeit und Kriegsschuldfrage in der Weimarer Republik. Düsseldorf 1983

Herbst, Ludolf: Hitlers Charisma. Die Erfindung eines deutschen Messias. Frankfurt am Main 2010

Herz, Rudolf: Hoffmann & Hitler. Fotografie als Medium des Führer-Mythos. München 1994

Hillgruber, Andreas: Die Reichswehr und das Scheitern der Weimarer Republik. In: Erdmann, Karl Dietrich u. a. (Hg.): Weimar. Selbstpreisgabe einer Demokratie, 1980, S. 177–192

Hindenburg, Generalfeldmarschall Paul v.: Aus meinem Leben. Illustrierte Volksausgabe. Leipzig 1934

Hinterberger, Hans: Die bayerischen «Beamtenministerpräsidenten» 1920–1924 und ihre Mitverantwortung am Hitlerputsch. Kahr, Lerchenfeld, Knilling. Berlin 2018

Hitler, Adolf: Mein Kampf. Eine Abrechnung. 2 Bde. München 1938

Hitler, Adolf: Sämtliche Aufzeichnungen 1905–1924. Jäckel, Eberhard; Kuhn, Axel (Hg.). Stuttgart 1980

Hitler, Adolf: Reden, Schriften, Anordnungen. Februar 1925 bis Januar 1933. Bd. 2/II. Institut für Zeitgeschichte (Hg.). München, London, New York, Paris 1992

Hitler, Mein Kampf. Eine kritische Edition. Hartmann, Christian u. a. (Hg.). Im Auftrag des Instituts für Zeitgeschichte. München, Berlin 2016

Hitler und Kahr. Die bayerischen Napoleonsgrößen von 1923. Ein im Untersuchungsausschuß des Bayerischen Landtags aufgedeckter Justizskandal. 2 Bände, Hrsg. v. Landesausschuß der S. P. D. in Bayern. München 1928

Hitler vor Gericht. Der Prozess nach dem Putsch 1923. Fakten, Hintergründe, Analysen. Von Klaus Gietinger. Reuß, Werner (Hg.). München 2009

Hitler-Putsch im Spiegel der Presse. Berichte bayerischer, norddeutscher und ausländischer Zeitungen über die Vorgänge im November 1923 in Originalreproduktionen. Unter Mitarbeit von Hellmut Schöner. München 1974

Hoegner, Wilhelm: Die verratene Republik. Geschichte der deutschen Gegenrevolution. München 1958

Hoegner, Wilhelm: Der schwierige Außenseiter. Erinnerungen eines Abgeordneten, Emigranten und Ministerpräsidenten. München 1959

Hoegner, Wilhelm: Der politische Radikalismus in Deutschland 1919–1933. München 1966

Hofmann, Hanns Hubert: Der Hitlerputsch. Krisenjahre deutscher Geschichte 1920–1924. München 1961

Hofmiller, Josef: Revolutionstagebuch 1918/19. Aus den Tagen der Münchner Revolution. Leipzig 1938

Höller, Ralf: Der Anfang, der ein Ende war. Die Revolution in Bayern 1918/19. Berlin 1999

Dokumente zur deutschen Verfassungsgeschichte. Bd. 4. Deutsche Verfassungsdokumente 1919–1933. Huber, Ernst Rudolf (Hg.). 3., neubearb. Aufl. Stuttgart, Berlin, Köln 1991

Hürten, Heinz (Hg.): Zwischen Revolution und Kapp-Putsch. Militär und Innenpolitik 1918–1920. Düsseldorf 1977

Hürten, Heinz: Reichswehr und Ausnahmezustand. Ein Beitrag zur Verfassungsproblematik der Weimarer Republik in ihrem ersten Jahrfünft. Opladen 1977

Hürten, Heinz (Hg.): Das Krisenjahr 1923. Militär und Innenpolitik 1922–1924. Düsseldorf 1980

Hürten, Heinz: Einleitung. In: Ders. (Hg.): Das Krisenjahr 1923, 1980, S. I–XXVI.

Hürten, Heinz: Der Kapp-Putsch als Wende. Über Rahmenbedingungen der Weimarer Republik seit dem Frühjahr 1920. Opladen 1989

Jasper, Gotthard: Der Schutz der Republik. Studien zur staatlichen Sicherung der Demokratie in der Weimarer Republik 1922–1930. Tübingen 1963
Joachimsthaler, Anton: Hitlers Weg begann in München 1913–1923. München 2000
Die Kabinette Stresemann I u. II. Bearbeitet von Karl Dietrich Erdmann und Martin Vogt. 2 Bände. Boppard am Rhein 1978
Kershaw, Ian: Hitler. Bd. 1. 1889–1936. Stuttgart 1998
Kershaw, Ian: Hitler. Bd. 2. 1936–1945. Stuttgart 2000
Kessler, Harry Graf: Das Tagebuch. Siebter Band 1919–1923. Reinthal, Angela (Hg.). Stuttgart 2007
Kinner, Klaus (Hg.): Revolution – Reform – Parlamentarismus. Leipzig 1999.
Kluge, Ulrich: Die Weimarer Republik. Paderborn 2006
Koch, Hans Jörg: Der 9. November 1923. In: Düwell, Franz-Josef (Hg.): Licht und Schatten, 2000, S. 31–46
Koch, Hansjoachim W.: Der deutsche Bürgerkrieg. Eine Geschichte der deutschen und österreichischen Freikorps 1918–1923. Berlin 1978
Koch, Jörg: Der 9. November in der deutschen Geschichte. 1918 – 1923 – 1938 – 1989. Freiburg im Breisgau 1998
Kolb, Eberhard: Die Weimarer Republik. 6., überarbeitete und erweiterte Aufl. München 2002
Kolb, Eberhard: Gustav Stresemann. München 2003
Krumeich, Gerd; Fehlemann, Silke (Hg.): Versailles 1919. Ziele – Wirkung – Wahrnehmung. Essen 2001
Large, David Clay: Hitlers München. Aufstieg und Fall der Hauptstadt der Bewegung. München 1998
Lehnert, Detlef; Megerle, Klaus (Hg.): Politische Identität und nationale Gedenktage. Zur politischen Kultur in der Weimarer Republik. Opladen 1989
Lehnert, Detlef: Die Weimarer Republik. Parteienstaat und Massengesellschaft. Stuttgart 1999
Leonhard, Jörn: Der überforderte Frieden. Versailles und die Welt 1918–1923. München 2018
Longerich, Peter: Die braunen Bataillone. Geschichte der SA. München 1989
Longerich, Peter: Deutschland 1918–1933. Die Weimarer Republik. Handbuch zur Geschichte. Hannover 1995
Ludendorff, Erich: Meine Kriegserinnerungen 1914–1918. Berlin 1919
Ludendorff, Erich: Auf dem Weg zur Feldherrnhalle. Lebenserinnerungen an die Zeit des 9.11.1923 mit Dokumenten in 5 Anlagen. München 1937
Ludendorff, Margarethe: Als ich Ludendorffs Frau war. München 1929
Lüttwitz, Walther Freiherr v.: Im Kampf gegen die November-Revolution. Berlin 1934
Mann, Thomas: Tagebücher 1918–1921. Mendelssohn, Peter de (Hg.). Frankfurt am Main 1979
Maser, Werner: Die Frühgeschichte der NSDAP. Hitlers Weg bis 1924. Frankfurt am Main 1965
Maser, Werner: Der Sturm auf die Republik. Frühgeschichte der NSDAP. Frankfurt am Main 1981
Meier-Welcker, Hans: Seeckt. Frankfurt am Main 1967

Meissner, Otto: Staatssekretär unter Ebert, Hindenburg, Hitler. Der Schicksalsweg des deutschen Volkes von 1918–1945, wie ich ihn erlebte. Hamburg 1950

Mensing, Björn; Prinz, Friedrich (Hg.): Irrlicht im leuchtenden München? Der Nationalsozialismus in der «Hauptstadt der Bewegung». Regensburg 1991

Middell, Matthias (Hg.): Widerstände gegen Revolutionen 1789–1989. Leipzig 1994

Möller, Horst: Weimar. Die unvollendete Demokratie. München 1985

Möller, Horst: Der 9. November in der deutschen Geschichte des 20. Jahrhunderts. In: Conze, Eckart u. a. (Hg.): Tage deutscher Geschichte, 2004, S. 195–216

Möllers, Heiner: Reichswehrminister Otto Geßler. Eine Studie zu «unpolitischer» Militärpolitik in der Weimarer Republik. Frankfurt am Main 1998

Mommsen, Hans: Die verspielte Freiheit. Der Weg der Republik von Weimar in den Untergang 1918 bis 1933. Frankfurt am Main 1989

Mommsen, Hans: Adolf Hitler und der 9. November 1923. In: Willms, Johannes (Hg.): Der 9. November, 1994, S. 33–48

Mommsen, Wolfgang J.: Nation und Geschichte. Über die Deutschen und die deutsche Frage. München, Zürich 1990

Mühlhausen, Walter: Friedrich Ebert 1871–1925. Reichspräsident der Weimarer Republik. Bonn 2006

Müller, Ernst (Meiningen): Aus Bayerns schwersten Tagen. Erinnerungen und Betrachtungen aus der Revolutionszeit. 2. Aufl. Berlin 1924

Müller, Karl Alexander v.: Im Wandel einer Welt. Erinnerungen 1919–1932. München 1966

Nagel, Irmela: Fememorde und Fememordprozesse in der Weimarer Republik. Köln, Wien 1991

Der 9. November. Schicksalstag der Deutschen. Themen und Materialien. Bundeszentrale für politische Bildung (Hg.). Bonn 2011

Niess, Wolfgang: Die Revolution von 1918/19 in der deutschen Geschichtsschreibung. Deutungen von der Weimarer Republik bis ins 21. Jahrhundert. Berlin, Boston 2013

Niess, Wolfgang: Die Revolution von 1918/19. Der wahre Beginn unserer Demokratie. Berlin, München, Zürich, Wien 2017

Niess, Wolfgang: Der 9. November. Die Deutschen und ihr Schicksalstag. München 2021

Pappert, Lars: Der Hitlerputsch und seine Mythologisierung im Dritten Reich. Neuried 2001

Paul, Gerhard: Der Sturm auf die Republik und der Mythos vom «Dritten Reich». Die Nationalsozialisten. In: Lehnert, Detlef u. a. (Hg.): Politische Identität und nationale Gedenktage, 1989, S. 255–279

Permooser, Irmtraud: Der Dolchstoßprozeß in München 1925. In: Zeitschrift für bayerische Landesgeschichte 59 (1996), S. 903–926

Phelps, Reginald H.: Aus den Groener-Dokumenten. I. Groener, Ebert und Hindenburg. In: Deutsche Rundschau 76 (1950), S. 530–541

Phelps, Reginald H.: Aus den Groener-Dokumenten. III. Bayern und Reich. In: Deutsche Rundschau 76 (1950), S. 735–744

Phelps, Reginald H.: Hitlers «grundlegende» Rede über den Antisemitismus. In: Vierteljahrshefte für Zeitgeschichte 16 (1968), S. 390–420

Peukert, Detlev: Die Weimarer Republik. Krisenjahre der Klassischen Moderne. Frankfurt am Main 1987

Picker, Henry: Hitlers Tischgespräche im Führerhauptquartier 1941–42. Bonn 1951

Picker, Henry: Hitlers Tischgespräche im Führerhauptquartier. München 2003

Piper, Ernst: Alfred Rosenberg. Hitlers Chefideologe. München 2005

Plener, Ulla (Hg.): Die Novemberrevolution 1918/19 in Deutschland. Berlin 2009

Plöckinger, Othmar: Unter Soldaten und Agitatoren. Hitlers prägende Jahre im deutschen Militär 1918–1920. Paderborn, München, Wien, Zürich 2013

Pohl, Karl Heinrich: Die Zerstörung des «linksrepublikanischen Projektes» in Sachsen. Zu Stresemanns «Krisenlösungsstrategie» im Jahr 1923. In: Geschichte in Wissenschaft und Unterricht (GWU) 57 (2006), S. 442–455

Pohl, Karl Heinrich: Gustav Stresemann. Biografie eines Grenzgängers. Göttingen 2015

Pommerin, Reiner: Die Ausweisung von «Ostjuden» aus Bayern 1923. Ein Beitrag zum Krisenjahr der Weimarer Republik. In: Vierteljahrshefte für Zeitgeschichte 34 (1986), S. 311–340.

Pyta, Wolfram: «Weimar» in der bundesdeutschen Geschichtswissenschaft. In: Gusy, Christoph (Hg.): Weimars lange Schatten, 2003, S. 21–62

Pyta, Wolfram: Die Weimarer Republik. Opladen 2004

Pyta, Wolfram: Hindenburg. Herrschaft zwischen Hohenzollern und Hitler. München 2007

Pyta, Wolfram: Hitler. Der Künstler als Politiker und Feldherr. Eine Herrschaftsanalyse. München 2015

Rabenau, Friedrich v.: Seeckt. Aus seinem Leben 1918–1936. Unter Verwendung des schriftlichen Nachlasses im Auftrag von Frau Dorothee von Seeckt. Leipzig 1940

Radkau, Joachim: Das Zeitalter der Nervosität. Deutschland zwischen Bismarck und Hitler. München, Wien 1998

Rathenau, Walter: Ein preußischer Europäer. Briefe. Berlin 1955

Reichel, Peter: Politik mit Erinnerung. Gedächtnisorte im Streit um die nationalsozialistische Vergangenheit. Überarbeitete Ausgabe. Frankfurt am Main 1999

Reichel, Peter: Vergangenheitsbewältigung in Deutschland. Die Auseinandersetzung mit der NS-Diktatur von 1945 bis heute. München 2001

Reichel, Peter: Der 9. November – ein deutscher Jahrestag? In: Stiftung Topographie des Terrors (Hg.): Die Novemberpogrome 1938, o. J. [2009], S. 117–131

Reimus, Klaus: «Das Reich muß uns doch bleiben!». Die nationale Rechte. In: Lehnert, Detlef u. a. (Hg.): Politische Identität und nationale Gedenktage, 1989, S. 231–253

Reuß, Werner: Rechtliche Würdigung. In: Hitler vor Gericht, 2009, S. 91–105

Richter, Ludwig: Die Deutsche Volkspartei 1918–1933. Düsseldorf 1992

Riecker, Joachim: Hitlers 9. November. Wie der Erste Weltkrieg zum Holocaust führte. Berlin 2009

Ritter, Gerhard A.; Miller, Susanne (Hg.): Die deutsche Revolution 1918–1919. Dokumente. Zweite, erheblich erweiterte und überarbeitete Ausgabe. Hamburg 1975

Röhm, Ernst: Die Geschichte eines Hochverräters. München 1928

Rosenberg, Arthur: Geschichte der Deutschen Republik. Karlsbad 1935

Rothenbücher, Karl: Der Fall Kahr. Tübingen 1924

Rudolph, Karsten: Die sächsische Sozialdemokratie vom Kaiserreich zur Republik (1871–1923). Weimar, Köln, Wien 1995

Rürup, Reinhard: Der 9. November in der deutschen Geschichte. Zur Erinnerungskultur in einer demokratischen Gesellschaft. Berlin 2009

Sabrow, Martin: Aufbruch zwischen den Zeiten. Die junge Weimarer Demokratie zwischen Revolution und Reaktion: In: Friedrich Ebert als Reichspräsident (1919–1925), 2005, S. 17–33

Sabrow, Martin: Der Rathenaumord und die deutsche Gegenrevolution. 2. Aufl. Göttingen 2022

Schellack, Fritz: Nationalfeiertage in Deutschland von 1871 bis 1945. Frankfurt am Main, New York 1990

Schellenberg, Walter: Aufzeichnungen. Die Memoiren des letzten Geheimdienstchefs unter Hitler, Köln 1959

Schilling, Alexander: Der Untersuchungsausschuss des Bayerischen Landtags zum Hitler-Ludendorff-Putsch 1924–1928. Magisterarbeit im Fach Politische Wissenschaft. Universität Mannheim, Fakultät für Sozialwissenschaften 1999

Schmolze, Gerhard (Hg.): Revolution und Räterepublik in München 1918/19 in Augenzeugenberichten. Düsseldorf 1969

Schoeps, Hans-Joachim (Hg.): Zeitgeist im Wandel. Stuttgart 1968

Schulthess' Europäischer Geschichtskalender 1923. Thürauf, Ulrich (Hg.). München 1928

Schulze, Hagen: Weimar. Deutschland 1917–1933. Berlin 1982

Schwarz, Jürgen: Studenten in der Weimarer Republik. Die deutsche Studentenschaft in der Zeit von 1918 bis 1923 und ihre Stellung zur Politik. Berlin 1971

Schwarze, Johannes: Die bayerische Polizei und ihre historische Funktion bei der Aufrechterhaltung der öffentlichen Sicherheit in Bayern 1919–1933. München 1977

Severing, Carl: Mein Lebensweg. Bd. 1. Vom Schlosser zum Minister. Köln 1950

Sontheimer, Kurt: Antidemokratisches Denken in der Weimarer Republik. Die politischen Ideen des deutschen Nationalismus zwischen 1918 und 1933. München 1962

Stampfer, Friedrich: Die vierzehn Jahre der ersten deutschen Republik. Karlsbad 1936

Steinbach, Peter: Der 9. November in der deutschen Geschichte des 20. Jahrhunderts und in der Erinnerung. In: Aus Politik und Zeitgeschichte (1999), H. 43–44, S. 3–11

Stiftung Topographie des Terrors (Hg.): Die Novemberpogrome 1938. Versuch einer Bilanz. Berlin o. J. [2009]

Stresemann, Gustav: Von der Revolution bis zum Frieden von Versailles. Reden und Aufsätze. Berlin 1919

Stresemann, Gustav: Vermächtnis. Der Nachlass in drei Bänden. Bd. 1: Vom Ruhrkrieg bis London. Bernhard, Henry (Hg.). Berlin (1932)

Stürmer, Michael (Hg.): Die Weimarer Republik. Belagerte Civitas. Königstein/Taunus 1980

Tapken, Kai Uwe (2002): Die Reichswehr in Bayern von 1919 bis 1924. Hamburg 2002

Thimme, Annelise: Flucht in den Mythos. Die Deutschnationale Volkspartei und die Niederlage von 1918. Göttingen 1969

Thoss, Bruno: Der Ludendorff-Kreis 1919–1923. München als Zentrum der mitteleuropäischen Reaktion zwischen Revolution und Hitlerputsch. München 1977

Toland, John: Adolf Hitler. Bergisch Gladbach 1977

Toller, Ernst: Eine Jugend in Deutschland. Reinbek 1993

Ullrich Volker: Adolf Hitler. Die Jahre des Aufstiegs 1889–1939. Frankfurt am Main 2013

Ullrich, Volker: Adolf Hitler. Die Jahre des Untergangs 1939–1945. Frankfurt am Main 2018

Ullrich, Volker: Deutschland 1923. Das Jahr am Abgrund. München 2022

Vogelsang, Thilo: Die Reichswehr in Bayern und der Münchner Putsch 1923. In: Vierteljahrshefte für Zeitgeschichte 5 (1957), H. 1, S. 91–101

Watt, Donald C.: Die bayerischen Bemühungen um eine Ausweisung Hitlers 1924. In: Vierteljahrshefte für Zeitgeschichte 6 (1958), S. 270–280

Weber, Reinhard: Zur Quelle. In: Gruchmann, Lothar u. a. (Hg.): Der Hitlerprozess 1924. Bd. 1. München 1998, S. XIII–XV

Die Weimarer Republik. Das kritische Jahr 1923. Michaelis, Herbert; Schraepler, Ernst (Hg.). (Ursachen und Folgen. Vom deutschen Zusammenbruch 1918 und 1945 bis zur staatlichen Neuordnung Deutschlands in der Gegenwart. Eine Urkunden- und Dokumentensammlung zur Zeitgeschichte, Bd. 5). Berlin 1961

Die Weimarer Republik 1918–1933. Politik – Wirtschaft – Gesellschaft. Bracher, Karl Dietrich u. a. (Hg.). Düsseldorf 1987

Die Weimarer Republik. Vom Kellogg-Pakt zur Weltwirtschaftskrise 1928–30. Die innerpolitische Entwicklung. Michaelis, Herbert; Schraepler, Ernst (Hg.). (Ursachen und Folgen. Vom deutschen Zusammenbruch 1918 und 1945 bis zur staatlichen Neuordnung Deutschlands in der Gegenwart. Eine Urkunden- und Dokumentensammlung zur Zeitgeschichte, Bd. 7). Berlin 1962

Weißmann, Karlheinz: Der Weg in den Abgrund 1933–1945. Berlin 1995

Werner, Lothar: Der Alldeutsche Verband 1890–1918. Ein Beitrag zur Geschichte der öffentlichen Meinung in Deutschland in den Jahren vor und während des Weltkrieges. Berlin 1935

Wessels, Wolfram: Der 9. November, «weihevollster Tag» im «Dritten Reich». In: Rundfunk und Geschichte 10 (1984), H. 1, S. 82–100

Wette, Wolfram: Gustav Noske. Eine politische Biographie. Düsseldorf 1987

Willing-Franz, Georg: Der Ursprung der Hitlerbewegung. 1919–1922. 2. Aufl. Preußisch Oldendorf 1974

Willing-Franz, Georg: Krisenjahr der Hitlerbewegung. 1923. Preußisch Oldendorf 1975

Willms, Johannes (Hg.): Der 9. November. Fünf Essays zur deutschen Geschichte. Von Peter Bender, Wolfgang Benz, Hans Mommsen, Fritz Stern, Heinrich August Winkler. München 1994

Winkler, Heinrich August: Von der Revolution zur Stabilisierung. Arbeiter und

Arbeiterbewegung in der Weimarer Republik 1918 bis 1924. Berlin, Bonn 1984

Winkler, Heinrich August: Weimar 1918–1933. Die Geschichte der ersten deutschen Demokratie. München 1993

Winkler, Heinrich August: Revolution als Konkursverwaltung. 9. November 1918: Der vorbelastete Neubeginn. In: Willms, Johannes (Hg.): Der 9. November, 1994, S. 11–32

Winkler, Heinrich August: Streitfragen der deutschen Geschichte. Essays zum 19. und 20. Jahrhundert. München 1997

Winkler, Heinrich August: Weimar im Widerstreit. Deutungen der ersten deutschen Republik im geteilten Deutschland. München 2002

Winkler, Heinrich August (Hg.): Griff nach der Deutungsmacht. Zur Geschichte der Geschichtspolitik in Deutschland. Göttingen 2004

Wirsching, Andreas: Vom Weltkrieg zum Bürgerkrieg? Politischer Extremismus in Deutschland und Frankreich 1918–1933/39. Berlin und Paris im Vergleich. München 1999

Wirsching, Andreas: Die Weimarer Republik. Politik und Gesellschaft. München 2000

Witt, Peter Christian: Friedrich Ebert. Parteiführer, Reichskanzler, Volksbeauftragter, Reichspräsident. Bonn 1987

Wolff, Theodor: Der Marsch durch zwei Jahrzehnte. Amsterdam 1936

Wright, Jonathan: Gustav Stresemann. 1878–1929. München 2006

Wulf, Peter: Hugo Stinnes. Wirtschaft und Politik 1918–1924. Stuttgart 1979

Zuckmayer, Carl: Als wär's ein Stück von mir. Horen der Freundschaft. Frankfurt am Main 1969

Bildnachweis

Jürgen Lindenburger/imageBROKER/Süddeutsche Zeitung Photo: S. 15
Scherl/Süddeutsche Zeitung Photo: S. 25, 28, 44, 86, 194, 240, 242, 284
World History Archive/Alamy Stock Photo: S. 27
SZ Photo/Süddeutsche Zeitung Photo: S. 49, 107, 175, 187, 201
bpk | Bayerische Staatsbibliothek | Heinrich Hoffmann: S. 69
United Archives/TopFoto/Süddeutsche Zeitung Photo: S. 72
Wikipedia, public domain, Quelle: Bain News Service, New York: S. 81
Bundesarchiv Berlin-Lichterfelde Nr. NS 26/1242: S. 84
Pictorial Press Ltd/Alamy Stock Photo: S. 102
bpk | Studio Niermann | Emil Bieber: S. 116
Bayerische Staatsbibliothek München / Bildarchiv, Fotoarchiv Heinrich Hoffmann: S. 127 (hoff-4128), 259 (hoff-6656), 291 (hoff-14387)
bpk: S. 131
Knorr + Hirth/Süddeutsche Zeitung Photo: S. 203, 217
Verlagsarchiv: S. 208
Sammlung Berliner Verlag/Archiv/Süddeutsche Zeitung Photo: S. 257
Bayerisches Hauptstaatsarchiv, Bildersammlung , Sign. Nr. 3081: S. 290

Personenregister